KB156083

아동정신분석학의 역사 1

서양편 · 721

아동정신분석학의 역사

1

클로딘 가이스만, 피에르 가이스만, 디디에 후젤, 베르나르 골스 지음

오정민 옮김

한국문화사

한국연구재단 학술명저번역총서 서양편·721

아동정신분석학의 역사 1

발 행 일 2013년 11월 20일 초판 인쇄
         2013년 11월 25일 초판 발행

원   제 Histoire de la psychanalyse de l'enfant
지 은 이 클로딘 가이스만(Claudine Geissmann-Chambon)
         피에르 가이스만(Pierre Geissmann)
         디디에 후젤(Didier Houzel)
         베르나르 골스(Bernard Golse)
옮 긴 이 오 정 민
책임편집 이 지 은
편   집 조 소 연, 공 정 선, 조 미 란
펴 낸 이 김 진 수
펴 낸 곳 **한국문화사**
등   록 1991년 11월 9일 제2-1276호
주   소 서울특별시 성동구 아차산로 3(성수동 1가) 502호
전   화 (02)464-7708 / 3409-4488
전   송 (02)499-0846
이 메 일 hkm7708@hanmail.net
홈페이지 http://www.hankookmunhwasa.co.kr
블 로 그 http://blog.naver.com/hkm2012

책값은 18,000원입니다.

ISBN 978-89-6817-081-2 94180
ISBN 978-89-6817-077-5 (세트)

이 도서의 국립중앙도서관 출판시도서목록(CIP)은
서지정보유통지원시스템 홈페이지(http://seoji.nl.go.kr)와
국가자료공동목록시스템(http://www.nl.go.kr/kolisnet)에서
이용하실 수 있습니다.(CIP제어번호: CIP2013024698)

'한국연구재단 학술명저번역총서'는 우리 시대 기초학문의 부흥을 위해
한국연구재단과 한국문화사가 공동으로 펼치는 서양고전 번역간행사업
입니다.

차례

2권 차례

5부 내일에 대한 전망

· 일러두기 · ─────────

1. 논문이나 기사는 「　」로, 책은 『　』로, 신문이나 잡지는 《　》로,
   단체명은 〈　〉로 표기했다.
2. 로마자 서지사항을 그대로 쓴 부분은 책 제목을 기울임꼴(이탤릭체)로 표기했다.
3. 옮긴이 주는 [역주]로 표기했다.
4. 고유명사는 외래어 표기법에 따랐고, 일부는 옮긴이의 의도에 따라 표기했다.
5. 원문과 역주에서 인용된 부분은 작은따옴표와 큰따옴표로 표기했다.
6. 역자가 강조 목적으로 표시한 부분은 방점으로 표기했다.
   이는 일상적 표현을 위한 단어가 아니라 역사적으로 고유명사화된 단어이거나,
   이론적 용어임을 드러내려고 혹은 강조하려고 사용했다.
7. 원문에서 이탤릭으로 강조한 것은 고딕체로 표기했다.
8. [ ] 꺾쇠괄호 안의 내용은 인용문 안에 저자가 첨가한 내용이다.
9. 인터뷰는 국어순화의 차원에서 '회견'으로 표시했다.
10. 본 번역서 뒷부분에, 원서의 참고문헌을 그대로 실었다. 그러므로 이후 본문
    안에 괄호로 계속 등장하는 출처 표시는 이와 같이, 알파벳순에 따른 저자
    이름(성{姓})과 연도(괄호 안에 표시됨)를 근거로 찾아 더욱 자세한 서지사항
    (출판지, 출판사 총서, 번역본이 출판된 연도 등)을 독자 스스로 찾아볼 수
    있다. 같은 연도의 문헌일 때에는 발표하거나 출간한 순서대로 알파벳으로
    구분했다.

회견

역자 서문

　지그문트 프로이트가 명명하고 본격적으로 발전시킨 정신분석학에서는, 인간으로 태어났으면 거치기 마련인 여러 생물학적, 심리적 발달 단계를 관찰하여 보고하고 있다. 인간 정신세계에서 성과 리비도가 매우 근원적 위치를 차지한다는 사실을 거부하는 움직임은 지그문트 프로이트의 시대에도 이미 있었으며 지금도 여전하다. 그러한 거센 반발이 동서나 시대를 막론하고 존재하는 현상은 곧, 성이라는 것을 의식적으로 인정하기 싫어하는 성향 자체가 보편적이라는 점을 대변한다. 그런데 그런 현상이야말로 바로 프로이트가 발견한 무의식적 '저항'résistance과 '억압'refoulement의 정신기제를 그대로 재생하여 보여주는 꼴이 아닌가. 그것은 또한 개인의 발달 과정에 내재한 초자아의 검열censure이 사회적으로도 관찰 가능하다는 말이다. 그런 의미에서 그런 거부는 일종의 집단적 저항résistance collective 내지는 집단적 억압refoulement collectif이라고 명명할 수 있지 않을까. 그렇게, 장소와 시대를 막론하고 맞닥뜨리기 마련인, 정신분석학에 대한 반감은 정신분석학의 보편성을 오히려 반증하고 있다. 프로이트는 이미 고대 신화 안에서 인간 심리의 보편성을 보았기에 그것을 오이디푸스나 나르시스라는 이름을 빌려 명명하였다. 동일 선상에서, 동서고금의 보편성을 완성하는 국내의 작은 사례 하나로 "효孝 안에 자리한 오이디푸스 콤플렉스" 연구를 들 수 있다.

"세 살 버릇 여든 간다"는 한국 속담이 있다. 오랜 세월 동안의 경험에서 나온 지혜와, 사람을 직접 관찰, 분석한 임상에 기초한 정신분석은 부분적으로 공통점이 있다. 어쨌든 성인을 분석하면서 프로이트가 발견한 바는, 여러 심리 증상은 그 뿌리를 아동기에 두고 있다는 사실이었다. 그것은 성인분석에서 출발하여 도달한 바였다. 그런데, 멜라니 클라인은 한 걸음 더 나아가, 어린아이를 놀이를 통하여 직접 관찰해 무의식에 대한 앎을 보다 구체화하고 그 지평을 넓혔다. 아동기에 구조화된 생각의 구도나 인상은 특별한 노력이 없는 한, 성인이 되고 노인이 되기까지, 내가 지각하고 만드는 세상이 어떤 모습인지를 결정짓는다. 이 점은 수행을 할 때 특히 드러나는 사실이다.

역자 개인적인 이야기를 하자면, 청춘기에 이미 정신분석학의 보고에 매료된 바 있었다. 그러나 30대 초반부터는, 정신분석 기법보다는 불교 수행이 훨씬 전반적이고 효과적인 해결책이라고 판단하였으며 그렇게 수행한 지 어언 14년이 흘렀다. 불혹의 나이를 넘겼다는 것은 욕망의 존재 자체가 없어졌다는 말이 아니라 인간의 정신적 활동의 여러 면을 두루두루 대하면서 "욕망이 어떻게 사용되는가, 그리고 욕망을 어떻게 사용할 것인가"에 대한 성찰을 한다는 말이다. 그런데 수행을 하면 할수록 정신분석학의, 임상을 통한 구체적 연구의 진가가 점점 더 빛을 발하고 있음을 보게 된다.

예컨대 정신분석학에서 말하는 신경증, 그 신경증의 특징에도 속하는 과거에 받은 상처는 수행을 통해서 제일 먼저 없어진다. 상처뿐만 아니라 잠재의식을 채우고 있는 모든 상像이 수행을 통해서는 자취 없이 청소되는 경우가 많다. 그렇게 수행을 통해서는 매우 빠르게 치료되기에 일일이 다 묘사할 겨를이 없을 수도 있는 증상(=정신현상)을, 정신분석학은 세세히 다루고 있다. 그도 그럴 것이, 정신분석학에서는 특히 환자의 증상을 장기적으로 다루기 때문이다. 그러나 욕망이 나로 구획 지은 허상 안에 집중되어 머물기보다는 더욱 분명하고 객관적으로 현실을 인식하여 남을 위하는 하심下心으로 향하는지, 그 여부는 정신분석 치료의 효과나 소관 사항이 아니다. 다시 말하여 수행을 통하면, 정신분석학에서처럼 어떤 욕망이 뿌리가 된 그 증상 한 가지에만 작용하는 것이 아니라 사욕 자체가 전체적으로 녹아 일상의 다른 방면에서까지 남을 위하는 마음이 비로소 제 빛을 발하게 된다.

이렇듯, 서양의 정신분석과 동양의 수행은 서로 보충의 관계에 있을 때 시너지 효과가 있다. 정신분석학과 불교 사이의 유사성은 이미 지적된 바 있으므로 여기서 거론하지는 않겠다.

이 책은 아동정신분석의 역사에 대한 저술인데 아동정신분석학의 이론이 어떻게 전개되었는지 그 개관도 필수적으로 담고 있다. 이 책을 통하여 아동의 성과 그에 얽힌 욕구, 욕망, 그리고 거기서 파생되는 모든 염원, 추구 혹은 좌절, 퇴행 등을 더욱 잘 알 수 있다. 그리하여 초기 아동기의 생물학적 발달과정이 어떤 감정적 결과를 불러올 수 있는지를 잘 알아 바른 원인을 심는 데에 일조할 수 있으면 하는 바람이다. 그것은 더욱 행복한 삶을 살기 위한 방법이기 때문이다.

　이렇게 역자 서문을 통하여 동서고금을 막론한 보편성을 강조하는 이유는, 이 책이 번역서이지만 그 내용은 각자의 생각과 일상생활, 나아가 우리 모두의 행복과 연결되어 있다는 점을 드러내기 위한 것이다. 독자 제위의 많은 질책을 바란다.

2013년 10월
역자 오정민

2004판 서문

클로딘 가이스만

아동정신분석학의 역사에 관심을 두면, 오늘날 우리 사회에서 거론되는 논점 몇 가지를 더욱 잘 이해할 수 있게 된다. 예컨대 정신분석학적 심리치료법은 무엇인가, 내지는 아동의 성性이란 무엇인가 등의 논점이 있다.

심리치료는 오늘날 신문의 제1면을 차지하며, 대단한 논쟁거리가 되곤 한다. 아동에 대한 정신분석학적 심리치료사가 되기 위해서는 일정한 교육을 받아야 하는가? 이 질문에 우리는 당연히 그렇다고 대답하는 관점이다. 그러나 항상 그렇듯, 돌팔이도 생길 것이다. 그만큼 신비주의적 사고방식에 의지할 필요가 크다는 증거이다. 그러나 어린 아동은 신비주의적 사고유형에 익숙하다는 사실 또한 흥미롭다.

정신분석학적 심리치료법이란 명칭이 있기에 돌팔이 의사가 설 자리가 없는 것은 이제 본질적인 사실로 보인다. 이는 자녀가 심리적으로 고통받고 있다고 판단하는 부모에게 심리치료사 선택의 자유를 빼앗고자 하는 것이 아니라, 사정을 잘 알고 선택하도록 하려는 것이다. 외과의사도 메스를 다루고 도살업자도 칼을 다루지만, 교육의 유무에 따라 의사인지 도살업자인지 그 명칭이 달라짐은 누가 보아도 필요하고 정당하다. 그러나 이 명칭에 대한 규정은 지켜지지 않을 때도 있었다. 마찬가지로 인간, 더욱 정확히 한창 성장하는 아동의 심리현상이 관건일 때에는 특수한 교육이 필요하다. 그래야 현재 행하고 있는 요법이 어떠한 것인지, 어느 한도까지 가능한지 알 수 있다.

아동을 대상으로 한 정신분석학적 심리치료사란 직업이 오랫동안 형성되어온 과정에 대한 본질적 지식이 이 책에 담겨 있다. 즉, 아동 정신분석학과 그것에 연관된 심리치료법 치료가 점진적으로 늘어나 이론과 기법에서의 지식이 확립되어 어떻게 실제에 적용될 정당성을 얻었는지 보이고자 하는 것이다. 정신분석학적 심리치료법 덕택으로 아동은 자신의 불안, 공포, 괴벽, 억압, 우울의 근원과 성격을 더욱 잘 이해하여 스스로를 치료할 수 있다. 그뿐만 아니라 거기서 더 나아가 아동은 자신과 주위 사람들에 대해 생각할 때 더욱 커다란 자유를 얻을 수 있다. 그렇게 아동은 심리적으로 지속해서 발달할 수 있다.

"자, 이제는 말로 치료할 수 있어요."라고, 자폐증에 벙어리였던 한 어린 소녀가 몇 년에 걸친 치료 후 말했다.

현재 우리 사회에서는 건강에 관한 한 품질과 가격 조건을 최고로 유지하기 위해 분투하고 있다. 같은 품질의 재료임을 확인할 수 있다면 그중 가장 저렴한 재료를 사용하여 허리 보철기구를 만들기 마련이다. 반면 정신건강과 관련된 분야에서는 질이 좋고 나쁨을 산정하기가 훨씬 어렵다. 하지만 기초적 양식에 비추어 보았을 때 통하는 논거 몇 가지 정도는 인정되어야 할 것이다. 나는 여기서 정신 발달상의 지표를 염두에 두고 말하고 있다. 아동이 고통을 받을 때 그 지표는 혼란스러워지며 장차 성인이 되어서의 상태를 이루게 될 본질적 요소 역시 정신 발달상의 지표가 된다는 사실을 우리는 알고 있다. 바르비투르산제[1], 암페타민[2], 신경진정제와 같은 약은 일정 증상을 완화하고 가라앉히지만 한편으로는 정신 발달을 둔화시킨다는 사실 역시 잘 알려져 있다. 조건화나 엄격한 훈련과 같은 기법 또한 위험하며, 특히 아동에게 그러한 기법만 쓴다거나 지나치게 자주 행할 때 유해하기까지 하다. 이때 아동은 분명 행동에 변화를 보이고 간단한 것을 배우기는 한다. 그러나 이 경우 들어서는 것은 허위의 자아로서, 강요되는 현실에 잘 적응하는 것처럼 보이기는 하지만 진정한 자아는 희생당하는 셈이다. 즉 감히 큰 소리로 표현하지 못하더라도 고통, 불안은 여전히 남아있고 정신발달은 이루어지지 않는다.

약, 조건화 등과 같은 방법은 현재 우리의 치료 시스템의 향방과 맞물리는 두 가지 장점을 지니고 있다. 그것은 비용이 저렴하고 결과가 빠르다는 것이다. 그런데, 그렇다고 해서 그 방법만 주로 사용

---

[1] [역주] 중앙 신경체계의 활동을 둔화시키는 약.
[2] [역주] 뇌 신경중추를 흥분시키는 약.

하고, 정신분석학적 심리치료법이 가져다주는 효과는 없어도 된단 말인가? 이 점이 바로 우리 사회가 해결해야 할 관건 중의 하나이다.

아동심리치료는 오랜 기간에 걸쳐 이루어지기에 비용도 많이 든다. 아동에게 자신의 리듬대로 정신적 발전을 할 수 있도록 필요한 시간을 주는 일은 넓은 의미에서의 교육이나 일반적 학습일 뿐만 아니라 심리치료법의 일환으로서도 우리 사회에 훌륭한 기획이 될 것이다. 단, 각 인간의 다양성이 고려된다는 전제하에서 말이다. 약은 사용해도 된다. 왜냐면 효과적인 도움이 되기 때문이다. 그러나 그것은 어디까지나 일시적인 처방이어야 하며 우울증과 같이 제한된 몇몇 경우에만 사용되어야 한다. 그리고 심리적 발달을 다시 시작할 무렵, 경우에 맞는 학습이 병행될 수 있다.

아동정신분석에 관심 두는 일은 지난 세기의 가장 큰 발견 중의 하나인, 아동의 성을 발견하는 작업이기도 하다. 프로이트가 발견한 이 진리는 상당한 스캔들을 일으켰다. 프로이트는 극도로 격렬한 논쟁의 중심에 서게 되어, 아동의 무구함이란 신화에 위해를 가했다고, 그 신화를 변질시키려 했다고 비난받았다. 오늘날 '성'은 매스미디어의 곳곳에 존재하며, 아동은 이제 성기의 해부적 구조나, 상이하고 다양한 성행위의 특성을 다 알고 있다. 어떤 의미에서 이러한 정보들은 이제 그 '성적性的 성격이 제거'되어서 기본적 사실들을 내포할 준비가 되어 있다. 그러나 프로이트 시대와 마찬가지로 오늘날까지 아직도 스캔들이 되고 있는 점은 바로 아동 성의 무의식에 관한 부분이다. 이 책에서도 제시되는 것처럼, 성적 호기심이 근원이 되어 아동은 지식과 앎에 입문하게 된다. 또한 구순기, 항문기, 남근기, 생식기, 오이디푸스 콤플렉스와 같은 성장 단계를 여러 해에 걸쳐 서서히 거치고 나서야 아동은 비로소 자신의 성을 경험하게 되어, 한 대상 안에 성적 사랑과 애정을 연결해 드디어 생각하는 존재, 조예 깊은 존재로까지 되는 것이다!

오해의 골은 깊다. 사회 전반에서는 반대의 움직임이 인다. 그리하여 성의 도구와 여러 실행, 특히 변태에 대한 정보를 광범위하게 보급하면서 성의 본질적인 부분, 즉 무의식을 꺼리도록 하고 있다. 무의식이야말로 아동 발달의 진정한 원동력인데도 말이다.

『아동정신분석학의 역사』는 15년 전에 처음으로 출간되었다. 이 책은 반응이 좋아 이탈리아어로 번역되어 보를라Borla 출판사에서 출간되었고 영어로는 루틀리지Routledge 출판사, 스페인어로는 에디토리알 신테시스Editorial sintesis 사에서 출판되었다.

영어판에서는 한나 시걸과 안-마리 샌들러의 머리말 이외에도 위니코트의 저작과 인생에 대한 장, 언급된 개념의 색인이 추가되었다.

프랑스어로 된 이 판본은 재판이 아니다. 이 판본에서는 영어판에 추가된 부분 이외에도 몇몇 장이 갱신되었고 중요한 부분이 추가되었다. 즉, 디디에 후젤은 라캉과 그 학파가 아동정신분석에 기울인 관심에 대하여 명확한 가르침을 덧붙여주고 있고, 베르나르 골스는 아기 정신분석의 역사에 대한 장을 집필해 주었다.[3]

아동정신분석은 안나 프로이트와 멜라니 클라인이라는 두 창립자가 있다는 점이 특기할 만하다. 이 책에서도 읽게 될 것이지만 둘다 인간이 어떻게 기능하는지에 대한 호기심, 인간의 정신세계에 관한 관심을 공통으로 가졌으며 아동으로 하여금 자신을 더욱 잘 알도록 해주어 생각의 자유를 되찾아 주면 정신세계를 향상시킬 수 있다고 확신했다. 그 생각의 자유는 아동 무의식 상의 갈등, 공격성, 죄의식, 욕망 때문에 구속되어 있는 것이다.

지그문트 프로이트의 저작을 서로 달리 해석함으로써 두 창립자는 제각기 다른 방향으로 연구를 진행했다. 그리하여 아동정신분석에 두 학파가 생기게 되었다. 즉시 경쟁 상대가 된 이 두 학파는 제각기 자기 영토를 만들어 나아갔다. 오늘날에 와서야 비로소 둘사이의 경계는 희미해져 가고 있고 대부분 국가에서는 두 학파가 공존하는 모습도 볼 수 있다.

안나 프로이트의 제자들은 당시의 국제정신분석학회나 공식 정신분석 기관에 얽매이지 않고 아동 심리치료 정신분석 교육기관, 특수 아동 유치원, 유아원, 놀이 공간을 세워 자신들이 주창한 심리학과 교육 원칙에 따라 운영했다. 바로 이런 작업에 영감을 받아 프랑수아즈 돌토는 〈녹색 집〉을 창립했다.

클라인 학파는 심각한 병리학적 임상에 관심을 둔 유능한 정신분

---

3 [역주] 디디에 후젤이 집필한 장은 2권 250쪽, 베르나르 골스가 집필한 장은 2권 4부이다.

석학자를 양산해내었다. 그들은 주당 4~5회에 걸쳐, 중증 착란을 겪는 아동들을 정신분석적으로 치료했다. 오늘날 이 계통을 이은 정신분석학자들은 자폐증과 정신병에 걸린 아동들을 치료하고 있다. 이들의 행위는 프랑스에서, 특히 부모의 오해를 사는 일이 많았다. 클라인 학파의 정신분석학자들은 학회에 모인 부모들을 '나쁜 부모'로 취급하거나 고발했기 때문이다. 현재 이런 오해는 어느 정도 지워지고 있다. 하지만 그 오해 탓으로 부모들이 클라인 학파의 치료 방식을 꺼렸기에 상황은 아직도 심각하다. 이 문제를 계기로 우리는 정신분석학적 심리치료사 양성 문제를 고려하지 않을 수 없게 된다. 부모를 그런 식으로 공격하는 이들은 대부분, 교육 부족으로 자신의 역逆전이[4]를 분석 못 하는 심리치료사이기 때문이다.

오늘날 우리 사회에서 정신분석학을 아동에게 적용하는 방향은 다양하다. 교육, 학습, 치료 등에서도 그 적용에 대한 요구가 쇄도한다. 그것은 아기, 아동뿐만 아니라 청소년까지도 해당한다. 이런 요

---

[4] [역주] 전이(transfert, 轉移): 환자가 유아기에 부모나 주위 사람들과의 관계를 통하여 체험한 무의식적 감정(사랑, 증오 등) 혹은 태도를 분석가에게 표현하는 것. 이러한 감정적 투사(projection)에는 긍정적 전이(사랑, 우정, 존경, 애정 등)와 부정적 전이(증오, 파괴심, 불안, 배신에 대한 두려움, 불신, 질투 등)가 있다.

역전이(le contre-transfert): 분석가가 자신의 무의식적 감정을 환자에게 전이하는 것. 환자가 자신에 대하여 하는 전이에 대한 반응이다.

구에 아동정신분석학이 부응할 때에는 많은 위험이 따른다. 개념을 변질시키거나 아니면 환자를 회복시킨다는 미명 하에 아동정신분석 개념을 진부화, 단순화시켜 논리적 담론을 전개시키기도 하기 때문이다. 아동과 부모에게 조언을 해줄 때에도 갈등, 특히 반복 강박과 같은 증상의 무의식적 차원을 고려하지 않는 경우가 많다.

이 책의 저자들은 아동정신분석학의 근원으로 돌아가 아동정신분석학이 어떻게 구축되고 발전되었는지를 이야기함으로써 독자에게 아동정신분석학이 실제로 무엇인지 알 기회를 선사하고자 한다.

1992년판 서문

세르주 레보비치

　정신분석학 역사에서의 다양한 순간과 그 움직임의 양상 몇몇을 다룬 저작들이 요즈음 성공을 거두고 있다. 하지만 그렇다고 해서 환상을 가질 일은 아니다. 그런 책에서 스캔들만을 보고자 하는 독자가 많기 때문이다. 그러나 클로딘과 피에르 가이스만의 저작을 읽으면 다른 면을 찾을 수 있을 것이다. 이 책은 미간행 상태이거나 별로 열람 되지 않는 텍스트를 읽은 후에 행한 집필이자 문서 보존의 결과인 방대한 작업이기 때문이다. 저자들은 정신분석이란 새로운 분야의 선구자 사이에 있었던 개인적 갈등을 주저 없이 드러내고 있다. 그러나 그렇게, 새로운 학문을 둘러싼 일상사를 회고한다고 해서 역사가 재구성되는 것은 아니라는 사실을 이들은 잘 알고 있다. 특히 그 역사의 근원이 철저한 조사 작업에 의하여 드러나는 것이어야 할 때는 더욱더 그렇다.

　클로딘과 피에르 가이스만이 이 책을 통하여 보여주는 것은, 정신분석학을 아동에게 적용하는 일은 정신분석가들에겐 항상 도전이었다는 사실이다. 바로 그렇기에 정신분석학에서 구축과 재구축에 대한 갈등이 오늘날에도 계속되고 있는 것이다. 심리작용의 원형적 모델은 아동 신경증 계열에서 찾을 수 있다. 그런데 아동 신경증은－이는 짚고 넘어가야 한다－이제 더는 보편적 모델이 아니다. 최근 들어 정신병과 한계적 상태에 관한 관심이 자리잡고 있기 때문이다. 그리고 현대의 아동정신분석학자들은 두 번째 계열인 아동의 자폐증이 중요함을 증명해 보였다.

그러므로 우리는 저자들을 따라 먼저 '부모의 방'으로 살짝 들어가 본 후에, 유아원에 가서 이제는 세상을 뜨고 없는 '유령들'[5]－젤마 프라이베르크가 명명하여 고전이 된 은유적 표현을 빌린다면－을 만날 것이다.

비엔나에 있는 프로이트의 아파트에서 열린 수요모임 시대부터 이미, 초기의 제자들은 아동정신분석학의 원형이라고 할 수 있는 관찰내용을 쌓아가고 있었다. 사실 그것이 프로이트 학설의 근원이 되는 내용이었는지는 단언하기 어렵다. 만일 그랬다면, 자신이 꾼 꿈을 아이들에게 이야기해주라고 권고하는 초현실주의자들에 정신분석학자를 비교할 만하다고 말할 수 있을 것이다. 비슷하지만 어떤 의미에서는 정반대로, 이 초기 정신분석학자들은 자녀들이 꾼 꿈을 서로 이야기하곤 했다.

---

[5] [역주] '유아원의 유령들'을 설명한, 5부 12번 역주를 참조할 것.

아이들이 털어놓은 꿈을 이 초기 원형적 정신분석학자들이 아이들에게 해석해주지 않았을까 하는 점도 알기 어려울 때가 많다. 하지만 프로이트의 초기 제자들이 – 당대이거나 후대이거나 간에 – 자신들의 아이를 대상으로 진정한 정신분석 작업을 했다는 사실만은 분명하다.

어쨌든 비엔나에서, 그리고 이후 베를린과 부다페스트에서의 정신분석학계는 좁은 세계였다. 그 세계에서 아동분석에 대한 속내 이야기는 많이 거론되었다. 안나 프로이트, 힐다 아브라함, 멜라니 클라인의 아들 에리히, 그리고 융의 아들 등이 그 예이다.

안나 프로이트는 도로시 벌링엄과 친해져 평생 가까이 지냈으며, 벌링엄의 두 아들을 정신분석해 주었다. 안나 프로이트는 그 두 아들의 친구 한 명도 정신분석으로 치료할 기회가 있었는데, 어머니에게 버림받은 그 아동의 교육에 많은 기여를 했다. 그 아이가 커서 미국의 대학에 자리 잡았다는 소식을 안나 프로이트는 전해 듣게 되었다. 성인이 된 아이는 안나 프로이트에게 자기가 어렸을 적 남긴 그림이며 치료 일지를 보내 달라고 요청했다. 그렇게, 성인이 된 피터 헬러는『안나 프로이트와 함께 한 나의 정신분석』이란 저서에 비엔나에서 보낸 어린 시절, 안나 프로이트와 행한 분석 기억, 그리고 그러한 주제와 관련된 주석을 담고 있다.

클로딘과 피에르 가이스만이 검토하는 문제 몇 가지는 매우 타당한 것이다. 그 문제에 관해 우리는 간단한 해설을 덧붙이고자 한다.

1. 아동 특히 매우 어린 아이들을 관찰하면 무의식의 기능의 성격

이 드러나는가?

2. 아동을 정신분석하면 소아 망각이 쉽게 제거되어 아동기이기에 시간상 더욱더 가까운 과거를 더욱 잘 재구축할 수 있게 되는가?

3. 아동의 정신분석은 따로 존재하는 것인가, 아니면 정신분석학에서 부차적으로 파생된 심리치료 유형에 지나지 않는가?

1. 아동을 정신분석학적으로 관찰함

관찰 대상인 아동은 정신분석학적 아동이 아니라 그저 현실의 아동일 뿐이라고 오늘날 많은 정신분석가는 생각한다. 그런데 아기와 그 부모를 잇는 애착에 관한 최근의 연구, 즉 조기早期 상호작용에 대해 관찰한 최근의 연구에 의하면, 대상에 대한 표상 작업의 기원에 관한 프로이트의 이론理論에 이론異論이 제기된다. 즉, 주관화 과정은 자기 자신soi[6]의 핵에서부터 이루어지며 또한 어머니의 보살

---

[6] [역주] 자기 자신(soi): 스위스의 정신과 의사이자 정신분석가인 카를 구스타프 융이 1902년에 도입하여 1912년에 개념화된 용어. 자기 자신이란, 그 기원상 문화와의 관계하에 구성되는 것이다. 심리현상의 구성요소 전반을 가리키며 자아(moi)를 구성하는 근본이다. 멜라니 클라인에게 자기 자신(soi)이란, 인성 전체의 욕동, 감정 전반으로 구성되어 있다. 인성의 구조만을 가리키는 자아(moi)와는 반대이다. 대상이 좋은 대상과 나쁜 대상으로 분리되면 그 분리가 자기 자신(soi)에게도 영향을 미쳐, 자기 자신의 여러 부분은 서로 갈등상태에 돌입하게 된다.

르네 스피츠(René A. Spitz)에게 자기 자신(soi)이란, '체험에 대한 인지적 침전물'이다. 즉 아기는 15개월 정도 되면 주위 환경과는 구분되는 어떤 실체

핌에 대한 스스로의 생각을 기초로 이루어진다는 것이다. 그리하여
이제는 단절된 개체 간의 상호작용이란 상정에서 벗어나 상호주관

로 자신을 느껴, 스스로 느끼고 행동할 수 있다는 자신의 존재를 발견한다.
그리하여 주위 대상들과 스스로를 대비시킨다. 이러한 분별심으로써 아기는
나와 내가 아닌 것을 분리시킬 뿐 아니라, 이제 타인 – 아기에게는 어머니 – 을
사랑의 대상으로 파악할 수 있게 된다.

H. 하르트만에게 자기 자신(soi)은 주체(sujet)의 인격 전체를 나타낸다. 여
기에는 몸, 신체의 일부, 정신적 구조, 정신적 구조를 이루는 다양한 심적 요소
등이 포함된다. 이후 자기 자신(soi)이란 개념은 주체가 주위 환경과 맺는 관계
를 고려하고자 하는 모든 작업 안에 등장한다.

르네 스피츠와 H. 하르트만 등의 개념에 비해 멜라니 클라인이 정의하는
자기 자신(soi)의 개념은 그 근본부터 매우 동떨어진 성질의 것이다. 멜라니
클라인이 의미하는 자기 자신(soi)이란, 체험이나 인지, 지각 등의 발달에 의해
서서히 획득되는 기능이 아니라 탄생할 때부터 이미 있는 것이기 때문이다.
멜라니 클라인은 자기 자신을 '자아(moi)를 포함할 뿐만 아니라 지그문트 프
로이트가 이드라 지칭하는 욕동의 생(生) 전체도 포함하는 인격 총체'라고 정
의한다. 그러나 『성인세계가 뿌리를 두고 있는 아동기』(*Racines infantiles du
monde adulte*)를 읽어보면 자기 자신(soi)이란, 정신기제가 개입하기도 이전,
모든 분리(clivage)가 일어나기 이전에 이미 존재하고 있는 것이며 따라서 주
체의 타고난 통일체(unité foncière du sujet)라는 점을 확인할 수 있다. 그러므
로 멜라니 클라인에게 자기 자신은 전적으로, 개인의 모든 활동의 받침대이다.
분열(clivage)이 일어날 때, 자기 자신은 두 개의 자기 자신으로 나뉘어 서로
맞서는 것이 아니라, 자기 자신 안에 균열(une faille)이 도입되는 것이다. 그
균열은, 세계를 체험하여 생긴 표상이 내부 갈등의 영역 안으로 들어오게 한다
(다시 말해서, 어떤 체험이 주체에게 의미하는 바를 소재로 하여 내적 갈등이
란 구도가 가동되는 것이다). 이 분열을 줄이는 일만이 주체로 하여금 원상태
– 즉, 스스로의 자기 자신(soi-même) – 를 찾도록 해주는 방법이다.

성에 이르게 되었다. 상대방도 생각을 한다는 점을 어린아이도 알 능력이 있다는 사실에서 바로 상호주관성이 입증된다. 개인적 발언을 하자면, 아기는 어머니를 인지하기 이전에 이미 어머니라는 대상에 관심을 쏟는다는 내 생각은 변함없다. 게다가 어머니에 대한 아기의 행동 – 표상화된 행동, 즉 어떤 의미가 있는 행동 – 이 있기에 어머니는 '모성의 유형' 안에 자리잡는다고도 나는 생각한다. 한편 어머니가 아기를 돌볼 때에는 어머니 자신의 상상, 환상적 생각이 그 보살핌 안에 개입된다. 이 현상을 우리는 이제 환상에 의한 상호작용이라고 부를 수 있겠다. 환상에 의한 상호작용은 서로의 기억에 각인되는 에피소드, 둘 사이를 구축하는 시나리오, 사후事後 덧붙여지는 둘의 이야기 내용 등에 의하여 풍부해진다. 그렇게, 발달 정신병리학은 안나 프로이트가 세운 햄스테드 클리닉의 메타심리학적 진단결과 목록에만 걸맞은 이론이 아니다. 세대 간에 걸쳐 갈등이 전수되면서 그 내용이 빚어진 상호주관, 내부주관적 관계 역시 발달 정신병리학 안에 도입된다. 여기서, 전수된 갈등이란, 부모가 아이의 조부모와 겪은 갈등내용을 말한다. 이에 교육과 교양을 통하여 친자 관계와 계열 관계를 배합시킬 수 있다.

2. 아동정신분석학을 통한 정신분석학적 (재)구축

원칙적으로, 아동에게 행해지는 치료는 그 결과로 소아 망각이 더욱 쉽게 제거되어야 한다. 그러나 실지 경험에 의하면, 성인의 전이 신경증轉移神經症을 구성하는 특색과 반응성 형성[7]은 잠복기에 매우 강해서 이 시기의 아동은 좀처럼 속내를 털어놓지 않으려 한다. 안나 프로이트가 제안한 치료시의 협력과 거기에서 오는 심리적 방어의 완화, 그리고 클라인이 연상과 유사하다고 본 놀이치료, 이 모든 방법을 사용하면 중단없이 아이와 해석 작업을 계속할 수 있다. 더불어, 주어진 몇 주 동안 분석진료 빈도가 늘어날수록 해석작업도 잘되기 마련이다. 하지만 이렇게 해서 사회적 검열 체제가 완화되고 그 결과로 인한 초자아의 층 몇몇이 완화되었다고 해서 무의식의 파생물에 대한 작업이 쉬워지는 것은 아니다. 정신분석학자가 아동에게 해주는 해석은 잠복기에 묻힌 소재 - 전의식前意識에 속하는 소재 - 만을 대상으로 하는 것은 물론 아니다. 성인정신분석에서도 상황은 대체로 비슷하여, 과거의 일을 반복하는 심리 현상에 대한 원인과 결과를 재구축해낼 수 있다. 그러나 구축작업은 두 주역이 활동하던 비옥한 시기의 산물이다. 그 시기에 두 주역은 무르익은 나르시시즘 덕분에 풍요로운 동일시 작업을 - 생성生成 상의 공감共感과 은유적 공감을 통하여 - 해내었던 것이다. 저자들은 이 점과 관련하여 멜라니 클라인과 후대 클라인 파 정신분석학자들의 공로를 강조하고 있다. 예컨대, 투사 동일시identification projective[8]는 발달상 정

---

[7] [역주] 3부 66번 역주에 반응성 형성에 대한 설명이 나와 있다.

[8] [역주] 투사 동일시(identification projective)를 알기 전에 일단 동일시와 투사 각각의 의미부터 시작해 보기로 한다.

동일시(identification): 다른 사람에서 자신을 알아보는 것, 자신을 그 사람으로 여기는 것이 동일시이다. 지그문트 프로이트는 여러 종류의 동일시를 구별해 놓았다. 아이에게 동일시는 애착의 최초 형태로서, 성인의 어떤 속성들을 제 것으로 삼는 수단이 된다. 그러므로 인격형성에 매우 중요한 양상이 된다. 성인에게 동일시는 방어기제의 하나로서, 불안에서 자아를 보호하기 위하여 사용된다.

투사(projection): 프로이트는 1894년에 이 용어를 도입한 후, 몇 차례에 걸쳐 그 개념을 수정했다. 투사란, 자신의 성향이나 욕망을 타인이나 외부세계에 전가하는 일을 말한다. 그럼으로써 주체는 바람직스럽지 못한 현상이 자신 안에 있다는 사실을 의식하지 못하게 된다. 이 점에서 투사는 방어기제의 일종이다. 더 일반적으로 투사는, 과거의 지각에 대한 기억이 현재의 자극에 대한 지각에 영향을 주는 일을 말한다. 『토템과 터부』에서 지그문트 프로이트는 다음과 같이 말한다. "내부의 지각작용을 외부로 투사하는 것은 태초적 기제로서, 감각기관에 의한 지각작용에 영향을 미친다. 그리하여 그러한 태초적 기제는 우리가 외부세계를 구축하는 데에 중심적 역할을 한다. 아직 충분히 밝혀지지 않은 상황이 있는데, 그러한 상황에서 관념형성작용의 과정이나 감정적 과정이란 내적 지각작용까지도 (감각 기관에 의한 지각 작용처럼) 외부로 투사되어 외부세계를 자의적으로 만들어내는 데에 사용된다. 사실 그러한 내적 지각작용은 내부세계에 머물러 있어야 할 것이었는데 말이다." 우리의 번역본에서는 투사(projection)를 특히 내부투사(introjection)와 구분할 필요가 있을 때 '외부투사'라고 명명하기로 한다.

투사 동일시(identification projective), 혹은 외부투사 동일시: 자신의 특성들을 대상(사람이나 사물)에 투사하여 그런 대상 안에서 자기 자신을 알아보는 것. 투사 동일시가 병적 방어기제로 되면 그러한 대상을 완전히 소유하여 통제하려 들게 된다. 이때 그 대상의 고유 특성은 인정하지도 않는다. 이 개념은 1946년 멜라니 클라인에 의하여 도입되었다. 어머니와 아이의 관계에서 동일시(거울처럼 상대에게서 자신을 알아보는 것)와 투사(자신의 감정을 외부상적인 기제라는 발견을 들 수 있다. 어머니가 (그리고 아동정신분석학자가) 무슨 상상을 하고 있다고 여기는 그 능력 덕분으로 투사 동일시의 파괴적 효과가 감면된다는 것이다. 이러한 상황이니 아동정신분석학자는 이 동일시적 투사 내용을 포용하여 그것을 가지고 어떤 구축 작업을 해 나갈 수 있다. 그러므로 정신분석학에서 아동은 자신의 발달 단계를 거치면서 재구축된 아이이며, 정신분석가의 해석 덕택으로 구축된 아이이다.

3. 아동정신분석학은 존재하는가?

위에 열거한 성찰 사항들이 바로, 아동정신분석학의 존재를 증명해준다고 생각한다. 그러나 정신분석학 틀의 항상성과 중립성을 완벽히 확립하는 일은 상당히 어렵고 그래서 진정한 치료가 지속되기도 어렵다. 클로딘과 피에르 가이스만은 아동을 대상으로 한 심리치

대상에 덮어씌우는 것)가 함께 일어나는 현상을 규정하기 위한 것이었다. 멜라니 클라인에 의하면 투사 동일시는 아이의 심리세계가 자리 잡아 나가기 위하여 의무적으로 거치는 단계이다. 즉, 아이의 상상적, 환상적 세계를 어머니 이미지의 구조적 가치를 따라 묘사하는 일에 해당한다. 아이는 상상으로 좋은 것은 자신 안에 갖고 나쁜 것은 어머니 이미지 안에 투사한다. 이러한 투사 후에는 그렇게 투사된 내용을 다시 자신 안으로 동일시해 들인다. 이것이 바로 정상적 발달 과정에서 일어나는 투사 동일시이다. 즉, 이는 외부로 투사한 것을 다시 자신 안으로 통합하는 일이다. 윌프레드 비온은 이 개념을 더욱 발전시켜, 투사 동일시란, 사고 능력을 가능케 하고 구조짓는 기제라고 말했다.

료사가 되고자 하는 이들을 위해 확고한 정신분석교육이 중요함을 보여준다. 불행히도 이 교육은 제대로 실현되지 않고 있다. 정신분석가 지망자들의 많은 수가 아동만을 위한 센터에서 일하는 것으로 이력을 시작하는 것만 보아도 그렇다.

클로딘과 피에르 가이스만의 이 책은 아동정신분석학의 역사에만 관련된 것은 아니어서, 이 분야에 대한 지도를 그려 보이고 있다. 그리하여 아동정신분석학이 비엔나에서만 꽃피운 것이 아니라 베를린, 런던, 라틴 아메리카, 유럽 전반에서까지 개화했다는 것을 우리는 확인하게 된다. 프랑스에서 아동과 청소년의 정신병과科가 발달하는 데에 정신분석학의 영향이 지대했음을 저자들은 상세히 보여준다. 저자들은 위제니 소콜니카와 소피 모르겐슈테른과 같은 선구자들의 저작을 묘사한다. 프랑수아즈 돌토라는 인물도 언급되고 있으며, 이와 관련하여 내 동료이자 친구인 르네 디아트킨과 내가 프랑스에 미친 영향을 약간 과장하여 칭찬하고 있다.

어쨌든, 대뇌병리학적 정신의학과 신경심리학이 아동정신의학에 지배적 영향을 행사하고 있다고 - 특히 그들이 주장하는, 소위 객관적 측정방법을 통하여 - 자처하는 마당에 클로딘과 피에르 가이스만의 이 책은 정신병리학적 접근방법의 중요성을 증언하고 있다. 정신과 의사에게 소개된 아이나 그 가족은 정신분석을 통해서만 정신병리학적으로 접근할 수 있기 때문이다. 이 책을 정성껏 읽어보면 어쨌든 한 세기를 긋는 역사가 드러나며 그것은 임상작업의 역사이자 연구작업의 역사이다. 한 세기 동안 아동정신분석학자들은 정신분석 발달을 위한 선구자이자, 아동의 정신 장애, 심신 장애 이해를 위한 선구자였으며 각 발달 단계의 순간 - 영아, 아동, 사춘기 전 단계의 아동, 청소년, 성인 - 에 맞는 임상, 치료법을 연구한 선구자였다.

영어판(1998년) 서문　　안 마리 샌들러와 한나 시걸

　　피에르와 클로딘 가이스만의 책 『아동정신분석학의 역사』를 영어권 독자들에게 소개할 기회를 갖게 되어 무척 기쁘다. 이 훌륭한 저작은 아동정신분석학의 발달에 관해 최초로 상세히 연구한 것이기에 매우 중요하다. 우리 성인의 발달 상황은 우리 안에 있는 아동의 정신세계에 그 뿌리를 두고 있다는 정신분석학의 기본 원칙을 생각할 때 아동정신분석학의 발달 양상에 관한 연구가 그리 많지 않다는 사실은 놀라울 따름이다.

　　괄목할 만한 이 책에서 저자는 아동정신분석학의 역사를 초창기부터 묘사했으며, 꼬마 한스의 정신분석에서 출발하여 현재의 발달 상황까지 좇고 있다.

　　두 저자는 발달이 태동한 근원적 상황과 그 확산을 가능케 한 조건을 묘사하고 있다. 그리고 선구자마다 다른 기법, 다른 이론들이 있었으며 그에 따라 나뉜 여러 학파가 어떻게 발달했는지를 깊고 상세하게 설명하고 있다.

　　아동정신분석학이 아동은 물론 성인을 대상으로 한 정신분석 기법과 이론에 풍부히 기여한 바를 저자들은 강조하고 있다. 또한 아동정신분석학의 다양한 학파의 사상을 검토하고 각 학파가 기여한 바를 부각하고 있다. 아울러 각 학파의 공통점과 다른 점이 무엇인지를 논의하고 있다.

이 책이 번역되는 데에는 프랑스의 문화교육부 장관 외에도 〈멜라니 클라인 신탁자금〉과 〈안나 프로이트 센터〉(안나 프로이트가 세운 〈햄스테드 클리닉〉이 그 전신이다)가 큰 지원을 해주었다. 그 모든 협력은 저자들의 정직성과 학문적 객관성에 경의를 표하는 의의를 지닌다.

감사의 말

우리로 하여금 아동정신분석학의 세계에 눈을 뜨게 해준 이들-세르주 레보비치, 르네 디아트킨, 제임스 개밀, 한나 시걸-에게 우리는 우선 감사의 뜻을 표한다. 이들의 임상과 이론, 다양한 관점은 우리에게 진귀한 내용을 가져다주었다.

우리를 맞아들여 체험과 기억을 전해준 이들에게도 감사드린다. 시몬 드코베르, 욜란다 갬펠, 일제 헬만, 베티 조세프, 세르주 레보비치, 시도니아 멜러, 한나 시걸, 프랜시스 터스틴, 로돌포 우리바리 등이 바로 그들이다.

프랑수아즈 카이유^{Caille}의 자택에서 정기적인 모임을 갖는 아동정신분석가들의 모임-《아동정신분석학》집필 위원회도 이 모임 소속이다-과 우리가 보르도에서 진행한 아동정신분석학 역사 세미나를 통해 우리는 집필 과정에서 많은 격려와 도움을 받았다. 특히 파스칼 뒤하멜과 미레이 플뢰리, 도미니크 뒤졸, 마르셀 부아가 여러 자료 수집에 도움을 주었다.

젊은 아동정신과 의사와 정신분석학자들, 정신과 팀의 구성원들에게도 우리는 많은 신세를 졌다. 특히 정신과 팀 구성원들은 질문과 성찰을 병행해가면서 우리와 함께 작업했기에 우리로 하여금 아동정신분석의 역사를 잘 탐구하도록 이끌어주었다. 아동정신분석의 역사는 바로 이들의 역사이기도 하다.

간행자인 다니엘 길베르는 정성스러운 우정으로 한결같은 도움을 주었으며, 우리가 쓴 글을 주의 깊게 읽어보고 항상 친절하게 비평했다.

이 책이 번역되어 런던에서 출판되는 데에 커다란 도움을 준 한나 시걸에게도 감사드린다.

마지막으로, 수사본手寫本을 옮기는 고된 작업을 예의 그 능력으로 잘 맡아준 클로드 뒤그라바에게 각별한 감사의 뜻을 표한다.

필자 일동

들어가기 전에

" "아이들, 그것도 여섯 살 이하의 아동을 어떻게 정신분석 했습니까? 그것이 가능하기라도 합니까? 아동에게 너무 위험천만한 일 아니에요?"

그것은 아주 잘 진행된다. 네 살에서 다섯 살 사이의 아동들에게 그 모든 일이 일어나리라고는 거의 믿지 못할 정도이다. 이 연령대의 아이들은 정신이 매우 깨어있다. 이들에게 최초의 성적性的 시기는 지적 개화의 시기이기도 하다. 이후 잠복기에 들어서면서 아이들은 지적 측면에서도 억제되고 더 멍청하게 되는 것 같다. 이 시기에 들어서면서 신체적 매력이 없어지는 아이들도 많다. 너무 이른 시기에 정신분석을 받으면 피해가 따르지 않겠느냐는 의견에 나는 다음과 같이 이야기해 줄 수 있다. 지금으로부터 이십 년 전, 그런 실험을 받은 첫 번째 아이는 이제 자아실현을 할 능력을 갖춘 건전한 젊은이가 되어 있다. 그는[1] 심한 정신적 외상에도 불구하고 사춘기

---

[1] 꼬마 한스를 말한다.

를 무사히 통과했다. 이른 나이에 정신분석을 받는 다른 '희생자들'도 사정은 더 나쁠 것 없기를 기원하자. 아동정신분석은 여러모로 흥미로운 점이 많으므로, 앞으로 더욱더 그 중요성이 커질 수 있다. 아동정신분석의 이론적 가치의 중요성은 말할 나위도 없다."(지그문트 프로이트, 1926, 『문외한[2] 정신분석의 문제』, 79~80쪽)

이 예문에서 볼 수 있듯 아동정신분석은 20세기 초부터 시행되어 치료에서도 대단한 성공을 거두었다. 아동정신분석은 얻어진 연구 자료들도 풍부하고 희망을 향해 열린 지평 면에서도 정신분석학의 이론에 막대한 공헌을 했다. 정신분석을 하면서 저자 일동은 선배들이 확인한 내용의 실제를 매번 관찰할 수 있었다. 지그문트 프로이트가 그 첫 번째 선배이다. 그러면서 우리는 아동정신분석의 이론화뿐만 아니라 일반 정신분석의 이론을 발전시키는 데 기여할 수 있는 부분이 무엇인지 관찰할 수 있었다.

그러나 동시에 우리는 어떤 교육의 대상이 될 수 없을 것이 분명한 기법을 행하고 있다는 느낌, 성인을 대상으로 하는 정신분석학자들이 여성이나 심리학자들이나 행하는 부차적 분야로 치부하는 기

---

[2] [역주] 여기서 profane이라는 프랑스어는 의사가 아닌 자가 행하는 분석을 의미한다. 독일어로는 Laienanalyse이다. 이것은 무자격이나 무면허와는 다른 개념이다. 의사 출신이 아니더라도 정신분석학자로서의 자격이 있을 수 있기 때문이다.

법을 행하고 있다는 느낌이 들었다. 아동정신분석은 신문과 같은 매스 미디어의 「충고와 비결」란에 다루어지기도 했지만, 무의식이나 아동의 성은 거의 논의되지 않았다.

그런 이유에서 우리는 아동정신분석의 성격과 아동정신분석학자의 정체성에 관심을 두게 되었다. 프랑스 밖에서 특히 영국에서 열리는 모임과 회의에 참석해 본 결과 이 문제를 한 나라 안-특히 우리나라인 프랑스-에서만 연구하다가는 상황을 전체적으로 바로 보지 못하겠다는 생각이 들었다. 다른 나라에서도 어려움은 물론 존재하지만 그 성격은 매우 다른 것이었다. 그 예로, 영국에서는 아동정신분석이 놀랄만한 진보를 보이고 있었다.

아동정신분석학의 역사에 대해 작업하면서 일단 찾아낸 것은 '소소한 사건들'뿐이었다. 그러나 우리 연구의 진정한 주제는 집단적 역사였다. 이 분야에 할애된 텍스트를 찾아내 읽기란 쉬운 일이 아니었다. 프랑스어로 번역된 글이 거의 없었기 때문이다. 그리하여 영어, 스페인어, 독일어 등으로 된 텍스트 번역 작업에 들어갔다. 또한 역사의 산 증인들을 만나고자 런던, 부에노스아이레스, 뉴욕, 비엔나까지 찾아갔다.

이러한 조사 작업으로 방대한 문서들이 쌓였는데 우리는 물론 그것을 추려내어 일반적 개념을 도출해내었다. 이러한 소재 중에서 에피소드에 지나지 않는 것은 취하지 않았다. 에피소드는 접할 수 없었던 비밀을 드러내기에 독자를 사로잡을 수는 있으나, 근본적 문제를 고려하는 데는 방해가 되며, 관심을 다른 데로 돌리기만 한다.

우리는 정신분석학 선구자들의 소명이 어떻게 전개되어 갔는지, 그리고 그들이 뿌리를 두고 있는 사회 역사적 환경은 어떠했는지에 관심을 두었다. 그러나 스캔들을 일으킨 조그만 소문거리나, 정신분석학적 의미가 없는 개인적 갈등 등은 다루지 않았다. 개념을 둘러싼 갈등의 기저에 개인적 갈등이 자리하고 있다고 판단되면 그 개인적 갈등을 낳은 개념적 갈등이 무엇이었는지를 연구하는 일이 더욱 가치 있는 것으로 여겨졌다.

이러한 집단적 기억을 연구하려고 우리는 길을 떠났고 그 여정에서 아동정신분석학의 요람지를 당연히 비엔나에서 찾았다. 비엔나는 아동정신분석학 자체가 아동기를 보낸 곳이기도 하다. 그것은 과연 어떤 비엔나일까?

그것은 우리가 방문한 비엔나, 베르크가세 거리 19번지(지그문트 프로이트의 진찰실)를 화려하지 않은 작은 박물관으로 만들어 기념하는, 현재의 비엔나일까? 1938년, 비엔나 시가 프로이트를 쫓아낸 사실을 잊을 수 없다.

다소 퇴락한 성性이 들끓는 비엔나, 태평스러운 동시에 신경증적이며, 즐거운 동시에 콤플렉스가 있는, 아동정신분석학의 요람인 비엔나는 문화에 의해 변모된, 유아기적 은폐 기억[3]으로서의 비엔나

---

[3] [역주] 환자가 별로 신경 쓰지 않는 별 의미 없는 기억인데, 정신현상의 경제적 사용에서는(au sein de l'économie psychique) 어떤 억압된 기억을 감추고 있는 기억을, 정신분석학에서는 은폐 기억(souvenir-écran)이라고 지칭한다. 즉,

어릴 적 받은 중요한 인상과 그 내용을 차단하는 구실을 하는 것이 은폐기억이다. 지그문트 프로이트는 1896년 아버지의 죽음 후 자기분석 중에 은폐 기억을 발견했다. 히스테리에 대한 자신의 이론을 포기한 후 자기분석 중, 어릴 적의 기억이 밀려온 것이다. 한 꿈을 연구하던 중, 자신을 돌보아주던 유모의 이미지가 그 꿈에 나타났고, 그리하여 프로이트는 은폐 기억이란 개념을 발전시킬 수 있었다.

지그문트 프로이트는 1899년, 『은폐 기억에 대하여』와 『아동기의 기억과 은폐 기억』을 집필한다. 후자에서 그는 다음과 같이 쓰고 있다. "아동기의 첫 기억들이 흔히 부차적이고 대단치 않은 일에 대한 것이라는 이상한 사실에서부터 나는 출발했다. 이때 성인의 기억 안에는, 아동기에 매우 강하고 감정적이었던 인상에 대해서 아무런 흔적도 남아있지 않다(절대적인 것은 아니고 일반적으로 그렇다). 모든 것 – 흔히 대단치 않지만 매우 엉뚱한 기억 몇 가지만 제외하고 – 이 아동기 초기에 대한 망각 안으로 들어가 버린 것이다."

다음은 프로이트의 말이다. "바로 이때 어떤 장면이 의식에 떠올랐다. 그 장면은 29년 전부터 가끔 의식적 기억에 떠오르곤 했지만 무슨 의미인지 이해하지 못했던 것이었다. 그 장면을 묘사하면 다음과 같다. 나는 어머니를 찾지 못해서 절망한 사람처럼 소리를 질러댄다. 나보다 20년 위인 형 필립이 궤를 열어 보이고, 나는 거기서도 어머니를 보지 못하여 더 큰소리를 지른다. 그런데 갑자기 날씬하고 예쁜 어머니가 문틈으로 나타나는 것이었다. 이 모든 것은 무엇을 뜻하는가?" 프로이트에게는 이 사건과 같은 시기에 있었던 하녀에 대한 기억도 우연히 떠올랐다(그 하녀는 어린 프로이트가 어른께 받은 동전을 자기에게 주라고 시키곤 했던 것이었다). 그래서 그는 하녀에 대하여, 이제는 연로한 어머니께 여쭈어 보았다. 그런 별 의미 없는 기억이 혹시 이후에 일어난 중요한 사건을 은폐하는 기억으로 작용하고 있을지도 모른다고 추정했기 때문이다. 과연, 어머니는 그 꾀많고 부정직한 하녀에 대해 유용한 정보를 많이 가르쳐 주었다. 즉, 하녀는 프로이트의 어머니가 아파 누워있는 동안 집안의 물건을 수없이 훔쳐, 이복형의 고소로 법정에까지 갔다는 것이었다. 당시

하녀가 갑자기 없어진 것을 안 프로이트, 하녀가 없어진 일에 이복형이 결정적 역할을 했다는 점을 느낀 어린 프로이트는 이복형에게 하녀가 어디 갔느냐고 물어보았다. 이에 이복형은 "Elle est coffrée(감옥에 갇혔다)."라고 대답했다. 'Coffrée'의 표현('궤에 갇혔다'라는 단어를 구어에서는 '감옥에 갇혔다'라는 의미로 씀)을 곧이곧대로 받아들인 어린 프로이트는 며칠 후 어머니가 외출을 하자, 형이 어머니에게 하녀에게 한 일을 똑같이 저질렀다고 생각하고 분개해서 형에게 궤를 열어 보이라고 했던 것이었다! 또 한 가지, 이때 어머니의 날씬한 모습이 강조되어 기억되는데 프로이트에게 그런 시각적 장면은 마치 어머니가 부활한 모습으로 각인되어 있는 점이었다. 이에, 프로이트는 다음과 같이 해독한다. 당시 태어난 여동생보다 프로이트는 두 살 반 위였는데, 프로이트가 세 살이 되자 이복형은 집을 나가 독립했던 것이었다!

은폐 기억이란, 이렇듯 해독과 해석을 해야 하는 것이다. 별 볼 일 없고 대수롭지 않아 보이는 사건 뒤에, 주체의 인생에 매우 중요한 사건(위에서 본, 프로이트 자신의 예에서는 어머니에 대한 사랑과, 오이디푸스적 경쟁자 구실을 하는 이복형의 사라짐)이 숨어 있는 것이다. 어머니에 대한 사랑의 감정과 아버지에 대한 질투심에서 프로이트는 보편적 구조를 보고, 그것을 오이디푸스나 햄릿 이야기에 연결한다.

프로이트는 은폐기억을 세 가지로 분류한다.

1. 은폐기억의 사건 자체는 어릴 적인 초기 아동기에 일어났음에 반해, 은폐기억으로 감추고 있는 진짜 내용(중요한 사건)은 훨씬 후의 사건인 경우(souvenirs-écrans anticipateurs).

2. 후기 아동기에 일어난 사건에 대한 별 의미 없는 인상이 은폐기억으로 되어 기억 속에 자리 잡고 있는데, 실제로 중요한 사건은 그 이전의(en arrière du souvenirs-écran) 일인 경우. 그 중요한 사건은 저항(résistance)에 의하여 재생(réprésentation)이 억제되어 있다.

3. 두 가지 사건이 시간상 인접해 있거나 잇달아 일어난 경우(souvenir-écran contemporain ou simultané).

일까?

아니면 그것은 지그문트 프로이트의 비엔나로 보아야 할까? 프로이트가 어린 소년일 때 그의 가족은 이 도시로 이사 왔다. 그렇다면 그 비엔나는 온갖 어려움을 무릅쓰고 정복하기를 꿈꾸었던 프로이트의 비엔나인가?

아니면 브루노 베텔하임Bruno Bettelheim 의 비엔나인가? 그와 그의 부모가 항상 살았던 비엔나는 왕년에 세계 최강제국의 선두였고, (파리 다음으로) 유럽에서 가장 큰 도시였다. 그러한 비엔나는 실패와 자살을 거듭하는 그 지배자들처럼 계속 붕괴되고 있었으며, 광기에 대한 근심으로 세계 최고의 정신병원(슈타인호프)이 세워지기도 했다. 아니면 프로이트가 정신분석학을 발명한 비엔나인가? 혹은 진행성 마비를 치료하는 말라리아 요법을 발견하여 노벨상을 받은 바그너 폰 야우레크의 비엔나인가? 아니면 자켈이 정신분열증 환자를 위하여 인슐린 치료법을 상상한 비엔나인가? 예술과 문화가 뛰어난 도시인가? (순서 없이 인용해 보자면, 헤르츨, 브람스, 말러, 코코슈카, 슈트라우스, 슈니츨러, 크라프트-에빙, 클림트, 마르틴 부버, 라이너 마리아 릴케, 이외에도 많은 명사가 있다.) (베텔하임, 1986 참조.)[4]

Sigmund Freud, "Souvenirs d'enfance et souvenirs-écrans", in *Mémoire, souvenirs, oublis*, Petite bibliothèque Payot, Editions Payot & Rivages, Paris, 2010, pp. 113~125.

귀여움을 받으며 자란 안나 프로이트의 어린 시절의 비엔나인가? 그녀는 1차 세계대전 말기 아동들이 곤궁에 빠진 것을 보고 사회주의자, 시온주의자 친구들과 함께 정신분석학으로 도움을 주고자 했다.

아니면 멜라니 클라인의 비엔나인가? 그녀는 그 도시에서 행복한 어린 시절을 보냈고 예술사 공부 후 남편을 따라 그 도시를 떠나야 했다.

정신분석학이 세워지기 위한 문화적 토대를 참작한다 하더라도, 정신분석학이 특별히 비엔나적인 것 같지는 않다. 정신분석학의 발견이 보편성을 띤다는 사실을 인정하지 않으려는 선입견에 따르면, 정신분석학은 비엔나적이라고 하지만 말이다. 장차 보게 될 것이지만, 일반 정신분석학 특히 아동정신분석학은 영국의 방식, 미국의 실용주의, 아르헨티나의 정열의 빛을 띠게 된다. 단, 외국으로 전파되었음에도 그 기본 이론은 어느 나라에서나 똑같이 적용되고 있다. 결국, 무의식이란 특별히 비엔나적인 것이 아니며 아동의 경우도 마찬가지이다.

아동정신분석학이 처음에 비엔나라는 요람에서 어떻게 구축되어

---

4 [역주] 원서의 참고문헌에 베텔하임(Bettelheim)의 1986년 저술은 명시되어 있지 않다. 베텔하임의 저술 목록을 보아도 1986년의 저서는 없다. 단, 영어로 1987년에 출판되어 프랑스어로 1988년에 출간된「적절한 부모가 되기 위하여」가 있다.

전 세계로 퍼져 나갔는지를 앞으로 살펴볼 것이다. 그리고 아동정신
분석학이 발전할 때 외부 요인에 의한 문제들이 뒤얽힌다는 것을
확인하게 될 것이다. 외부 요인이란, 아이들을 돌본다는 - 당연한-
여성의 사회적 위치나, 비 의료진에 의한 정신분석 활동을 말한다.
그렇게 비의료인에게 아동 치료를 맡김으로써, 그 치료는 '교육적'
활동으로 통할 수 있다(이때 '통하다passer'라는 동사는 '불법으로 통
과하다'passer라는 표현을 쓸 때와 같은 단어이다). 저자 일동은 정신
분석학적 활동에 내적인 요인, 즉 여러 방향으로 전개된 이론들이
훨씬 더 중요함을 발견했다. 우리는 아동정신분석학을 실행한 이들
의 역사적 흔적, 그리고 아동정신분석학이 발전해 나갈 수 있도록
한 개념의 역사적 흔적을 추적했다.

　우리는 상상계의 지리학을 따라가기도 했다. 개념의 확산과 사람
들의 이민에 따라 정신분석학의 성찰이 어떻게 정신분석학자 사이
에서 몰이해의 대상이 되는지를 살펴볼 것이다. 미국인들은 클라인
의 개념을 접하지 못하게 되며 안나 프로이트의 개념은 남아메리카
대륙에 다다르지 않는다. 프랑스인들에게 미국과 영국식의 개념은
죽은 글귀나 다름없다. 이런 현상이야말로 바벨탑 신화와 마찬가지
다.

　인간은 전능하고 '유명'해지려고, 하늘까지 닿는 탑을 쌓고자 한
죄를 지었다. 야훼는 그런 인간에게 벌을 내린다. "'이제 이들은 계
획하는 모든 일을 다 할 수 있게 되었구나! 그러니 옆 사람의 말을
알아들을 수 없게 언어를 섞어놓자.' 야훼는 한 군데에 모여 있던

인간들을 지구 각지로 흩뜨려 놓았다. 인간은 바벨 도시 건설을 그 만두었다. 이에 야훼는 그 이름을 외친다. '바벨'…" – 바브 엘 아카 Bab el akka: '신의 문'. 이것은 '섞다'란 뜻의 히브리어 바랄balal을 가지고 말장난을 한 것이다.[5]

윌프레트 루프레히트 비온은 1952년, 상호의존의 특성이 지배적이라고 추정되는 그룹 안에서의 언어발달의 역사로서 이 신화를 해석했다. 탑은 신의 최고 권력을 위협하며, 메시아적 희망(결합된 그룹)을 지니고 있다. 이 희망이 이루어진다면… 그러나 그 그룹은 분파되어 해산한다. 더 간단한 언어체제 아래서는, 진리를 소유하고 있을지도 모르는 모든 그룹은 제도화된 리더 혹은 상징적 리더보다 더 우세한 권력을 가지게 될 위험이 있다. 그룹의 내적 법칙에 의하여 그 그룹은 분열되어 진실에 노출되지 못하게 된다. 진실이란 항상 견딜 수 없는 것[6]이기 때문이다. 이 분파들은 서로 다른 언어에 의해 형성된 것이다. 그리하여 서로 알아듣지 못하고, 서로 다른 언어를 사용한다. (1963, 64~66쪽)[7]

정신분석학의 모든 그룹은 바로 이런 발달과정에 노출되어 있다.

---

[5] 성경, 슈라키 번역.
  [역주] 언어를 섞어놓다, 즉 아동정신분석학의 여러 학파들이 서로 통하지 않는 다른 언어를 각자 사용함을 뜻한다.
[6] [역주] 정신분석학이 발견한 무의식과 성에 대한 진리는 견딜 수 없는 것이기에…
[7] [역주] Bion, W. R.(1963), 『정신분석학의 요소』.

정신분석학 창립자의 말씀을 앞질러 가는 것 같은 새로운 개념이라면 항상 반대하는 그룹이 있기 때문이다. 아동정신분석학은 특히 더 그러하다. 1963년(W. R. 비온, 1963, 64~66쪽), W. R. 비온은 지식이 높아진 사실 자체가 - 욕동의 표상(지식 욕동the drive for knowledge=K)으로서 - 벌을 받은 것[8]이라고 주장했다.

여러 나라와 사회를 편력하면서 만난 것은 바로 이 '바벨탑적' 분산이었다. 즉 아동에 관한 '진실'이 무엇인지 알아가는 일을 거부하는 집단이 있다는 느낌을 받았다.

그런 한, **모든** 인물과 **모든** 나라를 반드시 다 다룰 필요는 없다고 여겼다. 인물이라면, 우리가 다루는 아동정신분석학의 역사 분야에서 대표적일 것이라고 판단되는 인물들만 묘사하기로 했다. 그 선정에서 빠진 인물들도 있다. 산도르 페렌치와 그의 저작『꼬마 닭-인간, 아르파트』(1933)나 알프레드 아들러를 언급하지 못하여 유감이다. 또한 이탈리아나 네덜란드의 아동정신분석학파도, 아쉽지만 다루지 못했다. 우리가 취한 선택이 임의적이기는 해도 선정한 인물과 나라에 더 집중할 수 있는 장점이 있다.

우리는 전 세계에 사상이 퍼진 양상을 고려하여 지리학을 중심으

---

[8] [역주] 이후에 보게 될 것이지만 창립자 지그문트 프로이트의 정신분석학 이후로 안나 프로이트와 멜라니 클라인이 두 학파로 나뉘어 첨예하게 대립하였다. 각 학파는 상대방을 창립자 프로이트의 정통성을 훼손한다고 비난하였다. 두 학파는 그렇게 서로의 언어를 알아듣지 못한 셈이었다.

로 하되, 환상[9]의 차원도 제외하지 않았다. 즉, 이 책은 그 환상[10]의 지리학과 더불어, 역사와 연대순이라는 세 축을 기준으로 삼았다. 그리하여 1부 **그저께, 비엔나, 그 근원에서**, 2부 **어제, 비엔나와 베를린, 런던에서**, 3부 **오늘날, 영국과 미국, 아르헨티나, 프랑스에서**의 순으로 이어지게 된다. 짤막한 마지막 부분은 이 분야의 전망에 관한 것 - **내일에 대한 전망** - 이다.

---

[9] [역주] 정신분석학 사상의 확산을 다루되 지리를 고려한 외면적 역사성뿐만 아니라 정신분석학 사상의 중요한 개념인 환상의 내용도 고려하였다는 의미.

[10] [역주] 저자는 정신분석학의 주요 개념 중의 하나인 **환상**을 이렇듯 문장 안에 직접 넣어 환유법, 혹은 일종의 상징적 문체로 기술하고 있다. 환상, 곧 정신분석학이 지리적으로 어떻게 전파되면서 개념이 발전되어 나아갔는지를 살펴보았다는 뜻이다.

1부

그저께,
비엔나, 그 근원에서,
1905~1920

이 기간은 지그문트 프로이트가 정신분석학을 구축하는 시기이자, 훗날 탄생할 아동정신분석학의 밑그림이 그려지는 시기다. 1900년 이전에 이미 프로이트는 소아과에 근무한 적이 있었다. 『성 이론에 대한 세 편의 에세이』가 출판된 후 비엔나 정신분석학회에서는 어린 아동의 성에 관심을 갖기 시작했다. 그리고 학회에서 열리는 수요 모임에서는 열띤 토론이 이루어졌다. 더욱이, 참가자들은 자신의 가족의 사례를 들어가며 자신의 자녀들이 이룩한 '수훈'을 예로 들었다. 취리히의 카를 구스타프 융, 베를린의 카를 아브라함도 열띤 흐름에 참여하여 이 주제에 대해 프로이트와 서신을 나누게 된다. 카를 구스타프 융과 나눈 서신은 간혹 재미있는 표현도 있지만 거북스러운 부분으로 점철되어 있다. 분명 그 탓으로 둘은 갈라섰을 것이다. 프로이트가 융에게 다음과 같이 쓸 때 우리는 그 점을 엿볼 수 있다. "아가틀리[융의 딸]가 독창성 있는 꼬마이기를 바라는데… 그 애가 혹시 꼬마 한스 이야기를 들은 건 아니겠죠?"(3월 9일) 서신에는 의미심장한 부분도 있다. 예컨대 자신의 자녀들에게 아버지 노릇 하기가 쉽지 않으니 융에게 아버지 노릇 하기도 쉽지 않다는 이중 메시지를 융의 부인이 프로이트에게 전하려는 대목이다. "선생님의 자녀들을 정신분석으로 도울 수 없다고 진짜 생각하시는지 여쭙고 싶었습니다. 예사로운 아버지에서 벗어나기도 어려운데 위대한 인물의 아들이 되면 반드시 벌 받기 마련이지요.[1] 아드

---

[1] [역주] 오이디푸스 콤플렉스에서 아버지는 아들에게 경쟁자이다. 융의 부인은 프로이트를 융의 영적 아버지로 은유해서 표현하고 있다. 이후 융은 프로이트와 의견 차이로 갈라선다. 벌 받는다는 것은 아버지에 의한 거세(콤플렉스)를 넌지시 암시한다.

님의 다친 다리도 같은 맥락의 일 아닌가요? …"

　이런 분위기에서 등장한 꼬마 한스의 정신분석은 상당한 사건이었다. 프로이트의 이론적 관점을 확고히 한 계기이기도 했지만 그것은 일정한 조건을 갖추면 어린 아동을 정신분석으로 치료할 수 있다는 가능성을 증명한 사건이었기 때문이었다.

　이 당시만 보면 아동정신분석학에 대한 관심이 장차 어떤 운명으로 전개될지 알기 어렵다. 아동에 관한 관찰내용을 늘림으로써 정신분석학의 이론을 확립할 것인가? 신경증을 확실히 예방할 수 있는 정신분석적 교육이란 꿈을 다져나갈 것인가? 1908년, 「프로이트의 실험에서 아동 교육을 위한 어떤 실질적 방침이 나오는가?」라는 제목으로 페렌치가 잘츠부르크 학회에서 발표한 것은 바로 이러한 성찰의 일환이었다. 아동정신분석의 치료사례를 더욱 늘리는 방향으로 나아갈 것인가? 그렇다면 어떻게 늘리는가?

　정신분석학계에서 이런 성찰은 많이 찾아볼 수 있다. 그중 헤르미네 후크-헬무트가 가장 집요한 연구를 수행했다. 그녀는 아동정신분석 치료를 실행한 첫 번째 인물이다. 교육 전공자로서 아동의 성性과 교육에 관해 과감한 발언을 했는데 그 탓으로 많은 이들이 그녀를 용서하지 않게 되었다. 더욱이 특수한 상황에서 그녀가 살해된 후, 사람들은 프로이트의 발견에 증오에 찬 공격을 가하게 되었다.

01 지그문트 프로이트

"아동의 성性에 대한 나의 고찰은 처음에는 성인을 대상으로 한 분석의 결과에만 기초한 것이었다. 그것은 성인을 분석할 때 그들의 과거, 그것도 매우 오래된 사건으로 거슬러 올라간 분석이었다. 이때 아동을 직접 관찰할 기회는 없었다. 몇 년 후 매우 어린 아이를 직접 정신분석하여 관찰한 결과 나의 추론이 옳았음을 확인했을 때 느낀 승리감은 대단한 것이었다.

그런데 아동의 성을 그렇게 발견한 데에 오히려 부끄러워해야 마땅하다는 생각에, 기쁨에 들뜬 기분이 약간 상할 때도 있었다. 아동에 대한 관찰을 심화할수록 그 내용은 더욱더 분명해지고 이해 가능하게 되었기 때문이다. 아동의 성을 알아보는 일이 그리도 힘들었나 의아할 뿐이다." (프로이트, 1914[2], 84~85쪽)

지그문트 프로이트에 의한 정신분석학의 발견은 일반적으로 생각

---

[2] [역주] 프로이트(1914), 『정신분석학에 대한 다섯 편의 강의, 정신분석학 운동의 역사에 공헌함』.

하는 것보다 훨씬 더 오랜 기간에 걸친 작업의 산물이었다.

1885년, 장학금 덕택으로 29살의 젊은 프로이트Freud가 샤르코 병원에 실습하러 도착했을 때는 조직학組織學적 신경병리학 연구를 마쳤을 때였다. 프로이트 자신도 "신경증에 대해 나는 아는 것이 없었다"(1925, 21쪽)[3]고 말하고 있다. 반면 그는 일찍이 나름대로 아동에 관심을 두고 아동의 편측, 양측 뇌성마비에 대한 저작을 몇 권 출판했다(1891년과 1893년). 1886년에 그는 베를린의 아돌프 바진스키 소아과에서 몇 주간 실습을 했다. 이후 그는 소아과 의사 카소비츠가 이끄는, 비엔나의 국립의료원 소아과 신설 신경학 병동의 원장이 된다. "프로이트는 몇 년 동안 이 직위에 있었다. 일주일에 세 번씩 나와서 매번 몇 시간을 머물며 신경학에 귀중한 공헌을 했다."(존스, 1953, I, 234쪽)[4] 동시에 그는 '신경증 질환 전문의'로서 개인병원을 열었다. 그의 환자들은 '신경학적'인 경우가 차츰 줄어들고 '신경증' 환자들이 점차 많아지게 되었다. 어쨌든 신경학적 환자들에게는 어떤 치료법도 소용이 없었다. 신경증 환자들을 위하여 프로이트는 주로 암시 요법과 최면술을 사용했는데 이것은 장차 자신의 분야가 될 임상-이론의 장이었다. 프로이트 자신도 말하다시피, 처음부터

---

[3]   [역주] 지그문트 프로이트(1925), 『나의 인생과 정신분석학』, 파리, 갈리마르, 1950. (1950년은 프로이트의 책이 프랑스어로 번역되어 출간된 해이다.)

[4]   [역주] E. Jones(1953), 『지그문트 프로이트의 인생과 저술』, I, 파리, PUF, 1958.

"나는 최면술에 몰두했다. 환자의 증상이 어떻게 생성되었는지 그 역사를 추적하기 위하여 최면술을 사용했다."

자신의 기법을 발전시키려고, 프로이트는 친구 브로이어가 1880년에서 1882년 사이에 관찰한 바를 토대로 삼았다. 브로이어는 최면술을 이용하여 안나Anna O.를 분석한 결과 심각한 히스테리 증상과 어렴풋한 기억 사이에 관계가 있음을 짚어내게 되었다. 안나의 기억은 특히 병든 아버지를 간호하던 시절까지 거슬러 올라가는, '정신외상'의 경험에 대한 것이었다. 치료는 표면화 작용abréaction[5]으로 진행되었다. 그것은 정화 요법이었다. 프로이트는 이후 여러 해에 걸쳐 다른 환자들과의 경험에 비추어 안나의 사례를 이해하고자 함으로써 더욱 진전된 연구를 할 수 있었다. 특히 브로이어에게 환자가 관능적 전이를 했고 브로이어 역시 환자에게 긍정적 역전이le contre-transfert를 했는데 바로 이 부분을 프로이트가 해명하게 된 것이었다. 분석 기간에 환자가 상상임신을 하고 아내가 질투를 함에도 브로이어는 이 현상을 보지 못했다(혹은, 무의식적으로 보려 하지 않았다). 그리하여 브로이어는 안나에게 성이 놀랄 정도로 미발달된 상태라고까지 말할 정도였다. 프로이트가 억압기제와 무의식의 존재, 전이의 역할, 성이 병의 주된 요소로 기능한다는 것 등을 발견함

---

[5] 표면화 작용이란 감정적 분출을 말한다. 이를 통해 주체는 정신적 외상을 남긴 사건에 대한 기억과 연결된 정동(情動)에서 벗어난다. 표면화 작용을 통해 주체는 병에서 벗어나며, 다시 병에 걸리지도 않게 된다.

으로써 이 단계를 넘어섰다.

그러나 1895년이란 시기는 이 발견 사실을 받아들일 만큼 충분히 무르익은 단계가 아니었다. 프로이트의 고찰내용은 『히스테리에 관한 연구』란 저서로 결실을 맺었다. 이에 대하여 프로이트 자신도 훗날, 다음과 같이 말하고 있다.(프로이트, 1925)[6] "나는 『히스테리에 관한 연구』에서, 일상에서 성과 관련된 요소들이 일정한 역할을 하고 있다고 사례를 들어 발표했다. 감정 상태와 결부된 다른 욕동들과 달리 성적 요소들은 당시 별로 달갑게 받아들여지지 않았다. 그리고 『히스테리에 관한 연구』의 내용만 가지고는 신경증의 병인에서 차지하는 성의 중요도를 알아내기 어려운 것도 사실이다."

정신분석학에서 카타르시스[7]가 치료법으로 정착한 과정 또한 간단하지 않다. 그 시작은 1895년에서 1900~1902년경으로 추정할 수 있다. 이 시기는 프로이트의 자기분석 기간에 해당한다. 이로써 우리는 프로이트가 얼마나 에너지를 소모해야 했는지, 어느 정도로 심리적 저항을 극복해야 했는지, 자신에 대해 얼마나 생각을 거듭해야 했는지 알 수 있다. 디디에 앙지외의 저작은 이 점을 훌륭히 전달하고 있다(『프로이트의 자기분석』, 1959).[8]

---

[6] [역주] 지그문트 프로이트(1925), 『나의 인생과 정신분석학』, 파리, 갈리마르, 1950.
[7] [역주] 정화법. 과거의 정신적 충격을 표출시킴으로써 치료 효과를 얻는 정신 치료법.
[8] [역주] D. Anzieu(1959), 『프로이트의 자기분석』, 파리, PUF, 1959. 두 권으

히스테리의 근원에 자리한 '정신적 외상'traumatisme을 발견한 후 프로이트는, 현재 겪고 있는 정신적 외상은 바로 이전에 겪은 정신적 외상이 무엇이었는지를 나타낸다고 인정하게 되었다. 이전의 정신적 외상은 유혹, 성적 불법침입으로서 주로 아버지에 관한 것이다. 성으로 인한 정신적 외상이란 개념은 받아들이기가 쉽지 않았으며, 그 탓으로 브로이어는 프로이트를 떠난다. 그러나 근본적인 수정과 재검토를 거쳐 밝혀진 사실은 더욱 충격적이었다. 성적 유혹에서 아이가 적극적인 역할을 한다는 것이었고 한술 더 떠서, 유혹 장면에서 아이가 상상하는 성인의 역할이 있다는 것이었다. 이 때문에 프로이트가 자신의 '노이로티카'[9]를 포기했다는 것은 잘 알려져

로 나온 판본이다. 한 권으로 묶인 세 번째 판본은 1989년에 출판되었다.

[9] [역주] 노이로티카는 유혹에 관한 이론(théorie de la séduction)이다. 부모가 자신을 유혹한 것으로 인하여 억압된 성적 외상(traumatisme sexuel)이 생긴다는 것이다. 1897년 9월 21일 빌헬름 플리스(Wilhelm Fliess)에게 보낸 편지에서 프로이트는 '나는 더는 나의 노이로티카를 믿지 않는다'고 밝힌다. 왜냐면 히스테리 환자의 성적 외상은 아버지로부터 실제로 겪은 근친상간이 아니라 환자 머릿속의 환상에 기인한다는 사실을 프로이트는 발견했기 때문이다. 그리하여 이제, 정신분석학은 실지 사건의 현실보다는 환상의 현실을 고려하는 정신분석학으로 거듭나게 되었다. 참조: 지그문트 프로이트(1914), 『정신분석학에 대한 다섯 편의 강의, 정신분석학 운동의 역사에 공헌함』, 파이오, 파리, 25쪽.

프로이트가 보낸 편지의 내용은 다음과 같다. 프로이트는 히스테리의 경우가 뜻밖에 잦은데 그 결정적 원인이 아버지라는 사실을 밝히면서 두 가지 사항을 포기할 각오가 되어있다고 말한다. 즉, 신경증을 완전히 없앨 수 있다는

있다.

한 세기가 흐른 1991년, 우리가 이 글을 쓰고 있는 현재에도 이 발견에 대해서는 아직도 의견이 분분하다. 어린 아동이 성적으로 적극적인 역할을 한다는 사실은 아직도 인정되지 않고 있기 때문이다. 정신분석학에 적대적인 자들이 이에 반대함은 물론이고, 수많은 정신분석학자도 그런 요소들을 찾아볼 수 없다며 이론을 통하여 반론을 제시하고 있다. 그런 요소들이 '공식적으로' 존재한다고 의식적으로 인정은 하지만 말이다.

프로이트는 할 수 있는 대로 저항했다. 그의 첫 번째 가설에 따르면, 성인에게서 느껴지는 유혹 때문에 아이에게 때 이른 자극이 생긴다는 것이다. "처음에 그는 그런 사실로 인하여 즉각적으로 아이에게 관능적 감각이 일깨워질 수 있다는 생각을 하지 않았다. 즉 이후 사춘기에 접어들어서야 그 혼란스러운 사건에 대한 기억이 작용

것과 신경증의 정확한 원인이 아동기에 있다는 두 가지 사실을 포기한다는 것이다. 아울러 억압이나 그 작용력에 대한 이론적 이해를 아직 얻지 못한 상태이기에 혼란스러우며, 어느 정도 자란 후에 겪는 우발적 사건 때문에 어릴 적 환상(fantasmes)이 되살아날 수 있는지도 의문의 여지가 있다고 쓰고 있다. 신경증을 해명하기 위하여 이전까지는 유전적 소인을 거부했는데, 이제는 바로 위와 같은 이유에서 유전적 소인이 우세한 것으로 떠오른다고 프로이트는 말한다.

1972년, 앙드레 그린(André Green)은 노이로티카에 대하여 다음과 같이 말한다. "여기서 중요한 것은, 유혹당하고자 하는 소녀의 욕망이 감추어져 알아보지 못하도록 만드는 기능이다."

하리라는 것이었다." (존스, 1954)[10] 사건이 일어난 후 **몇 년이 지나**
서야 그에 대한 기억으로 정신적 외상을 받는다고, 프로이트는 1895
년에 쓴 바 있다. 1896년에는, 아기 적부터 '미약하나마 성적인 자극
들'이 있음을 다룬다. 그러나 그것은 순전한 자기성애自己性愛로서,
자극 요소 사이에 아무런 연관이 없으며 타인과도 아무런 연관이
없다. 1897년, 그는 성감대에 관한 직관을 얻은 후 중대한 발견을
한다. 즉, 부모의 변태행위와, 더 나아가 자녀들에 대한 단순한 성적
욕망 외에도 부모를 대상으로 한 - 일반적으로 반대 성의 부모에 대
하여 - 근친상간의 욕망이 있다는 것이다. 존스는 이에 관한 연구를
잘 묘사하고 있다.

"그러나 이 시기는 프로이트가 이후에 제시하게 될 아동의 성이
아직 자리잡지 않던 시기였다. 즉, 근친상간적 욕망과 환상은 더 늦
은 시기인, 약 8세에서 12세 사이에 나타난다고 잡고 있었고, 나타
나는 즉시 초기 아동기의 차폐막 뒤로 버려지는 것으로 생각하고
있었다. 그러므로 근친상간적 욕망과 환상은 유아라는 이른 시기에
태동하는 것이 아니었다. 그러나 프로이트가 그나마 와서 인정할 수
있었던 유일한 사실은 6~7개월 된(!) 매우 어린 아이들도 부모들이
행하는 일정한 성적 행위의 의미를 불완전하게나마 이해하고 기억
에 저장할 수 있으며 이미 보고 들을 수 있다는 점이었다(1897년

---

[10] [역주] E. Jones(1953), 『지그문트 프로이트의 인생과 저술』, I, 파리, PUF,
1958.

5월 2일). 아기 때 그렇게 우연히 접한 사건은, 그에 대한 기억이 이후 환상이나 욕망, 성적 행위에 의해 되살아났을 때 비로소 중요성을 획득하는 것이었다. […] 1896~1897년, 매우 작은 아기에게서 프로이트가 발견한 성적 흥분의 초기 형태는 오늘날 우리가 '전前생식기'라고 규정짓는 것이며 음식물과 연계된 두 구멍인 입과 항문에 관련된다. 그 초기 형태는 자기성애적이라고 말할 수 있다. 어린 아기가 부모 중 한쪽에 대하여 생식기적 욕망—그것도 여러 면에서 볼 때 성인의 생식기적 욕망에 비견되는—을 느낄 수 있다는 점은 더욱 인정하기 어려웠다. 아동의 성이 매우 풍요로워서 적극적 활동을 하는 욕동으로 나타날 수 있음을 인정한 사실은 진보를 향한 한 걸음이었다. 그러나 항시 신중을 기하는 프로이트가 그러한 인정을 한 것은 이후의 일이었다… 프로이트가 오이디푸스 콤플렉스를 묘사하는 『꿈의 해석』(1900)에서도 우리가 발견하는 것은, 아동에게는 성적 욕망이 없다고 추정하던 낡은 시대의 '파묻힌 화석'이다. 그 주장을 수정하는 주석은 세 번째 판본(1911)에 와서야 덧붙여졌다. 아동이 근친상간적 욕망의 무구한 희생자라는 생각을 프로이트는 5년 동안 견지했다고 말할 수 있다. 매우 점진적으로, 그리고 상당한 내적 저항을 극복한 후, 프로이트는 그 이래로 아동의 성이라 불린 그것을 드디어 인정하고 말았다. 환상은 과거로 버려진다고 생각하면서 프로이트는 아동의 성적 욕동이 태동하는 시기를 최대한 늦은 연령대로 잡았다. 말년에 가서야 그는 아동기의 첫해에는 감지하기 미묘한 흥분이 감추어져 있고 어두운 불가사의가 감돈다고 생각하기로 결정한다. 그러나 이 첫해에 욕동과 환상이 적극적 활동을 한다고는 말하지 않는다." (존스, I[11], 355~356쪽)

1914년, 지그문트 프로이트는 아동의 성에 대해 발견한 내용을 조심스럽게 보고한다. 아동의 리비도를 분명히 드러내는 데에도 이미 격렬한 공격을 감내해야 했던 것이 사실이다. 게다가 프로이트 자신의 심리적 저항도 고려해야 한다. 프로이트 자신에게도 억압이 있고 그것은 항상 – 바로 그것이 정상적인 것이다! – 적극적인 활동을 하기 마련이다. "연구자는 찾아내려고 했던 바 이상의 것을 발견하는 일이 많다. 점점 더 오래된 과거로 추적해 내려가 어느 순간에 가서는, 사춘기에 도달하면 그칠 수 있을 것으로 생각했다. 즉 사춘기를 성적 경향이 눈뜨는 시기로 여기는 것이 관례이기 때문이다. 그러나 이런 희망은 헛된 것이었다. 왜냐면 흔적을 좇아 과거로 내려갈수록 사춘기 이하로 내려가 아동기, 그것도 인생 초반부 몇 해에 도달했기 때문이다."(프로이트, 1914, 82~83쪽)[12] 그리고 몇 줄 건너서는 다음의 내용이 보인다.

"히스테리 환자가 자신의 증상을 지어낸 '정신적 외상'에 연결할 때, 새로운 사실은 그런 장면을 상상한다는 점이다. 그러므로 우리

---

[11] [역주] E. Jones(1953), 『지그문트 프로이트의 인생과 저술』, I, 파리, PUF, 1958.

[12] [역주] 프로이트(1914), 『정신분석학에 대한 다섯 편의 강의, 정신분석학 운동의 역사에 공헌함』.

는 심리적 현실도 고려해야 하고 실제의 면도 고려해야 한다. 이로써 그러한 공상은 초기 아동기의 자기성애적 활동을 감추는 데 쓰이는 것이라고 나는 즉시 결론지었다… 이러한 확인을 하자마자 내 눈앞에는 아동의 성적 생활이 광범위하게 펼쳐졌다."(프로이트, 1914[13], 83~84쪽)

그러므로 프로이트는 자신의 의도와는 반대로 이런 발견을 한 것이었다. 1925년에 그는 다음과 같이 적고 있다. "나는 그런 결과에 대해 마음의 준비가 안 된 상태였다. 그런 일이 생기리라 전혀 기대하지도 않았고 그저 순진하게 신경증 환자 연구에 착수했을 뿐이었다."(프로이트, 1925, 41쪽)[14]

이때, 성의 '의학적' 측면을 이용하여 방어막을 칠 수도 있었다. 즉, 성은 아직 밝혀지지 않은 화학적 측면이 있었지만 어쨌든 그런 화학은 성적 흥분상태를 결정하는 것이었다. 그렇게, 신경증은 바제도Basedow병(갑상선 기능 항진증)과 같은 내분비 계통의 질환과 비슷한 증상을 보이기 때문이었다. (프로이트, 1925, 44쪽)[15]

아동의 성이란 점 때문에, 그 시대로서는 '새로웠던' 이 사실은 "인류가 지닌 가장 집요한 편견 중의 하나와 모순되었다. 그 편견이란, 아동기는 자고로 성적 사욕邪慾 없이 '결백'해야 하고 '관능'이

---

[13] [역주] 같은 책.
[14] [역주] 프로이트(1925), 『나의 인생과 정신분석학』, 파리, 갈리마르, 1950.
[15] [역주] 같은 책.

란 악마와의 투쟁은 사춘기의 번민과 반항에 이르러서야 시작된다
는 것이었다. 그래도 아동에게서 관찰되는 성적 활동의 요소는 변질
의 신호이거나 조기 기능이상, 아니면 자연의 기이한 변덕으로 치부
되었다. 성적 기능이 인생의 초기에 시작되어 아동기부터 수많은 표
시로 발현된다는 주장은 정신분석학적 발견의 다른 요소들과는 달
리 전체적으로 거부에 부딪히거나 폭발적 분개를 불러일으켰다. 그
러나 다른 어떠한 정신분석적 발견도 아동기의 성만큼 쉽고 완벽하
게 증명할 수 없다." (프로이트, 1925, 56~57쪽)[16]

그러면 그것을 어떻게 증명할 수 있는가? 이후에도 살펴보겠지
만, 1902년과 1910년 사이에, **아동들**을 직접 연구해야 했다. (이 시
기에 이루어진 이런 역사는 오늘날에도 계속되고 있다.)

프로이트의 초기 제자들 모임은 아동 연구의 장이 되었다. 1902년
부터 프로이트의 아파트에서 열리던 〈정신분석학을 위한 수요 저녁
모임〉은 이후 〈수요일 저녁의 회의〉로 명명되었다. 이 모임은 1908
년 탄생한 비엔나 정신분석학회로 이어져 공적 활동을 하게 되었다.
이 모임의 활동에 대해서는 1906년부터의 기록이 보존되어, 현재에
도 열람할 수 있다.

이 그룹의 각양각색의 회원들은 정신분석을 이해하고 발달시키는
것을 임무로 삼았다. 그들은 당장 할 수 있는 수단껏 일을 진행했다.

---

[16] [역주] 같은 책.

그리하여 환자를 분석하는 회원도 있었고 철학, 심리학, 문학 텍스트를 주해하는 회원도 있었다. 또 어떤 회원은 자신을 연구 대상으로 삼았다. 그중 루돌프 폰 우어반취취Urbantschitsch는 자신을 연구한 축에 속했다. 그는 1908년 1월 15일, 「결혼할 때까지의 나의 (성적) 발달」을 발표한다. 참가자들은 그의 수음手淫이 해로운 것이었는지, 혹은 자위를 하지 않으려고 한 투쟁 자체만 해로운 것이었는지 알아내려고 심각한 토론을 했다. 그리고 프로이트는 자신의 여성적인 부분과 노출증(!)을 분석한다. 히치만은 "젊은 시절을 그렇게 보낸 사람이 어떻게 되는지 아는 것은 흥미로운 일이다"라고 강조한다. 또한 I. 자드거는 그의 변태를 연구하여 "주장한 만큼 발표자가 그리 건전한 것 같지는 않다"라고 지적한다. 막스 그라프(꼬마 한스의 아버지)는 "발표 내용으로 미루어보아 발표자는 심각한 히스테리에 걸렸다"라고 말한다. 거기에 프로이트는 그렇지 않다고 대답한다. 억압이 성공적으로 기능했을 때 신경증은 없기 마련이라는 것이었다. '발표자'는 답변에서 자신이 '심리적 가학증'은 있다고 인정하나 동성애자라거나 변태는 아니라고 항변한다.

이 토론 내용을 열거하는 이유는 당시 모임의 분위기에서 자신의 아이에 대해 언급하는 것은 전혀 충격적인 일이 아니었다는 사실을 보이기 위함이다.

『성 이론에 대한 세 편의 에세이』에서 프로이트가 쓴 다음 문장은 당시 모임의 연구자들에게 주어진 임무가 무엇이었는지를 보여준다. "신경증 환자들이 성적으로 아동기 상태에 머무는 방식, 혹은 그 상태에 이르게 된 방식이 서서히 드러나 우리의 머릿속에 그려지기 시작한다. 우리의 관심은 아동의 성생활로 향한다. 그리하여 아동의 성의 발전과정을 지배하는 영향들을 천착하되, 아동의 성이 변태나 신경증 혹은 정상적 성으로 이르는 귀착점까지 추적하고자 한다."(1905)[17]

이런 임무는 '꼬마 한스'에 대한 논문(1909)에서 더욱 자세히 드러난다. "바로 이런 목적에서 나는 몇 해 전부터 제자와 친구들에게 아동의 성에 대한 관찰 내용을 모아두라고 격려했다. 아동의 성이라면 일반적으로 사람들은 서툴게 눈을 감아버리거나 일부러 부인하곤 한다." 꼬마 한스의 부모인 막스 그라프와 그의 부인은 "올곧은 행동 유지에 절대적으로 필요한 것 이외에는 압박을 주지 않으면서 첫 아이를 키울 것에 의견을 모았다." 이 지적은 1905년의 지적(『성 이론에 대한 세 편의 에세이』)에서 그 반향을 찾아볼 수 있다. "아동기 때 보이는 성적 표현들을 더욱 깊이 연구하면 성적 욕동의 본질적 특색이 드러날 것이며, 성적 욕동의 발전 과정도 밝혀질 것이며, 서로 다른 근원에서 비롯되어 모인 성적 욕동의 총체적 모습 또한 볼 수 있을 것이다."

---

[17] [역주] 괄호 안의 연도는 프로이트가 집필한 저서 각각이 출판된 연도로서, 프로이트의 발견과 연구 내용의 추이상 중요하다. 그의 저서가 프랑스어로 번역되어 출판된 연도는 물론 다르며, 원서의 참고문헌에는 두 가지 연도가 별도로 명시되어 있다.

'꼬마 한스'에 대한 논문의 첫 부분은 열 쪽에 달하는데, 이 부분이 '정상적 아동을 관찰한 것'이란 사실을 사람들은 너무 자주 간과한다. 그것은 1906년과 1908년 사이에 3살에서 5살이었던 헤르베르트 그라프를 관찰한 기록이다. 프로이트는 이 관찰 내용에서 거세불안, 아동의 호기심, 형제에 대한 경쟁심 등을 나타내는 요소들을 들추어내며 특히 여러 형태의 변태 요소들을 지적한다. 그러는 동안 '거리에서 말에게 물릴지 모른다는 두려움'이란 병적 공포가 돌발하자, 엄밀한 의미에서의 분석 작업을 시작하게 되었다.

  우리는 이때, 정신분석학의 역사 초창기부터, 프로이트가 정신분석**관찰**과 정신분석 치료를 명확히 구분하고 있음을 알 수 있다. 위에서 언급된 관찰 내용은 프로이트의 1907년 논문인 「아동의 성적 정보」를 탄생시킨다. 초판에서 아동은 계속 헤르베르트라고 불린다. 아직 완전한 익명으로 등장하지 않는 것이다. 이 기사는 정보에 관한 관심 - 성적 정보를 어느 순간에, 어떤 방식으로 말해주어야 하는지 등 - 이라는, 그 시대의 진부한 논의 수준에서 벗어나지 않고 있다.

  그러므로 정상이었던 한스가 공포증을 갖게 된 것은 2년에 걸친 관찰과 '심한 강제가 없는' 교육 이후의 일이었다. 부모는 매우 걱정한다. 그의 아버지는 "이럴 수가!"라고 쓴다. 신경증의 원인에 대해 고심하는 회원들에게 돌발한 아동 신경증은 즉시 고통스러운 것으로 받아들여졌다. 더욱이 그런 일은, 혹시 억압 없는 교육과 성적 정보 제공의 유해성을 나타내는 것 아닐까? 당시 프로이트의 이 생각이 심하게 비판받았다는 사실을 우리는 알고 있다. 그러나 그것은 이미 이전에 부모가 범한 교육상 오류의 결과가 아닐까? 계속 수음 행위를 하면 A박사에게 부탁해 고추를 잘라내겠다고 그의 어머니가 헤르베르트-한스를 협박했다는 사실을 우리는 알고 있다. 그리고 부모가 한스를 가끔(자주?) 자신들의 침대에 재웠으며 그의 어머니가 한스의 고추를 추잡한 것으로 취급했다는 사실도 우리는 알고 있다. 이 모든 것은 3세 이후의 한스를 계속 관찰하여 드러난 사실이었다. 단편적으로 드러나는 이 이야기를 통하여 우리는 아이에게 죄의식을 심어주는 당시의 교육적 풍토를 짐작할 수 있다. 그뿐만 아니라 부모는 자신들이 교육을 잘못하여 아이로 하여금 신경증에 걸리게 했다는 죄의식을 갖게 된다. 이 두려움을 현대의 아동정신분석가들은 잘 이해하고 있다. 장 베르주레의 통찰력 있는 연구(『꼬마 한스와 현실』, 1987)[18]에 힘입어 우리는 여기에 또 다른 이야기들이 숨어있다고 덧붙일 수 있다. 즉, 한스의 어머니가 한 역할이 철저히 은폐된 것은, 바로 프로이트가 고의로 함구했음을 의미한다. 프로이트는 한스의 어머니를 정신분석했으므로 그녀를 잘 알고 있었는데, 이 가족들의 일상에 지장을 주지 않으려면 상당한 의미가 있는 부분에 대해서는 말하지 말아야 했던 것이다.

　아무튼 아이는 일시적으로 '병리적 사례'가 되었고 치료법은 정

---

[18] [역주] J. Bergeret(1987), 『꼬마 한스와 현실』, 파리, 파이오.
　　(저자가 프랑스인인 경우에는 출판년도가 이미 프랑스어로 출간된 해이기에 따로 번역 연도가 필요 없다.)

신분석학으로 결정되었다. 이런 상황에 프로이트는 만족했을 것이고 덕분에 그는 신경증의 본래 형태와 발생 과정을 연구할 수 있었다. 이때 한스의 아버지가 분석하기에 더 좋은 위치에 있었으므로 프로이트는 감수자의 입장에 섰다.

여기서 우리는 한스에 대한 정신분석의 내용을 다 소개할 수 없으며 소개하고자 하지도 않는다. 단지 그 역사적 관점에 국한하고자 한다. 이에 대해 잘 알고 있는 독자에게는 싫증 나는 일일 것이기 때문이다. 한스에 대해 잘 모르는 독자는 우리의 이러한 소개 덕분에 그 부분을 찾아 읽거나 다시 읽어보는 호기심을 갖게 될 수도 있다.

그럼에도 역사상 아동에게 행해진 최초의 정신분석이라는 점에서 잠시 살펴볼 만하다. 일단, 이것은 커다란 의미에서 최초의 사건이다. 그리고 방법을 고안해 낸 자이자 감수자, 이론가, 기록자로서의 프로이트에게 공로가 돌아가기는 하지만 프로이트 자신이 분석한 것은 아니었다. 아동에게 최초의 정신분석을 행한 사람은 막스 그라프이다. 그런데 그는 의사도, 전문가도, 여성도(이 책 이후의 논의를 볼 것[19]) 아니었을 뿐만 아니라 환자의 아버지였다. 우리는 그렇게, 숙련되지 않은 젊은 의사들이 세미나에서 기적적인 치료를 행하는 것을 자주 보아왔다. '최초의 치료'들은 흔히 훌륭한 직관의 힘을

---

[19] [역주] 이 책의 이후 논의에서, 아동정신분석은 주로 여성이 행하는 분야가 되었다는 점이 언급된다.

입을 때가 많다. 이는 인사이트 insight[20]에의 저항이 정신분석 입문 초기에 발달하는데 그들은 아직 그 저항으로 눈이 가려진 상태가 아니기 때문이다. 그다음, 정신분석가들은 스스로에 대한 정신분석을 성공적으로 마쳐 '치료에의 재능'과 온전한 인사이트가 다시 나올 때까지 기다려야 한다.

막스 그라프에게 그것은 유일한 치료 경험이었음이 틀림없다. 그에게 이 치료는 힘든 일이었기에 프로이트의 뒷받침은 필수적이었다. "이 경우, 아버지의 권위와 의학적 권위가 한 사람 안에 합쳐져 있었고 그 한 사람 안에서 애정어린 관심과 과학적 관심이 만났다. 그랬기에 그 방법이 적용될 수 있었다. 그 모든 조건이 없었더라면 그 방법은 적당하지 않았을 것이다"(1909)라고 프로이트가 쓸 때 이는 그 시대에는 타당한 말이었다. 왜냐면 아동정신분석이 아직 부재한 상황이었고 그래서 아버지만이 그런 치료를 맡을 수 있었기 때문이다. 그러나 프로이트가 없었더라면 치료는 전혀 가능하지 않았을 것이라는 사실 또한 덧붙여야 한다.

오늘날의 '기법'과는 거리가 먼 이런 정신분석적 치료 형태에 독

---

[20] 인사이트(insight)란 자신의 무의식에 대한 지식을 획득함을 말한다. 한나 시걸에 의하면 치료 과정에 핵심적인 요소이다. 분석가에게 인사이트는, 자신의 무의식에 대한 지식을 환자의 행동을 해석하는 데 적용하는 능력을 말한다(머니-키를, 1956).
[역주] R. E. Money-Kyrle(1956), Normal Countertransference and some of its Deciations, in *Collected Papers*.

자는 의문을 제기할 수도 있다. 이에, 우선 프로이트 자신의 의견을 고려할 수 있다. 그는 「다섯 살짜리 소년의 병적 공포 분석」이란 제목으로 이 사례를 출판했다. 아버지로서, 친절한 중립성은 없었을 테지만 그런 편파성은 그래도 아이가 자신을 표현하도록 신경씀으로써 완화되었다. 더군다나 프로이트는 한스의 아버지와 한스의 전이를 동시에 받고 있었다. 한스는 아버지를 통해서뿐만 아니라 직접 프로이트를 알고 있었기 때문이었다. 프로이트는 한스가 세 살 때 생일 선물로 흔들 목마(!)를 선물하지 않았던가? 그렇게 이중으로 전이를 받고 있던 프로이트는 한스 아버지의 편파성을 참아주었던 것이다. 적어도 이 치료는 1908년 당시에 행해지던 다른 치료들과 마찬가지로 엄격하게 진행되었다. 아이는 꿈꾼 내용을 말하고 자신의 이론[21]과 성적 행위를 털어놓으며, 자신의 불안과 증상을 말했던 것이다. 아버지가 이해를 못 하는 점은 아이가 설명했다. 예컨대 한스가 이제는 고추를 안 만진다고 하면 아버지는 그래도 그걸 만지고 싶은 생각은 있지 않으냐며 나무라고, 그러면 한스는 아버지에게 설교한다. **하고 싶은 것**과 **하는 것**은 같지 않으며, 한다고 해서 그걸 하고 싶은 마음이 있는 것은 아니라고. 또한, 한스가 누이인 안나가 죽었으면 좋겠다고 말하면 아버지는, 착한 아이라면 그런 일을 바라면 안 된다고 대답한다. 이때 한스는 그런 내용을 **생각할** 권리가 있

---

[21] [역주] 아이가 스스로의 생각을 제법 표현하는 것을 여기서는 이론이라고 과장하여 표현했다.

다고 반박한다. 아버지는 곧장 이해하지 못하고 그것은 나쁜 일이라고 말한다. 그러자 한스는 다음과 같이 설명한다 "그러한 일을 생각하는 것은 그래도 좋은 일이에요. 왜냐면 그걸 적어서 선생님께 보여 드릴 수 있으니까요." 이렇게 자신의 분석가인 아버지를 감수자에게 보내어 이야기하게 한다. 이 부분에서 프로이트는 "용감한 꼬마 한스! 성인도 정신분석에 대해 그만큼 잘 이해하지는 못할 것이다"라는 해설을 단다. 아버지는 자신의 환자인 아이에게 자유연상을 일으킨다. "무슨 생각이 나는지 말해보아라. […] 또 무슨 생각이 나는지…" 전이에 대한 해석은 상당히 전통적인 방식으로 행해진다. "커다란 기린은 아빠란다" 등. 감수자 선생님이 직접 치료에 개입하여 부자父子가 프로이트와 상담할 때도 있다. 이때, 프로이트는 약간 다른 해석을 해준다. "그래서 나는, 아버지가 어머니를 그리도 사랑하기 때문에 한스는 아버지가 두려운 것이라고 일러주었다." 바로 이 순간부터 증상은 빠르게 호전되었고 꼬마 한스는 "사물을 보는 방식에서의 명징성" - 그것도 매우 드문 - 을 보였다고 프로이트는 말하고 있다(오늘날의 표현으로는, 한스가 인사이트를 얻었다고 할 수 있겠다).

5개월간 매일 분석을 실시한 끝에 1908년 5월, 증상이 없어져 아이는 완치되었다고 생각되었다. 아이는 아버지와의 질문-응답 놀이를 그만두고 자신과 아버지와의 관계가 정확히 어떤 성격의 것인지 자문하게 되었다("나도 아버지의 것이에요"). 한편 한스의 아버지는 아직도 분석되지 않은 요소들이 남아있다고 적고 있다. 이에 프로이트는 다음과 같이 대답한다. "우리 꼬마 연구자는 우리가 알고 있는 모든 것이 부분적이란 사실을 일찍이 발견했다." 한스의 아버지는 "엉덩이를 실컷 두드려 주기만 했어도 그는 즉시 밖으로 나갔을 것"이라고 덧붙인다(실지로 그런 일은 하지 않았다). 이 대목에서, 이중 전이가 말끔히 해소되었음이 드러나고 있다.

이러한 치료는 5살 된 아이의 이야기를 관대히 들어준 분석가, 가능한 한 최대의 중립성을 지키려 노력한 분석가, 프로이트에게 감수받은 분석가에 의한 것이었다. 일상의 사건, 꿈, 기억들을 귀담아 들은 덕에 자유연상을 활성화시켜, 아이로 하여금 잊힌 기억을 되찾도록 해주고 원초적 환상을 재구축하도록 할 수 있었다. (프로이트를 통한) 전이 분석과 그 전이에 대한 해석으로 아이는 자신의 내면을 점점 더 잘 이해하게 되어 더는 억압할 필요도 없고 증상도 일어날 필요 없게 되었다.

그러므로 이것은 정신분석, 그것도 오늘날 의미하는 바로서의 정신분석이라고 할 수 있다. 즉 이 치료는 분명, 최초의 아동정신분석이었다. 여기서 잠시 '사후事後 현상'[22]에 대하여 언급해보자. 몇몇 프랑스 정신분석가는 바로 이 개념 때문에, 정신분석을 아동에게 실행하는 것은 터무니없는 일이라고 생각한다. "내가 클 때 내 고추도

---

[22] [역주] 사후에 오는 현상이라고도 한다. 사후 현상(l'après coup)이란, 어떤 충격적 사건이 일어난 다음 어느 정도 시간이 흐른 후에야 의미를 갖는 일을 말한다. 시간이 흐른 뒤 재편성되고 재각인되므로 그것은 새로운 의미를 띤다.

같이 커질 거예요. 고추가 내게 뿌리박고 있으니까요"라고 한스가 말하는 것에 대해 프로이트는 **사후 현상**(강조는 프로이트가 쓴 텍스트에 의한 것이다)이라고 지적한다. 1년 3개월 전에 고추를 떼어버리겠다고 한 어머니의 거세 협박이 사후에 그 영향력을 발휘한 것이다. 이 말을 들은 당시, 한스는 별다른 영향을 받지 않았다. 그런데 치료를 하는 과정에서 그 협박이 의미를 획득하여, 거세 불안이 구체적으로 현실화된 것이었다. 그래서 한스는 그런 도전적 발언을 한 것이었다. 흔히 쓰인 사실과는 반대로, 사후 현상은 사춘기 훨씬 이전에 나타날 수 있다.

이 치료사례가 1905년에 발표한 아동의 성에 대한 이론화 작업(『성 이론에 대한 세 편의 에세이』)을 뒷받침해 주었다는 사실을 체계적으로 증명할 것이라고, 프로이트는 주석에 덧붙이고 있다. 그리고 이 치료는 병적 공포와 아동의 심리 세계, 교육에 관한 정신분석적 개념 등을 이해하는 데 도움이 된다는 점도 체계적으로 증명할 것이라고 말한다.

여기서 그 주요 이론을 요약하거나 비평하는 것은 당연히 우리의 일이 아니다. 단지 정신분석학의 창립자가 어느 정도로, 아동정신분석학이라 명명된 것에 의거했는지, 그리하여 아동에만 국한하지 않은, 정신분석 전반에 걸친 중대한 이론적 문제를 드러내고 해결했는지를 강조할 수는 있다. 게다가 프로이트는 이후 수많은 저술에서 이 임상 사례를 자주 참조한다.

다각도로 변태적이라며 한스를 '백치'로 못 박던 당시의 적대적 비평가들에게, 혹은 용감한 아이가 정신분석 때문에 그렇게 타락할 수 있느냐고 탄식하는 비평가들에게, 그리고 어린애에게 고정관념을 심어주었다고 프로이트와 막스 그라프를 규탄하는 자들에게, 혹은 아이가 하는 말은 전혀 가치가 없다고 말하는 자들에게, 프로이트는 침착하게 대답한다. 그 답변은 우리가 보기에 프로이트가 쓴 가장 아름다운 텍스트 중의 하나이며 과학적, 인류애적 담화이다. 이 글에서 그는 아동의 신경증이 정상임을 논하고 있으며 "아동이건 성인이건 '신경증의 상태'와 '정상 상태' 사이에 분명한 경계를 그을 수 없다"고 말한다. 그리고 생물학적 요인도 간과하지 않는다. "선천적 소인과 인생에서의 우발적 사건, 이 두 가지를 같이 고려해야 한다. 그래야 병이 시작되는 선을 넘어 극복할 수 있다."

프로이트는 교육의 문제도 다루는데, 그것은 무엇보다도 아동정신분석학의 범위 안에서 이루어지고 있다. 즉, 한스의 사례에서 '교육적 실험'(여기서는 성교육의 의미로 이해하자)을 미리 실시했더라면 좋았을 것이라고 프로이트는 생각한다. 그러나 교육에 대한 전반적 문제에 대해서 그는 회의적이며, 이후로도 회의적 입장을 고수하게 된다. "정신분석학으로 밝혀진 사실 덕으로, 교육자들이 아이들에게 어떤 행동을 취해야 하는지 분명한 길이 제시되었다고 감히 말할 수 있다. 그런데 어떤 실천적 결론이 나올 수 있을까? 현재 우리 사회의 체계에서 과연, 실험으로 밝혀진 내용이 적용으로까지 이어질 수 있을까? 이 문제에 대한 검토와 결정을 나는 다른 이들의 판단에 맡긴다."

이 작업의 끝 무렵 그는 이 분석을 통하여, "엄밀히 말하자면 새로운 사실은 하나도 배우지 못했다"고 밝힌다. 그러나 우리는 이것을 아동정신분석학의 미래에 대한 비판으로 보지 않고, 아동과 성인에게서 아동 신경증의 과정이 비슷하게 나타난다는 사실을 재확인하는 언급으로 본다. 실제로 프로이트는, 이미 밝혀진 여러 사실이 성인에게서는 '덜 분명하고 덜 직접적인 형태로' 나타난다고 같은 문장에서 제시하고 있다. 게다가 그는 1910년, 다음과 같이 수정한 글을 발표한다(『성 이론에 대한 세 편의 에세이』에 추가된 내용, 122쪽).[23]

"소아의 성에 대해 1905년에 내가 확언한 위의 내용은 본질적으로 성인분석에서 나온 결과를 가지고 정당화한 것이었다. 당시 아동을 직접 관찰하는 방법은 제대로 실행할 수 없었다. 아동 관찰에서는 어떤 확인을 하기 어려웠으며 고립된 정보만 얻을 뿐이었다. 이후, 초기 아동기의 신경증 사례를 분석한 덕으로 아동의 성 심리에 직접 파고 들어갈 수 있었다. 그러한 직접적 관찰로 정신분석학의 결론들이 온전히 확인되었으며, 직접 관찰이란 연구 방법의 타당성이 입증되는 계기가 되었다고 나는 만족스럽게 말할 수 있다. 게다가 '다섯 살 소년의 공포증 분석'(1909)으로 새로운 요소들이 드러났다. 그것은 이전의 정신분석학만으로는 예기치 못하던 요소들이

---

[23] [역주] 프로이트(1905), 『성 이론에 대한 세 편의 에세이』, 르베르숑-주브가 프랑스어로 번역함, 파리, 갈리마르, 1962.

었는데, 예를 들자면 다음과 같다. 사물이나 비非성적 관계는 성적 상징과 성적 표상Darstellung에 해당한다. 이 현상의 시작은 언어 습득의 초기 단계로 거슬러 올라간다. 게다가 내가 이전에 쓴 글에서 결함 한 가지가 눈에 띄어 나의 주의를 끌었다. 명확하게 하고자, 이전의 글에서는 **자기성애**와 **대상에 대한 사랑**이란 두 단계를 시간상으로 구분하고 있다. 그러나 내가 예로 든 분석(그리고 벨의 발표 내용)에 따르면 세 살에서 다섯 살 사이의 아동은 강한 정동情動을 수반한 분명한 **대상 선택**을 할 수 있음을 알 수 있다."

'꼬마 한스 이야기'의 뒷이야기는 잘 알려져 있다. 1922년, 한스-헤르베르트는 19세가 되어 프로이트를 찾아와 말한다. "제가 꼬마 한스에요." 그는 잘 지내고 있고 특히 부모의 이혼으로 인한 곤경과 사춘기를 잘 견디어 냈다. 그리도 어린 나이에 순진성을 침해당하며 정신분석학의 희생양이 되었다고, 그 가엾은 꼬마 소년에 대하여 '온갖 불행을 예고'한 1909년 당시의 분개한 비평가들에게 이 결과를 들이댈 수 있었으니, 가히 만족스러운 일이 아닐 수 없었다. (이 책에서 이후 헤르미네 후크-헬무트를 다룬 부분도 볼 것.)

장 베르주레는 헤르베르트 그라프가 1970년(그러므로 67세에!) 다시 나타나 제네바 회의의 안나 프로이트에게 똑같은 말, "제가 꼬마 한스에요"라며 인사하는 장면을 기술하고 있다. 베르주레의 저작은 1909년의 분석에서 언급되지 않은 부분을 깊이 파헤치는 것을 목표로 하고 있다. 특히 이 경우 근본적인 폭력 문제를 밝히고자 한다. 프로이트에게 이 치료는 바로 자신의 자기분석을 연장한 것이었으며 프로이트는 그때까지 보지 못했던 자신의 아동기가 한스에게서 충실한 이미지로 존재함을 발견했다고 베르주레는 주장한다. 우리는 이 주장이 흥미롭다고 생각한다. 한스 - 헤르베르트 그라프의 자서전인 『보이지 않는 자의 회상록』 또한 재미있다. 작가이자 음악비평가인 아버지 밑에서 태어난 한스는 구스타프 말러가 대부였으며 오페라 가수, 연출가와 같은 풍부한 직업 활동을 했다. 그는 1936년부터 1950년까지 뉴욕의 메트로폴리탄 오페라에서 연출을 맡았다. 개인적 일생에서도 특별히 불행했던 것 같지는 않다. 그는 1973년에 사망했다.

이제 1909년의 비엔나 정신분석학회로 돌아오자. 5월 12일의 학회에서 프로이트는 다음과 같이 밝힌다. "우리는 아동을 이해하지 못한다. 한스 이후에야 우리는 아동이 무엇을 생각하는지 알게 되었다." 아마도 그는 다음과 같은 말을 하고 싶었는지도 모른다. "아이가 생각한다는 **사실을** 우리는 안다"라고. 라이틀러는 부모를 규탄하는데, 이는 그 당시 매우 흔한 일이었고 그러므로 그리 현대적인 개념은 아니었다. "교육에 오류가 있었고 바로 그 오류로 인해 신경증이 발생했다는 사실은 부인할 수 없다(!)." 막스 그라프는 이때 학회에 참석하고 있었고 다음과 같이 변론한다. 한스는 "성에 대한 강한 성향Anlage을 소유하고 있었고 그래서 사랑에 대한 필요가 매우 이른 시기에 생겼다. 그 사랑은 부모에게 너무 강하게 집착되어 있었다"는 것이다. 프로이트도 그를 변호한다. "오류가 **그리** 많은 것은 아니었고, 범한 오류도 신경증과 **그리** 깊은 관계에 있는 것도 아니었다." 그런데 선천적 문제가 있음은 사실이라는 것이었다. 즉, 한스는 '성에 대한 강한 성향'을 갖고 있다는 것이었다…

프로이트의 수많은 제자가 자신의 자녀를 연구했다. 1906년 10월 이전의 기록은 찾아볼 수 없어 유감이다. 그런데, 1906년 11월 7일 이후부터, 일반의一般醫 24 바스Bass의 아이가 2살이 되기까지 빛에 극도로 예민했다는 기록이 있다. 성냥불이 갑자기 켜질 때마다 그 아이는 재채기를 했던 것이다. 1907년 1월 23일, 페더른E. Federn은 13살 된 자신의 아이가 몇 가지 음식을 혐오했는데, 그것은 어머니에 대한 혐오에 해당한다고 관찰하고 있다. 3월 27일, 라이틀러는 자신이 잘 알고 있는 듯한 8~9세 소녀에 관해 이야기하고 있다. 소녀는 유뇨증遺尿症이 있었는데, 남자형제들과 아버지의 요강을 사용한 후 '피가 나도록' 몸을 씻는 강박적 의식儀式을 행했다고 한다.

1909년 5월 12일, 꼬마 한스를 주제로 열리는 학회에서 바스는 계속 소재를 제공한다. 자기 아들이 '그것에' 대해서는 어머니하고만 이야기하며, 여자가 남자의 눈을 들여다보기만 하면 아기가 생긴다고 믿는다는 것이었다.

1909년 11월 17일, 헬러가 자신의 자녀에 관하여 이야기한다. 관찰되는 증상으로는 구토, 화장실 안에서 오래 있기 등이 있으며, (남

---

24 [역주] 소아과, 치과, 외과, 내과 등의 전문의와는 다른 범주인 일반의를 말한다.

자형제를) 물려는 충동과 입맞춤에 대한 '기이한' 혐오증도 있었다.

1910년 3월 16일, 프리트융은 여섯 살 반쯤 된 소년에 관하여 이야기한다. 소년은 아버지(프리트융 자신?)와 함께 자고 있었는데 아버지의 페니스가 발기된 것을 느꼈나 보다. 거기에서, 키 크고 검은 남자가 자기 가슴에 막대기를 박는 꿈이 생겼다. 또한 부모의 성교 장면을 엿보았던 것 같다. 이후 어떤 꿈을 꾸고 나서 소년은 신음소리를 내는데 성교 중 어머니가 내는 소리와 비슷했다. 그러나 사람들은 토론을 더는 진행하지 않았다. 그것은 프리트융이 아이에게 '욕정을 불러일으키는 암시적' 질문을 하기 싫어했기 때문이었다.

1914년 2월 25일, 바이스Weiss는 한 살을 약간 넘긴 남아에 관해 이야기한다. 그 아기는 어머니가 입고 있는 셔츠의 단추를 끄르려 했다. 타우스크는 한 여아에 관하여 이야기한다. 그 여아는 타우스크의 등에 올라탔다가, 어머니가 들어오자 당황하면서 "이런 일은 하는 게 아니야"라고 말했다. 페더른은 두 아동에 관하여 이야기한다. 그 아이들에게 어머니의 젖가슴은 성적 가치를 지녔다. 프리트융은 한 남아에 관하여 이야기한다. 그 남아는 남자 손님들에게는 항상 빈정대는 말을 하지만, 여성손님들에게는 전혀 그러지 않았다. 작스는 새엄마에게 정신없이 사랑에 빠진 7~8세 소년에 관하여 이야기 한다. 3월 18일, 페더른과 바이스는 자신의 아이들에 대하여 재차 언급한다. 타우스크, 프리트융, 바이스, 란다우어는 5월 20일, 관찰소재를 계속 보고한다.

우리가 이렇게 발췌해 본, 비엔나 정신분석학회의 순간에 대한 기록은 오토 랑크의 속기술 덕분에 그나마 보존된, 화석과도 같은 잔해에 불과하다. 정신분석학자들이 자신의 자녀들을 관찰한 기록은 수없이 문서화되었을 분명하나, 아직은 발견되지 않고 있다.

02 카를 구스타프 융: 의견 대립

비엔나 그룹의 작업과 때를 같이 하여 취리히에서는 블로일러와 융 이외에도 남녀 젊은 의사들이 모여 프로이트의 개념에 관해 토론하고 신속히 그것을 적용하려 시도했다. 이러한 신속성은 전기를 통하여 알 수 있다. 즉, 드라캉파뉴에 의하면(자카르, I, 246쪽)[25] 목사의 아들인 융은 25세 되던 해에 취리히의 부르크횔츨리[26] 정신병원에 인턴으로 들어갔다. 30세가 된 그는 1905년, 그곳의 원장이 된다. 융이 프로이트의 이론을 발견한 것은 1906년이라고 한다. 윌리엄 맥 가이어에 의하면(『프로이트 - 융 사이의 서신』의 서론, 9~10쪽)[27] 융은 『꿈의 해석』을 1900년에 읽었는데 당시에는 그것을 이해

---

[25] [역주] 자카르(Jaccard) (1982b), 『정신분석학의 역사』, 파리, 아쉐트 (2권).

[26] [역주] 부르크횔츨리는 취리히 대학 정신병원에 붙여진 이름이다. 이 병원이 취리히 남동쪽 리스바흐 지역의 푸른 언덕인 부르크횔츨리에 위치했기 때문이다.

[27] [역주] 프로이트, 융(1975), 『서신』, I권과 II권, 파리, 갈리마르, 1975.

하지 못했다고 말한다(융 자신의 말). 융은 그 책을 1903년에 다시 읽는다. 과연, 1902년과 1905년 사이에 출간된 융의 저작물에서 프로이트가 인용되고 있다.

블로일러와 융은 이 새로운 이론의 도움으로, 정신분열증(당시까지만 해도 융은 이것을 '조발성 치매'早發性痴呆라고 부른다)에 의해 야기되는 문제들을 깊이 있게 파헤칠 수 있을 것으로 생각했다. 블로일러는 1904년부터 이따금 프로이트와 서신을 교환했다. 융은 1906년과 1912년 사이에 프로이트와 꾸준히 편지 왕래를 했다. 이 몇 해 동안 부르크횔츨리는 비엔나보다 훨씬 더 매력 있는 곳이었나 보다. 카를 아브라함, M. 아이팅곤, 눈베르크, 불, E. 존스, S. 페렌치 등이 이곳에 다녀간 사실을 확인할 수 있기 때문이다. 이 모든 선구자가 비엔나로 간 것은 훨씬 후의 일이었다.

이 스위스 그룹은 무의식에 대한 이론과 정신분석적 치료를 열정적으로 연구했지만 아동의 성이란 문제에 대해서는 훨씬 신중한 태도를 취했다. 그러므로 융이 단번에 아동치료에 관심을 보인 일은 흥미롭다. 융은 1907년 5월 13일 프로이트에게 보낸 편지에 다음과 같이 적고 있다(이 연도는 프로이트가 헤르베르트를 관찰한 내용을 출판한 해이다). "현재 저는 6살 된 여아를 분석 치료하고 있습니다. 이 아이는 양부가 자기를 유혹했다고 주장하는데 이른바 그 유혹 이후 과도한 자위와 거짓말을 하고 있습니다. 참 복잡한 일이 아닐 수 없습니다. 어린아이에 대한 경험이 있으신지요?"

융은 프로이트에게 그런 경험이 없다는 사실을 물론 알고 있었다.

여기서 우리는 빨리 '적용'해 보려는 융의 조급함을 읽을 수 있다. 그것은 윤색되어 커지기만 하는 경쟁을 예고하고 있기에 두려워할 만한 것이었다. 융이 이렇게 압력을 가하는 바람에 프로이트는 제자들에게 각자의 아이들에게서 소재를 얻어오라고 했을 수도 있다. 그런데, 분석에 대하여 쓴 융의 편지를 계속 읽다 보면, 오늘날의 시각에서 보았을 때 낡은 점이 있어 놀라게 된다(이때는 1907년이다).

"의식 수준에서, 별다른 특색이나 정동情動 없는 정신적 외상 traumatisme의 표시만 있었을 뿐, 정동을 수반한 표면화 작용abréaction 은－환자 자발적이든 암시에 의해서든－전혀 얻을 수 없었습니다. 현재로서는 정신적 외상이란, 기만인 것 같습니다. 아이는 도대체 어디서 그 모든 성적 이야기들을 알게 되었을까요? **최면술은 효과가 좋고 깊이 작용**하지만 이 여아는 정신적 외상을 표현해보라는 온갖 암시적 권고를 매우 순진하게 다 피해 나갑니다. 의미 있는 소재는 다음과 같은 대화밖에 없습니다. 첫날의 분석에서 여아는 '구이용 작은 소시지'를 자발적 환각으로 보았는데 "아주머니는 그 소시지가 항상 더 커진다고 말했다"는 것입니다. 소시지가 어디 있느냐는 나의 질문에 여아는 "바로 의사 선생님께 있지요"라고 즉시 대답했습니다. 그러므로 이는 기대하던 전환轉換[28]이었지만 그 이후 성적

---

[28] [역주] 전환(transposition): 지그문트 프로이트는 잠재적 사고내용을 꿈에서의 분명한 표현내용으로 변모시키는 심리과정을 '꿈이 행하는 작업'이라고 명명했다. 이러한 꿈의 작업에는 응집(condensation), 전위(déplacement), 전환

인 면은 완전히 막혀버리고 말았습니다. 조발성 치매[d.pr.29]의 징후는 하나도 없었죠!

존경과 경의를 표하며. 당신에게 헌신적인 융."

이것은 최면술에 관한 것이며, 1907년 당시에 프로이트가 의미했던 수준에서의 분석이라고도 말할 수 없다.

프로이트는 이러한 질문에, 그야말로 위대한 답변을 한다. 1907년 5월 23일, 즉 열흘 후에 보낸 서한을 보도록 하자. "범죄는 환상이 의식화된 것이란 사실을 그 6세 여아를 통하여 배우셨을 겁니다. 그것은 분석할 때마다 발견되는 사실입니다. 그리하여 나는 아동기에는 공통적으로, '성性과 관련된 정신적 외상'trausmatismes sexuels이 있다는 사실을 인정하게 되었습니다. 그러므로 치료를 할 때의 의무는, 아동이 이야기하는 성적 지식이 과연 어디서 왔는지 그 근원을

_____

(transposition)의 세 가지가 있다. 꿈에서의 변형된 내용을 통하여 주체는 억압된 욕망을 실현한다는 점에서, 이 세 번째 작업인 전환은 셋 중 가장 흥미로운 심리적 작업이라고 프로이트는 말한다. 전환은 왜곡(Entstellung)이란 독일어를 번역한 프랑스어이다. 그런데 라플랑슈(Laplanche)와 퐁탈리스(Pontalis)는 그것을 변형(déformation)으로 번역했어야 한다고 이의를 제기한다. 즉, 전환(혹은 변형)이란, 소원하는 것을 현실적인 어떤 것으로 전환, 변형시키는 작업이자, 환상의 생각을 눈에 보이는 이미지로 옮겨 표현하는 일을 말한다. 이 책의 II, 2장, 멜라니 클라인의 '놀이를 통한 분석' 단원에서도 전환이 언급되고 있다.

[29] [역주] 조발성 치매(dementia praecox, démence précoce)는 오늘날 과학적으로 더는 쓰이지 않는 용어로서, 정신분열증(schizophrénie)을 의미한다.

찾아내는 데에 있습니다. 일반적으로 아이들은 증거가 될 만한 정보를 별로 제공해주지 않지만 우리가 알아맞히거나 단정하는 것에 대해서는 맞다고 확인해 줍니다. 그 가족에 관한 연구도 필수적이죠. 이러한 작업이 성공하면 분석은 매우 고무적인 것이 됩니다. 블로일러를 위하여 덧붙일 것이 있습니다. 『성 이론에 대한 세 편의 에세이』에서 자기성애는 분명히 지적된 바 있습니다. 심리적으로, 말하자면 부정적으로 말이죠. 아이가 말을 하지 않는다면 그것 역시 아이가 완전히 전적으로 전이를 겪고 있기 때문입니다. 이는 당신이 행한 관찰에서도 보이는 바입니다."

사실 여기서 프로이트는 그것을 최면이 아니라 분석으로 보고 대답하고 있다. 아무튼 이는 아동분석에서의 전이에 대하여 프로이트가 언급한 최초의 견해일 확률이 높다. 아동정신분석에 전이는 가능한 일일 뿐만 아니라 온전하고 전적이며, 부정적 반응(침묵)을 야기할 수 있는 것이다.

1908년의 서신에서 우리는 의미심장한 대립을 짚어낼 수 있다. 4월 14일, 프로이트는 이렇게 적고 있다. "[당신의 발표문에서] 아동 히스테리는 어찌 되었든 별도로 남길 예외라는 대목을 읽을 수 있습니다. 하지만 나는 학회에서, 5살 된 남아[꼬마 한스를 말한다]의 히스테리성 공포증 분석을 발표하려 하고 있습니다." 4월 18일 융은 다음과 같이 대답한다. "아동 히스테리는 성인에게 해당되는 내용과는 별개로 다루어야 합니다. 성인 히스테리에 대한 진술에서는 사춘기가 커다란 역할을 하기 때문입니다. 그러므로 아동 히스테리만을 위하여 특별히 수정된 진술이 고안되어야 합니다." 주의 깊은 독자라면 이 논의가 근본적 문제에 닿아 있다는 점을 알아차렸을 것이다. 융이 여기서 제기한 반론은 1992년, 변형된 내용으로 (성인을 분석하는) 정신분석가 몇 명이 여전히 주장한 내용이기 때문이다. 오늘날까지도, 프로이트의 이론인 사후 현상이란 개념을 사춘기에 위치시킴으로써 아동 신경증의 구조화나 그 정신분석적 치료 가능성을 부정하는 경향이 있다. 융에게 프로이트는 즉시, 매우 정확한 대답을 해준다. 바로 다음날 그가 쓴 서한을 보자. "아동 히스테리에 대한 문장은 그 부정확성 때문에 충격적입니다. 아동과 성인에게 그 관계는 동일할 수밖에 없습니다. 왜냐면 **각 성장 과정에서의 리비도의 자극은 사춘기 때 리비도의 자극과 같은 조건**(리비도가 진행됨에 따라 일어나는 각각의 충동을 말합니다)**을 만들어내기**[30] 때문입니다." 프로이트가 제시한 이러한 점을 간과했기 때문에 이후 아동정신분석학에 대한 논쟁이 오랫동안 진전을 보지 못했다고 말할 수 있다. 그런 의미에서, 연이은 4월 19일의 편지를 계속 인용할 필요가 있다. 여기서 프로이트는 장중하게 융을 용서하고 있다. "내가 지난 15년 동안 경험한 것처럼, 당신도 같은 경험을 할 시간이 필요하다는 점을 알고 있습니다…" 네 줄 아래에, 더욱더 잘 알려진 선언이자 존스가 인용하기도 한 대목이 있다. "나의 개념(그것은 개념이라기

---

[30] 저자 일동이 강조한 부분이다.

보다는 시각입니다)이 맞기는 하되 제한된 몇몇 경우에만 타당하다
고 추정하니, 원칙적으로 거부감을 느낍니다. 그런 것은 있을 수 없
는 일입니다. 어느 경우에나 다 들어맞든가, 아니면 전혀 맞지 않든
가…" 자신의 이론이 전체적으로 일관성 있음을 변호하려고 프로이
트는 모든 열성(이 단어는 그가 사용한 것이다)을 다한다. 아동의
심리에 대하여 말할 때 성인의 심리와는 다르다고 보는 견해에 프로
이트는 반대하는 것이다.

1년 반 후인 1909년 11월 17일, 비엔나 정신분석학회에서 프로이
트는 이 주제를 재차 강조한다. E. 존스는 이 내용을 II권의 부록에
싣는다.(467쪽, 베르만 번역)[31]

"아동의 히스테리 이면에는 과거 기억의 재현이 전혀 없다고 융
은 반박했다. 그러나 그는 두 가지 사실을 놓치고 있다. 6세에서 8세
사이에 발생하는 아동 히스테리에서, 과거의 일을 경시해서는 안 된
다. 결정적인 인상들은 2세에서 4세 사이에 발생하기 때문이다. 과
거 기억의 재현 이후의 시기는 매우 짧지만 그 대신 변화가 많다.
인생의 이 시기에서 변화는 상당히 빠르다." 프로이트가 드는 두 번
째 사실은 '기관器官이 받은 억압'이다. 프로이트는 여기서 '두뇌'
기능을 의미하는 것이 아니라 문명의 산물을 말한다. 즉 인간의 직
립자세 때문에 특히 후각이 억압된다는 것이다. 더군다나 아이는 성

---

[31] [역주] E. Jones(1953), 『지그문트 프로이트의 인생과 저술』, II, 파리, PUF,
1961.

장함에 따라 지상에서 멀어진다. 프로이트는 덧붙인다. "이 [기관상의] 억압 때문에 가장 어린 나이부터 히스테리가 나타날 수 있다. 심지어는 동물에게도 그런 일이 일어날 수 있다…"

이런 기록에 이어 프로이트는 신경증의 최초 근원이 무엇인지를 증명하며 이후 신생아에 대한 정신분석적 관찰의 근간이 될 내용을 그리고 있다. "아동은 출생 시부터 불안이란 경험을 한다. 불안에 관해서는 바로 이 점을 염두에 두어야 마땅하다. 모든 정동情動은 원초적으로, 히스테리 발작의 형태로 발현된다는 사실도 기억해두자. 그것은 어떤 사건이 기억으로 떠오르는 것에 불과하다. 소아과 의사는 그러므로 정동의 근원이 무엇인지 밝힐 수 있어야 한다. 아동 대부분은 정신적 외상을 겪었다. 이후 그 아동들은 히스테리 환자처럼 행동한다. 나는 젖떼기를, 영양섭취에 관련된 욕동을 교란시키는 중요한 정신적 외상으로 고려한다 … 젖떼기를 경험한 아동들은, 예컨대 모유에 대해 혐오감을 느낄 수 있다. 아동 연구의 기법은 전망이 그리 제한되어 있지는 않다. 똑똑한 보모를 채용하여(어머니 자신이 그 일을 하는 것이 가장 좋다) 아이를 계속 관찰하게 하고 정신병자를 간접적으로 관찰하듯, 모든 중요한 사실을 기록하도록 해야 한다. 아동기에 관한 연구는 당분간 성인을 관찰해 얻은 사실이 주도할 것이다. 그러나 그것은 전혀 이상적인 일이 아니다."

1909년 1월 19일, 이번에는 융이 신생아 관찰에 관심 갖는 모습을 볼 수 있다. '아기의 수축 현상'은 빠는 기관과 관계가 있으며 최초로 '적극적 모방을 시도'하는 – 즉 반짝이는 물건을 보거나 입을 열거나 혀를 차는 움직임 등의 시도 - 시기 이전에 발생하는 것 같다고 융은 적고 있다. 이 관찰을 프로이트는 그리 대단하게 여기는 것 같지 않다. 주지하다시피, 이런 계통의 연구는 르네 스피츠와 이후 에스더 빅에 와서야 이루어진다. 이것은 너무 일찍 개화한 바람에 그 후속 연구가 없었던 분야에 해당한다.

반면, 같은 날 그는 자신의 딸인, 4살 된 아가틀리에 대하여 이야기한다. 우리는 여기서 길더라도 이에 대한 기록 전문을 싣고자 한다. 왜냐면 이 부분은 역사적으로 흥미 있을 뿐만 아니라 프로이트가 왜 그 정통성을 완전히 인정하기를 주저했는지 알 수 있기 때문이기도 하다.

"네 살 된 우리 아가틀리가 어떤 기여를 했는지 보자. 프렌츨리가 태어나기 전날 밤, 나는 딸애에게, 황새가 남동생을 가져다주면 무슨 말을 할 것이냐고 물었다. "그러면 나는 동생을 죽일 거예요."라고 딸애는 재빨리 대답했다. 거북스러우면서도 조롱하는 표정이었다. 그리고는 그 주제에 관심을 두지 않았다. 그날 밤 동생이 태어났다. 다음 날 아침 나는 아가틀리를 분만실로 데리고 갔다. 딸애는 긴장하여 약간 겁먹은 눈으로 아직 핼쑥한 어머니를 바라보며, 기쁨을 표현하지도 않았다. 게다가 그 상황에서 뭐라 말할지 모르고 있었다. 바로 다음 날 아침, 어머니가 잠깐 혼자 있었을 때 아가틀리는 어머니에게 달려가 불안스럽게 물었다. "엄마는 절대 죽지 않겠죠?" 이는 최초의 적절한 정동이었다. 아기에 대해서는 부자연스럽게 꾸민 기쁨만 보일 뿐이었다. 지금도 남아있는 문제들이 그때도 여전히 있었다. 바로, 할머니는 왜 그렇게 늙었으며 늙은 사람들에게는 무슨 일이 일어나는가 하는 문제였다. "늙으면 죽어서 하늘에 간단다." 라는 대답에, "그러면 늙은 사람들은 다시 아기가 되는군요."라고 딸애는 덧붙였다. 아기가 태어나기 위해서는 누군가가 죽어야 한다는 것이다. 동생의 탄생 이후 아가틀리는 몇 주 동안 할머니 집에 가게 된다. 이 기간에 대해서는 황새 이야기[32]만 할 뿐이었다. 집으로 돌아오자 딸애는 어머니를 약간 경계하면서도 소심한 태도를 보였다. 그리고 많은 질문을 퍼부어댔다. "나는 엄마 같은 여인이 될까요? 내가 엄마랑 계속 말을 하게 될까요? 엄마는 프렌츨리만 예뻐하는 게 아니라 나도 예뻐해요?" 아가틀리는 매우 충격적인 방식으로 동생의 보모와 자신을 동일시했으며 육아법에 대해 많은 환상을 하는가 하면 **각운에 맞춰 시를 짓기 시작했다.** 또한 딸애는 갑작스레 엄마에게 반항하는 일이 잦아졌으며, 엄마를 다음과 같은 질문으로 괴롭혔다. 예컨대 "이제 엄마가 너희하고 같이 산책하러 나갈 거야." 라고 말하면 딸애는 물었다. "진짜에요? 정말요? 거짓말 아니에요? 난 믿지 못하겠어요." 등. 이런 식으로, 하잘 것 없는 것에 대해 일일이 몇 번이고 계속 말하는데 매우 충격적이었다. 메시나[33]에서 일어난 지진에서 수많은 인명이 목숨을 잃었다고 사람들이 하는 말을

---

[32] [역주] 아기는 어디서 오느냐는 아이들의 질문에, 황새가 아기를 데려다 준다는 전설로 설명해 주는 것이 유럽의 관습이다.

[33] [역주] 이탈리아 시칠리아의 지방.

아가틀리는 들었다. 그러자 아가틀리는 그 주제에 완전히 집착하여 사람들이 항상 그 얘기를 해줘야만 했다. 길거리의 나무 조각 하나, 조약돌 하나하나가 지진 때문에 떨어질 수 있다는 것이었다. 그래서 딸애의 엄마가 취리히에서는 지진이 일어나지 않는다고 매번 확언해 주어야만 했다. 그래도 아가틀리는 계속 공포에 떨었다. 지난번에는 아내가 내 방으로 부산히 들어와 책을 찾았다. 아가틀리가 지진과 화산에 대한 사진을 있는 대로 다 보여 달라고 못살게 군다는 것이었다. 딸애는 화산에 대한 지질학적 이미지에 몇 시간 동안 몰두했다. 나의 조언에 따라 아내는 아가틀리에게 초보적인 것을 가르쳐 주었다. 아가틀리는 해결책(식물에서 꽃이 피듯, 아기는 엄마의 몸에서 나는 것이다)에 대하여 전혀 놀라지 않았다. 그다음 날 나는 유행성 감기로 침대에 매여 있었다. 아가틀리는 약간 겁먹고 조심스러운 표정으로 들어왔는데 내가 누워있는 침대 옆으로 다가오려 하지는 않고 물었다. "아빠도 뱃속에 식물이 있어요?" 그럴 가능성은 없다고 하자 억제되지 않은 기쁨을 보였다. 바로 그날 아가틀리가 한 환상의 내용은 다음과 같다. "내 남동생(가공의 주인공)도 이탈리아에 있는데 **유리**와 **천**으로 된 집 하나를 갖고 있어요. 그 집은 뒤집히지 않아요." 마지막 이틀 동안 아가틀리는 불안의 기미를 내비치지 않았다. 단지 우리 집에 찾아온 여자 손님들에게 아이가 있느냐, 메시나에는 가보았느냐고 물어볼 따름, 별다른 관심은 보이지 않았다. 그중 세 살 된 여아 그레틀리는 황새 이론을 조롱하면서, 황새가 남동생만 갖다 준 것이 아니라 보모도 데려왔다고 주장했다.

"아이란 매우 어여쁜 거예요!"라고 최근 아가틀리는 할머니에게 남동생의 아름다움을 자랑했다. "그 애의 엉덩이(스위스의 독일어로는 어린 남아의 엉덩이^{buobefüdili}임)가 얼마나 귀여운지도 한 번 보세요." "

프로이트는 25일 다음과 같이 대답한다. "꼬마 한스 이야기의 기본적 특색들을 알고 계시죠? 그 모든 일이 전형성을 띠고 있지 않습니까?" 다음의 서한에서 다른 세부사항을 들면서 융은 그렇지 않다고 고집한다. 그러자 프로이트는 유머를 쓰면서 주장한다. "아가틀리가 독창성 있는 꼬마이기를 나도 바라는데… 그 애가 혹시 꼬마 한스 이야기를 들은 건 아니겠죠?"(3월 9일).

3월 11일, 융은 자신의 주장을 변호하며 다음과 같이 지적한다. "나의 딸 아가틀리가 이루어낸 바는 독창적입니다. 그 애는 꼬마 한스에 대해 전혀 들은 바가 없으니까요. 우리는 그저 귀를 기울이기만 할 뿐, 다른 개입은 최소한으로 줄이고 있습니다." 융은 계속 세부사항 몇 가지를 든다. 한스 분석과 다른 점은 융 자신이 말하듯, 해석 작업을 하지 않았다는 것이다. 적어도 그 순간까지는 그랬다. 하지만 1909년 7월 10~13일의 편지에서 알 수 있듯 그러한 관찰은 '분석'으로 바뀌고 있다. "나는 아가틀리에 대한 분석을 마치고 있습니다." '분석'의 '종료' 후에도 융은 수많은 편지로 프로이트에게 자신이 발견한 사실을 계속 알려 나갔다. 이에 프로이트는 전체적으로 신중한 답변만 한 듯하나, 융은 이 교류작업을 감독으로 생각했을 수도 있다. 1910년, 「아동에 대한 나의 분석」(4월 6일)이란 제목에서 보듯, 융은 이를 분석 작업인 것처럼, 심지어는 출판할 만한 사례인 것처럼 말하고 있다. 이것은 『아동 영혼의 갈등』(《연감》 II, 1, 1910) 안에 (안나라는 가명으로) 출판되었으며, 이후에는 소책자로 간행되었다.

융과의 경쟁(?)에서였는지 아니면 더 근본적인 이유에서였는지, 이 출판에 대하여 프로이트는 분명한 의견을 내비치지 않는다. 그리고 프로이트는 융에게 여전히 유머러스하게, 자신의 입장을 설명하려 한다. "나는 안나와 소피(참조: 워세스터)[34]에 대한 훌륭한 이야기를 재미있게 읽었습니다. 그러나 연구자가 아버지의 입장을 온전히 초월하지 않았기에 유감입니다. 거친 조형일 수도 있는 것을 섬세한 돋을새김으로 나타낸 것과 같아[35] 그 정교함으로 인하여 대부분의 독자는 교훈을 알아차리지 못할 것입니다. 어머니가 자신을 익사시킬지도 모른다는 두려움에서 물의 꿈(출생이 위장된 것)이란 상징이 나옵니다. 몇몇 드문 부분을 제외하고는 꼬마 한스와의 유사점이 연구되지 않고 있습니다. 독자들이란 원래 우둔하기에 일일이 다 지적해주어야 하는데도 말입니다. 당신의 비평과 보고서는 해학적 자유를 발산하고 있어《정신분석과 심리치료법을 위한 젠트랄블

---

[34] [역주] 저자는 이 워세스터(Worcester)의 출처를 참고문헌에도, 원서의 어느 부분에도 명시하고 있지 않다.
[35] [역주] 객관적 연구자 입장에서 관찰 사실을 있는 그대로 보고한 '거친 조형'이 아니라, 아버지 입장에서 딸을 미화한 '섬세한 돋을새김'이라고 지적한 은유적, 문학적 표현.

라트》지紙도 그러면 좋겠다고 생각하게 됩니다."(1910년 8월 18일의 서한) 융은 8월 31일에 즉각 답장을 보낸다. "제 딸 아가틀리에 대하여 아버지란 입장을 전적으로 부인할 수는 없다는 점을 저는 잘 알고 있었습니다. 하지만 저의 그 개인적 노트가 입문자에게 거북스러운 인상을 준다고는 생각하지 않습니다. 사실 꼬마 한스와의 유사점이 연구되었어야 합니다. 그러한 설명이 간략하게 될 수 있었다면 말입니다. 많은 이야기를 해야 했다고 생각했지만 그러기를 피했습니다. 연구의 양이 많을수록 사람들은 그것을 읽지 않습니다. 사실, 독자가 공상할 수 있는 부분을 남겨두어야 하지 않습니까. 꼬마 한스에게 있는 여성성('가여운 꼬마 소년, 가여운 꼬마 소녀')[36]에 대하여 세간에서는 어떤 비평을 할지 알고 싶습니다."

융은 아가틀리에 대한 이야기만 한 것은 아니었다. 다른 텍스트에서 그는 꼬마 '프레디'를 다룬다. 프레디란 만프레트 블로일러인 듯하다. 오이겐 블로일러는 그것이 출간된 것을 그리 탐탁지 않게 여긴 것 같다(1910년 4월 26일 융에게 보낸 프로이트의 편지). 융은 프로이트의 아들인 마르틴에게까지 관심을 보이는데, 그 주제에 대한 글은 출판하지 않는다(1911년 1월 18일부터 2월 17일까지의 서한). 1911년의 수많은 서한에서 우리는 프로이트에게 『꿈의 해석』의 한 부분을 수정하도록 한 융의 시도를 발견할 수 있다. 융은

---

[36] 멘델이 쓴 비평문의 한 문구를 암시한다.

프로이트에게 아동분석을 보다 진지하게 다루었으면 좋겠다는 뜻을 비치며 아동의 꿈을 일반적 규칙에서 제외한 점은 재고해야 한다고 반대의 의향을 보인다. 융은 자신의 딸인 그레첸[37]의 꿈을 예로 든다 (그레테는 1906년에, 아가틀리는 1904년에 출생했다).

"제 딸 그레첸은 아동의 꿈이 얼마나 중요할 수 있는지를 훌륭히 증명해 주었습니다. 그레첸은 꼬마 친구 한스 꿈을 꾸었는데, 한스가 펠트 모자를 완전히 얼굴 앞으로 내려 당겨서 (얼굴이 가려졌고) 딸애는 그 머리를 먹어야 했답니다. 또한 '터널 안에 앉아 있는' 늑대 꿈도 꾸었답니다. 그레첸은 이제 다섯 살인데, 음경의 포피와 귀두를 기가 막히게 잘 알고 있습니다."

이 시기에 그의 부인인 엠마 융이 토론에 관여한다. 프로이트는 퀴스나흐트에 있는 융의 가족과 함께 사흘을 보낸 후 융과 함께 바이마르의 학회(1911년 9월 21~22일)에 참석한다. 거기서 토론이 열띠게 진행되었음이 틀림없다. 엠마 융은 두 사람의 사이가 틀어질 것을 일찍이 직감하고 있었다. "당신의 친애하는 부인은 내게 예언자로 다가왔습니다."라고 프로이트는 9월 1일 쓰고 있다. '친애하는 부인'은 10월 30일, 남편 몰래 프로이트에게 편지를 적어 보낸다. "선생님과 제 남편 사이의 관계가 좋을 수 있거나 좋아야 할 그런 관계가 될 수 없다는 생각에 사실 저는 혼란스럽습니다. **리비도의**

---

[37] [역주] 그레첸(Grethchen)은 Grethe의 애칭이다.

변모에 대하여 두 분의 생각이 완전히 일치하지는 않는 것 같은데, 맞는 생각인지 모르겠습니다." 엠마 융은 프로이트의 자녀들이 아버지의 의향에 반대하여 살지도 모른다는 사실에 체념하는 모습을 불만스러워한다. 그녀는 그러한 프로이트의 체념이 정신적 아들들에 대한 체념으로까지 확대될 것을 두려워한 것이었다. 그리하여 약간 자기비판을 하듯 다음과 같은 말을 덧붙인다. "당신의 우정을 항상 방해하는 여인들이 있다고 언젠가 말씀하셨죠. 그런 여인 부류에 저를 넣지 마세요." 11월 2일, 카를 구스타프 융에게 보내는 편지에서 프로이트는 솜씨 좋게 엠마를 만족시키려 한다. 즉 자신의 아이들에 관심을 갖고 있다는 점을 드러낸 것이다. "제 아들 에르네스트는 잘 지내고 있습니다. 한창 좋은 시기를 보내고 있는 딸 소피에 대해서는 아직 아무것도 결정된 바가 없습니다. 다른 아이들도 잘 지내고 있습니다. 당신과 당신 아이들도 마찬가지로 잘 지낸다는 소식을 기대합니다. 충심으로…" 엠마 융이 프로이트에게 보낸 첫 번째 답장을 우리는 발견할 수 없다. 단, 1911년 11월 6일에 보낸 두 번째 답장은 매우 감동적이다. 거기서 엠마는 프로이트에게 부정父情적 통솔의 면모가 있다고 드러낸다. "카를Carl을 부정父情으로 생각하지 마세요. '그 애는 자랄 것이고 나는 쪼그라들 것이다.'라고 여기지는 마시고 그를 인간 대 인간으로, 즉 당신과 마찬가지로 스스로의 법을 완성해내야 하는 자로 생각해 주세요. 화내지는 마시길…" 그녀는 이 편지에서 융에 대한 프로이트의 부정父情과 프로이트 자신의 자녀들에 대한 부정父情을 섞고 있다. 거기에서 모호하기는 해도 시사점 많은 담론이 나온다. "선생님의 자녀들을 정신분석으로 도울 수는 없다고 진짜 생각하시는지 여쭙고 싶었습니다. 예사로운 아버지에서 벗어나기도 어려운데, 위대한 인물의 아들이 되면 반드시 벌 받기 마련이지요.[38] 아드님의 다친 다리도 같은 맥락의 일 아닌가요? 그 아이가 어떻게 되었냐고 여쭙고자 했을 때 다음과 같이 대답하셨죠. 당신 자녀들의 꿈을 분석할 시간이 없으시다고요. 그 자녀들이 계속 꿈을 꿀 수 있도록 돈을 벌어야 하기 때문이라고요. 그것이 좋은 시각이라고 생각하시나요? …"

융 부부가 아동분석을 끈질기게 강요한 사실과 ─ 이 부분을 우리는 약간 길게 언급해 왔다 ─ 아울러 자신의 자녀들을 분석한 점 때문에 아동분석에 대한 프로이트의 침묵은 더욱 심해졌다. 엠마 융이 있는 그대로 보고한 바에 따른, 프로이트의 빈정대는 대답이 이를 증명해준다. 엠마는 상당히 직관적이었지만 프로이트가 한 말의 비꼬는 면을 강조한 것 같지는 않다. 어쨌든 그녀는 프로이트의 말을 글자 그대로 받아들이고 있다. 이 주제에 대하여 융은 담화를 매우 진전시킨다. 즉 1911년 10월 17일, 융은 다른 관찰 사실에 대하여 말한다. "소위 '아동기의 때 이른 기억들'은 개인적인 과거 기억의 재현이 아니라 계통 발생적인 과거 기억의 재현이라는 짐작을 할 수밖에 없도록 하는 관찰을 하게 되었습니다. 여기서 과거 기억의

---

[38] [역주] 1부 도입부 역주 참조.

재현이란, 당연히 **완벽히 때 이른** 것을 의미합니다. 탄생이나 빨아들이기 등과 같은 것 말입니다. 그런데, **자궁 내적인 차원**으로밖에 설명할 수 없는 것이 있습니다. 즉, 물의 상징을 나타내는 것이 있고 그다음으로는 특별한 피부 감촉과 연결된 것(탯줄과 양막)으로 보이는 포옹, 얽힘이 있습니다. 제 딸 아가틀리는 요즘 탄생과 관련된 흑인 신화와 완벽히 유사한 꿈을 꾸고 있습니다. 흑인 신화에는 끈끈한 것을 껴안는 내용이 나옵니다. 우리는 장차 생각보다 엄청나게 많은 것이 계통 발생적인 과거 기억의 재현이라는 사실을 발견하게 될 것입니다."

융이 훗날 정신분석학에 덧붙이게 될 '우주적' 전개의 싹을 보이는 이 제의에 대하여 프로이트는 대답하지 않는다. 그 대신 이 견해는 페렌치가(『탈라사』*Thalassa*[39]) 부분적으로 계승한다. 그런데 프로이트는 페렌치를 더 지지해 준다.

그 외 다른 요소들의 성격 때문에 프로이트는 이제 융의 의견을 귀담아듣지 않게 되었다. 이미 본 바와 같이 아가틀리에 대해 실행한 융의 분석은 수상한 점이 있다. 그리고 1907년의 경우 융의 기법은 정신분석학적이라기보다는 최면술에 의한 것이었다. 게다가 융

---

[39] [역주] 융의 이 견해를 페렌치는 다음의 저서에서 계승한다. S. Ferenczi (1933), *Thalassa: A Theory of genitality*, Psychoanalytic Quarterly, no. 2, 361~403쪽.
탈라사는 고대 그리스어로, 바다나 대양을 의미한다.

은 손수 아동분석을 하지 않고, 특별히 훈련시킨 여성들에게 맡겼다. 1911년, 국제아동학협회의 보고서(「협회 보고서」, 브뤼셀, 1912, II, 332~343쪽)에서 융은 다음과 같이 적고 있다. "그런 분석은 여성들이 가장 잘 실행할 수 있다. 나는 특히 아동을 치료할 목적으로 몇몇 여성에게 정신분석학을 교육했다. 여성에게 그것은 새롭고도 좋은 직업이 될 것 같다. 나는 아동분석을 여성 조교에게 맡긴다. 수많은 경험 끝에 나는 여성들이 심리에 대한 천성적 직관이 있기에 남성들보다 훨씬 유능하게 그 일을 수행해낼 수 있다고까지 결론짓게 되었다."

융에게서 아동정신분석학 교육을 받은 여성 중에 몰처 '수녀'가 있다. 마리아 몰처(1874~1944)는 네덜란드의 주류 회사 '볼스' 사장의 딸이었다. 그녀는 간호사였는데 융의 분석 지도를 받았다. 그녀가 '분석한' 11살 된 소녀의 사례는 융이 브뤼셀 회의에서 「아동정신분석에 대하여」란 제목으로 발표했다. 학교 가기를 두려워하는 이 소녀의 문제는 즉시 쟁점이 되었다. 발표문에서 융은 꼬마 한스에 대한 인용을 생략했다. 융은 8세 미만의 아동들은 자기 생각의 흐름을 탐구할 수 없기에 '간접적 방법'을 써야 한다고 주장한다. 오늘날까지도 반복되고 있는 이 진부한 통념을 이렇게 재발견하는 일은 유익하다. 융이 말하는 이 간접적 방법이란, 심리적 현상을 관찰하는 것으로서, 융은 이 방법을 『아동 영혼의 갈등에 대하여』란 저작에서 이미 소개한 바 있다. 반면 8세 이상의 아동들은 성인에 '가까운' 분석을 받을 수 있다고 말한다. 하지만 그런 분석은 분석가에게는 '힘든 책무'라고 한다. 아동이 분석가에게 지나친 존경을 품기 때문이라는 것이다(A. 그라프-놀트, 162쪽).[40]

바이마르 회의(1911년)에 융은 여성 대표 전원을 데리고 왔다. 자신의 아내인 엠마 융뿐만 아니라 몰처 '수녀'도 있었고 베아트리스 힝클-이스트윅, 사비나 슈필라인, 안토니아 울프, 마르타 뵈딩하우스, 미라 깅크부르크도 있었다. 미라 깅크부르크에 대하여 융은 1909년 8월 5일 프로이트에게 다음과 같이 쓴다. "제겐 폴란드 유대인 깅크부르크 박사가 있습니다. 그녀는 아동분석을 매우 능숙하고 기분 좋게 행하며, 종합병원의 여름 학기 내내 효율적으로 저를 도왔습니다. 그녀는 이제 그 방면의 활동을 계속하고자 물색하고 있습니다. 그래서 저는 사람들이 아동에게 알맞은 무엇인가를 제시해 달라고 선생님께 요청했던 일이 생각났습니다. 깅크부르크 양과 함께 뭔가를 같이 할 수 있지 않겠습니까? 불행히도 저는 그녀에게 제안해 줄 것이 없습니다. 그녀는 많은 것을 요구하지는 않을 것입니다."

미라 깅크부르크(1887~1949)는 이후 에밀 오버홀처와 결혼한다. 남편은 1912년 프로이트에게 분석을 받는다. 그녀와 O. 피스터는 스위스 정신분석학회를 설립한다. 오버 홀처 부부는 1938년 미국으로 이민 가 뉴욕 학회에 가입한다. E. 오버홀처는 로르샤흐 기법[41]의

---

[40] [역주] A. Graf-Nord(1988), Der Fall Hermine Hug-Hllmuth, München-Wien, Verlag International Psychoanalyse.

[41] [역주] 1921년 헤르만 로르샤흐(Herman Rorschach)가 고안해 낸 심리측정

전문가였다. 프로이트와 융 사이의 서한을 출간한 윌리엄 맥 가이어는 '아동에 대한 최초의 분석가 중 한 사람'으로 미라 오버홀처를 지명했다. 융과 몰처 '수녀'가 실행한 아동분석의 가치가 어떤지는 논외로 하고, 브뤼셀에서 융이 발표한 보고서는 심한 '야유'를 받았다. 융의 말에 따르면(1911년 8월 29일) 회장은 심하게 분노하며 융에게 추악한 인간이라며 자리를 떴다고 한다. "한 덴마크 의사는 내게 크게 분노했다. 그에게 아무런 대답도 해주지 않자 그 악당은 대답을 하라고 요구하며 노발대발했다"… 1911년의 반응을 보았을 때 융은 틀림없이, 분석가의 용어로 이야기했을 것이다. 아무리 그렇다 하더라도 – 헤르미네 후크-헬무트를 다루는 장에서 다시 언급하겠지만 – 아동에 대한 정신분석의 개념은 성인에 대한 정신분석의 개념보다 훨씬 더 격렬한 반응을 불러일으켰다. 그리고 특히 교육자들의 반발은 더 심했다.

주지하다시피, 프로이트와 융 사이의 우호는 급속히 사그라졌다. 1911년, 융은 리비도 개념을 확대하려 함으로써 적대 행위를 시작했다. 1912년, 둘 사이의 관계는 우정의 성격을 잃었고 1913년에는 관계가 단절되었다. 융과 그 제자들은 그 후부터 정신분석학계에 작업 내용을 보고할 수 없게 되었다.

테스트. 대칭된 그림을 주체가 자유로이 해석하도록 하여 이를 바탕으로 인성을 측정함.

03 카를 아브라함: 멜라니 클라인의 '아버지'

 1914~1918년의 세계대전이 일어나기 전 몇 해 동안, 정신분석학에서는 세 번째로 중요한 장소인 베를린에서, 아브라함 역시 아동분석과 관찰에 관심을 가졌다. 그는 부르크휠츨리에서 몇 년간 융과 함께 작업했기에 아가틀리를 잘 알았다. 아브라함은 비엔나의 모임에서 일어나는 토론 내용도 잘 알고 있었으며 꼬마 한스에 대한 이야기도 들었다. 그러므로 자신의 외동딸인 힐다를 면밀히 관찰한 것은 놀라운 일이 아니다. "딸에게 글리세린 관장을 두 번 해야 했다. 이후로 그 애는 이제 관장하기 싫다고 설명하는데 실제로는 아무런 감정 없이 말하는 것이었다. 더구나 대부분 장난기 어린 웃음까지 띠면서 말했다. 그 이외에는 항문-성애性愛적 경향을 전혀 관찰할 수 없었다."(!)라고 그는 1909년 4월 7일 프로이트에게 적고 있다. 힐다는 이때 2살 4개월이었다. 두 달 전에 아브라함은 프로이트에게 6살 된 여아에 대한 질문을 한 바 있었다. 그 여아는 남자 형제와 서로 발을 이용하여 성기를 자위했던 것이다.
 힐다가 자신의 아버지에 대하여 쓴 전기에서 알 수 있듯, 이러한 관찰 내용은 아브라함이 힐다에 대하여 완성한 연구의 첫걸음에 지나지 않는다. 우리가 알기에는 이것이, 아버지에게 분석 받은 당사자가 그 분석에 관해 이야기하는 최초의 자료이다. 힐다 아브라함 스스로가 영국 정신분석학회의 교육 전문가가 된 사실도 특기할 만하다.

이런 시도는 "일말의 우려를 일으킬 수 있었다."라고 안나 프로이트는 자서전의 서문에서 쓰고 있다. 그러나 힐다는 자신의 아버지가 어떠한 상황에서 자신을 분석했는지에 대한 언급은 하지 않고 그저 아버지에 대한 전기를 서술해 본다고만 말하고 있다. 아버지에게 분석 받았던 상황에 대해 전혀 암시를 하지 않는 점으로 미루어 보아, 그 분석 내용에 대해 침묵하고자 하는 의향을 알 수 있다.

그러므로 아동에 대한 관찰은 매우 일찍 시작된 것이었다. 우리가 방금 인용한 1909년의 기록은 힐다의 기억에 남아 있는 것 같지 않으며 힐다가 저술한 아브라함 전기의 편집장인 디노라 파인스도 모르고 있는 것 같다. 이 전기는 1910년의 관찰내용으로 시작한다. 그 관찰 내용에 대하여 아브라함은 「부모에게 갖는 여아의 애정적 입장의 양상」이란 제목으로 논문을 썼다. 그는 이 논문을 여아들의 이름을 바꾸어 1916년에야 출간한다. 아브라함은 또한 《정신분석과 심리치료법을 위한 젠트랄블라트》의 「아동란」에 여아의 말을 싣는다. 힐다 아브라함은 4~5세 경 아버지가 점심식사 후 자신과 함께 잠시 시간을 보내곤 했다고 기억한다. "아버지는 나를 안아 주었으며 자신의 진료소에 데려가 주기도 했다. 진료소에는 그런 기회에만 들어가 볼 수 있었다. 아버지는 카펫 위에 나를 앉히고 나는 체스놀이 조각들을 가지고 놀곤 했다. 아버지가 조금 조는 동안 나는 얌전히 놀고 있었고 아버지는 잠에서 깬 후 나와 함께 바닥에 앉아 놀아 주었다…"

힐다는 여섯 살 반이었을 때 정신분석을 두 달 동안 - 1913년 11월과 12월 - 받았다. 카를 아브라함을 당황케 한 힐다의 증상은 지나친 몽상이었다. 그것은 거북스러운 것이어서 집에서도 그렇고 학교에 가서도 아무것도 배울 수가 없었다. 이에 대하여 힐다는, 어느날 어머니 옆에서 숙제를 하고 있는데 어머니가 "책상을 주먹으로 치는 바람에 나와 내 책들을 깜짝 놀라게 해서" 몽상에서 갑자기 깨어났다고 회상한다. 그녀는 자위를 했다고도 고백하며 하는 도중 들키기도 했다고 한다.

분석은 아버지와 함께 (한 시간 정도?) 산책을 하면서 이루어졌다. 아마도 매일 분석이 있었던 것 같다. 보고서로 작성된 분석 내용은 아브라함 여사가 딸에게 전해주기 전까지 엄격히 비밀에 부쳐졌다. 딸은 이 보고서를 자신의 두 번째 분석가인 힐데 마스에게 맡겼다. 힐데 마스는 이 보고서를 아브라함 전기의 편집장인 디노라 파인스에게 주었다. 디노라 파인스는 그 보고서를 1974년에 출판된 전기 안에 넣었다. 이때 힐다는 이미 1971년에 사망한 후였다.

카를 아브라함이 기록한 이 보고서를 읽으면 그가 얼마나 아이가 제공하는 소재를 깊게 분석하면서 동시에 아이의 인격을 존중하고자 고심했는지 알 수 있다. 처음 시작할 때 아브라함은 딸에게 왜 이런 분석을 하려는지를 설명한다. "의사의 자질이 있는 이 아빠가…" 그는 딸아이의 머릿속을 채우고 있는 무서운 환상이 무엇인지 말하도록 이끌었다. 아이는 첫째, 악의에 찬 원숭이들, 둘째, 마룻바닥에서 솟아나올지도 모르는 불꽃 등을 이야기하였다. 그리고 마지막은 억압된 내용이었다. 아브라함은 그런 원숭이나 불은 없다고 그 몽상의 내용이 비현실적임을 말해주면서 아이를 안심시켰다. 그렇게 안심이 되자 아이는 세 번째 주제가 무엇인지 생각이 났다. 거인에 관한 세 번째 주제를 통하여 분석가로서의 아버지는 아이를 계속 안심시키면서(거인이란 없단다), 개를 무서워하는 아이들이 있는데 실제로 그것은 사람을 무서워하는 것이라고 귀띔해 줄 수 있었다. 아이는 즉시 이해했지만 (그것은 분석 첫날이었다) 그 다음날부터는 분석을 하지 않겠다고 말했다. 그것은 '(심리적) 저항'이라고 아브라함은 적고 있다. 그래서 치료는 산책을 하면서 계속 진행되었다. 딸의 머릿속에서는 아이들이 잡아먹히고, 도둑들도 있었다. 도둑에 대해서는 반대되는 감정이 양립해 있었기에, 분석가는 거기서 전이를 집어낼 수 있었고 그것은 즉시 해석되었다("심술궂은 남자는 바로 아빠였단다."). 그러자 아이는 분석을 더 많이 계속하자고 말했다. "환자들도 아빠와 자주 분석하나요?"

12월 말, 카를 아브라함이 편도선 수술을 받게 되어 분석은 종결되었다. 그래도 그 후로 한 번 더 분석이 실시되었다. 환상은 이제 "반은 아름답고, 반은 무섭게" 되어, 힐다는 그런 환상이 많이 줄어들었다.

회고록에서 힐다는 아버지가 당시, 거세 불안에 대해 말하지 않았다고 이야기한다. 거세 불안이 매우 뚜렷하게 있었음에도 말이다. 그녀가 여아였기 때문이었으리라…

아브라함의 개인적 고객 중에는 아동도 더러 있었다. 아동분석이 성인분석과는 다를 수 있다는 사실을 아브라함은 미처 생각하지 못했던 것 같다. 1913년 그는 『부모의 성교 장면을 관찰한 사실이 9세 여아에게 미치는 심리적 영향』이라는 글을 출간한다. 이것은 급성 불안 상태를 보이는 여아에 관한 것이었다. 아브라함은 이 사례에서 그러한 '관찰'이 어떤 것이었는지를 밝히고 그로 인한 정신적 외상의 영향도 밝혀낼 수 있었다. 1916년 아브라함은 학교생활의 심리적 압박으로 고통받는 12세가량의 한 남아를 치료했다고 힐다는 보고한다.(168쪽)[42] 이 두 사례가 서로 분리된 것 같지는 않다.

아브라함 시대의 정신분석가들은 아동을 분석하는데 실천적, 이론적 불편함이 있다고는 한 번도 생각하지 않았다고 말할 수 있다. 장애가 생긴 것은 그 이후의 일이었다.

하지만 아동분석은 어려운 기법이다. 그래도 아브라함은 제자와 분석가들에게 아동분석을 실행하도록 장려했다. 그것이 바로 멜라니 클라인의 경우였다. 아브라함은 그녀가 스스로의 아들을 계속 분석하도록 힘을 돋우어 주었다. 멜라니 클라인은 아들이 보이는 불안

---

[42] [역주] H. C. Abraham(1974), 『카를 아브라함, 꼬마소녀 힐다』, 프랑스어판, 파리, PUF, 1976.

에 망설이고 있었기 때문이다. 1923년 10월 7일, 아브라함은 프로이트에게 다음과 같이 적고 있다. "클라인 부인은 매우 능란한 솜씨로요 몇 달간 3세 아동의 정신분석을 성공적으로 행했습니다. 그 아이는 원형적 우울증 Urmelancholie 을 그대로 보이고 있었기에 나는 그것이 원형적 우울증이란 가정을 세웠고 구순 성애와 긴밀한 관계에 있다고 보았습니다. 일반적으로 이런 사례는 아동의 욕동에 대한 놀라운 사실을 제공해 줍니다."

우리가 여태껏 행한 바와 같이 1895년부터 1914~1918년의 전쟁 사이의 기간을 훑어볼 때, 이 시기에 정신분석학이 구축됨과 동시에 훗날 아동정신분석학이 될 요소들이 싹트고 있음을 알 수 있다.

하지만 이 기간에는 아직도 아동정신분석학이 아동 신경증에 대한 정신분석학적 치료의 형태를 띨 것인지, 아니면 아동에 대한 특히 아동 성에 대한 자연주의적 관찰의 형태를 띨 것인지, 아니면 교육적 적용의 형태를 띨 것인지 알 수 없었다. 마지막의 교육적 적용 분야에서는 성교육과 정신분석학적 교육이라는 두 가지 지배적인 관념이 이미 나타나기 시작하고 있었다.

'정신분석학적 교육'은 매우 일찍 태동한 것으로서, 적당한 교육을 통하여 신경증 예방을 확립할 수 있지 않을까 하는 시도였다. 취리히에서 O. 피스터는 1908~1909년부터 이런 생각을 하고 있었다. 하지만 그의 생각은 성을 드러내자는 것이 아니라, 무의식적 억압 대신 의식적 억압을 하자는 것이었다. "정신분석학적 교육은 그 근본적 임무가 성적 이미지를 물리치는 데에 있다. 이미 존재하고는 있지만 억압되어 있는 이 성적性的 이미지는 정상적 발달을 저해하고 흔히 정신병을 일으킨다." 즉, 무의식적이면서도 유해한 형태를 도덕적 인격으로 제압해야 한다는 것이었다.

1910년 5월 4일 비엔나 정신분석학회의 토론에서 타우스크는 다음과 같이 제시한다. "오늘날 문명의 시각과 모순되는 것을, 분석할 때 아동에게 말해 주면 도대체 어떻게 되겠는가?" 그는 아동에게 세계관Weltanschauung을 심어주어야 한다고 생각한다. 이에 대하여 프로이트는 억압으로 이르는 지나친 압박을 아동에게 가하지 않으면 더 효과적인 예방법을 얻을 수 있다고 대답한다.

성교육에 대한 열띤 토론이 비엔나에서 이루어졌다. 소아의 성이 처음으로 발견되자, 정신분석학자들은 아동에게 완전한 정보를 조기에 제공해 주는 성교육을 하자고 제안하게 되었다. 이에 대해서는 침묵과 반대가 있었다. 예컨대 1907년 12월 18일의 회의에서 히치만은 다음과 같이 설명한다. 환상을 발견한 덕분에 성과 관련된 정신적 외상이 예전처럼 중요하지는 않으므로 성에 대한 정보 제공의 필요성도 줄어들었다는 것이다. 그러므로 그것은 8~10세부터 시작할 수도 있다는 것이다. I. 자드거는, 여하튼 부모들은 무지하기에 자식들에게 성교육을 해줄 수 없다고 생각한다. 이 모임에 초대된 K. 아브라함은 회의적이다. 왜냐면 정신적 외상이란, 교육을 통하여 예방할 수 있는 것이 아니기 때문이다. 또한 학교에서 제공하는 정보는 거의 쓸모가 없다고 말한다. 아이에게 필요한 것은 어머니의 사랑이기 때문이다. 이에 프로이트는 신중한 자세를 보인다. 즉, 성교육이 정신적 외상을 막기 위한 백신 주사라도 된다는 말인가? 그것은 절대 아니라는 것이다. 그러나 성교육이 정신적 외상의 여파를 메워줄 수는 있다고 한다. 흥미로운 점은 프로이트가 말하듯, 성교육은 중립적이고 초연한 방식으로 실시해서는 안 된다는 사실이다. "아이는 일정한 성적 흥분을 느껴야 한다. 그 성적 흥분은 주체 각자에 알맞은 것이어야 하며 성적 흥분을 두려워해서는 안 된다." 그리고 신경증의 심각성을 제한할 수는 있지만 신경증 자체를 피할 수는 없다고 한다. 성교육은 만병통치약이 아니기 때문이라는 것이다.

1908년의 잘츠부르크 회의에서, 부다페스트 출신인 페렌치는 자신의 보고서를 「프로이트의 실험은 아동교육에 어떤 실천적 방향을 제시하는가?」라고 명명한다.

1909년 5월 12일, 공공연하게 성교육이란 주제로 회의가 또 열렸다. 이때 성교육이란 문제를 여론에 부치게 되었다. 그리하여 성교육 문제에 대한 최선의 해결 방안을 두고 경연대회가 열리고 집록集錄도 작성되었다. 헬러는 이에 대하여 "이 시련의 결과는 우리가 가장 두려워하던 수준을 넘어섰다."라고 말했다. 제안된 해결 방안 중에는 전통적인 황새 이야기 이외에도 "식물학적" 방안도 있었다. 프로이트는 사실 이러한 부분적 해결 방안은 불만족스러우며 결국 성교육은 학교가 맡아야 할 임무이되 성에 대한 정보를 "샤워처럼" 아이에게 갑자기 쏟아 부어서는 안 된다고 생각한다. "성교육을 통하여 아이들에게 성이란 애정의 행위임을, 성행위를 함으로써 부모가 서로 사랑한다는 사실을 이해시켜야 한다. 성교는 자연과학 수업 시간에 아이들에게 명확히 설명해 주어야 할 것이다."

엄밀한 의미에서의 아동정신분석학은 1914년, 프로이트가 『아동 신경증에 관한 이야기에서』(늑대 인간)를 저술하면서 더욱 정확히 다루어진다. 그런데 이 저서는 1918년에야 세상에 나온다. 그래서 흔히 사람들은 이 저작이 실제보다 더 훗날의 글이라고 믿는 것이다. 프로이트는 여기서 자신의 환자였던 아동의 신경증에만 관심을 둔다고 제시하고 있다. 프로이트는 이 책에서, "신경증적 아이에게 직접" 행하는 분석과, 기억 때문에 아동기 때의 병이 재발하는 성인의 분석, 이 두 가지 경우를 비교하고 있다.(6~7쪽)[43] 그는 "아동 신경증 분석은 그 이론적 가치가 대단하다고 주장할 수 있다."고 쓰고 있다. 아동 신경증 분석은 "특별히 어려운" 작업이지만, 성인에게는 있는 이후의 침전 작용이 없는 상태라 신경증을 더욱 잘 알아볼 수 있다는 것이다.

4살 때 꾼 꿈이 "한 살 때 본 성교 장면을 사후事後에 떠오르게 한다"(106쪽)는 인상적인 예를 프로이트가 바로 이 저작에서 들고 있다는 사실을 상기하자. 매우 어린 아동이 의미 있는 사건들을 체험하고 기억할 수 있는 가능성을 프로이트는 여기서 강하게 지적하고 있다. 그런 가능성은 우리가 볼 때 아동분석에 대한 제반 담화의

---

43 [역주] 프로이트(1918), 『아동 신경증에 관한 이야기에서(늑대인간)』.

토대를 이루는 것이다. 또한 4세 때 이미 사후 현상[44]으로 이전 일을 떠올리는 일이 가능하다는 사실은, 이 나이부터 분석을 시행할 수 있다는 점을 시사하고 있다.

프로이트가 아동 관찰에 관심을 두었다는 사실은 부인할 수 없다. 그는 실패 놀이를 통하여 그 점을 훌륭히 증명해 보였다. 그런 관찰로써 그는 손주의 놀이를 자신의 이론을 정립하는 데 사용한 것이었다. 이 실패 놀이는 너무 자주 인용되기에 – 그러나 대부분의 경우 오독誤讀되거나 문맥에서 벗어나 인용됨 – 감히 언급하지 못하는 경우가 많지만 어쨌든 그것은 프로이트가 아동을 관찰했다는 드문 증거일 뿐 아니라 거기에서 어떤 발견을 할 수 있었기에 중요성이 있다. 『쾌락의 원칙을 넘어서』에서 이야기되고 있는 이 반복 행위는 불쾌를 함축하는데, 정신외상성 신경증이란 병리와 연결되어 죽음 욕동을 처음으로 진술하는 계기가 되었다. 아이의 놀이와 죽음 욕동 사이의 이 기이한 관계는 1920년에 서술되어, 멜라니 클라인에게 깊은 영향을 주었음이 틀림없다.

프로이트는 정신분석학의 이 부분을 이후 다시 언급한다. 즉 1933년 『새로운 강연』[45](34회째 강연[46])에서 그는 다음과 같이 적고 있

---

[44] [역주] l'après coup. 사후에 오는 현상이라고도 한다. 1부 1장 각주 22번에 사후 현상에 대한 정의가 실려 있다.

[45] [역주] 프로이트(1933), 『정신분석학 입문을 위한 새로운 강연』, 베르만 번역, 1933, 그리고 자이틀린 번역은 파리, 갈리마르, 1984.

[46] [역주] 이 책 안의 34회째 강연을 말한다.

다. "분석에 있어서는 아마도 가장 중요한 부분일 터이며 미래를 본다면 희망에 가득 찬 주제가 있다… 정신분석을 아동 교육학에 적용하는 일이 그것이다… 나의 딸 안나 프로이트는 이런 작업을 평생의 임무로 삼았다…"(196쪽)

이 글에서 프로이트는 아동분석 작업을 정신분석학적 교육법과 구별한다. "우리는 거리낌 없이, 분석 치료법을 [신경증] 아동에게 사용했다… 아동이 분석 치료법에 매우 알맞은 대상이란 사실이 밝혀졌다. 그렇게 이루어진 성공은 완전한 것이었고 지속적이었다… 수많은 [성인] 환자가 어릴 적의 특성을 하도 많이 지니고 있는 바람에 분석가로서는 아동분석에서 쓰는 기법 몇몇을 그들에게 쓸 수밖에 없었다. 그리하여 아동분석과 성인분석 사이에 불가피하게 생기는 차이가 줄어들었다…"(198~199쪽)

비엔나 정신분석학회의 회의 이후 25년이 지난 시점에서도 아동분석에 대한 프로이트의 절대적 승인은 부인되지 않고 있다. 이제 그 실천과 이론화가 제자들에 의하여 어떻게 진행되는지 살펴보도록 하자.

04 헤르미네 후크-헬무트: 첫 선구자, 프로이트의 집요한 제자

아동정신분석의 선구자인 헤르미네 후크-헬무트의 일생과 저작
은 거의 반세기 동안 비밀에 부쳐져 있었다. 헬렌 도이치와 안나 프
로이트가 인용하기도 하고 멜라니 클라인은 좀 더 길게 주석을 달기
도 했다. 그러나 콜레트 실랑이 기법에 대한 헤르미네 후크-헬무트
의 텍스트를 프랑스어로 번역하고 논문도 쓴 것은 그녀가 세상을
떠난 지 50년 후인 1974년의 일이었다.

1988년, 우리는 이 주제로 연구그룹을 지도한 바 있다. 그리하여
마르셀 부아와 도미니크 뒤졸의 정신과 논문이 나오기도 했다. 같은
해에 취리히 출신인 앙겔라 그라프-놀트의 저작이 독일어로 출판되
었다. 총 374쪽인 이 책은 헤르미네 후크-헬무트와 아동정신분석학
의 초기 역사가 주제이다. 밀도 높고 깊게 파헤쳐진 이 작업은 카를
구스타프 융의 작업에 영감 받은 연구로 보인다. 후크-헬무트 여사
가 "절대적 정통성"과 지극한ー너무나 지극한ー충실성 때문에 지

그문트 프로이트에게 아동정신분석학의 대표자로 선택되었다는 주장을 저자는 펼치고 있다. 저자는 후크-헬무트를, 프로이트의 방침에서 조금도 벗어나지 못하여 "정통적" 방침 옹호자들에 의하여 다소 조종되는 인물로 소개되고 있다. 이러한 저자의 주장에 우리는 따르지 않지만 이 책은 참고자료가 풍부하다.

1991년, 조지 맥린Maclean과 울리치 래픈Rappen이 헤르미네 후크-헬무트의 일생과 저술에 관한 책을 영어로 출판했다. 이 저자들은 반대로 후크-헬무트의 풍부한 인격을 역설하고 있으며 정신분석학계 내에 그녀의 명예를 회복시키려 한다. 저자들은 그라프-놀트 여사가 이미 존재하는 문헌을 제대로 조사하지 않았으며 후크-헬무트 자신이 쓴 자서전에만 바탕을 두고 있다고 비난한다.[47] 이외에도

---

[47] D. 수브르니(Soubrenie)가 헤르미네 후크-헬무트의 텍스트들을 선정하여 소개한 책이 1991년 11월에 출간되었다. 그런데 이때는 우리의 책이 이미 다 집필된 후였다. J. 르 리데르가 서문을 쓴 그 책 안의 몇몇 글은 이전에는 번역되지 않은 것이었다. 서문을 쓴 이는 그 책 때문에 프로이트 텍스트를 대상으로 하는 역사가들이 "무시 못 할 재검토"를 할 수밖에 없을 것이라고 하는데, 우리는 그렇게 생각하지 않는다. 그 책에서는 초기의 아동정신분석학이 "가족관계에 끼친 파괴적 영향"과 "딱하고 불길한 요정"의 면모가 강조되고 있는 것이다.

이러한 주장은 아동정신분석에 대한 초기 비판을 야릇하게 대변하고 있다. 그러한 비판은 예컨대 피에르 자네, 슈테른 부부, 혹은 앙드레 지드 등이 표명한 바 있다. 정신분석학 덕택으로 인간 자신에 대해 알게 된 이득에 대한 사람들의 생각이 정반대되는 두 시각으로 ─ 같은 소재에 대해서 ─ 갈리는 현상은 역사적으로 항상 존재해왔다. 게다가 J. 르 리데르는 맥린과 래픈의 저작이나

1980년 볼프강 후버의 기사, 《아동정신분석학 신문》에 게재한 루이스 바르베-튀르노에르의 기사, 《근원에 대한 소설》에 실린 실비아 이네스 펜드릭의 4쪽 분량의 짧은 글 등이 있다.

이 상황은 당사자의 유언과 관계가 있으며, 이 유언은 비밀 엄수에 관한 것이었다. 죽기 며칠 전 헤르미네 후크-헬무트는 "[자신의] 생이나 저작에 대한 글을 절대 출판하지 말라고, 정신분석학에 대한 출판물로도 출간하지 말라고" 유언했던 것이다. 1980년에만 해도 안나 프로이트는 이 염원을 존중해야 마땅하다고 지적했다. 그러나 저자들은 그것을 무시하기로 했다고 통보했다. 여기서 우리는 헤르미네 후크-헬무트가 항상 심한 우울증 성향이 있었기에 유언 역시 침울했다고 말할 수 있다.

그러나 이러한 침묵의 원인은 다른 데서 찾아야 한다. 그녀의 유언도, 『어린 소녀의 일기』가 출판된 후 발생한 추문도, 그리고 이후 그녀의 죽음도, 그 침묵의 이유가 되지 못한다. 이 선구자가 잊힌 일은 바로 아동정신분석학에 대한 광범위한 저항 때문이었다고 여기는 것이 훨씬 더 논리적일 것이다.

보르드 2대학의 뒤쫄과 부아의 두 논문 - 이 자료들은 새로운 요소들을 담고 있으며 다른 시각으로 사실을 조명하고 있다 - 과 같은 최신 정보들을 알지 못하고 있기에 유감스럽다.

헤르미네 후크-헬무트의 삶

후겐슈타인 출신의 귀족인 헤르미네 빌헬미네 루도비카 후크는 1871년 8월 31일 비엔나의 귀족, 군인 전통의 가톨릭 가문에서 태어났다. 후겐슈타인의 기사인 그녀의 아버지 후고 후크는 1830년 11월 6일에 프라하에서 태어났다. 제국 군대의 대위이자, 1866년 쾨니히 그레츠 전투의 부상자이기도 한 그는 육군성에서 육군 중령으로 퇴임한다. 1864년 1월 17일 그에게 안토니아 파머라는 딸이 태어났다. 딸은 훗날 안토니아 후크라고 이름을 바꾸었으며 '롤프'의 어머니가 된다. 딸의 어머니는 평민 출신의 여인이었다. 이런 출신 때문에 군 사재판부는 제국 군대의 관습에 따라 후고에게, 결혼하여 안토니아를 친딸로 인정할 권리를 금했다. 1869년 그는 루도비카 아헬폴과 결혼한다. 이 모든 자료는 맥린과 래픈의 연구 덕으로 얻게 되었다. 이후 보게 되지만 『어린 소녀의 일기』*Journal d'une jeune fille*에 대한 토론은 온갖 비평과 성찰을 야기한다. 이렇게 상세한 정보 때문에 여태껏 주장되던 가설이 부정된다. 즉 안토니아가 헤르미네보다 두 살 위이며 둘은 라이너 Leiner라는 같은 어머니에게서 태어났다는 가설이 부정되는 것이다. 하지만 이러한 가설은 『어린 소녀의 일기』의 두 소녀 간의 우정을 이해하는 데에 편리했다. 더욱이, 그 『어린 소녀의 일기』의 '저자'가 그레타 라이너 Lainer라고 불렸으니, 혼동하기 쉬웠던 것이다. 단, 그런 가설은 편리했을 뿐, 거짓된 가설이었다. 루도비카는 남편의 사생아를 자신의 가정 안에 받아들였다. 저자들에 따르면 이 사생아의 생년을 1869년으로 신고하여 자신들 부부의 합법적 딸로 쉽게 받아들여지도록 했다.

헤르미네가 태어난 1871년경에는 가족과 친척들이 연이어 사망했다. 1870년에는 첫 딸이 태어난 지 15일 만에 죽었고 1872년에는 헤르미네의 친할머니가 세상을 떠났으며 1874년에는 또 다른 딸이 태어난 지 한 달만에 사망한 것이었다. 이 모든 일은 가정의 온갖 어려움 - 특히 재정적 어려움 - 속에서 일어났다. 사생아 언니와 사망 사건들, 그리고 만족스러운 포용성[48]을 선사해 줄 만한 여유가 없는 부모 사이에서 아이 헤르미네가 겪었을 곤란을 이해할 수 있다.

이런 분위기는 어머니가 1875년, 결핵에 걸리면서 더욱더 무거워진다. 이때 헤르미네는 4세였다. 그러므로 4세부터 12세 사이의 헤르미네는 배다른 언니 안토니아와 병 걸린 어머니, 이 가족을 도우러 온 이모, 그리고 아버지와 함께 살았다.

음악가이자 여러 언어에 능통했으며 교양이 풍부했던 루도비카는 헤르미네의 초등 교육을 맡았던 것 같다. 헤르미네는 11살이 되어서야 학교에 다니기 시작했기 때문이다. 이 중등교육으로 그녀는 초등학교 교사가 된다. 헤르미네는 이복언니처럼 이 직업에 몇 년간 몸담는다.

1897년, 헤르미네는 비엔나 대학에 등록하는데, 필시 청강생 자

---

[48] 여기서 포용성이란, W. R. 비온이 의미하는 바를 따른 것이다. 즉, 아기의 불안을 '포용'할 수 있는 자질, 모성을 갖춘 대상의 자질을 말한다.

격이었을 것이다. 이때의 나이는 26세였는데 그 해는 여성이 대학에 등록할 수 있었던 최초의 해였던 것 같다. 일 년 후 아버지가 사망하면서 그녀는 단순히 초등학교 교사로 남지 않기로 결정한다. 헤르미네는 대학 입학시험을 준비하며 이를 위해 프라하에서 몇 년 동안 공부한다(이 시기 프라하는 오스트리아 합스부르크 가의 영토였다). 33세 되던 1904년, 헤르미네는 비엔나 대학에 들어가는데 이번에는 정식 학생의 자격으로서였다. 이해 안토니아는 철학 박사로 대학 교육을 끝마친다. 논문 제목은 「노발리스의 글『파편』의 역사에 기여하는 연구」이었다. 1909년, 헤르미네는 물리학을 중심으로 한 박사 논문을 제출하는데, 이는 철학과 논문이었다. 그녀는 마리 퀴리의 인격과 그 여권주의적 상징에 매료되었던 것 같다. 그러나 이 시기에 여성은 비엔나 대학에 등록은 할 수 있었지만 등록 분야는 철학과나 의대에만 국한되어 있었다. 헤르미네의 소논문 – 초등학교 교사의 전형적 글씨체로 쓰여 약 16페이지에 이르는 – 의 주제는 '양극과 음극에 쌓인 방사선 침적물의 물리적, 화학적 특성에 관한 연구'이다. 그러나 철학과 박사학위를 받은 것만으로는 물리/화학 분야에 진출할 수 없었다. 그저 진부하게도, 교사 자격증상 한 단계 올라가는 데 그쳐 중학교 교단에 설 수 있을 뿐이었다. 표면상으로는 이 정도였지만 실제로 이 일은 헤르미네가 정신분석학이라는 새로운 학문에 연구열을 지피는 계기가 되었다. 그런데 이 시기에 두 가지 중요한 사건이 닥쳤다. 첫째는 자신의 죽음을 예고하는 사건이었으며 둘째는 그녀 자신의 인생을 결정짓는 사건이었다.

첫 번째 사건은 이복언니 안토니아의 여정이다. 안토니아는 공부를 끝마친 즉시 1904년, 뮈르츠추슐라크에 농촌교육센터를 세운다. 남녀 청소년을 대상으로 하여 기숙사도 딸린 이 센터는 당시 화제가 되고 있던 교육개혁 정신에 따른 것이었다. 그녀는 이 기관을 자신이 전에 일하던 학교의 교장인 루돌프 로시 폰 리히텐펠스와, 경리를 맡을 그의 부인과 함께 세웠다. 사실 안토니아는 루돌프의 첩이었으며 1906년 아들 루돌프 오토 헬무트 후크를 낳는다. 이 아들이 바로 슬프게도 유명해진 롤프이다. 교육센터는 몰락했고 폰 리히텐펠스는 그 가족 보모와 관계를 맺어 다른 곳으로 떠났다. 안토니아는 아들을 비엔나로 데려가 몇몇 아파트를 전전한다.

헤르미네는 이복언니가 당한 비극에 매우 놀랐다. 일단 헤르미네는 신중한데다 친구도 없었으며 정결한 편이었다. 그렇기에 안토니아의 행동은 충격적이었다. 여권운동에 대해 이론적으로는 열성이었던 헤르미네였지만 그런 상황은 내심 받아들이기 어려웠다. 또 한가지, 그러한 안토니아에게서 헤르미네는 아버지의 여정이 반복되는 것을 보았다. 안토니아 역시 사생아였던 것이다. 사회에 대한 모든 거짓말, 아기 출생에 대한 비밀 등이 헤르미네의 뇌리를 채웠다.

두 번째 사건은 헤르미네의 이후 일생을 결정지은 일로서, 바로이지도레 자드거와의 만남이었다. 지그문트 프로이트의 사적인 모임의 회원이자 정신분석가인 그는 1907년, 그녀의 가족 주치의가되었다. 우리가 열거한 모든 어려움을 생각해 볼 때 헤르미네가 그와 함께 곧바로 정신분석에 들어가 3년간 작업했다는 사실은 그리

놀랄만한 일이 아니다. 동시에 그녀는 정신분석학의 작업, 특히 프로이트의 작업에 지적 관심이 생겨 그 분야를 직업으로 삼기로 결정한다. 1910년부터 1912년 사이에 헤르미네는 교사로서의 직업을 그만두고 퇴임한다. 이때의 나이 40세였으며 20년간 교편을 잡은 후였다.

정신분석 후 헤르미네는 자드거와 계속 긴밀한 관계를 유지했다. 죽을 때까지 자드거는 그녀의 유일한 친구였다. 헤르미네가 정신분석학자가 되려는 계획에 그는 아버지처럼 길잡이가 되어주었을 것이다. 이후(1925년 소송 중) 그도 말하다시피 "그녀가 의사는 아니었기 때문에 헛짚지[*faux pas*, 이 글 안에서 프랑스어로 표현됨] 않도록 그녀의 작업을 도와주었다." 분명 여기서 우리는 비의료인이 정신분석을 행할 수 있도록 의료인이 협력해 주는 초기 예를 볼 수 있다. 일제 헬만Ilse Hellman은 이런 관행이 영국에서 계속되고 있다고 우리에게 일러주었다(회견 4).

헤르미네는 단번에, 매우 근대적인 정신분석가로 자리 잡는다. 그녀는 당시의 기준으로는 매우 긴 기간 동안 정신분석을 했는데 특히 자신이 어렸을 때의 문제와 관련된 증상과 어려움이 중심이 되었다. 헤르미네가 아동정신분석학자가 된 결정적 요인들을 총체적으로 생각해 보아야 한다. 그 요인에는 자신을 분석한 정신분석가와의 동일시도 물론 포함되며, 그녀가 알아낸 발견 내용에 탐구정신이 결합했기 때문이기도 하다. 그 발견 내용이란, 1910년에 네 살이었던 '롤프'를 관찰하여 이끌어낸 내용과 자기 자신에 대해 알아낸 내용이었다.

이후에도 살펴보겠지만 헤르미네는 1913년에야 비엔나 정신분석학회의 회원이 된다. 그러므로 1910년과 1913년 사이에 그녀는 (자드거를 통해서?) 학회에서 토론되던 문제들과 학회 그룹의 문제를 알고 있었다고 추정할 수 있다. 이 3년 동안 그녀가 작업한 주제들은 신기하게도 프로이트와 초기 정신분석학자들이 관심 두었던 주제와 일치하기 때문이다.

그 특징적 예로서 1909년 12월 15일의 학회를 들 수 있다. 성교육이 아이의 감성을 전혀 억압하지 않는다고 추단하는 타우스크에게 프로이트는 "우리가 알고 있는 지식만을 바탕으로 교육에 대해 어떤 결론을 짓는 일은 최대한 피하려 했으며, 그것만으로 어떤 처방을 내리는 일은 더욱더 피해야 할 일이다."라고 대답한다. "바로 그렇기에 [프로이트는] 현안이 합당하지 않다고 말할 수 없으며 작업의 내용을 사례수집용으로 받아보면 기쁠" 것이라고 말한다. 왜냐하면 "그 작업은 교육자가 정신분석학과 조우하면서 받은 인상을 담고 있을 것"이기 때문이다. 헤르미네도 이 메시지를 받았다.

더욱이 '프로이트 파'와 아들러와의 갈등을 비롯하여, 당시 비엔나 정신분석학회를 들끓게 하던 사건들 때문에 '프로이트 파' 그룹을 강화할 필요성이 두드러졌다. 1910년 4월, 마르가레테 힐페르딩의 당선을 둘러싼 경쟁만 보아도 아들러의 전략적 고심을 알 수 있다. 그는 좁은 학회 안에서 자기편의 수를 늘려야 다수파의 입지를 확보할 수 있고 정신분석학에 대한 자신의 관점을 관통시킬 수 있다고 생각했던 것 같다. 힐페르딩을 물리치기 위해 투쟁한 이가 바로

'정통' 프로이트 파였던 이지도레 자드거였던 것은 우연이 아니다. 그는 여성이 정신분석가의 대열에 들 수 없다는, 나약하고 사악하다고까지 할 수 있는 논거를 사용했다. 사실 이런 논거를 든 것은 처음 있는 일이었다. 프로이트는 그런 이유로 거절하는 일은 정신분석학계 내의 조잡한 모순일 것이라며 예의 그 정직함으로 개입했다. 이듬해인 1911년 10월, 마르가레테 힐페르딩은 아들러와 함께 비엔나 정신분석학회를 떠나 개체심리학이라는 아들러 계 학파를 결성했다. 마르가레테는 비엔나 학회에 들어간 첫 번째 여성이었다. 그녀는 1942년, 테레지엔슈타트 포로수용소에서 죽었다. 두 번째 여성은 사비나 슈필라인이었다. 그녀는 융의 제자였고 1911년에 당선되었으나 회의에는 불과 일 년 동안만 참석했을 뿐이었다. 슈필라인은 1912년, 비엔나를 떠나 스위스로 가 피아제를 맡아 분석하기도 했다. 1923년에 자비나는 러시아로 돌아가 러시아 정신분석학회의 초기 멤버가 되었다. 그녀는 1941년, 로스토프의 유대교회당에서 독일인에게 암살되었다.

마르가레테 힐페르딩과 사비나 슈필라인의 연이은 사직에 이어 페미니스트였던 헤르미네가 학회에 '들어가야' 한 것은 당연한 일이었다.

우리는 헤르미네 후크 폰 후겐슈타인의 아동정신분석에 대한 소명이 어느 정도로 그녀의 연구 취향에 부합했는지 알 수 있으며 자신의 자기분석─그것은 인생 초기의 매우 혼란스러운 분위기를 담고 있는데 거기에는 분명 복원réparation에의 깊은 욕망도 같이 있을 것이다 – 을 계속해야 했던 내적 필요성에도 부합했음도 알 수 있다. 또한 그녀의 소명은 당시의 여성해방운동에의 관여(구조적이지는 않지만)와도 부합했고 자신의 이전 분석가의 소망에도 부합했으며 비엔나 정신분석학회 내 프로이트 파의 내적 필요성에도 부합했음도 알 수 있다. 우리가 이전 장에서 이미 본 것처럼, 제자들로 하여금 아동을 직접 관찰하게 하여 아동의 정신병리학에 대한 지식을 심화하려는 프로이트의 배려 또한 그녀의 소명의 또 다른 원천이었던 것이다.

헤르미네는 조카의 탄생을 심히 염려했지만, 롤프를 유일한 대상으로 삼아 직업적 연구를 했다거나 소명의 근원으로 삼았다고는 생각되지 않는다. 혹자들은 그렇게 생각하기도 했지만 말이다. 물론 헤르미네의 얼마 안 되는 주위 사람 중 유일한 아동이 롤프였기에 우선적 관찰 대상이 된 것은 당연한 일이었다. 그러나 그녀가 롤프와 함께 살았던 일은 – 매우 드물었거나 – 없었다. 두 이복자매는 여러 이유 때문에 사이가 좋지 않았다. 더욱이, 안토니아의 정치성향은 유대인 배척의 독일 국가주의였고 이는 헤르미네의 이상과 정반대였다.

비엔나 정신분석학회에서 펼쳐진 헤르미네의 활동은 괄목할 만하다. 그녀는 모든 회의에 참석했다. 1913년 10월 29일, 헤르미네는 스탠리 할에 관한 연구 내용을 발표한다. 이 내용은 출판되지 않은 듯하다. 이 회의 중 프로이트가 "놀이를 통하여 아이는 욕동을 체험한다. 인형 놀이를 하면서 아동은 다양한 성적 성향을 만족시킨다."

라고 지적한 것은 우연이 아니다. 1914년 2월 11일, "후크"(원문대로 표기함)는 또 발표를 했다. 그러나 이 회의의 기록은 남아있지 않다. 주제는 '아동의 놀이'였다.

지그문트 프로이트는 후크-헬무트의 작업을 높이 평가하고, 자신의 가족에까지 그녀의 이론을 적용할 것을 장려했다. 즉, 1914년 9월 22일 카를 아브라함에게 보낸 편지에 이렇게 적고 있다. "우리 손주 녀석은 아주 귀여운데, 자기를 봐주는 사람마다 그 웃음으로 매료시키곤 합니다. 교육을 잘 받았고 예의 바르죠. 이는 요즘처럼 동물성으로 치닫는 시대에서는 이중으로 가치 있는 일입니다. 후크-헬무트의 원칙을 배워 빈틈없는 애 엄마의 엄격한 교육으로 우리 손주는 덕을 보았답니다."

루 안드레아스-살로메 역시 후크-헬무트를 존경한다. 헤르미네의 광범위한 교양이 인상 깊었다고 말하기 때문이다.

외부 사건들 때문에 정신분석학자들이 작업에 영향을 받게 되었다. 1차 세계대전의 전조와 발발, 그 기나긴 지속, 수많은 젊은이의 부재와 죽음, 그로 인한 헝가리-오스트리아의 환경 변화, 이 모든 것이 정신분석학적 사고에 영향을 주었다.

더욱이 이 시기는 헤르미네에게 중대한 개인적 고민으로 점철되어 있다. 1913년 2월, 이복언니가 병에 걸려 몇 번이고 이사한 후 결국 '롤프'를 데리고 비엔나로 돌아온다. 이때 몇 주 동안 셋은 같이 살았을 것이다. 안토니아는 결핵에 걸렸으며 볼차노로 다시 떠난다. 이유는 기후로 추정된다. 이복언니는 1915년 2월 2일에 죽는다.

많은 저자가 주장하는 바와는 반대로 헤르미네는 롤프에게 애착을 보이지 않았으며 조카를 보고 싶어하지도 않았다는 점은 이미 지적했다. 게다가 안토니아는 헤르미네에게 아들을 맡기고 싶어하지도 않았으며 유언장에는 후견인으로 슐레징거 박사라는 사람을 선택하고 있다. 당시 9세이던 아이는 안토니아의 친구인 호르바트 가족에게 맡겨졌으며 이후 페젠도르퍼라는 다른 가족에게 맡겨졌다. 1917년, 롤프는 11살이 되었고 이모 집에 와서 몇 주 동안 살았다. 아이의 후견인 역시 사망했다. 롤프의 이 시기가 어떠했는지는 잘 알려지지 않고 있다. 타우스크가 후견인으로 선정된 것은 분명 후크-헬무트와 I. 자드거의 제안이었을 것이다. 몇몇 정신분석학자 사이에서 롤프는 유명해지기 시작했다. S. 베른펠트가 이 아이에게 심리치료법을 시도해 보았다고 추정할 수 있는 지표가 더러 있다. 타우스크는 다른 문제도 많은 사람이었다. 그래서 그가 1919년에 자살하자 자드거가 롤프의 후견인이 되었다. 롤프는 좀 더 성장한 후 각종 재교육 시설에 보내졌다. 이 아이의 '범죄'성 인격은 세 명의 후견인도 지적하는바, 심리치료법이나 재교육도 아무 효과를 발휘하지 못했다. 다시 반복하지만 후크-헬무트는 조카를 거의 돌보지 않았을뿐더러 심리치료법으로는 치료가 전혀 불가능하다고 여겼음이 틀림없다. 헤르미네는 조카를 사랑하지도 않았으며 아이의 교육을 맡기도 거부했을뿐더러 치료해 주지도 않았다. 바로 이러한 이유 탓으로 롤프는 이모를 싫어했을 것이다. 그러므로 여기저기서 읽을 수 있는 이야기처럼 그녀가 조카와 긴밀한 관계를 유지했다거나 조카의 교육과 치료에 실패했다는 말은 합당하지 않다. 롤프는 헤르미네를 사전 계획 없이 죽였다. 그는 이모의 집에 불법침입했다. 헤르미네가 깨어나자 롤프는 '이모가 입을 다물도록' 하고자 했다. 이런 살인은 일정한 반향을 낳았고, 우리는 이에 대해 다시 언급할 것이다. 그것은 1924년의 일이었다. 당시 롤프는 18세, 헤르미네 후크-헬무트는 53세였다. 우리가 얻을 수 있는 모든 소송 자료에 근거하면 광란 상태에서 일어난 살인이었다. 그럼에도 대중 미디어에서는 그것이 마치 미리 계획된 살인이기라도 한 것처럼 반응했다. 사실은 왜곡되었다. 신문 사회면의 비극적 기사와도 같은 이 사건을 빌미로 정신분석학은 소송을 당했다. 결국, 헤르미네의 죄로 판정되었다!

이런 반응을 더욱 잘 이해하려고 이후 다시 언급할 것이지만, W. 슈테른은 소송이 끝난 지 얼마 안 되는 1925년 3월 20일, 《포시셰 차이퉁》의 1면 「다스 운터 할퉁스블라트」[49]란에(A. 그라프-놀트의 자료)[50] 다음과 같은 의견을 실었다. "이 범죄는 그 범죄자 자체의 문제를 넘어선다. 즉 정신분석학이 얼마나 위험한지를 드러내는 것이다. 왜냐면 정신분석학은 병자를 대상으로 한 과학적 이론이자 치료요법 그 이상이 되고자 하여 여타 문화, 교육, 아동의 문제까지 자신의 기치 아래 끌어넣기 때문이다. 동시에 이 살인사건은 정신분

---

[49] [역주] 오락면.

[50] [역주] A. Graf-Nold(1988), Der Fall Hermine Hug-Hellmuth, München-Wien, Verlag International Psychoanalyse.

석을 비판한 우리가 항상 설파해 왔지만 - 불행히도 헛되고 만 주장을 여실히 증명해준다. 즉 정신분석학이 주워섬기는 조기早期 성性은 아동의 일반적 심리 문제가 아니라 정신병리학에 속한다. 후크-헬무트 여사가 말하는 '아동 심리학'은 사실, 대부분 조카에 대한 심리학에 지나지 않는다."

롤프의 가학적 성향과 조기의 성은 바로 롤프가 정상적인 아동이 아니라 타고난 범죄형임을 입증한다고 주장하기 위해 W. 슈테른은, 헤르미네가 조카를 관찰하여 기록한 내용을 인용하고 있다. 헤르미네의 기록과 관련하여, 우리는 후크-헬무트가 W. 슈테른의 자녀들에 대해서도 유사한 관찰 내용을 기록했다는 사실을 알 수 있다. 하지만 슈테른 부부는 자신의 아이들이 타고난 범죄형이라고 결론지은 적이 없다. 게다가 W. 슈테른은 10년 전, 꼬마 한스를 작은 괴물이라고 규정지은 바 있다. 신문의 두 쪽을 차지하는 그 기사를 다루지는 않겠다.

알프레드 아들러는 롤프의 소송이 있던 날 바로 저녁에 비엔나의 주민 센터에서 강연회를 열었다. 일이 이미 터진 김에 뿌리를 뽑자는 것이었다! 그 강연 내용은 다음날 《바이너 아르바이터차이퉁》에 다음과 같은 제목으로 크게 실렸다. 「교육할 수 없는 아동인가, 교정할 수 없는 이론인가? 후크의 사례에 대한 지적」.

재판정에서 사람들은 롤프가 타고난 범죄형이라고 말했는데, 그것은 아니라고 A. 아들러는 반박했다. 5세 때에는 어차피 아무것도 해줄 수 없다는 I. 자드거의 주장에 대해 아들러는 다음과 같은 논지를 제시한다. 아이에게 희망을 금지하는 언행만큼 해로운 일은 없다는 것이다. '너는 감옥에 들어가고 말 거야'라고 불행을 예고하는 일은 바로 그런 불행을 자초하는 일이 된다는 것이다. 아들러의 이 혹평은 출생 후 첫 몇 년간이 아동의 일생을 좌우한다는 정신분석가들의 일반적 견해를 겨냥한 것이었다. 아들러에 따르면, 개인의 운명은 사회적 요인에 의해 좌우된다. 그는 이 기사에서 〈아동을 위한 사회적 교육기관〉을 설립할 것을 권한다. 이런 기관을 통해야 아동이 범죄자가 되는 것을 막을 수 있다는 것이었다. '후크의 사례'라고 선전 효과를 최대한 살리면서(이때 '사례'가 조카에 관한 것인지 이모에 관한 것인지 알 수 없기에 모호하다) 프로이트의 이론에 복수하려 한 아들러의 선택으로 미루어 보아 그의 기회주의와 '정치적' 감각을 알 수 있다. 그렇지만 아들러에게 호감이 가지는 않는다.

물론, "모든 것이 5세 이전에 결정된다."라는 원리를 "5세 이후에는 아무리 해도 소용없다."라고 변모시키는 비관주의 - 오늘날에도 간혹 어떤 정신분석학 모임에서 볼 수 있는 - 에 대한 아들러의 논지에 동의할 수도 있다. 그러나 과거에 잘못 발달한 부분을 치료하는 것이 바로 치료법으로서의 정신분석의 역할 아닌가. 이때 굳이 '사회적 교육'을 도입시킬 필요는 없는 것이다. 아들러가 꿈꾸던 제도들은 현실화되었으나 그가 기대하던 결과는 산출되지 않았다.

루돌프 폰 우어반취취 역시 1925년 5월 29일,《신 자유신문》의 여성란에 기사를 실었다. 프로이트와 친분이 두터웠던 폰 우어반취취는 이 주제를 다루되 후크-헬무트의 마지막 두 책에 대해 칭송하고 그녀의 사생활에 대한 무례한 성찰은 - 비로소 - 피했다. 이런 일에 개입하기를 꺼리는 프로이트의 고심을 우리가 알고 있는바, 프로이트가 직접, 간접적으로 이 기사에 영감을 주었다고 생각할 수 있다. "이 두 저서는 훌륭한 지식과 관찰 내용을 연결하고 있다. 바로 거기에서 아동 교육의 현대적 실천 내용이 구축될 수 있다… 그러나 지식을 넘어 저자는 고결한 심성으로 책의 행마다 명백하게 설명하고 각 단어를 수식하여 생기를 불어넣고 있다." 존재 자체가 우롱당하고 아버지 없이 어머니 슬하에서 응석받이였던 롤프에 대한 후크-헬무트의 교육적 노력은 수포로 돌아갈 수밖에 없었다고 그는 주장한다. 헤르미네가 조카를 맡을 수 있었을 때 아이는 이미 너무 커버린 뒤였고 이미 늦었다는 것이다.

이미 본 바와 같이 융의 시각을 대변하는 그라프-놀트 여사는 이 입장을 신랄하게 비판한다. 그 입장은 국제정신분석학회의 '정치적' 관심사를 반영하기 때문이라는 것이다. 그녀를 잘 알고 지내는 프리트융도, 지그문트 프로이트 자신도 견해를 밝히지 않았다는 데에 그녀는 놀란다. 이 둘을 대신하여 폰 우어반취취가 논문 발표를 맡았다고 생각되는데 이때 그는 프로이트의 바람에 따라 사생활을 존중해 주는 조심성을 견지했다.

그럼에도 두 가지 공식적 입장이 표명되었다. 《국제 정신분석학》(1925)에 발표한 지크프리트 베른펠트의 입장이 그중의 하나이다. 그는 몇 줄로 죽음을 알리면서 후크-헬무트나 그 저작에 대하여 언급하지 말아야 한다는 유언을 전하고 있다. 그 이전인 1924년 말,

요제프 프리트융은 《정신분석과 심리치료법을 위한 젠트랄블라트》에 사망자 약력을 작성한 바 있다. 그리고 이 약력은 맥린과 래폰이 인용했다. 요제프 프리트융은 "정신분석학계의 이 용감한 선구자를 너무도 일찍 여읜" 것을 애석하게 생각하며, 헤르미네는 "아동의 진정한 특성에 대한 프로이트의 과감한 이론을 직접 관찰을 통하여 확인한 첫 인물"이라고 소개했다. 『청소년기 어린 소녀의 일기』 *Journal d'une jeune adolescente*에 대하여 그는 다음과 같이 지적한다. "이 일기는 정신분석학파에 귀중하면서도 인간미 있는 자료가 되고 있다. 한편, 정신분석학의 적수에게 이 일은 악의에 찬 공격과 까다로운 의심을 불러일으키는 계기가 되었다." 그는 다음과 같이 강조하며 글을 마친다. "교육에서 정신분석적 견해의 중요성이 더해지는 데 애통하게도 반론이 일고 있다는 사실을, 그녀는 무거운 마음으로 확인했다. 우리의 과학적 운동은 그녀에게 무한한 감사의 빚을 지고 있다. 그녀의 작업은 미래에도 귀중한 보고寶庫가 될 것이다."

1945년에 작성된 빌리 호퍼의 기록도 우리는 찾아냈다. 그녀는 후크-헬무트의 말기 작업이 이루어지던 시대의 젊은 정신분석가였는데, 안나 프로이트를 다루는 장에서 다시 언급될 것이다. "후크-헬무트의 첫 번째 목적은 정신분석의 궁극성을 가족, 학교, 사회의 궁극성과 조화시키는 것이었… 아동이 교육자에게 의도적으로 숨기는 비밀을 발견해내는 데에 그녀는 시간 대부분을 할애했다. 그렇게 그녀는 아동의 환상 세계를 살펴볼 문을 열어주었다. 그런 방식으로 진행하니 아동은 갈등을 점점 더 드러내는 성향을 보였고 부모는 이에 질겁했다. 그 현상은 당연히, 지속적인 치료를 위태롭게 하곤 했다. 그러나 치료를 계속할 수 있을 때에는 흔히 증세 호전이 뒤따랐다… 그녀는 주로 성적 욕망의 잠재기간 즉 전前 사춘기에 있는 아동을 치료했다. 그 아동들이 환경에 잘 적응할 수 있도록 초자아의 명령을 가라앉히고 아동으로 하여금 욕동을 승화하도록 격려했다.”(『아동에 대한 정신분석적 연구』, I, 296~297쪽)[51]

호기심 많은 독자를 위해, 그녀의 조카에 대해 마지막으로 덧붙여 본다. 본질적으로 비뚤어지기는 했어도 그의 정신은 병이 없는 상태로 인정되었다. 그리하여 그에게는 살인과 특수 절도 행위로 12년의 가혹한 징역이 선고되었다. 또한 엄격한 법규의 수용소hartes Lager에서 3개월마다 한 번씩 지내야 했으며 살인 기일인 9월 8일이 돌아오면 캄캄한 감방에서 지내야 했다. 감옥에서 나왔을 때 롤프는 H. 도이치와 S. 베른펠트에게 정신분석(!)과 돈을 요구하며 성가시게 굴었다. 사람들은 그를 구슬려 돌려보냈다. 그리고 롤프는 1933년의 오스트리아란 배경에서 사라졌다. 이후 그 나라에서는 아무도 롤프에 대한 소식을 들은 사람이 없는 것 같다.

---

[51] [역주] 저자는 이 인용부분이 빌리 호퍼(Hoffer)의 글이라고 말한다. 그런데 원서의 참고문헌에는 빌리 호퍼의 이 책에 대한 나머지 세부사항이 실려있지 않다. 저자는 다음의 책을 참고문헌에 명시하지 않고 누락한 것으로 보인다. Anna Freud, S. Ruth, Heinz Hartmann(1963), The Psychoanalytic Study of the Child, Eissler, 1963.

헤르미네 후크-헬무트의 저작

헤르미네 후크-헬무트의 첫 저작은 『색채로 듣기』라고 보아야 한다. 이 책은 자서전적 성격의 저술이며, 동시에 자기 분석적인 작품이기도 하다. 왜냐면 그녀가 자신에 대한 분석을 마친 후에도 충분한 인사이트insight로 죽기 전까지 자기분석을 계속해 나갔기 때문이다. 그녀가 쓴 글과 편지도 이 사실을 증명하고 있다. 이 과정을 가장 분명히 담고 있는 것이 바로 이 첫 번째 저작과 『어린 소녀의 일기』라고 말할 수 있다. 게다가 이 책에서 묘사되는 현상은 이미 몇십 년 전부터 생리학자들을 동요시켜 왔던 문제였다. 생리학자들은 그 문제에 대한 설명을 '기관'器官에서 찾으려 했다. 혹은 랭보의 유명한 시를 떠올릴 수도 있을 것이다(「A는 검은 색, E는 흰 색…」, 1872). 페히너는 1871년에 이 주제를 간략히 다룬 바 있다. 위젠 블랑데르도 이 증상을 1879년에 소개했으며 1890년에 이 주제 색채로 듣기auditions colorées는 파리의 1차 국제 생리심리학 회의에서 토론되었다. 플루르누아는 1893년 '색청 色聽 현상'phénomènes de synopsie에 대한 전공논문을 발표했다. 프로이트도 이 주제를 잘 알고 있어 코카인에 대한 에세이를 통하여 관심을 보이고 있다.

이러한 작업을 『꿈의 해석』에 나타난 프로이트의 자기분석 부분과 긴밀히 연관 지을 수 있다. 헤르미네 역시 자기분석을 통하여 이를 과학적으로 연구할 수 있음을 보여주었다. 그리고 이러한 현상에 접근하되 생리학적 설명을 해치지 않으면서, 단지 그것을 정신분석적 차원에서 연구하려 했다. 그녀는 성애적, 성적 문제에 사로잡힌 아이들, 경우에 따라서는 항문-성애의 문제에 사로잡히되 아직 어려서 승화를 할 수 없는 연령대의 아이들에게 정신활동 초기에 공감각共感覺[52]을 떠올리도록 하기도 했다. 52쪽에 달하는, 그녀 특유의 필체로 쓴 수사본手寫本을 통하여 프로이트는 헤르미네 후크-헬무트의 작업을 1911년부터 알게 되었고 이에 당연히 기뻐했다.

1911년, 프로이트는 융에게 이 기사를 《연감》에 싣자고 제안했다(편지[53]: 289F, J 292, 239F). 그러나 이에 만족할 만한 조처를 얻지 못했다. 융은 편집상의 기한을 핑계로 대었던 것이다. 1912년 1월 10일 프로이트는 답신한다. "그러면 헬무트 박사의 작업을 보내지 않도록 하겠습니다. 새로운 잡지인 《이마고》에 추천했기 때문입니다." 이렇듯 지그문트 프로이트는 헤르미네를 잘 알고 있었다. 그러므로 프로이트에게 이지도레 자드거가 그녀에 대해 이미 말해두었음이 틀림없다.

1911년부터 1913년 사이의 작업

첫 번째로 출간된 그녀의 정신분석학적 저작은 『5살 반 된 소년의 꿈 분석』이다. 색채로 듣기에 대한 작업은 편집이 지연되었기 때문

---

[52] 서로 다른 감각기관에 의하여 감지된 느낌 사이에 비정상적인 관계를 짓는 현상을 말한다. 이 현상을 절실히 필요로 하는 주체도 있다.

[53] [역주] 프로이트, 융, 『서신』, 파리, 갈리마르, 1975.

이다. 이 첫 저작은《정신분석과 심리치료법을 위한 젠트랄블라트》에 실리는데, 이후의 두 저작도 여기에 실린다. 이에 그녀는 자신의 이름을 'H. 헬무트'라고 남기고 있다. 자료가 부족한 관계로, 우리는 헤르미네가 새로운 이름으로 정신분석학계로 입문하고자 했다고 추측할 수밖에 없다. 물론 루돌프 오토 헬무트 후크라는 롤프의 이름 중 하나를 따서 문학적 필명으로 삼았다고 확인할 수 있다. 이 논문에서는 바로 조카와 조카의 꿈이 중심 주제이기 때문이다. 이 사실을 그녀는 전혀 숨기지 않고 있다. 그녀는 바로 "헤르미네 이모"로 나오기 때문이다.

"'너무 무서워요.'라고 롤프는 말하곤 했다. '커다란 곰이 나를 잡아먹으려고 해요. 큰 말뚝 울타리에는 뾰족한 화살이 박혀있었고 그 곰이 앞발로 나를 조이려 했어요. 그리고 천정 한가운데에 커다란 얼룩이, 아니 큰 똥 덩어리가 있었어요!'"

헤르미네는 이러한 꿈 이야기의 배경, 그 전날 일어난 일, 꿈의 각 요소와 관련된 연상 등을 성실하게 분석하고 있다. 그 연상은 조카가 한 이야기에 대한 후크-헬무트의 기억, 몽환의 단편에 대한 질문에 대답한 롤프의 말, 저자가 제안하는 구축내용을 모아놓은 것이다. 여기서 헤르미네는 유두-페니스(화살)라는 소재와 항문 소재를 드러내고, 갈구하기는 하지만 다가갈 수 없는 아버지(아버지 없이 자란 아이)의 이미지와 전체를 연결하고 있다. 헤르미네는 어떠한 순간에도 아이에게 해석을 해주지 않고 있는데 이는 당연한 것으로 보인다. 그녀는 여기서 롤프의 꿈이 욕망 실현에의 환각이라는, 프

로이트의 꿈에 대한 이론이 얼마나 타당한지 증명해 주고 있다고
강조한다.

이후의 두 기사 역시 1912년, 같은 잡지에 실린다. 이는 실언^{lapsus}
의 경우에 대한 정신분석학적 분석으로서 이번에는 다른 아동과 성
인들 그리고 자전적인 두 경우에 대한 것이다.

여전히 1912년, 그녀의 네 번째 기사가 《이마고》의 I-3호에 실렸
다. 아동이 죽음을 어떻게 표상하는가에 관한 이 연구는 안톤 크리
스$^{Anton\ Kris}$가 번역하여 1965년 《정신분석학 계간》에 실렸다. 이 기
사에서 헤르미네는 조카에 대한 언급을 3줄 반으로 간략하게만 하
고 있다. 다른 예들은 아동들을 비정신분석적으로 관찰한 내용으로
서 손수 재해석한 것이거나 아니면 카를 구스타프 융이 관찰한 내용
이다. 그녀는 아동의 죽음욕망에 대한 프로이트의 생각을 환기시킨
후 아동은 죽음을 성인과는 다르게 생각함을 프로이트가 어떻게 증
명하고 있는지도 언급하고 있다(『꿈의 해석』.[54] 1910년 10월 5일의
비엔나 정신분석학회의 학회 내용도 보기 바람). 헤르미네는 이 죽
음욕망이 얼마나 강렬한지 보여주며, 아이는 죽음의 가역성^{可逆性}[55]
을 믿는다고 제시한다. 또한 죽음은 되돌릴 수 없는 것이라는 직관
을 갖는 순간이 매우 중요하다고 그녀는 말하고 있다. 맥린과 래픈
도 지적하듯, 이 주제에 대해 발표된 이후의 연구 중에는 헤르미네

---

[54] [역주] 프로이트(1900), 『꿈의 해석』, 파리, PUF, 1967.
[55] [역주] 아동은, 생명체가 죽은 후에도 다시 살아날 수 있다고 믿는다.

의 이 연구를 앞지르는 작업이 거의 없다.

그녀의 다섯 번째 저작 역시 1912년에 발표되었는데 그것은 『색채로 듣기』였다. 이 텍스트는 융이 우물쭈물 미룬, 헤르미네의 첫 번째 작업이었다. 프로이트는 이 연구에 대해 다음과 같이 말한다 (289F, 1911년 12월 28일, 235~236쪽).[56] "색채로 듣기에 대한 문제를 진정으로 해명해 주는 훌륭한 작업을 받아보았습니다. 총명한 여성 *eine kluge Frau* 박사의 이 작업은 우리 정신분석을 이용하여 의문을 속 시원히 풀어주고 있습니다." 이 기사는 《이마고》의 I-3호에 실린 것이었다.

이 시기부터 헤르미네는 그 잡지에 「아동 영혼의 진정한 본성에 대하여」라는 난欄을 만들어 사설류의 글을 싣는가 하면 그 난에 아동정신분석학에 관한 기사나 자신이 쓴 기사 혹은 독자의 비평을 넣었다. 그녀는 이 난을 1921년까지 운영한다.

1913년의 작업

1913년, 헤르미네는 적어도 열 편 이상의 기사를 출간한다. 그중 세 편은 《이마고》에, 나머지는 다양한 정신분석학 잡지에 실렸다. 이 기사들은 대부분 아동에 관한 정신분석학적 연구에 관한 것이었고 나머지는 여성 심리를 다루고 있다. 그녀는 아동의 최초 기억에

---

[56] [역주] 프로이트, 융, 『서신』, 파리, 갈리마르, 1975.

대한 문제를 연구한다. 이에, 우리는 다음과 같은 내용을 읽게 된다. "두 가지 상수常數가 뒤얽혀 있다. 하나는 인생을 매듭짓는 죽음이며 또 하나는 모든 생명을 창조한 신비이다. 이 두 가지 사이에 겁에 질린 아이의 영혼이 떨고 있다." 「아동 영혼의 본성」 난에 그녀는 다음과 같이 확언한다.[57] "아이의 지적, 감정적 발달은 생후 첫 몇 주부터 시작된다."(맥린과 래픈, 88쪽) 그녀는 아이가 출생 후 몇 달 만에 수음을 한다고 규정하며 아동이 처음으로 하는 인형놀이에 성적이고 성애적인 면이 있음을 강조하며, 자기의 엄지손가락을 빠는 점을 예로 든다. 이러한 발견을 통하여 그녀는 교육에 대한 결론, 나아가 일반적 인간에 대한 이해를 이끌어낸다. 그중 몇몇 개념은 비관적이라고 볼 수 있는데, 이는 헤르미네 개인적 경험에서 도출된 것임이 분명하다. "아동기에 사랑이 결여되면 이후의 애정으로도 보상할 수 없다. 아동 영혼의 고독은 과일을 파먹는 벌레와도 같다. 겉으로는 멀쩡하지만 과일은 안에서부터 파괴되고 있는 것이다."

1913년의 저작은 가장 중요하다. 『아동의 정신생활, 그 정신분석적 연구』란 제목의 이 전문적 저술은 170쪽에 달한다. 이 글은 프로이트가 발행하는 「응용심리학」 총서의 15호였으며, 도이티케 출판사에서 출간했다. 이 저술은 제임스 퍼트넘과 마벨 스티븐스가 바로 영어로 번역하여 1918년과 1919년, 《정신분석학 계간》에 실렸다.

---

[57] [역주] G. Maclean & U. Rappen(1991), 『헤르미네 후크-헬무트』, 뉴욕-런던, 루틀리지.

1921년에는 독일어로 2판이 인쇄되었다.

이 저술은 여러 임상 사례를 통하여 아동의 성에 대한 프로이트의 개념을 예증하고자 하는 글이다. 그녀는 객관성을 유지하려고, 정신분석가가 아닌 심리학자들이 자신의 아이들을 관찰한 사실을 대부분 예로 들었다. A. 그라프-놀트의 조사에 따르면 H. 후크-헬무트는 자신의 조카 이야기를 80회 하고 있는 반면 심리학자들인 윌리엄과 클라라 슈테른의 아이들(이들은 자신의 자녀들에 대하여 1907년, 1909년 두 차례에 걸쳐 저서를 내놓았다)은 15회 인용하고 있으며 게르트루데와 동물학자 에른스트 스쿠핀의 아들인 꼬마 '부비'는 50회 인용하고 있다. '부비'의 부모는 '부비'에 대한, 일기 형식의 관찰 기록을 1900년과 1910년 사이에 출간했다. 오이디푸스적 감정과 거세 공포, 수음과 죄의식 문제 등 잘 알려진 주제에서 헤르미네는 잘 알려지지 않은 몇 가지 개념들을 이끌어낸다. 즉 1세 미만의 아이에게는 '근육 감각'이 있는데 이것은 모체 내의 태아의 움직임과 연관될 수 있다고 말한다. 피부와 근육을 중심으로 한 성애는 성적 감각의 근원적 형태라는 것이다. 헤르미네는 거기에 자신을 긁는 행위에서 오는 쾌감을 연결한다. 냄새를 맡는 데서 오는 쾌감, 특히 밤새 빨았던 엄지손가락의 냄새를 맡는 데서 오는 쾌감은 직접적으로 성적이라는 것이다. 이러한 냄새에 관한 연구는 자궁 안에서의 냄새에 대한 어렴풋한 기억 재현과 연관 지을 수도 있다고 한다. 어쨌든 그것은 어머니 젖을 빠는 데서 오는 황홀한 경험과 관련된다. 후크-헬무트는 이에, 사랑의 일상에서 후각이 차지하는 중요성을 환기한다.

그녀는 또한 젖먹이의 수음과 꿈, 배설기관 이상 등을 다룬다.

후크-헬무트는 아이의 생활에서 놀이가 차지하는 역할을 강조하며, 아이의 감정적, 지적 발달이 어떻게 욕동의 과정과 억압을 축으로 점점 분명해지는지 묘사한다. 아이의 이런 정신 발달은 감각기관의 작용, 지성, 의지, 언어, 감정, 상상력, 성격과 같은 '발달 노선'에 의해 이루어진다. 안나 프로이트는 여기에 더욱더 확실한 토대를 마련하여 이 개념을 크게 발전시킨다. 그러나 '발달 노선'이란 개념을 최초로 다룬 헤르미네는 잊혔다.

즉, 영-브륄Young-Bruehl 여사의 저서(65쪽)[58]에서는 안나 프로이트가 1915년, J. 퍼트넘의 기사를 번역했다는 내용을 읽을 수 있다. 그런데 J. 퍼트넘은 "'놀이를 통한 치료'에 대한 헤르미네 후크-헬무트의 연구를 영어로 번역"했다는 것이다. 영-브륄은 또한 다음과 같이(146쪽)[59] 제시하고 있다. "헤르미네 후크-헬무트는 놀이를 통한 치료에 대하여 행한, 전쟁 전 자신의 작업을 재검토했다[1920년 헤이그 회의에서]. 그녀는 또한 놀이치료를 보통, 아이들의 집에서 실행했다고 비엔나 정신분석학회에 보고했다. 그러나 놀이를 통한 기법을 진정한 정신분석학 기법으로 삼은 인물은 멜라니 클라인과 안나 프로이트이다."

---

[58] [역주] É. Young-Bruehl(1988), 『안나 프로이트』, 뉴욕, 서미트. 프랑스어판은 파리, 파이오, 1991.

[59] [역주] 같은 책.

그러나 우리가 이미 말한 대로, 이 '기사'는 170쪽 분량의 책으로 엮어졌는데, '놀이를 통한 치료'는 전혀 다루지 않고, 놀이를 **관찰**한 바를 서술하여 거기에서 끌어낼 수 있는 이론적 결과만 다루고 있다 (참고로, 영어판은 1919년에야 나왔다). 놀이치료^{Play-Therapy}라는 용어도 가히 멸시적인데다 비방적이기까지 하다. 그리고 이는 정신분석이 전혀 아니라는 의미로 통한다.

이후 살펴보겠지만 1920년 후크-헬무트는 아동정신분석학 이론을 발전시킨다. 그 이론에서 놀이는 분석을 위한 여러 수단 중의 하나로 언급되고 있다. 그녀는 '놀이를 통한 치료'라는 말을 한 적이 없다.

반응

1913년의 이 저작에서는 아동의 성에 대한 프로이트의 개념이 분명한 예증을 통해 제시되고 있다. 이 저작은 널리 읽히고 즉각적인 반응을 일으켰다.[60] 《비엔나 의학 주간지》는 "행복하고 순진한 자녀들에 관한 관찰내용에 혐오감을 가질 어머니들"을 불쌍히 여긴다고 적고 있다(64, 1914, 842). 《정신의학과 신경학을 위한 연보》는 다음과 같이 말한다. "인체의 욕동들 특히 섭취와 배설을 주재하는

---

[60] 이 반응이 어떠했는지는 A. 그라프-놀트의 훌륭한 자료에서 상세히 볼 수 있다.

욕동을 성적인 것이라고 주장할 때 이는 정신의학상 신용어가 된다"(35, 1913, 461). 《미국 심리학》의 스탠리 홀은 "저자의 시각은 매우 비좁다"라고 말한다(24, 1913, 461).

스스로의 자녀들을 관찰한 내용을 출간했던 윌리엄과 클라라 슈테른 부부는 자신들이 특히 문제의 중심에 있다고 느꼈다. 물 한 방울이 더해졌는데 그것으로 결국 항아리가 넘쳐흐른 셈이었다. 윌리엄 슈테른은 독일 정신의학회의 연회의(1913)에서 공개적으로 항의했다. 우리는 여기서 그 텍스트를 약간 길지만 인용하도록 하겠다. 그것은 당시의 반응이 얼마나 공격적이었는지를 잘 보여주고 있기 때문이다.

"꼬마 한스의 사례 때문에 프로이트의 제자들은 좀 더 심하게 나아갈 뻔했다… 정신분석학은 억압, 표면화 작용, 정동의 전위, 무의식적 욕동의 역할 등과 같이 심리학에 긍정적 영향을 주는 개념을 발전시키는 데에만 만족해야지, 다른 잡초들로 뒤덮여 질식당해서는 안 된다. 정신분석학은 골상學骨相學이나 수상학手相學 이하의 수준으로 퇴보할 것이다… 아동의 성에 대한 이론은 성인에 관한 핵심적 개념을 유추하여 구축되었다. 정신분석학을 아동에게 적용했을 때 분석가와 '분석하는 아동' 사이에 생기는 엄청난 괴리는 특히 위험하며, 어른과 아이를 유사하게 보게 될ㅡ그것은 과오의 원천이다ㅡ우려가 있다… 아동이 무의식적 동기를 의식적으로 알아차리는 일은 부정적 영향만을 야기할 것이다… 그것은 아이의 순결함 Entharmlosung을 없앨 것이며 아이의 순진성을 앗아갈 것이다." "건강한 아이에게 무의식적인 것은 무의식적인 것으로 남아야 한다. 아동의 무의식 과정을 흉악한 손으로 공격하는 자는 생성과정에 있는 영혼을 공격하는 일이 된다… 그들이 태아의 정신분석학인들 못하겠는가? 이에 대해 후크-헬무트는 물러설 기색을 보이지 않는다. 그러한 비상식적인 난폭 앞에서는 비웃음도 소용없다. 그런 것을 '교육'이라고 행사하며 실험해 보는 부모, 교사, 의사 밑의 어린 생명들이 얼마나 불쌍한가. 교육자가 그러한, 성性심리학적 이상확대발달을 어린아이의 영혼에 강제로 주입할 때 얼마나 많은, 회복 불가능한 손해가 생길 것인가?" 이들은 지그문트 프로이트도 꼬마 한스를 "교육상 고려가 전적으로 부재한 상태"에서 다루었다고 비난한다. 그리고 분석 치료와 공포가 사라진 결과 사이에는 뚜렷한 관계가 없다고 말한다. 게다가 지그문트 프로이트의 해석이 올바른 것이라면 꼬마 한스는 "전대미문의 주목할 만한 심리적 괴물이자 다섯 살짜리 성적 편집광"일 것이라고 한다. 슈테른 부부는 이렇게, "성性심리학이란 병에 걸린 교육자들" 때문에 아동정신분석학이란 전염병이 돌 것을 두려워한다. 취리히에 "정신분석학적 교육자들의 모임"이 존재한다는 사실도 슈테른 부부에게는 매우 성가신 일이었다. A. 아들러가 지그문트 프로이트의 성적 강박에서 물러나 거리를 취하긴 했어도 교육자 신문의 주간이 된 것은 교육학의 이익을 보아 잘된 일이라고 그들은 생각했다.

슈테른 부부는 특히 《응용 심리학》(1913~1914, 380호 8쪽)과 《어린이 교육을 위한 신문》(1914, 299호 10쪽)에 공식 항의서를 내기로 결정했다. 서른한 명의 인물이 이 항의서에 서명했다. 그들은 주로 교사였고 대학교수 다섯 명에 브레슬라우 시립정신병동의 원장도 섞여 있었다.

아동정신분석학이 잠식해 옴에 대한 경보

아래 서명한 학교개혁연합의 아동분과 성원은 아동을 위하는 이들과 아동교육학계에 최근의 위험을 알리는 일이 의무라고 생각한다. 그 위험이란, 아동과 청소년들에게 정신분석의 방법을 적용하려는 최근의 시도이다.

서명자 일동은 정신분석학의 기본 개념에 대한 과학적 의미나 그 성인에 대한 치료 방법 등에 대해서는 일정한 입장을 취하지 않으며, 다음과 같이 선언한다.

1. 정신분석학의 방법 덕택으로 아동에 관한 기존의 연구가 잘못되었음이 입증되었다거나, 정신분석학만이 아동기에 대한 유일한 과학적 심리학이라는 주장은 근거가 없다.

2. 정상적 교육에 적용할 목적으로 정신분석의 방법을 유포시키는 일은 비난받아 마땅verwerflich하다. 사실, 정신분석을 행하는 일은 때 이른 성적 감각과 표상을 일깨워 희생자의 심리에 지속적인 감염을 일으키며, 순진성을 파괴Entharmlosung할 수 있다. 이는 우리 어린이들에게 심각한 위협이 된다. 간혹 그들의 방법이 교육적으로 성공했다고 정신분석가들은 내세우지만 아직 미발달 상태

의 영혼에 끼칠 해악을 생각할 때 그것은 어떠한 상황에
서도 정당화될 수 없다.

탄원 후에는 또 다른 탄원이 있기 마련이다. 얼마 지나지 않아
취리히의 목사 피스터가 조직한, 〈아동정신분석학에 대한 잘못된 비
판을 규탄하는 항의Verwahrung〉가 나온다. 이 항의서에는 교사 스물
세 명과 심리학자, 스위스 의사들이 참가하여 서명했다. 서명자 중
유명인사로는 É. 클라파레드, Th. 플루르누아, O. 피스터 자신, 그리
고 특히 위제니 소콜니카가 끼어 있었다. 이것은 "온건파적" 선언으
로서, "아래 서명한 교육학자들"은 먼저 정신분석학이 다른 방법과
마찬가지로 하나의 방법이라는 사실에 동의한다고 하며, "정신분석
학이 아이의 순진성을 파괴하는 한" 정상적 아동에의 적용을 거부한
다고 쓰여있다. 하지만 병에 걸린 아동에게 이 방법은 특수 교육자
들이 사용할 수 있는 더할 나위 없는 방법이어서 그런 아동을 치료
하고 "순진성"Verharmlosung을 회복시켜 줄 수 있는 것이라고 선언하
고 있다. 하지만 "아마추어 호사가적 아동정신분석"은 경계해야 한
다고 말한다. 아동교육법은 과학적 "아동분석"pédanalyse 발달에 관심
이 많으며 정신분석학에는 성 이외에도 다른 요소들이 많이 있다는
것이다. 마지막으로 과학적 시각에서 볼 때, "아동분석"은 규범과
양식에 어긋나지 않는 해석내용을 밝힐 것이 분명하다고 덧붙인다.
이때 피스터 목사는 『정신분석학의 방법』(피스터, 1913)[61]이라는
두꺼운 책을 막 발간해 낸 참이었다. 지그문트 프로이트가 책의 서

문을 썼다. 그리고 융과 협력하여 쓴 「아동의 심리 장애」이라는 글도 보인다. 피스터는 융과 프로이트 사이에 중도입장을 취한다. 그리하여 프로이트가 성애érotisme와 성sexualité을 혼동한다고 비판하며, 융처럼 성적 성향이 없는 리비도 쪽을 택한다. 아동을 교육하고 훈련할 때 그 "방법"을 사용해야 한다고 강경히 주장했던 피스터는 윌리엄 슈테른의 "항의"에 부분적으로 겨냥 받았다고 느꼈다. 피스터는 몇 달 후 『정신분석학을 부활시키다』(피스터, 1914)[62]를 출간했다. 여기서 그는 다음과 같이 반복한다. "프로이트의 성 이론은 정신분석학의 기본도, 명백한 귀결도 아니다… '아동분석가들'pédanalystes 대부분이 그의 성 이론을 거부한다. 그것은 역사적으로 필요한 이론으로서 엄청난 발전을 보였지만, 나는 그것이 그리 타당하다고 보지 않는다."

피스터의 이런 이론적 입장은 헤르미네 후크-헬무트에게 매우 혹독한 태도를 보이는 계기가 되었다. "그녀의 작업은 정신분석학의 건방지고 우스꽝스러운 특성을 알게 해주는 예이다. 내가 알고 있는 '아동분석가'들 대부분은 이런 출판물을 한탄스럽게 생각한다. 그들은 헤르미네 후크-헬무트가 아동을 대상으로 한 관찰 내용의 이점을

---

[61] [역주] Pfister(1913), 『정신분석학의 방법』, 라이프치히와 베를린, 클링크하르트, 1913.

[62] [역주] Pfister(1914), Zur Ehrenrettung des Psychoanalyse, *Ztschrft f. Jugenderziehung und Jugendfürsorge*, V, 11, 305~312쪽.

인정하기는 하지만 그녀의 주장은 거부한다. 개인 한 명이 정신분석학 전체를 대변할 수는 없다!"

헤르미네 후크-헬무트의 출판물은 1913년 9월 7일, 8일, 4차 뮌헨 국제회의가 열리기 직전에 나왔다. 이 회의에서 프로이트와 융의 결별이 이루어졌다. 지그문트 프로이트가 『정신분석학에 대한 다섯 편의 강의, 정신분석학 운동의 역사에 공헌함』(1914)을 쓴 것도 분명히 이 시기일 것이다. 여기서 그는 다음과 같이 제시하고 있다 (84~85쪽).

"아동의 성性에 대한 나의 고찰은 처음에는 성인을 대상으로 한 분석의 결과에만 기초한 것이었다. 그 분석은 성인을 분석할 때 그들의 과거, 그것도 매우 오래된 사건으로 거슬러 올라간 분석이었다. 이때 아동을 직접 관찰할 기회는 없었다. 몇 년 후 매우 어린 아이를 직접 정신분석하여 관찰한 결과 그러한 나의 추론이 옳았음을 확인했을 때 느낀 승리감은 대단한 것이었다."

몇 페이지 더 나아가 그는 이렇게 적고 있다. "아동의 심리 생활, 거기에 미치는 성적 욕동의 역할(후크-헬무트), 그리고 성의 여러 요소에 가해지는 운명 ─ 그 성적 요소들은 생식에 사용되는 것이 아니다 ─ 등에 대해서 정신분석학이 선언할 수 있다고 믿은 혁명적 결론들 때문에 교육학자들은 정신분석학에 관심을 갖게 되었고 그들은 정신분석학의 시각을 교육에 적용해 보았다. 진지한 열성으로 그런 시도를 한 이는 바로 피스터 목사이다. 그는 자신의 열정을 다른 교육자들, 영혼을 기르는 역할을 맡은 모든 사람과 함께 나누려 했다…"

헤르미네 후크-헬무트는 지그문트 프로이트의 개념을 옹호해 가면서 용감히 싸웠다. 그녀는 아동에 대한 성 이론이 있을 수 있다는 사실에 기반을 둔 아동정신분석학에의 길을 열었다. 그녀의 저작이 지나치게 정통적이고 서툴다는 평이 있음에도 후크-헬무트는 비엔나 정신분석학회의 회원으로 선출되었다. 그녀는 1913년 10월 8일부터 회원으로 등록되었다.

이때까지 헤르미네 후크-헬무트의 작업은 아동 관찰에 대한 분석으로만 이루어져 있었다. 양심적이고 겸손하며 약간 교과서적인 그녀의 성격으로 미루어 보아 그녀는 동료들에 의해 정신분석가로 인정되기를 기다려 환자들을 받거나 환자들의 집에 갈 수 있었겠다고 추측할 수 있다. 그녀는 성인, 주로 여성을 맡기도 했으나 주된 활동은 엄밀히 말하여 아동에 대한 정신분석이었다. 이 활동은 이후 몇 년간 나오게 될 저작의 소재가 된다.

1914년의 작업

1914년부터 그녀는 『아동정신분석학과 교육학』이라는 연구결과를 출판한다. 내용이 아동정신분석에 관한 것이었기에 이 책은 이 분야에서 그녀의 활동이 시작되었음을 보여준다. 또는 체계적인 아동정신분석학을 세운 이 선구자가 활동을 1913년부터 시작했다고도 생각할 수 있다. 이는 당연히 다른 후계자들보다 시간상 훨씬 앞선 것이었다. 이때 안나 프로이트는 18세였다. 멜라니 클라인은 1910년에야 프로이트의『꿈의 해석』을 알게 되었으며 1914년에 정신분석을 시도했다.

이 논문에서 헤르미네 후크-헬무트는 아동정신분석에서는, 교육과 배려를 동시에 해나가야 한다고 제안한다. 이때 정신분석학이 교육방법으로 적용되는 것이 아니라 반대로 교육의 성격을 띤 정신분석학이어야 한다. 그녀는 긍정적/부정적 사랑(전이에서의?)을 강조한다. 그녀는 비인지적 요소에 무게를 둔다. "아동의 정신 과정은 지성보다는 감정에 더욱더 영향을 받는다." 마지막으로 그녀는 부모의 교육 중 어떤 형태는 (아동)정신분석학에 속한다고 생각한다.

같은 해, 후크-헬무트는『아이의 편지』도 출간한다. 이 책은 여느 때처럼 프로이트의 개념을 옹호하기 위하여 사용한 자료를 모은 것으로서, 매우 흥미롭다.

1914년부터 1924년 사이의 작업

1914년부터 1924년까지 후크-헬무트는 서른세 권의 저작을 간행하는데 대부분이 아동정신분석학 분야에 속한다. 몇몇 글은 가족이나 여성에 대한 정신분석학적 지식, 혹은 전쟁으로 인한 신경증에 관한 것이다. 여기서 우리는 아동정신분석학의 역사에 관계된 것만 추려내어, 세 가지 주요 저작을 다루도록 하겠다. 그것은『어린 여아의 일기』(1919),「아동분석 기법에 대하여」(1920),『어린이를 이해하는 새로운 길』(1924) 이다.

『어린 여아의 일기』

이 유명한 『어린 여아의 일기』*Journal d'une petite fille*는 1919년에 나왔지만 1914년이나 1915년에 저술된 것임이 분명하다. 지그문트 프로이트가 후크-헬무트에게 1915년 4월 27일에 쓴 편지로 서문이 장식되고 있기 때문이다. 제목에 대해 말하자면, 그것을 『청소년기 어린 소녀의 일기』나 『어린 소녀의 일기』로 번역하는 것이 더 나을 뻔했다.[63] 전쟁 상황 때문에 좀 더 이전에 출판될 수는 없었을 것이다. 출판사를 찾아내야 했기 때문이다. 이 저작은 프로이트가 창안한, 〈국제 정신분석학〉 총서의 첫 간행물이 되었다. 이 출판 체제는 "감사해 마지않는 한 여환자"가 보조금을 내어, 페렌치와 랑크, 존스가 설립한 것이었다. 그렇기에 해당 출판사로부터 독립적일 수 있었다(A. 그라프-놀트).[64]

후크-헬무트의 이 작업은 프로이트와 국제정신분석학회가 전적으로 후원했다고 말할 수 있다. 프로이트의 찬사로 가득 찬 서문이

---

[63] [역주] 같은 책을 놓고 이렇듯 저자는 세 가지 다른 제목, 즉 『청소년기 어린 소녀의 일기』(Journal d'une jeune adolescente), 『어린 소녀의 일기』(Journal d'une jeune fille), 『어린 여아의 일기』(Journal d'une petite fille)를 사용하고 있다.

[64] [역주] A. Graf-Nold(1988), Der Fall Hermine Hug-Hellmuth, München-Wien, Verlag International Psychoanalyse.

그것을 증명해주고 있다.

헤르미네 폰 후크-헬무트 여사에게 보내는 편지

이 일기는 자그마한 보배입니다. 사춘기 이전의 어린 소녀에게서 특징적으로 볼 수 있는 정신적 움직임에 대하여 그리도 명확하고 진실한 통찰을 한 사람은 현재 우리 사회의 문명 단계에서 여태까지 없었습니다. 아기 때의 이기적인 면에서부터 출발하여 감정이 어떻게 생기고 발달해 사회적 성숙에 이르는지, 부모, 형제, 자매와의 관계가 어떻게 생겨나 점차 중대함과 내면성을 획득하는지, 우정을 어떻게 엮은 후 버리는지, 애정이 어떻게 최초의 대상을 더듬어 찾는지, 그리고 무엇보다도 어떻게 유성有性 생활의 비밀이 우선 희미하게 생성된 후 아동 영혼 전체를 차지해 버리는지, 아이가 자신의 은밀한 앎을 의식하면서도 어떻게 피해를 보며 그 피해를 점차 극복하는지, 이 모든 것을 매력적이면서도 자연스럽게, 사려 깊게 표현했습니다. 이 내용은 분명 교육자들과 심리학자들의 지대한 관심을 불러일으킬 것입니다.

당신은 이 일기를 대중에게 공개해야 합니다. 내 독자들은 이에, 당신에게 감사할 것입니다…

이 『어린 여아의 일기』는 11세에서 14세로 이르는 사춘기 소녀의 감정적 관계를 담고 있다. 여기서 우리는 청소년의 성이 어떻게 개화하는지 보되, 청소년의 감정적 개화, 심지어는 "사회적" 개화까지도 읽을 수 있다. 그리고 이 모든 것에는 저자와 그 시대 특유의 낭만주의가 짙게 배어 있다. 우리가 볼 때 이것은 감미로운 문학작품이라 할 만하다. 서문에서 네로도 쓰고 있듯(1974)[65] 그 시대에 글 쓰는 방식이 조금 달랐을 수도 있으나 확실하지는 않다. 게다가 이 귀여운 어린 소녀는 아동의 성에 대한 프로이트의 주장을 확인해 주는 공헌을 하고 있다.

후크-헬무트의 이 소설 작품은 여러 해 전부터 주장해 오던 바를 관철하기 위한 멋진 포장임이 틀림없다. 게다가 이를 통하여 그녀는 자기분석도 할 수 있었다. "리타"의 이야기에서 헤르미네 자신의 인생을 쉽게 추적해낼 수 있다는 사실만 보아도 그렇다.

반응

H. 후크-헬무트가 자신의 작품에 서명하지 않으려 한 사실은 오늘날의 시각에서 볼 때 이상한 일이다. 그런데 그런 공상적 소설을 쓰는 일 또한 당시의 관습에 맞지 않았고 그렇기에 이 책은 수많은 비평을 야기했다. 몬티 자콥스, K. 슈나이더, A. 아이히호른Aichhorn, 피터 팬터, 바바라 로우, 루 안드레아스-살로메, 슈테판 츠바이크, 이들은 어린 소녀가 자신의 성을 그리도 잘 묘사할 수 있느냐며 입을 모아 찬탄했다. 런던 정신분석학회의 시릴 버트 역시 이 작품에

---

[65] [역주] Neyraut(1974), 『어린 여아의 일기』 서문, 파리, 드노엘, 1988. (1974년에 출판된 원문은 1988년에 프랑스어로 번역되었음.)

감탄하기는 했지만 실제로 어린 소녀가 쓴 것이 아님을 증명할 필요가 있다고 생각했다. 우리가 볼 때 이 일기에 대해 주석을 단 이들이나 해설가들은 그것이 실지로 어린 소녀가 쓴 일기가 아님을 알고도 모른 체한 것 같다. 그런데 그 점을 꼬집은 시릴 버트 자신은 학문적 부정행위에 관여했다. 훗날, 쌍둥이 이론에 대해 허위사실을 퍼뜨려 학문적 윤리에 심각한 타격을 입혔기 때문이다!

헬렌 도이치는 이후 이렇게 말한다(H. Deutsch, 1973). "사람들은 이 일기가 순전히 상상의 산물이라고 단언했죠. 나는 이에, 그게 사실이라면 후크-헬무트 박사는 훌륭한 심리학자에다 재능 있는 작가일 것이라고 대답하곤 했습니다."

이 저서는 소설의 특성이 짙었기에 정신분석학의 적수들에게는 그 내용까지 의심할 기회가 되었다. 샤를로테 빌러는 드레스덴을 거쳐 이후 비엔나의 아동 심리학 교수가 되었다. 샤를로테 빌러는 비엔나에서 정신분석학 반대파의 대표였다. 프로이트나 정신분석학이란 단어를 절대 그녀 앞에서 말하면 안 될 정도였다. 그녀가 용납하지 않았기에 프로이트의 가족들과 만나도 안 될 정도였다(회견 4). 그녀는 마침 아동의 일기에 관심이 지대했는데, 자신의 저술 중 하나의 서문에서 다음과 같은 의견을 말한다. "이 저작은 프로이트의 개념과 너무도 잘 부합하지만, 내가 알고 있는 한 정상적 어린 소녀의 발달 상황과는 잘 부합하지 않는다." 샤를로테 빌러의 제자인 크루그와 푹스는 후크-헬무트의 사후에도 이 일기가 아동이 쓴 것일 수 없음을 증명하는 데 계속 전력을 기울였다.

이 모든 증명이 소용없는 것임을 우리는 이미 보았다. 그러나 여전히, 신중하고 겸손하며 겁 많은 후크-헬무트는 감히 자신을 드러낼 엄두조차 못 냈다. 그리하여 초판에 자신이 발행자라고 명시되지 않도록 했다. 그러나 그녀가 대표적 아동정신분석학자라고 알려진 비엔나에서 이 사실을 눈치 못 챈 사람은 아무도 없었다. 이 소설은 그녀의 이전 글들, 특히 아동이 쓴 편지 출간물을 '구체화한' 것이었다. 후크-헬무트는 독일어로 된 3판에 가서야 발행자로서의 자신을 드러냈다(Hug-Hllmuth, 1923). 그러나 자신을 저자로 밝히는 것은 계속 격렬히 부인했다. 원본 수사본이 분명 있었는데 공교롭게도 분실되었다(!)면서, 그녀는 뻔히 보이는 거짓 주장을 했다. 저자를 알고 있었는데 스무 살 정도 밖에 안 되었지만 불행히도 세상을 떴다는 것이었다. 게다가 "지그문트 프로이트가 서문을 작성한 일기인데 그 정통성을 어떻게 의심할 수 있겠습니까?"라고 말한다(!).

후크-헬무트의 변명은 너무 미약했기에 친구들은 더는 중언부언하지 않았다. 그 모든 사실에도 그녀의 책은 만 부나 팔렸고 독일어로 3판, 영어로는 2판(런던의 판본은 1921년 금지되었다), 프랑스어로는 3판(1928, 1975, 1988)까지 발행되었다. 이 저서는 아동정신분석학 분야에서 가장 많이 인용되는 저작 중의 하나이다.

「아동분석 기법에 대하여」

우리가 언급할 두 번째 저서는 후크-헬무트가 1920년 9월 헤이그 국제학회에서 발표한 보고서인「아동분석 기법에 대하여」이다. 콜레트 실랑은 이 논문(후크-헬무트, 1921)[66]을 번역하여 이에 대한 명철한 성찰들이「1920년과 1974년의 아동정신분석학」(1975)[67]이라는 글을 통하여 계속 이어졌다. 콜레트 실랑은 이 텍스트가 국제회의에서 실질적으로 낭독되지는 않았다고 추측하고 있으나 우리는 이를 확인할 만한 요소는 찾지 못했다. 정반대로 후크-헬무트는 지그문트 프로이트, K. 그로덱, 카를 아브라함과 같이 위신 있는 인물들이 연이어 오른 강단에서 발표하기를 수락한 것으로 보인다.

이 회의에는 특별한 관심을 갖고 참석한 이들도 있었다. 여기에 초청객으로 참석한 안나 프로이트와 멜라니 클라인 외에도 발표를 맡은 O. 피스터와 E. 소콜니카를 들 수 있다. 위제니 소콜니카는 이전 해에(1919) 강박[68] 신경증^{névrose obsessionnelle}을 보이는 아동을 분

---

[66] [역주] H. Hug-Hellmuth(1921),「아동분석 기법에 대하여」,《국제 정신분석학》, 179~197쪽, 프랑스어판은 1975.

[67] [역주] C. Chiland(1975),「1920년과 1974년의 아동정신분석학」,《아동 정신의학》 XVIII, no. 1, 211~218쪽.

[68] [역주] 의학과 심리학에서 말하는 '강박관념(obsession)'이란, 강제적이며 불합리하다고 주체가 느끼는 어떤 감정(sentiment)이나 생각(idée)이다. 주체는 의식에 강요되는 그 감정이나 생각을 쫓아내려 애쓰지만 좀처럼 성공하기 어렵다. 강박관념은 흔히 강박(compulsion)과 연관되어 'obsession-compulsion'이라 지칭되기도 한다. 'obsession-compulsion'의 현상은 강박 장애(trouble

석하여 출간한 바 있었다(2부 3장 위제니 소콜니카 부분을 볼 것).
멜라니 클라인 역시 1919년, 부다페스트 정신분석학회에서 **자신의**
아이를 연구한 결과인 아동 심리치료법에 대한 논문을 발표했다.

이 논문의 첫 부분은 후크-헬무트가 의미하는 아동정신분석학에
대한 진정한 선언서가 되고 있다. 이 부분 전체를 실어보기로 한다.

"아동분석과 성인분석은 목적이 같다. 그 목적이란, 우리 자신이
알게 모르게 받은 인상 때문에 쇠약해진 정신 건강과 심리적 균형을
회복하는 일이다.

---

obsessionnel compulsif)나 강박 신경증(névrose obsessionnelle)의 경우 가장
많이 나타난다.

강박관념(obsession): 예컨대 가스를 분명 잠갔다고 알고 있는데 그래도 잘
잠갔는지 자꾸 생각이 날 뿐 아니라 그 때문에 강렬한 불안에 사로잡힐 때
이를 강박관념이라고 말한다. 주체는 그런 생각이 불합리함을 알고 있으며 쫓
아내려 하지만 매번 실패한다. 그리고 그런 생각과 싸우면서 불안은 점점 더
심해진다. (이 책에서는 이 강박관념을 줄여서 강박이라고 했다. 사실 원문을
보자면, 저자 클로딘 가이스만이 쓴 서문 마지막 문장에서의 '강박
{compulsion}'을 제외하고 나머지는 모두 'obsession'이다.)

강박(compulsion): 어떤 주체는 이런 불안에 맞서 강박적 행동으로 옮기기
도 한다. 즉, 여러 번 자꾸 확인을 하거나 손을 지나치게 자주 씻는 경우 그것
을 강박이라 칭한다.

강박관념과 공포(phobie)의 차이점: 공포증(phobie)의 경우 두려움(crainte)
의 대상은 상황이나 외부 대상이다. 그런데 그 외부 상황에 맞닥뜨리는 일이
없어지면 불안도 같이 없어진다. 그렇기에, 공포증이 있는 사람은 그런 상황이
나 사물을 피하려고 갖은 전략을 다 쓴다. 반면, 강박관념을 앓고 있을 때에는
불안이 계속된다. 정신세계 안에 강박 관념이 지속적으로 일어나기 때문이다.

외부세계에 대한 환자의 행동, 그 행동에 대한 윤리적 평가의 관점에서 판단된 환자 개인의 추이가 어떤 것이었든 의사[분석가]의 임무는 치유와 함께 완성된다. 치유란, 한 인간이 일하고 인생을 영위해 나갈 수 있으며 인생에서 당하는 공격이나 실망에 무너질 위험이 없어지는 것으로 충분하다.

교육 치료적 분석을 통하여 어린 존재들에게 고통을 없애 주는 일에 그치지 말고 도덕적, 미적, 사회적 가치도 선사해 주어야 한다. 교육 치료적 분석의 대상은, 일단 치료되고 난 후엔 자신의 행동에 책임을 질 수 있는 성숙한 존재가 아니라 아이, 어린아이다. 이 어린 존재들은 한창 발달 과정에 있기에 분석가의 교육적 조절을 통해 스스로의 의지와 목적을 잘 아는 존재가 되는 힘을 길러야 한다. 임상의이자 교육학자로서의 분석가는 무엇보다도 **아동분석이 성격분석이자 교육이라는 점을 절대 잊어서는 안 된다.**"

여기서는 교육치료학이나 교육적 충고를 중심으로 하여 정신분석학의 이론을 고려하는 것이 아니라, 정신분석학 자체가 중심이 되어 교육적 필요를 생각하는 것이다. 1913년의 교육학 비평가들은 목소리를 드높였고 헤르미네 후크-헬무트는 매우 신중한 태도를 취했다. 그러나 여기서 우리는 신중함 이상의 그 무엇을 볼 수 있다. 비평이 격렬히 드높아짐에 따라 "신축성 있게 물러난" 것이건, 아니면 자신의 시각을 굽힌 것이었건 간에 후크-헬무트는 분석가란 작업을 할 때 '교육학의' 지평을 견지해야 한다고 진정으로 생각했던 것 같다.

1910년 지그문트 프로이트가 한 말에서, 변형(?)되었을지도 모르지만 그 반향을 볼 수 있다(『정신분석학에 대한 다섯 편의 강의, 정신분석학 운동의 역사에 공헌함』, 57쪽).[69] "정신분석학적 치료란, 우리 안에 남아 있는 아동기의 잔류물을 극복하기 위한 점진적 교육으로 정의할 수 있겠습니다." 그러나 여기서는 물론 성인 정신분석학을 말하는 것이다.

콜레트 실랑은 지그문트 프로이트가 훨씬 이후의 저서인 『끝난 분석, 끝낼 수 없는 분석』(1937)에서 분석가란 한편으로는 모범적 모델이며 또 한편으로는 교육자라고 제시했다고 지적한다. 그러나 이는 여전히 성인 아동분석에 관한 이야기이다…

교육학과 정신분석학 사이의 관계에 대한 문제는 아동정신분석학에 대한 이후의 각종 토론에 스며들게 되며, 이미 본 바와 같이 애초부터 반발한, 정신분석학자 아닌 교육학자들이나 '성인' 정신분석학자들의 오해를 사게 된다. 후크-헬무트에게 그 관계는 매우 분명하여, 그 비교내용을 그녀의 여러 저작에서 잘 찾아볼 수 있다. 그녀는 다른 저서에서 (우리가 이후에 다루게 될 『어린이를 이해하는 새로운 길』에서 특히, 그리고 자세히) 스스로를 정신분석적으로 잘 아는 일이 중요하다는 논지를 전개하고 있다. 곧, 교육자들이 정신분석학의 이론을 아는 일이 중요하며 교육자들의 임무는 견식 있고 이해심

---

[69] [역주] 프로이트(1914), 『정신분석학에 대한 다섯 편의 강의, 정신분석학 운동의 역사에 공헌함』.

많은 방식으로 교육하는 것이라고 말한다. 여기서는 엄밀한 의미에서의 정신분석학을 말한다. 정의상 교육치료의 성격이 제시되어 있긴 하지만 말이다.

하지만 이 모든 조건은 아동이 7~8세 이상이 되었을 때의 일이며, 그 이전의 연령대에서는『꼬마 한스』에서 프로이트가 제시한 바를 따르는 것이 좋다는 것이다. 그리고 정신분석학적 지식에 바탕을 둔 교육만 적용해야 한다고 말한다. 프로이트도 지적하다시피, "어린 아동을 신체적, 정신적으로 보살피는 일은 주로 여성의 손에 달린 이상 우리는 자질 있고 지적인 여성들을 훈련해 정신분석학적 교육을 수행하도록 해야 한다." 여기서 프로이트는 카를 구스타프 융의 의견을 별다른 비평 없이 재용하고 있다(I 참조).

그러나 후크-헬무트에 의하면 역설적으로, 7세 이상의 아동에게는 성인 치료와 유사한 방법을 적용하되, 다음과 같은 세 가지 이유로 일정한 기법을 따라야 한다는 것이다.

a) 아이는 부모가 데리고 와야 한다.

b) 성인은 과거에 일어난 일로 병들어 있고 아이는 현재에 일어나는 일로 병들어 있다(이것은 우리 눈에 그리 쉽게 보이지 않는다. 왜냐면 우리는 아이에게도 **역시** 과거가 있다고 생각하기 때문이다).

c) 아동은 나르시스적 관심이 충분하지 않아 자신을 바꾸려는 동기가 별로 없다. 그런데 이때 후크-헬무트는 수많은 성인 여성 환자도 그렇다고 말함으로써 자신의 논거를 현저히 약화시키고 있다. 게다가 아이가 겨우 7~8세일 때는 부분적 성공만으로도 만족해야 한

다는 것이다. 그것은 "아동의 사고와 감정에 야만적 통로를 만들거나, 아니면 영혼을 해방하기는커녕 혼란스럽게 만들어" 아이를 기죽이지 않기 위해서라고 한다. 이는 1913~1914년의 공격에 대한 대답임이 뻔하다. 게다가 이 어투가 한 걸음 물러섰다는 의미인지 아니면 야유로 해석해야 할 것인지는 알기 어렵다.

14~18세 사이의 아동분석은 분석용 긴 의자가 필요한 경우를 제외하고는 흔히 성인분석처럼 이루어진다. 이 연령대에서 긴 의자에 누운 자세는 계속되는 분석 작업에 불안을 조성하기 쉽다고 후크-헬무트는 지적한다. "서로 마주보고 앉았다고 해서 분석이 성공적으로 이루어지지 않는다는 법은 없다는 사실을 알았다." A. 그라프-놀트가 표명한 의견과는 반대로, 여기서 헤르미네 후크-헬무트는 프로이트와는 다른 이론적 입장을 취하고 있다. 이에 속하는 다른 예들을 우리는 이후 더 살펴볼 것이다. 게다가 후크-헬무트는 적어도 두 사례에는 – 17세의 강박증 소녀의 사례와, 일상생활에 지장 있을 정도의 공포증을 앓는 16세 소녀의 사례 – 긴 의자를 사용했음(Maclean & Rappen, 1991)을 우리는 알고 있다. 후크-헬무트는 성인 환자를 분석할 때에도 당연히 긴 의자를 사용했다.

후크-헬무트는 논문에서, 성적 욕망 잠재기간 연령대의 아동을 위한 일정 틀을 묘사하고 있다. 일단, 아동에게 분석의 목적을 강조하지 않아도 된다는 것이다. 어떤 환자들은 도대체 무엇이 문제인지 "미리 알거나 재빨리 알아차린다". 그러나 너무 어리거나 고통이 심하지 않은 환자들, 혹은 어차피 이해능력도 없는 선천적 저능아는 구태여 설명을 해주지 않고도 치료를 감행할 수 있다. "경험과 요령만이 유일한, 확실한 길잡이"라는 것이다.

사전 담화는 부모와 함께 이루어진다. 어쨌든 이때 아이를 옆방에 따로 격리시켜서는 안 된다. 이는 모욕적이고 불안스러운 일이며 필요없는 심리적 저항을 추가로 자아내는 일이기 때문이다. 사전 담화와 마찬가지로 분석은 환자의 집에서 진행되어야 한다. 이 역시 불필요한 심리적 저항을 피하기 위한 것이다. 아이는 성인과는 달라 진료비를 치렀다고 열심히 하는 것도 아니며 같이 보기로 한 약속에 오지 않는 변덕을 부릴 수도 있기 때문이다. 게다가 당시의 부모들은 아이를 분석가에게 보내는 일을 상상도 못했다. 이런 상황에서, 분석가의 집에 가겠다는 아이의 바람은 긍정적 전이가 발현된 것으로 해석되곤 했다. 그러나 그런 긍정적 전이는 순간적인 것일 수 있다고 생각되어 직접 행동으로 옮겨주는 대응으로 이어지지는 않았다. 그러나 헤르미네 후크-헬무트가 자신의 진료실에 아이들을 받기도 했다는 사실을 우리는 알고 있다(맥린 Maclean과 래픈 Rappen이 인용한 안니 카탄 Anny Katan, 31쪽).[70]

분석 첫날은 매우 중요하다. 이후 수행해 나갈 분석적 전략-그것은 아동마다 다르다-을 발견해 내는 시간이기 때문이다. 대화를 일절 거부하는 아이들이라면 몇 가지 '요령'을 써서(예컨대 다른 아

---

[70] [역주] G. Maclean & U. Rappen(1991), 『헤르미네 후크-헬무트』, 뉴욕-런던, 루틀리지.

이가 어떤 나쁜 짓을 했는지 말해주기) 전이를 이끌어 내라고 후크-헬무트는 충고한다. 그녀가 발명한 이 요령은 이후 안나 프로이트가 고안한, 치료시의 협력이 된다. 더 어린 아이들과는(7~8세) 같이 노는 것이 유용하다. 그럼으로써 대화를 시작할 수 있어 아이의 성격과 증상을 잘 알 수 있게 된다. 간혹, 치료기간 내내 계속 아이와 놀게 되기도 한다. 그런 놀이는 성인으로 치면 언어적 의사소통에 해당하는 '상징적 행동'임이 밝혀질 때가 있다. 놀이는 바로 "말을 사용하지 않는 고백"인 것이다. 여기서 후크-헬무트는 아동분석에서 놀이의 역할을 창안해내고 있는 셈이다. 이 방법은 이후 멜라니 클라인이 그대로 발전시킨다. 놀이를 통하여 후크-헬무트는, 아동의 "정신 과정은 일반적으로, (성인과는) 매우 다른 층위에서 수행된다."는 사실을 알게 된다. "아동이 받는 수많은 인상은 의식의 경계에 다다르지 않고도 영혼에 뚜렷한 흔적을 남긴다." "[성인은] 분석을 받아도 '태초의 장면들'에 대한 기억의 잔류물이 의식으로 떠오르지 않는다(프로이트, 1919, 「아이를 때리다」On bat un enfant). 반면, [아이에게] [기억의 잔류물과] 현재의 새로운 인상이 융합하는 과정은 전前의식에서 일어난다고 추정된다. 이 전의식은 이후의 경험들, 즉 더 고차원적인 발달 단계를 위해 남아 있다가 훗날, 그 경험들을 의식 층위로 포함시킨다."

후크-헬무트가 "놀이를 통한 치료"를 발명한 것은 아니라는 점을 재확인하자. 이미 언급한 대로, 그녀는 아동분석에서 놀이를 - 꿈이나 자유연상처럼 - 사용하는 방법을 발명했을 뿐이다. 상징에 관한 클라인의 이론을 예고하는 성찰의 윤곽을 그녀가 희미하게 잡고 있음을 우리는 알 수 있다.

분석의 제반 틀에서 또 다른 문제는 시간이다. 부모가 내세우는 학과 의무와, 성인분석에 "규정된" 6번의 분석 사이에 타협점을 찾아야 한다. **"분석을 오랫동안 지속한다는 조건하에서**[71] 분석 횟수를 일주일에 서너 번으로 줄일 수 있다. 그래도 치료의 성공에 해가 되지는 않는다는 사실을 나는 항상 확인했다." 여기서도 후크-헬무트는 프로이트가 제시하는 규율에 공손하게 거리를 두고 있다. 반면 그녀는 "분석 한 회당 정해진 시간은 엄격하게 준수해야" 할 것을 고집하고 있다. 이는 곧, 한 번에 몇 분(50분이나 55분, 경우에 따라서는 60분)이어야 한다는 것이고 어떠한 경우에도 이 시간은 줄이거나 늘여서도 - 60분이 지난 후 무슨 말이 나올지 매우 궁금하더라도 - 안 된다고 한다.

이 모든 것은 헤르미네 후크-헬무트가 지칭하다시피, 분석가에게 "아동이 요구하는 사항"에 속한다. 이것은 오늘날 "정신분석학적 심리치료법"의 여러 개념상 망각되고 있는 것이기도 하다. "아동이 요구하는 사항"의 다른 예는 다음과 같다. 이해심 많고 따뜻한 경청, "아무것도 아닌 꼬마들"에 대한 애정 어린 정성, 항상 주의를 기울일 것, 아무것도 잊어버리지 않기, 이전의 분석 시간 중에 아이가

---

[71] 저자가 강조한 부분이다.

한 말을 절대 혼동하지 않기, 등.

물론 분석의 **과정**은 전이의 덕택으로 기능할 것이다. 전이는 흔히 "밀물"이다. 후크-헬무트에게 '강렬한 긍정적 전이'는 문제가 되지 않는다. 안나 프로이트에게 그것은 문제가 되는 것과 반대이다. 물론 전이에 대하여 아이에게 말할 때, "표현에 각별히 유의해야 한다… 아이는 낯선 사람과 부모를 바꿀 정도까지 가지는 않기 때문이다. 설사 그럴만한 충분한 이유가 있다 하더라도 말이다". 그러나 후크-헬무트는 훗날의 안나 프로이트와는 달리 전혀 함구緘口하지 않는다. "부모의 권위와 최초의 교육적 영향은 계속 작용한다…"라고 그녀는 말한다. 전이는 어렵게 자리 잡는 것이라는 안나 프로이트식의 결론을 내리는 대신 그녀는 다음과 같이 쓰고 있다. "아동에게 분석가는 아버지나 어머니의 이마고[72]를 구현한다. 그것은 성인의 경우보다 훨씬 더 강렬하다." 이러한 전이는 양면적이기도 하다. 그리고 부정적 전이는 재빨리 알아챌 수 있는데 일반적으로는 배신에 대한 두려움, 불신, 불안, 그리고 분석가가 부모와 대화할 때 보이는 질투 등의 형태로 나타난다.

해석은 "설명"이라고 말하면서 아이에게 해준다. 예컨대 부정적 전이는 "반항으로 아무 말도 안 하는 것"이라고 설명해 준다. 긍정적 전이는 "분석가 앞에서 꺼낸 말로 자신이 경시되었거나 가족을

---

[72] [역주] 이 책의 II. 6장에서 이마고에 대한 설명을 자세히 볼 수 있다.

경시했다는 부끄러움… 혹은 '이제 나는 모든 말을 다 했어요'라는 표현이 나올 때"라고 설명해 준다. 게다가 후크-헬무트는 (아이가) 일반적으로 긍정적 전이보다는 부정적 전이를 더 흔쾌히 받아들인 다고 생각한다. 여기서 우리는 멜라니 클라인이 청중으로 참석하여 이를 주의 깊게 들었으리라 상상할 수 있다(멜라니 클라인은 안나 프로이트와 함께 헤이그의 이 회의에 "초대"되었음을 상기하자).

특히 성적性的 문제와 관련 있을 때, 심리적 저항résistances 분석은 상당한 솜씨가 필요하다. "아동분석에서 핵심은 병든 영혼을 분석가 가 **직관**으로 보는 것이다." 이런 지적에는 분명 현대적인 면모가 있 다. 게다가 설명해 주는 해석에 아이가 즉각적 호감을 보이는 반응 을 기대해서도 안 된다고 한다. 만일 그런 경우라면 그것은 의심해 봐야 한다. "모든 것에 '예'라고 대답하도록 길든 아동은 결국은 '아 니오'라는 생각을 행동으로 드러내기" 마련이다. 들은 설명을 머릿 속에 기억하고 사용했다는 신호를 보이는 말을 아이가 하게 되는 시점은 여러 분석횟수를 거친 후에야 온다. 그러나 이런 수용은 의 식화되지 않으며 말로 진술되지 않는다는 점이 성인의 경우와 반대 이다. "그동안 기울인 노력이 헛수고가 아니었음"을 아동이 분석가 에게 증명하는 것은 흔히, 행동의 변화이다.

"어린 환자와 맺는 첫 번째 접촉부터, 기본적으로 직관과 인내가 확보되어야 한다. 그렇게, 견고한 지붕과 지반을 바탕으로 신뢰가 자리 잡도록 해야 한다."고 헤르미네 후크-헬무트는 결론짓는다. 여 기서는 이제 안나 프로이트나 멜라니 클라인이 아니라 W. R. 비온

이 생각나게 된다. 즉 현대 용어로 인사이트 insight나 견고한 '포용성'에 대해서 말할 수 있을 것이다.

이 논문은 부모와의 관계 또한 다루고 있는데 이에 대하여 저자는 긴 논의를 전개한다. 당시의 부모와 겪은 어려움은 놀랍게도 오늘날 관찰되는 것과 비슷하다. 부모와 연락하는 일을 포기해서는 안 되며 참을성 있어야 한다는 것이다. "자신의 아이를 분석하는 일은 불가능하다고 여겨진다."라고 후크-헬무트는 제시한다. 이때도 그녀는 카를 구스타프 융은 물론 『꼬마 한스』를 쓴 지그문트 프로이트도 반대하고 있다. 멜라니 클라인이 자신의 아들을 분석했고, 안나 프로이트가 아버지에게 분석 받았다는 사실을 그녀가 알고 있었는지는 알기 어렵다. 그러나 이 두 참석자가 이에 어떻게 반응했으리라는 짐작은 할 수 있다.

그녀가 부모를 "옹호"했음을 확인하는 일은 충격적이다. 즉, 모든 교육에는 거의 항상 잘못된 방식이 있어 과도하게 엄격하거나 지나친 애정을 보이지 않을 수 없다는 것이다… 아이보다 부모가 먼저 분석을 받는다면 "분석이 필요한 아이들이 실로 줄어들 것이다"라고 그녀는 말한다. 그러나 오늘날 간혹 주장되는 바처럼(M. 마노니 Mannoni), 아이가 장애를 보인 **후에는** 꼭 부모를 분석해야 한다는 말을 그녀는 하지 않는다.

이 논문은 아동을 "시설에 맡기는" 문제에도 접근한다. 집에서 잠깐 떨어져 있는 것은 **간혹** 유리할 수 있다. 그러나 전체적으로 보았을 때 기관에서 정신분석 치료를 하는 것은 그 기관이 어떤 형태이든 어려운 일이다. 왜냐면 아이는 자신의 분석에 대하여 주위에 말하지 않을 수 없게 되고 그것은 내밀한 면을 깨뜨리기 때문이다. 그리하여 아이는 분석 중 다루어진 내용으로 다른 아이들의 집단적 웃음거리가 되기도 한다. 이런 문제는 오늘날에도 아직 해결되지 않았다고 볼 수 있다. 헤르미네 후크-헬무트는 〈아동정신분석 기숙센터〉Psychoanalytiche Jugendheim를 꿈꾼다. 여기서 어떤 형태의 치료 방법이 고안될 것인지는 알 수 없었다. "어린 학생들이 정신분석 치료를 위하여 같이 집단생활을 함으로써 야기되는 중요한 어려움에 성공적으로 대처하려면 교육 경험과 탁월한 능력, 매우 특수한 요령 등이 필요할 뿐이라고 생각한다. 분석 받는 입장에서의 서로 간의 질투, 한쪽 환자를 맡은 분석가에게 별로 유리하게 작용하지 않는, 다른 분석가와의 비교, 각자가 받는 분석 내용을 서로 이야기하지 않을 수 없는 점 등을 간과해서는 안될 것이다. 그러나 아동정신분석 기숙센터를 설립함으로써, 많은 부모와 학교가 실패하는 문제아 지도 현안을 해결하거나 완화하는 방법을 찾아 나갈 수 있으리라 생각된다."(197쪽) A. 아이히호른, S. 베른펠트, 안나 프로이트나 O. 피스터와 같은 인물들은 이미 청소년 기숙센터를 설립한 바 있다. A. 그라프-놀트는 이들이 이 문제에 대해 어떻게 반응했을까 의문을 제기해 본다. 한편, 오늘날의 제도를 잘 알고 있는 콜레트 실랑은 1975년, "전사戰士가 와서 휴식하듯, 자신의 진료실로 오게 하여 분석해 줄 수 있음은 행운"이라며 그런 유형의 분석을 꿈꾼다.

요약하자면, 이 논문은 훗날 형성될 아동정신분석학의 모든 구조의 싹을 이미 담고 있다. 즉 범위나 한계로서의 틀, 과정, 부정적/긍정적 전이, 해석, 심리적 저항, 부모 문제 등이다. 분석가와 아이 사이의 첫 의사소통에서 아이 신경증의 핵심적 증후군이 드러나는 것처럼, 이러한 첫 발표내용은 - 여러 면을 혼합하긴 했어도 - 아동과 행하게 될 정신분석 작업의 핵심을 담고 있다. 이후 우리가 그 전개 상황을 살피게 될 여러 사조도 이 방향을 따르되, 단지 이러저러한 양상에 우위를 두고 있다.

그러나 분명히 구별할 필요도 있다. 아동을 정신분석으로 치료하는 일에 교육적 역할이 있기는 하지만, 교육 자체와는 전혀 별개의 것이다. 그 교육내용이 설사 정신분석학을 통해 해명된 것일지라도 말이다. 이런 개념을 발전시키는 데에 안나 프로이트가 공헌함을 앞으로 알게 될 것이다.

강연회

반면, 헤르미네 후크-헬무트는 정신분석학의 개념을 가르치고 전파시키는 교육 활동을 이미 시도한 바 있었다. 1916년 그녀는 〈여성 교양을 위한 연합〉에서 아홉 차례 강연회를 열었다. 1920년, 베를린 정신분석 기관에도 초대되었다. 그녀는 정신분석가 지망생을 위한 수업도 해야 했기에 베를린까지 가기를 망설였으나 프로이트가 계속 간청했다. 1920년 6월 10일, 그가 카를 아브라함에게 보낸 편지에서 우리는 다음과 같은 내용을 읽을 수 있다. 후크-헬무트 여사는

"8~9월 새 학기부터 수업을 맡을 것입니다. 여행 경비를 그녀에게 보낼 것이고 카렌 호나이와 그 남편의 집에서 머물 수 있을 것입니다. 수납되는 수업료 전액은 순수익으로 그녀에게 돌아갈 것입니다. 그리고 종합병원의 일정 공간을 내어 그녀가 이용하도록 할 것입니다." 이로써 당시 그녀가 얼마나 지그문트 프로이트와 카를 아브라함의 총애를 받았는지 알 수 있다. 그녀의 수업은 "아동에 대한 정신분석학적 지식"에 관한 것이었다.

W. 후버에 의하면(1980)[73] 후크-헬무트는 〈우라니아〉라는 비엔나 상설 교육장에서 「정신분석학과 교육」이란 주제로 강연회를 열었다고 한다. 이때는 분명 1921년이었을 것이다. 1922~1923년, 그녀는 '아동 심리' 수업과 교육학 문제에 대한 세미나를 맡았다.

1922년, 비엔나 정신분석학회는 순회 진료를 추진했다. 이때 후크-헬무트는 1923년 4월에 설립된 교육위원회장을 맡았다. 맥린과 래픈에 의하면, 이 자리는 몇 해 후 안나 프로이트가 이어받았다고 한다. 이 교육위원회의 상담은 두 살 반에서 열다섯 살까지의 아동을 대상으로 했다. 후크-헬무트는 이런 형태의 위원회가 관공서에 의하여 유리하게 배려될 것, 그리고 사회 복지사업에 포함될 것을 희망했다.

---

[73] [역주] W. Huber(1980), 『최초의 아동정신분석가』.

『어린이를 이해하는 새로운 길』

헤르미네 후크-헬무트는 상담가로서의 활동 외에 추가로, 더 광범위한 대중(부모, 교사, 각종 기관의 교육자, 학교의 의사, 유치원 교사, 사회복지가)을 대상으로 수업을 진행했다. (안나 프로이트가 이 "교육자들을 위한 강연회"를 계속 이어 간 것으로 추정된다[이후의 논의를 볼 것].) 그녀의 강연 중 열두 편은 1924년에 나온 책 안에 담겨 있다. 그녀는 이 책의 제목을 『어린이를 이해하는 새로운 길』이라고 붙였다. 이 책은 대단한 인기를 끌었던 것 같은데 후크-헬무트는 책이 출판되기 직전에 죽었다. 게다가 그녀의 죽음은 《일루스트리어테 크로넨차이퉁》에 「**작가** 후크-헬무트 암살됨」이라는 제목으로 게재되었고 《새 자유 신문》에는 「여류 **작가**의 의문의 죽음」이라는 제목으로 보도되었다.

카렌 호나이는 이에 대하여 1925년에 다음과 같이 말한다 (Maclean & Rappen, 36쪽).[74] "이 책에는 분석을 통하여 발견되는 아이의 성장 과정이나 분석 중 맞닥뜨리는 어려움이 실려 있다. 또한 교육자가 어떤 대책을 취해야 할 것인지도 제시되고 있다… 이 책은 분석에 관심을 둔 교육자뿐만 아니라 분석가에게도 상당한 가치가 있다."

---

[74] [역주] G. Maclean & U. Rappen(1991), 『헤르미네 후크-헬무트』, 뉴욕-런던, 루틀리지.

앨릭스 스트레이치가 남편에게 보낸 편지에는(1925년 2월 11일) 훨씬 적대적인 견해가 보인다. 이 책은 "감상주의에 젖어 있습니다… 이런 류의 책은 이득보다는 해악을 더 많이 끼칠 것입니다. 이 책은 부모와 교사들에게 새로운 압력을 가하고 있습니다. 즉, 이제 그들은 모든 아동이 자위를 하고 환상을 갖는다는 사실을 알게 되었으니 그런 아동들을 짚어내어 아동의 사생활에 간섭할 수 있겠죠. 그것도 아이들을 위해서, 잘해보려고요. 천만 다행히도 멜라니 [클라인]는 이 주제에 대하여 매우 단호합니다. 부모의 영향과 분석가의 영향을 분리하는 것이 합당하며 부모의 영향을 최소한으로 줄여야 한다고, 멜라니 클라인은 극구 주장합니다. 그 이유로는, 잘해 보았자 부모들이 기껏 할 수 있는 일이란, 아이들이 독버섯을 먹지 않도록 하고 깨끗함을 적절히 유지시키며 수업 내용을 가르치는 데 그치기 때문이랍니다…".

이 책[75]은 한 번도 번역된 적이 없다.[76] 맥린과 래픈은 이 책을 요약하여 번역했다. 우리는 J. 핑크 덕택으로 첫 장의 번역본을 이용할 수 있었다.

목차를 읽어보면 책의 내용이 무엇인지 잘 알 수 있다.

---

[75] [역주] H. Hug-Hellmuth(1924), 『어린이를 이해하는 새로운 길』.
[76] 수브르니가 소개하는 책 안에, IX장과 XII장이 번역되어 있다.
[역주] D. Soubrenie(1991), *Hermine von Hug-Hllmuth: Essais psychanalytiques*, Paris, Payot.

I장에서 그녀는 다음과 같이 제시한다. "관심 분야나 욕망, 어리석음 때문에 **성인은 어린 시절에 대한 기억을 너무 빨리 잊어버린다.** 아동의 자발적 표현에 대하여 성인은 비판적 태도를 취하는데, 그런 경시는 치명적이다. 그것은 **자신의 방식**을 아이에게 적용하는 것이다. 이런 식으로 성인은 아동의 영혼을 과대평가 혹은 과소평가한다… 바로 그런 이유로 성인은 영혼의 심층부에 다다르지 못한다.

개인과 인류 전체 삶의 명암이 바로 영혼의 심층부에서 나오는 감정에 의하여 결정되는 데도 말이다…"

그녀는 교육법을 가르칠 훌륭한 자질을 발휘해 청중들에게 프로이트의 첫 번째 장소론[77]을 발표하는가 하면 스스로 행한 분석 사례로 바늘 공포증이 있는 12살 소녀, 혹은 강박적 웃음 증세를 보이는 14살 소녀의 사례를 들기도 했다.

그녀는 이 장을 다음과 같이 끝맺는다. "막대한 책임을 수반하는 직업인인 판사에게, 아이를 밝은 행복으로 인도해 줄 책무를 맡은 교사와 교육자들에게, 정신분석학적 지식은 필요 불가결하다."

아이의 놀이에 할애된 IX장에서 우리는 흥미로운 대목을 발견했다. 이전까지의 글에서 그녀는 분석 도중의 놀이를 자유연상 대신 사용하는 전략으로 여겼는데, 여기서는 헝가리 정신분석가 지그문트 파이퍼(Sigmund Pfeiffer, 1919)를 인용하고 있다. "…수많은 아

---

[77] [역주] 지그문트 프로이트에 의해 개념화된 장소론(la topique)이란, 심리작용이 일어나는 현상을 마치 장소에서 일어나는 것처럼 은유적으로 표현한 용어이다. 즉 정신기제의 여러 부분이 서로 다른 특징과 기능을 갖고 있다고 가정한 것이다.

첫 번째 장소론은 1900~1915년 사이에 고안된 것으로서 무의식(inconscient), 전의식(préconscient), 의식(conscient)으로 나뉘어 각각 그 기능과 과정 유형, 작용하는 에너지, 대표적 특성 등이 서로 다르다.

1920년부터 고안된 두 번째 장소론은 이드(Ça), 자아(Moi = 인격 전체의 관심이나 이익 + 합리적 논리 + 나르시시즘), 초자아(Surmoi = 비판하는 능동주, 혹은 금지나 요구 등이 내면화된 내용)의 세 가지 체계로 구성되어 있다.

이의 놀이를 분석하여 그는 놀이가 환상, 꿈… 그리고 말실수^{lapsus} 와 유사하다는 점을 증명한다. 억압, 전위^{déplacement}, 응축^{condensation}, 상징화, 동일시, 합리화, 이 모든 것은 놀이의 형태를 이루는 데 일 조한다." 그리고 그녀는 그 예를 든다…

이 내용은 멜라니 클라인이 발견한 사실로 인정되며, 그것은 합당한 일이기도 하다. 그러나 오늘날까지도 정신분석가들은 이 부분에서 의견일치를 보지 못하고 있다. 멜라니 클라인이 이론화시킨, 분석 시 아동의 놀이는 1924년 잘츠부르크 회의에서 발표된 후 1926년과 1927년의 논문에서 발전되었지만 - 헤르미네 후크-헬무트는 당연히 이 사실까지는 알 수 없었다 - , 무의식적 생산 과정과 놀이 사이의 유사점에 대한 이론의 전조는 1919년 7월부터 이미 멜라니 클라인이 헝가리 정신분석학회에서 다루었다. 「아동의 발달」이란 제목으로 발표된 이 내용은 1921년 같은 제목으로 출간되기도 했다. 후크-헬무트는 멜라니 클라인의 이 작업을 몰랐던 것일까, 아니면 알고도 숨긴 것이었을까? 이 이론은 지그문트 파이퍼가 최초로 언급했다고 말할 수 있다. 다음과 같은 제목으로 1919년, 그의 저서가 출간되었기 때문이다. 『놀이에서 보이는 아동의 성애적 욕동: 놀이에 대한 주요 이론에 직면한 정신분석학의 입장』. 멜라니 클라인 역시 파이퍼를 인용했다고 밝히지 않았다. 그리고 안나 프로이트의 전기에서(Young-Bruehl, 1988) 파이퍼는 한 줄로 언급되어 있다. 즉, 146쪽에 파이퍼는 "놀이를 통한 치료에 대한 선구자적 저술을 집필했다."고 적혀 있다.

이 모든 것은 아무래도 좋다. 어쨌든 개념은 창안되었고 후크-헬무트는 그것을 채택하여 사용하되 저자를 밝히고 있지 않은가.

헤르미네 후크-헬무트의 비극적 죽음은 정신분석학계를 뒤흔들어 놓았다. 정신분석가들은 이 선구자의 은혜에 공식적으로 감사를 표명했다. 그 후 그녀는 거의 잊혔다. 안나 프로이트는 후크-헬무트에 대한 언급을 거의 하지 않았다. 자신이 후크-헬무트의 유일한 계승자라고 강조하는 것 이외에는 말이다. 그런데 계승자라고 해도 그 시간적 간격이 거의 없어서 '거의 동시적'이라 할 수 있다. 사실 10년 정도의 선배인 것이다. 멜라니 클라인은 후크-헬무트에 대한 언급을 좀 더 많이 했고 그녀의 공을 인정했다. 그러나 후크-헬무트의 이론적 입장을, 늘 하듯 그녀 특유의 에너지로 비판했기 때문에 경의의 자세는 약간 희석되었다.

멜라니 클라인과 안나 프로이트가 후크-헬무트를 진정으로 알고 있었을까? 헤르미네 후크-헬무트의 성격으로 미루어 보아, 안나 프로이트가 정신분석가들의 모임에 나타났을 때 헤르미네는 곧 이 경쟁자 때문에 위협을 느꼈으리라 추측할 수 있다. 더군다나 안나 프로이트는 자신의 우상인 프로이트의 딸이었기에, 안나의 가치도 재빨리 파악했음이 분명하다. 그렇게 안나는 그녀의 눈에 매우 합법적이고 타당한 위치를 차지하고 있었기에 더욱더 위험한 적수였다. 그녀는 아무 말도 하지 않았지만 안나가 자리를 굳혀감에 따라 그녀는 점점 사라져갔다. 안나에게 그녀의 존재가 상징하는 바는 더욱 복합적이었을 것이다. 그 '어머니 같은' 이미지는 안나에게 그리 호감을 불러일으키지 않았기 때문이다. 1979년 12월 4일, A. 그라프-놀트에게 보낸 편지에서 안나 프로이트는 다음과 같이 쓰고 있다. "내가 말할 수 있는 모든 사실은 다음과 같습니다. 후크-헬무트는 비엔나에서 아동정신분석을 행한 최초의 사람이었고 나는 그 사실을 비엔나 정신분석학회에 들어갔을 때 이미 알고 있었습니다. 그러므로 당연히 비엔나 정신분석학회 모임이 있을 때마다 후크-헬무트 여사를 자주 보았습니다. 그러나 그녀와는 개인적 연락이나 접촉이라고 할 만한 일이 전혀 없었습니다. 그녀에게 사사하지도 않았습니다. 그 당시에는 혼자 나만의 길을 개척하는 것이 더 바람직해 보였습니다."

멜라니 클라인은 어떤지 보자. 그녀에 대한 전기를 쓴 필리스 그로스쿠어트Ph. Grosskurth는 멜라니 클라인이 후크-헬무트를 헤이그 학회에서 만나 대화를 트려 했지만 차가운 냉대를 받았다고 한다. 열렬한 스타일의 멜라니 클라인이 소극적인 헤르미네 후크에게 말을 붙이려 하다가 곧 그만두는 장면을 상상해 볼 수 있다. 자서전에서 멜라니 클라인은 다음과 같이 쓰고 있다. "후크-헬무트 박사는 그 당시 비엔나에서 아동정신분석을 행하고 있었으나, 그것은 매우 제한적 지평에 갇힌 분석이었다. 그녀는 놀이와 그림을 통하여 얻은 자료를 사용하기는 했지만 그에 대한 해석은 전적으로 피했다. 그녀가 정확히 무엇을 했는지 나는 전혀 알 수가 없다. 게다가 그녀는 6세나 7세 아동들을 분석한 것도 아니었다. 내가 베를린에 아동분석

의 기초를 도입했다고 말해도 그리 건방진 판단은 아니라고 생각한
다."

물론 후크-헬무트는 멜라니 클라인과 같은 해석 작업은 하지 않
았다. 그러나 M. 클라인이 그녀의 저술을 읽을 여유가 좀 더 있었더
라면 후크-헬무트의 분석 기법 안에 해석이 포함되어 있다는 사실을
알 수 있었을 것이다. 그 분석 기법은 후크-헬무트가 바로 헤이그에
서 발표한 것이었다. 1920~1930년의 분위기에서 멜라니 클라인이
헤르미네 후크-헬무트의 작업 중 비판한 부분은, 바로 안나 프로이
트가 후크-헬무트의 작업에서 선택한 (적어도 처음에 선택한) 부분
에 해당한다고, 맥린과 래픈은 지적한다. M. 클라인이 비판한 그 부
분이란 7세 이전의 아동은 분석하지 않기, 치료시의 협력을 도입하
기, 분석가가 교육의 역할도 한다는 것 등을 말한다. 대칭적으로,
안나 프로이트가 후크-헬무트를 비판한 부분은 철저히 멜라니 클라
인의 작업 내용에 해당했다. 즉 부정적 전이를 해석하는 것, 교육적
인 면과 분석적인 면을 분명히 구분하는 것, 놀이를 사용하는 것
등이다.

분석가들이 아동정신분석을 창안할 수 있도록 모든 기본을 제시
해 준 헤르미네 후크-헬무트는 그 운명 때문에 악평되거나 이름도
밝혀지지 않은 채 모방되고, 결국은 잊혔다.

헤르미네 후크-헬무트는 소심하고 신중한, 그리고 말년에 가서는
우울하고 예민한 여인이었다고 말할 수 있다. 친구도 거의 없었고
사회관계를 매우 거북스러워 했다. 그녀는 멜라니 클라인이나 안나

프로이트가 이후 수행한 것처럼 위대한 이론 시스템을 고안할 줄도 몰랐다. 어쩌면 그녀는 귀족 아버지에 대한 사랑과 가톨릭 신앙을, 자신의 분석가나 지그문트 프로이트에 대한 한없는 헌신, 믿음과 성급히 맞바꾸었을 수도 있다. 자신의 조카를 도와줄 생각을 못한 데 대하여 부당하게 죄의식을 가졌을 수도 있다. 이 외에도 다른 결점이 있었을 수도 있다. 그러나 그녀는 한 인간이었고, 지적이고 교양이 높았을 뿐만 아니라 감성적이고 충실한 여인으로서, 정신분석학적 치료를 위하여 자신의 모든 재능과 끈기를 바쳤다. 그녀는 프로이트 투사단의 용감한 병사로서, 맞닥뜨리는 모든 타격에 개의치 않고 항상 전진했다. 육십 년 동안 묻혀 있던 그녀의 저술은 하나씩 발굴되고 있다. 그 저술로 그녀는 바로 아동정신분석학을 발명한 것이나 다름없다.

2부

어제,
두 학파, 세 도시:
비엔나, 베를린, 런던,
1920~1945

이 시기에, 안나 프로이트는 비엔나에서 아버지에게 분석 받았고 멜라니 클라인은 베를린에서 카를 아브라함에게 분석 받았다. 카를 아브라함이 죽은 후, 둘은 런던으로 이주하여 따로 아동정신분석학파를 창립했다.

이 둘의 연구는 제각기 다른 분야로 발전했다. 안나 프로이트는 대단한 열정으로 아동 교육과 관찰 분야에서 정신분석을 아동에게 적용하는 방안을 연구했다. 그녀는 틀림없이 아동을 정신분석으로 치료하는 데에도 관심을 두었지만 아동분석 치료의 존립 가능성에 대해서는 별말을 하지 않았다. 그 기법이나 이론의 문제를 극복할 수 없다고 생각했기 때문이다.

멜라니 클라인은 반대로, 처음부터 단번에 아동분석 치료를 시행해 보았다. 그녀는 자신의 기법 – 놀이를 통한 치료 – 을 고안해 내며 임상 경험이 늘어감에 따라 지그문트 프로이트의 이론화 작업 중 몇몇 부분을 문제 삼아 재검토했다.

당시의 정신분석학자들은 둘 중 하나의 편을 들게 되었다. 둘은 곧 적대적 경쟁 관계의 두 학파를 각각 구축했기 때문이다. 비엔나에서 살던 프로이트 가족이 런던으로 이민 간 후인 1938년, 런던에서의 둘의 재회는 정신분석 역사상 '논쟁'이란 이름으로 알려진 비극적 대결로 귀결되었다. 이때 클라인 학파 추종자들은 프로이트의 이론에서 심하게 멀어진 변종으로 규탄받아, 프로이트식 분석 운동에서 축출되어야 한다는 말까지 나왔다. 그러므로 클라인 추종자들은 자신들의 주장이 지그문트 프로이트의 생각에 충실하다는 점을 밝혀야 했다. 그 작업을 그들은 일련의 이론적 텍스트 안에 담았다.

이 텍스트들에 대한 소개 발표, 그리고 영국 정신분석학회 내에서 두 학파 대표 간의 토론이 1942년과 1944년 폭탄이 터지는 전쟁 한가운

데에서 진행되었다. 한번은 이러한 회의가 열리고 있을 때 비상 경보음이 울렸다. 그러나 토론이 너무도 열렬한 나머지 아무도 회의장을 떠날 생각을 하지 않았다. 이 일이 일어난 후, 앞으로는 공습경보가 있을 때 회의를 중단한다는 결정문이 투표에 부쳐졌다…

비엔나, 베를린, 런던은 아동정신분석을 위한 정신분석학의 활동이 집중적으로 펼쳐진 곳이었다. 우리는 안나 프로이트를 비롯한 비엔나 학파와 멜라니 클라인을 비롯한 영국 학파의 몇몇 인물을 조명하면서 그 창조적 분위기를 탐사해 보고자 한다.

이 시기, 프랑스는 이러한 움직임에서 현저히 떨어져 있었다. 이민 온 두 폴란드 여류 정신분석학자 둘이 파리에 정신분석학을 도입하려 시도했다. 우선, 지그문트 프로이트와 산도르 페렌치에게 분석받은 위제니 소콜니카가 《프랑스의 새로운 잡지》를 통해 문학계에 정신분석학을 도입하려 했다. 그러나 반응은 미지근했다. 그다음에는 소콜니카에게 분석 받은 소피 모르겐슈테른이 살페트리에르 병원의 아동신경정신병학 분과에서 G. 호이예르 교수와 함께 아동정신분석가로 근무하는 데에 성공했다.

이 두 인물은 고립되어 있었고 이후 잊혔다. 우리는 이들과 그 저작물에 관심을 가지면서 망각에서 되살려내고자 했다. 그것은, 두 인물이 왜 우리의 집단적 기억에서 사라졌는지를 이해하기 위한 작업이기도 하다.

아동정신분석학이 미국에 어떻게 도입되었는지에 관심 있는 독자는 3부로 가야 한다. 1940년 이전의 미국을 거기서 함께 다루기로 했기 때문이다. 1940~1945년의 전쟁과 나치주의의 대두 때문에 일어난 단절이, 그곳에서는 다른 모습으로 나타나 있다.

01 안나 프로이트: 딸, 교육과 정신분석적 관찰

1966년 봄, 안나 프로이트는 캔자스의 토피카에서 열리는 미국 아동정신분석학회의 첫 회의에 강연을 맡아달라고 초청받았다. 그녀는 「아동분석의 개략적 역사」를 주제로 택하여, 다음과 같이 말한다. "정신분석가가 처음으로 시도하는 분야가 있을 때 그것의 역사를 먼저 살피는 것은 당연한 일이다. 그럼으로써 과거의 경험이 현재의 행위, 그리고 미래에 올 것에 대하여 어떤 역할을 하고 있는지를 파악하게 된다." 이 강연에서 안나 프로이트는 아동정신분석학에 대하여 자신이 생각하는 개념이 무엇인지 전달한다. 그녀는 자신이 실현한 〈햄스테드 클리닉〉을 부각한다. 이 병원을 통하여 그녀는 "치료방법이자 연구수단이고, 비평적 검토와 확산을 촉구하는 이론이며, 사회의 수많은 부분에 적용될 필요가 있는 지식인 정신분석학을 학생들에게 가르치고자 한다… 이후 활동할 직업 분야에서, 정신분석학의 면모 중 하나만 택할 것인지 아니면 여러 면을 택할 것인지는 각자의 자유에 맡긴다."(『정신분석학에서의 아동』, 37쪽)[1]

안나 프로이트의 사상과 저술은 프랑스에 잘 알려져 있지 않다.

정신분석학자란 무엇을 의미하는가 - 즉, 새로운 과학 덕택으로 인간의 행동을 새로운 시각으로 보는 자, 그럼으로써 분석 치료 시의 개인 상호 간의 만남에만 머물지 않는 자로서의 정신분석학자 - 에 대한 그녀의 전반적 시각은 비판과 몰이해를 낳았다. 아동정신분석학에 대한 안나 프로이트의 사상은 자신의 인격과 밀접히 연관되어 있다. 그녀는 아버지가 한 것처럼, 아동정신분석학의 개념을 일정한 주제로 삼아 연구했다. 그리고 아동정신분석학에 대한 그녀의 사상은 자신이 청소년기를 마치면서 개인적, 직업적, 사회적 선택으로 몸담은 바와도 밀접히 연관되어 있다.

안나 프로이트에 대한 자서전을 쓴 엘리자베스 영-브륄이 보고하는바, 그녀는 이 시기에 아버지가 1918년, 『정신분석학적 치료를 위한 새로운 길』(프로이트, 1918~1919)을 통하여 미래에 대한 의문을 던진 말에 영향을 받았음이 틀림없다. "정신분석학적 활동의 지평을 비특권층으로 확산시켜 수많은 사람이 치료받을 수 있도록, 유능한 정신분석 의사들을 진두로 한" 시설과 병원들이 세워질 날이 올 것이라고 지그문트 프로이트는 이 책에서 상상하고 있다. 그는 다음과 같이 덧붙인다. "가난한 사람들도 심리치료를 받을 권리가 있다고 - 그들이 현재 외과술의 혜택을 마음 놓고 받는 것처럼 - 사회 집단의 의식이 깨일 날이 올 것이다… 신경증 환자들을 개인적 자선사업의

---

[1] [역주] A. 프로이트, 『정신분석학에서의 아동』, 1968년.

무능한 노력에 방치해서는 안 된다."(72~73쪽)[2]

안나 프로이트의 저술을 이해하고자 하는 시도는 그러므로 그녀가 고려하는 상이한 여러 요소에 관심을 갖고, 또한 아동정신분석학에 대한 그녀의 개념 안에서 그것이 서로 연관되는 방식에 관심을 갖는 일이다. 그녀는 이를 토피카에서 행한 강연의 결론에 소개하고 있다. 즉, 아동분석 치료를 분석 심리학에 연결하고, 또한 정신분석학이 아동의 적응에 기여할 수 있는 부분에 연결하고 있는 것이다. "나는 이 새로운 학회[미국 아동정신분석학회]가 첫 강연회를 맞이하여 그런 지평을 가지고 미국 아동정신분석의 장래를 그려나가기를 바란다. 그것은 아동을 분석적으로 치료하는 분야에 관계되는 것이며 그 외에도 아동에 관한 분석 심리학, 아동에 관한 분석적 연구, 혹은 분석을 통하여 아동을 돕는 일 등에 관계된다."(안나 프로이트, 1968, 『정신분석학에서의 아동』, 37쪽)[3]

"아동에 대한 정신분석적 교육은(1920년) 저항할 수 없는 유혹이었다."(안나 프로이트, 1965, 『아동의 정상과 병리』, 2쪽)라고 안나 프로이트는 1965년 자신의 저서 『아동의 정상과 병리』에서 쓰고 있다. 그녀는 아동에 대한 정신분석적 교육을 성인 신경증 환자의 분석 치료에서 나온 발견들과 연결하고 있다. 그 발견 내용에 따라 아

---

[2] [역주] 프로이트, 『정신분석학적 치료를 위한 새로운 길』
[3] [역주] A. 프로이트(1968), 『정신분석학에서의 아동』. 프랑스어판은 1976년에 출판되었다.

동의 주위 사람들과 부모의 자세가 아동에게 좋지 않은 영향을 끼쳤다는 사실이 밝혀졌다. 그러므로 지그문트 프로이트가 이미 추천한 바이기도 하지만, 교육 조건을 바꾸어야 하고 신경증을 확실히 예방할 수 있는 "정신분석학적 교육" - 이라고 희망차게 명명한 - 을 고안해 내야 한다는 것이었다. 이 '정신분석학적 교육'은 곧 '정신분석학적 교육학'에 대한 성찰을 낳을 것이었다. 그리고 이 정신분석학적 교육학은 아동에 대한 정신분석학적 관찰을 확립시킬 수 있는 근원이었다. 아동에 대한 새로운 전문가들이 모은 사례는 아동정신분석학적 심리학이라는 새로운 지식을 고안해 내는 데에 이바지하여야 한다(같은 책, 4~6쪽). 이렇게 해서 두 종류의 자료, 즉 "직접적 관찰에서 나온 내용과 성인분석에서 나온 재구축 내용"의 통합이 실현될 것이라고 그녀는 쓰고 있다. 안나 프로이트는 이 연구 방법을 아동의 장애 - 특히 사회적 불평등과 관련하여 - 와 어린 아동의 발달을 더욱더 잘 파악하는 데에 사용했으며 아동이 주위 환경에 적응하는 문제를 연구하는 데에도 사용했다.

그녀를 알고 있던 모든 사람에 따르면, 안나 프로이트란 인물은 사적인 면과 공적인 면에서 현저히 달랐다고 한다. 안나 프로이트에게 따뜻한 우정을 지닌 일제 헬만의 이야기에 따르면(회견 4), 공적 인사로서의 안나 프로이트는 매우 신중했으며 거리를 두는 자세로 짤막하게 답변하곤 했다고 한다. 게다가 다른 이들을 배려하며 제자들에게는 따뜻했으나 자신에 대한 말은 거의 하지 않았다. 응대하는 태도는 간소했으며 유혹적인 자태는 전혀 없었다. 게다가 매우 소심했던 것 같다. 사적인 면에서 그녀는 반대로, 발랄하고 친구들과의 모임에서는 유쾌했다. 친구들은 대부분 그녀가 비엔나에서 알게 된 이들이었다. 안나 프로이트는 바느질을 좋아하여, 햄스테드 유아원의 아이들을 입힐 자그마한 옷가지를 많이 만들어냈다. 그리고 시골의 개인 소유지에서 주말이면 승마를 즐겼다. 안나 프로이트는 신중하고자 하여, 자신에 대한 자서전을 쓰라는 요청을 몇 차례나 거부한 바 있다. 그리고 그녀 자신이나 가족, 아버지에 대해 사람들이 한 말로 몇 차례나 고통당해야 했던 것도 사실이다.

일제 헬만은 저서 『전시戰時에 태어난 아기에서 할머니까지』에서, 유아원 아동들과 일상생활을 하거나 사람들을 교육하는 모습의 안나 프로이트를 묘사한다. "유아원을 매일 방문하면서 안나 프로이트는 아동들이 보이는 어려움 몇 가지를 기록하곤 했다. 그녀는 아이들을 경청하고 관찰한 후 모든 관계자와 함께 아이들의 어려움에 관하여 토론하되, 문제의 진행 과정이 점차 명확해질 때까지 이를 계속했다. 처음에는 이해할 수 없어 보이는 것에 의미를 부여하는 데에 그녀는 대단한 재능이 있었다."(Ilse Hellman, 『전시(戰時)에 태어난 아기에서 할머니까지』, 15쪽) 교육자로 일할 때의 그녀에 대해 일제 헬만은 다음과 같이 덧붙인다. "주어지는 세밀한 사항 각각을 기록하여 환자에 대한 명확한 진단결과 목록을 작성하는 그녀의 능력에 나는 깊은 인상을 받았다… 안나 프로이트는 진단결과 목록을 완성하는 데 필요한 것으로 규정된 질문을 빠짐없이 했고 거기서 어떤 특성을 짚어내곤 했는데, 그것은 고도의 집중과 정확한 인식이 없으면 불가능한 일이었다. 그런 재능을 나는 다른 분석가들에게서는 별로 보지 못했다. 마치 그녀가 환자를 개인적으로 알고 있는 것 같았다.”(같은 책, 15쪽)[4]

안나 프로이트의 아동기

안나 프로이트는 1895년 12월, 비엔나에서 출생했다. 그녀는 프로이트 부부의 여섯 번째 아이이자 막내이다. 8년 동안 6명의 자녀가 태어났다. 피임이 존재했더라면 자신은 태어나지도 않았을 것이라고 안나 프로이트는 말한다. 그녀의 부모는 정신적, 신체적, 금전적으로도 이 막내를 맞이할 준비가 되지 않았기 때문이다. 1895년은 지그문트 프로이트가 W. 플리스와 결별한 해이다. 이 해는 또한 그의 자기분석이 결정적인 단계로 들어가 꿈의 해석으로 나아간 해이기도 하다.

안나는 어머니의 젖을 빤 적이 없었고 가장 가까운 두 오빠와 언니 한 명과 함께 요제핀이라는 하녀에게 맡겨졌다. 그러므로 그녀는 일상적으로 가까이 있었던 모성 이미지 셋을 갖게 되었다. 즉 어머니 마르타가 있었고, 한 살 때부터는 이모 미나가 있었으며, 출생

---

[4] 저자가 번역한 부분이다.

초기부터의 요제핀도 있었다. 안나는 요제핀에게 특별한 애착을 갖게 된다. 요제핀은 안나가 초등학교에 들어갈 때까지 곁에 있었다. 특히 안나는 요제핀이 '유일하다'는 느낌, 요제핀이 제일 좋다는 느낌을 가졌다. 바로 이런 모성 대리물을 통하여 안나가 "심리적 어머니"라고 명명했던 것에 관심을 둔 근원을 알 수 있지 않을까. 공원에서 요제핀이 사라져서 안나는 요제핀을 찾아 나서다가 길을 잃게 되는데, 바로 이 정신외상적 경험에 대한 기억과 요제핀과의 깊은 관계를 분석하여 안나는 「잃어버리기와 길 잃기」(영-브륄 Young-Bruehl, 29쪽)라는 논문의 다음 구절을 쓰게 된 것 같다. "아이가 어찌할 바를 모를 뿐 아니라 실제로 헤매게 되는 것은 부모의 감정이 비효율적이거나 너무 모호할 때, 혹은 어머니의 감정이 일시적으로 다른 곳에 집중되어 있을 때이다."

안나 프로이트에 대한 여러 전기를 읽어보면, 아동기 때 안나는 어머니와 감정 교류가 거의 없었음을 알게 된다. 프로이트의 둘째 딸인 소피가 어머니의 사랑을 가장 많이 받은 것 같다. 장녀인 마틸다는 결혼 전까지 아버지의 총아였다. 안나는 거기서 자기 자리를 찾지 못했다. 그녀는 어린 막내의 위치가 어떤 것인지, "어른들에게서 버려진 경험, 어른들에게는 한낱 귀찮은 존재이기만 한 경험, 심심하고 고독한 감정을 가진 경험"(영-브륄, 32쪽)이 무엇을 의미하는지를 알았다. 안나에게는 처음부터 아버지가 중요한 존재로 자리잡은 듯하다. 안나가 20세 때, 친구 루 안드레아스-살로메에게 털어놓은 어린 시절의 기억을 보자면, 아버지와 함께 마술적이고 신비로

우며 아름다움으로 가득 찬 세계로 들어간 안나의 느낌을 확인할
수 있다. "안나는 어릴 적 아버지와 함께 버섯 따러 간 일을 내게
들려주었다. 그녀의 아버지는 다음과 같은 말을 했고 아직도 그 이
야기를 계속 아이들에게 해준다고 한다. 즉, 숲에 들어갈 때 소리를
내거나 말을 하면 안 되며 가방을 말아 들고 팔에 껴야 하는데, 그것
은 버섯들의 주의를 끌지 않기 위해서라는 것이었다. 찾아내는 버섯
들을 아버지는 나비 잡듯, 모자로 덮어씌운다는 것이었다. 매우 어
린 아이들, 그의 손주들은 그 이야기를 믿었다. 어른들은 프로이트
를 순진하다며 놀렸다… 버섯을 따면 동전으로 포상받았으며 가장
아름다운 버섯을 딴 사람은(항상 에른스트였다) 왕관을 타곤 했다.
상은 항상 아름다운 순서로 수여되었으며, 양이 기준이 되는 일은
없었다." 이것은 영-브륄의 저서(1988)[5]와 페터스의 저서(1979)[6] 안
에 담긴 루 안드레아스-살로메의 일기를 인용한 것이다.

안나는 모험에 대한 취향을 지닌 대담한 소녀가 되었다. 오빠들을
즐겨 따라다니면서 같이 수영하거나 배를 탔다. 하지만 집에서는 애
교 있고 꼼꼼한 모범적인 소녀에 가까웠다. 뜨개질을 배우게 되는데
이후 그것은 그녀의 취미가 된다. 그녀는 언니 소피와 경쟁 관계에
들어간다. 안나의 눈에 소피는 자신보다 더 능숙하고 더 아름다워
보였던 것이다. 안나는 자신이 열등하다고 생각되는 면을 보완하기

---

[5] [역주] É. Young-Bruehl(1988), 『안나 프로이트』.
[6] [역주] U. H. Peters(1979), 『안나 프로이트』.

위하여 더욱 똑똑해지고 장난기를 더해갔으며 이후에는 우등생이 되었다. 둘 사이의 경쟁은 소피가 결혼할 때 다시 두드러지게 된다. 이때 안나는 청소년이었다. 소피의 결혼식에 안나는 참석하지 않는 다는 아버지의 결정은 물론 건강이 나빠 안나가 비엔나에 없었던 이유도 있었지만 특히 둘 사이 관계의 어려움과 연관이 있었다. 두 자매간의 불화는 프로이트 가족의 일상을 심각히 저해했던 것이다. 언니와의 어려운 관계 때문에 안나는 매우 곤란을 겪었을 것이고 이는 몇 해 후 멜라니 클라인과 만났을 때 경쟁적인 그 무엇인가로 반복되지 않았을까 우리는 자문하게 된다.

6살에 학교에 들어간 안나는 학교가 재미없다고 계속 불평한다. 그래도 그녀는 매우 좋은 성적을 낸다. 하지만 안나는 자신이 [ʒ]를 [z]로, [ʃ]를 [s]로 잘못 발음하는 점 때문에 학교공부를 약간 망쳤다 는 느낌을 갖는다. 그녀는 또한 교육 방법, 특히 외우는 공부 때문에 괴로움을 당한다. 글쓰기와 독서가 그러한 권태를 해소해 주는 구제책이었다. 안나의 전기를 쓴 엘리자베스 영-브륄에 따르면, 안나가 좋아한 것은 사실주의적 경향의 이야기들이었다. 그녀는 다음과 같이 쓰고 있다. "안나가 원하는 것은 현실에서 멀리 탈주하는 일이 아니라 오빠나 언니들처럼 자라는 일이다. 즉 현실의 가족에게 받아들여지고 인정받는 일이다." 이렇게 현실에 뿌리를 둘 필요성이 확연히 드러나는 대목이 바로 「정신분석학의 이상적 연구기관, 이상향」이란 강연의 머리말이다. 이 강연은 친구 한스 코후트의 요청으로 1966년 시카고에서 발표되었다. 안나는 이렇게 말한다. "글을 깨우치기 전, 어른이 이야기를 읽어줄 나이에 나의 관심은 사실일 수 있는 이야기에만 국한되었다. 그것은 실지로 일어난 이야기여야만 한다는 통상적 의미가 아니라, 실지로 일어날 가능성을 배제하는 요소가 없어야 한다는 것이다… 놀랍게도 그런 시각은 여전히 변하지 않고 있다. 즉 정신분석학의 이상적 연구기관은 그것이 구체적으로 실현될 수 있을 때에만 내 관심을 끈다."(안나 프로이트, 1968, 『정신분석학에서의 아동』, 332쪽)

안나 프로이트는 외국어 분야에서도 아버지와 경쟁하고자 한다. 학교에서 그녀는 영어와 프랑스어를 배우며, 방학을 맞아 이탈리아어에 관심을 보인다. 그러나 그녀는 김나지움[7]이 아니라 리시움[8]에 들어가게 되어 그리스어도, 라틴어도 배우지 않게 된다. 사실 지그문트 프로이트는 딸들이 대학교육 받는 것을 원치 않았다. 딸들을 김나지움에서 공부시켜 훗날, 예컨대 의사가 되도록 하던 주위 친구들과 대조적이었다. 지그문트 프로이트에게 딸들의 미래란, 결혼이었던 것 같다. 안나 프로이트는 13~14세 경, 아버지가 맞아들이던 낯선 방문객들에게 관심을 보이기 시작했다. 프로이트는 안나가 구석의 책장용 사닥다리에 말없이 앉아 비엔나 정신분석학회의 수요 모임을 참관할 수 있도록 해 주었다.

---

[7] [역주] 고전어 교육을 주로 하며 초등학교와 대학을 연결하는 중고등학교로 9년제.

[8] [역주] 여자 고등학교, 가톨릭 신학교.

1908년, 아버지가 미국으로 여행을 떠나기 바로 전 안나는 맹장염 수술을 받아야 했다. 언니 마틸다의 경우와 반대로 수술은 잘 진행되었다. 그렇지만, 수년 후 안나는 살이 빠지고 허리가 굽는 경향을 보인다.

1912년 초반, 17세 반에 이르러 안나는 리시움의 마지막 학년을 승인받는 학위를 취득한다. 그리고 미래에 대해 자문도 하며, 이모 미나와 함께 몇 달 동안 이탈리아 여행도 할 계획이었다. 그러나 소피가 결혼을 선언하여 미나는 비엔나에 남아 있어야 했기 때문에 이 계획은 실현되지 못한다. 안나는 마틸다가 이미 체류한 적이 있는 메라노의 하숙집으로 혼자 떠난다. 이 시기 프로이트는 딸 안나의 상태에 대하여 걱정했던 듯하다. 안나가 신체적으로 건강해지길 바랐고 정신적으로도 전혀 걱정이 없도록 신경 썼다. 바로 이런 의미에서 프로이트는 안나에게 언니의 결혼식이 있어도 비엔나에 돌아오지 말라고 충고했던 것이다. 그 대신 부활절에 프로이트는 안나를 보러 오고 부녀는 같이 베네치아로 여행을 간다. 이때 안나는 꿈 하나를 실현한다. 즉 아버지와 단둘이 여행을 떠나는 일이었다. 안나는 도무지 알 수 없는 혼란을 느낀다고 불평한다. 진짜로 어디가 아픈 것 같지는 않은데 심한 피로감에 자신이 "바보 같고 기력이 소진한" 것 같다는 것이었다. 그런데 그것은 여러 인물이 등장하는 복잡하고도 아름다운 이야기라는 한낮의 몽상을 한 후부터 그렇다는 것이었다. 그녀에 대한 전기[9]에 따르면 이는 수음에의 성향에 맞서려고 한 몽상이었다(53쪽). 우리는 이 혼란을 다시 다룰 것이다.

왜냐면 안나가 십 년 후에 쓴 초기 논문 중 「매질에의 환상과 백일몽」이란 제목의 글이 있기 때문이다. 여기서 그녀는 수음과 연관된 갈등이나 환상을 장면화하고 있다.

　소피의 결혼은 가정에 커다란 변화를 불러왔다. 안나가 집에 남은 유일한 딸이 되었기 때문이다. 결혼으로 딸들이 거듭 떠나는 일과 아들들도 공부하러 떠난 일을 프로이트는 받아들이기 힘들었다. 더군다나 이 1912~1913년경은 제자들의 이설異說 반역으로 얼룩진 시기였다. 집필이 막 끝난 『토템과 터부』(1912)의 중심 주제는 아버지의 죽음을 욕망하며 기다리는 아들들에 대한 것이었다. 1913년 7월, 페렌치에게 보낸 편지에서 지그문트 프로이트는 다음과 같이 적는다. "나는 이번 여름 몇 주를 마리엔바드에서 지내며 모든 분석에서 벗어나고자 하네. 나와 함께 할 유일한 동반자는 막내딸(안나)이라네. 그 애는 요즈음 매우 잘 자라고 있지(오래전부터 자네는 작은 궤 선택[10]의 주관적 요소를 알아챘으리라 생각하네)."(영-브뤌, 55

9　영-브뤌, 위의 책.

10　[역주] 세 궤 선택의 주제(1913)는 지그문트 프로이트 전집(Gesammelte Schriften)의 10호에 수록되어 있다. 여기서 프로이트는 셰익스피어의 작품뿐만 아니라 여러 신화와 동화에서 공통으로 나타나는 주제를 발견하고 있다. 우선 셰익스피어의 「베니스의 상인」을 보자. 젊은 여인 포샤는 아버지의 뜻에 따라 세 남자 중 자신의 초상화가 들어 있는 궤를 고른 남자를 남편으로 맞아야 한다. 금궤와 은궤를 고른 후보자들은 탈락하고 납궤를 선택한 바사니오가 행운을 차지하게 된다. 꿈의 해석상, 보통 여성의 본질은 궤, 상자, 카세트, 바구니 등의 상징으로 나타나는데 남자가 세 궤 중 하나를 고르는 것은 세

여인 중 한 여인을 선택하는 것이라고 프로이트는 해석한다. 셰익스피어의 「리어왕」에서, 리어왕은 죽기 전에 자신의 왕국을 세 딸과 나누고자 한다. 아버지에 대한 사랑을 증언할 능력에 비례해 재산을 나누어 주겠다고 왕은 약속한다. 두 딸 고너릴과 리건은 갖은 사랑의 표현을 다 해낸다. 셋째 딸인 코딜리어만이 그것을 거부한다. 리어왕은 셋째 딸의 이러한 침묵의 사랑을 알아보지 못하고 왕국을 두 언니에게만 나누어 준다. 그러나 결국 리어왕은 자신의 실수를 깨닫고 셋째 딸의 진정한 사랑을 알아보게 된다. 여기서도 역시 세 여인 중 한 여인을 선택한다는 주제가 나타나는데, 셋째가 가장 좋고 완벽하다. 양치기 파리스(Pâris)는 세 여신 중 하나를 골라야 하는데 세 번째 여신이 가장 아름답다고 선언한다. 신데렐라 역시 셋째 딸이며, 왕자는 위의 두 언니보다는 신데렐라를 더 좋아한다. 아풀레이우스(Apulée)의 이야기에서, 프시케는 세 자매 중 가장 아름답다.

프로이트는 이 모든 이야기에서 나타내는 세 번째 여인들의 특성을 분석한다. 코딜리어는 납처럼, 눈에 띄지도 않으며 특히 말이 없다. 신데렐라 역시 달아나면서 자신을 숨긴다. 바사니오는 납궤의 장점을 "납의 창백하고 검소한 점이 금, 은의 웅변보다 더 감동을 준다"고 변호한다. 파리스도 자신이 고른 세 번째 여신인 아프로디테가 아무 말도 하지 않으나 결국은 승리를 차지한다고 말한다. 정신분석학적 해석에 의하면 침묵은 죽음이라고 프로이트는 말한다. 꿈속에서, 숨겨져 있거나 찾을 수 없는 것 역시 죽음을 상징한다고 한다(신데렐라의 경우). 납의 창백함 역시 죽음과 무관하지 않다. 그런데 왜 죽음의 본질을 지닌 세 번째 여인은 항상 최고의 미를 상징하며 사랑의 여신이거나 가장 지혜롭고 충실한가? (파리스는 사랑의 여신을 택하고 프시케는 최고의 미를 지녔으며 리어왕의 셋째 딸은 가장 충실하다) 인간은 죽을 수밖에 없는 자신의 운명이란 현실이 좌절시키는 욕망을 충족하기 위해 상상의 활동을 이용한다. 그렇기에 죽음의 여신은 사랑의 여신으로 대체된다고 프로이트는 통찰하고 있다. 그리하여 셋째 딸은 이제 더는 죽음을 상징하지 않고 가장 아름답고 선하며 가장 사랑스럽고 갈망할 만한 대상으로 탈바꿈하는 것이다. 이

쪽) 1913년의 저작에서 프로이트는 세 여인 중 한 명을 선택해야 하는 남성을 주제로 연구하고 있었다. 이때 그의 나이는 57세, 안나는 18세였다. 프로이트에게는 매력 있고 사랑받고 싶은 강렬한 욕구가 여전히 있었으며 여인의 사랑을 포기할 마음이 아직 없었다. 그는 고독을 느끼고 있었으며, 안나도 언젠가는 자신을 떠나리라는 생각에 겁에 질려 있었다. 아이가 일단 어머니에게 받은 그대로의, 여인의 사랑을 다시 잡고자 하는 일이 얼마나 부질없는지 알기에 프로이트는 우울했다. 그는 안나와 함께 남은 인생을 보내기를 꿈꾸었지만 그런 요구가 어떤 것인지 잘 알고 있었다. 더욱이 안나가 1914년,

---

모두 욕망에 의해, 더 나은 대체 욕망의 영향하에 전도된 것이다. 세 궤, 즉 세 여인 중 하나를 선택할 때, 선택은 운명을 나타낸다. 그렇게, 인간은 지성으로 알아차린 현실적 죽음을 무효화시킨다. 이는 욕망 실현의 예로서, 선택하는 궤는 가장 끔찍한 것이 아니라 가장 아름답고 사랑스러운 대상인 것이다. 특히 리어왕은 늙기만 한 것이 아니라 죽어가고 있다. 그렇기에 유산 분배로 내거는 제안의 특수함, 이상함이 희석되고 있다. 그런데 죽을 운명의 이 남자는 여인의 사랑을 포기하려 하지 않는다. 자신이 얼마나 사랑을 받고 있는지 말로 듣고 싶어하는 것이다. 마지막 장면에서 리어왕은 코딜리어의 시신을 안고 나온다. 코딜리어는 곧 죽음이다. 신화의 형식으로 가려 있지만, 영원한 지혜는 늙은 남자에게 사랑을 포기하고 죽음을 선택하라고, 죽어야 하는 필연에 익숙해지라고 충고하고 있는 것이다. 늙은 남자는 어머니에게 받은 그대로의 사랑을 다시 잡고자 하나 그것은 수포로 돌아간다. 운명의 세 번째 딸인 침묵하는, 죽음의 여신이 그를 품 안으로 맞아들이는 것이다. 이 프로이트 글의 프랑스어 판은 *La Revue française de psychanalyse*, Paris, Doin, 1927. tome I, fascicules 1, 2 et 3에 처음 실렸다.

할머니 댁에 있을 때 보낸 편지에서 다음과 같이 근심 어린 어조로 한 말의 뜻 또한 그는 잘 알고 있었다. "내년에는 여섯 명을 대신해야 하는데, 제가 어떻게 혼자 '전력을 다할' 수 있겠어요?"(같은 책, 57쪽.)

암으로 첫 수술을 받을 때까지 10년간, 프로이트는 안나가 집을 떠날까봐 걱정했다. 그에게 안나는 담배 피는 일만큼이나 필요한 존재였다(영-브륄, 106쪽, 루 안드레아스-살로메에게 보낸 편지). 소피의 죽음 후인 1919년, 그는 안나에게 위원회[11] 구성원에게 주는 반지를 선사했다. 그렇게, 안나가 정신분석학과 그 대의에 헌신한 점을 인정했던 것이다. 두 부녀 사이의 직업적, 사적 연결은 긴밀해져 갔다. 둘은 소피의 죽음에 대한 슬픔을 같이 이겨내야 했고 소피가 남긴 어린아이 둘 또한 같이 보살펴야 했다. 에른스트와 하이네를레는 당시 각각 6살, 13개월이었다.

그리고 젊은이들이 몇 번에 걸쳐 안나에게 관심을 보인다. 그때마다 안나는 그들을 좋은 말로 돌려보냈다. 이는 프로이트의 충고를 따른 것이기도 하고 혹은 그들이 실은 자신보다 아버지에게 관심이 있는 것으로 생각했기 때문이었다. 안나는 자신이 사랑의 대상이 될

---

[11] [역주] 존스(Jones)는 프로이트 측근(제자, 친구)을 중심으로 은밀한 위원회를 만들자고 제의했고 이에 프로이트도 매우 찬성하였다. 구성원은 페렌치, 존스, 랑크, 아브라함 등으로서, 정신분석학 사상을 옹호하는 것이 목적이었다. 1920년 프로이트는 6명의 위원회 구성원에게 매주 정기적으로 서신을 서로 주고받자고 제안한 바 있다.

수 있다고 여기기를 주저했다. 아버지와의 첫 분석 작업을 마친 후인 1923년, 한동안 안나는 베를린에 정착할 생각을 하고 그런 뜻으로 막스 아이팅곤에게 편지를 쓴다(영-브륄, 107쪽). 그러나 아버지의 병환으로 그 계획은 포기되었고 그녀는 아버지 곁에 남게 된다.

직업적 참여

1914년 6월, 18세가 된 안나는 시험에 합격하여 이듬해에 초등학교 교사가 된다. 그녀는 이 직업에 1920년까지 5년간 몸담는다. 그래서 전쟁 중인 이 몇 해를 비엔나에서 민박하면서 지낸다. 그녀는 바로 전해에 메라노에서 아버지의 저작들을 읽기 시작했고 그것을 아버지에게 말할 수 있었다. 1915년부터는 교사일과 동시에, 정신분석학 논문 번역을 시작한다. 1917년, 안나는 추위와 배고픔, 과로와 연관된 결핵을 앓아 일을 그만두어야 했다. 1920년 교직에 사표를 낸 동기 중의 하나가 건강 상태였다. 1918년 가을에는 아버지와 함께 정신분석을 해보기로 결정한다. 첫 단계로서의 이 분석은 1922년 봄까지 계속되는데, 주당 6회, 한 회당 1시간씩 진행되었다.

전쟁 후 1918~1920년 사이에 안나 프로이트는 새로운 사람들을 몇 만나고 이후의 저작에 중대한 영향을 끼칠 사회층에서 성장한다. 안나의 두 오빠 마르틴과 에른스트는 비엔나와 베를린의 유대민족주의 계에 속했다. 그리하여 그녀는 비엔나에서 사회주의자이자 유대민족주의자인 S. 베른펠트를 만날 기회가 있었다. 그는 당시 기관 설립에 관심이 있었다. 기관이란, 유대교파의 버려진 아이들이나 전쟁고아들을 맞아들이는 바움가르텐Baumgarten 유치원을 의미했다. 안나는 전쟁 말기에 〈미국 협력 분배 위원회〉에서 자원봉사자로 일한 적이 있었다. 이 유대계 미국 위원회에서는 거처가 없거나 고아가 된 전쟁 희생 아동 – 유대인 아동 – 을 돕기 위한 기금을 모으고 있었다. 그녀는 그 아동들을 기관 혹은 가정에 배치했다. 그러므로 바움가르텐 유치원은 분명히 이 〈미국 협력 분배 위원회〉의 기금으로 운영되고 있었을 것이다. 베른펠트는 이후 유명한 정신분석가가 될 빌리 호퍼와 함께 이 기관에서 실시할 교육 체제에 대하여 심사숙고한다. 그리하여 안나는 즉시 베른펠트와 빌리 호퍼와 함께, 아동의 심리와 교육에 대한 구상을 맡을 연구그룹을 지도하게 된다. 곧이어 이 그룹에 네 번째 성원이 참여하는데 그는 나이가 있고 아동, 청소년과의 작업 경험이 많은 사람이었다. 아우구스트 아이히호른이란 이 인물은 이미 유명인으로서, 몇 해 전부터 이미 비엔나의 외곽에서 시청이 지원하는 기관, 즉 비행 청소년을 위한 기관을 이끌고 있었다. 그는 막 비엔나 정신분석학회의 회원이 된 참이었다. 안나는 교직원 연수를 받을 당시, 혜택받지 못한 계층의 사람들을 위하여 일한 경험이 있었는데, 아이히호른과 함께 그 경험을 다시 살리게 되었다. 그는 어려운 아동을 맡고 있는 여러 기관과 분과에 안나를 데리고 정기적으로 방문했다. 아이히호른은 이 당시 저술 중인 책이 있었다. 『버려진 아이들』이란 제목의 이 책은 프로이트가 서문을 썼고 1925년에 출판되었다. 이 책을 점차 집필함에 따라 그는 안나가 소속된 작업 그룹에 와서 자신의 책에 관하여 이야기했다. 우리는 이 모든 여정이 어떤 면에서 중요한지, 이후 안나 프로이트와 여러 기관에 대하여 언급할 때 다시 다루겠다.

아버지 프로이트와의 첫 단계 분석 끝 무렵인 1922년, 안나는 비엔나 정신분석학회의 회원이 된다. 몇 달 전부터 아버지가 루 안드레아스-살로메를 집에 초대한 이래로 안나는 그녀와 알고 지냈다. 이후 몇 년간 계속된 서신 교환에서 안나가 얼마나 그녀에게서 건설적인 모성적 여성 이미지를 발견하고, 따스함과 이해심, 격려를 받는지 알 수 있다. 1923년 안나는 아버지와 거리를 두고자 베를린에 정착하기를 꿈꾸는데, 프로이트가 병에 걸리는 바람에 그 계획은 무산되고, 오히려 서로 같이 지내고자 하는 욕망만 강화되는 계기가된다. 그리하여 안나는 비엔나에 정착하여 환자를 받기 시작한다. 이와 함께, 파울 쉴더 덕분에 비엔나 대학병원의 정신과(바그너 폰 야우레크 교수)의 아침 진료에 참여할 수 있게 되었다. 안나는 거기서 하인츠 하르트만도 만난다. 그녀는 40년 후 이 일을 회상하는데 그것은 바로, 그녀가 메디컬 컬리지에서 명예박사 학위를 받았을 때 「문외한 분석가의 이력서」란 제목으로 발표한 감사 연설 안의 내용이다. "바그너 폰 야우레크 교수님의 승낙으로 비엔나 대학병원의 세미나에 참가하면서부터 나는 정신의학에 입문했습니다. 이 정신과에 초대된 나는 매우 흥미로운 순간을 경험했습니다. 파울 쉴더는 수석 보조원이었고 하인츠 하르트만은 차석 보조원이었습니다. 병자들을 검진할 때, 특히 그것을 P. 쉴더가 진행할 때 배울 점이 제일 많았습니다. 나는 그의 가르침을 잊은 적이 없습니다. 환자들이 드러내는 사실, 환자들의 꿈, 환상, 정신착란의 내용을 우리는 입을 멍하니 벌리고 듣곤 했습니다. 우리 중 정신분석학 교육을 받은 이들은 그 모든 것을 개념적 틀 안에 위치 지을 수 있었습니다."(안나 프로이트, 1968, 『정신분석학에서의 아동』, 25쪽) 이 시기에 안나는 함께 정신분석을 다시 시작하자는 아버지의 제의를 받아들이기로 결정한다.

아동을 정신분석하면서 겪는 어려움 중의 하나는, 안나 프로이트도 의식하고 있다시피, 단순한 직업적 이유에서 맺는 관계보다 더 긴밀한 관계를 어린 환자들과 맺을 필요가 있다는 점이다. 이 어려움을 안나는 M. 아이팅곤에게 털어놓는다(영-브륄, 120쪽). 반면, 아버지에게 그것을 말하는 일은 쉽지 않았다. 안나가 최초로 분석한 환자는 어린이 즉, 도로시 벌링엄의 자녀들이었다. 우리는 이 문제에 대하여 이후, 아동분석 시 안나 프로이트가 시도한 긍정적 전이를 다룰 때 다시 언급할 것이다. 이 당시 안나는 도로시 벌링엄을 만났다. 안나는 그녀와 진지하고 복합적인 관계를 엮어 나간다. 사실 몇 해에 걸쳐 그녀는 안나의 동반자가 되어 자신의 아이들을 공유한다. 그렇게, 안나 프로이트는 벌링엄 아이들의 '두 번째 어머니'가 된다. 안나와 안나의 오빠들에게 이모 미나도 어떤 의미에서는 두 번째 어머니였던 것처럼 말이다. 이 두 여인 간의 관계가 어떠했는지는 쉽게 말할 수 있는 성질의 것이 아니다. 이에 대해서는 전기

작가들도 서로 이견을 보인다. 여기서는 안나와 가까웠고 우리가 만날 수 있었던 사람들이 한 말을 인용하는 데에 그치기로 한다. 이들의 견해에 따르면(회견 3과 회견 4) 두 여인 사이에 동성애의 관계는 없었으나 도로시의 아이들을 통하여 어머니가 될 수 있었던 점은 안나에게 매우 중요했으며 그들과 함께 일종의 가족을 누릴 수 있었던 셈이었다. 같은 시기에 안나는 에바 로젠펠트도 만난다. 이 인물은 안나에게는 또 다른 긍정적 모성상으로서, 이후 우리가 안나 프로이트가 세운, 아동을 위한 여러 기관을 소개할 때 다시 언급될 것이다.

안나 프로이트와 정신분석학 연구소

안나는 27세 되던 해인 1922년 봄, 비엔나 정신분석학회의 회원이 된다. 당시 오스트리아에서는 비의료진이 성인을 분석하는 일이 불가능했다. 그리하여 안나는 공식적으로 아동정신분석가가 된다. 그녀는 「매질에의 환상과 백일몽」이라는 제목으로, 매 맞는 아이의 환상과 백일몽에 대한, 주로 자서전적인 논문을 발표했다. 이 논문을 작성하는 데에는 루 안드레아스-살로메의 도움을 받았다. 1920년, 안나는 헤이그 회의에 초대되어 참석한다. 이는 전쟁 후 최초의 국제회의였다. 1922년에는 베를린 회의에는 국제학회 회원의 자격으로 참석한다. 정신분석학 작업 몇 편을 이미 영어로 번역한 바 있는 안나는 이제 출판 일도 맡아본다. 그리하여 두 가지 계획을 세운다. 하나는 아버지의 〈작품집〉을 독일어로 출판하는 일이다. 이는 1924년에 완료된다(영-브륄, 134쪽). 또 하나는 이것을 영어로 번역하여 〈작품집〉Collected Writings이라는 총서로 출판하는 일이다. 이때 번역은 스트레이치 부부가 맡고 안나는 감수를 한다. 1924년, 안나는 〈위원회〉에서 오토 랑크의 자리를 이어 받아 아버지의 반지를 받는다. 이는 안나에게 분명 중요한 순간이었다. 이제 그녀는 '부차적인' 존재가 아니라 아버지의 정신적 아들 여섯 중 가장 젊은 아들의 자리를 대신했기 때문이다.

1923년, 안나는 M. 아이팅곤이 창립한 국제교육위원회의 서기로 지명된다. 이 위원회의 임무는 정신분석가 양성의 조건을 통일하는 것이었다. 이 기관은 한 번도 기능한 적이 없었다. 미국 협회의 회원들이 비의료인 학생을 후보로 받아들이기를 거부했기 때문이었다.

1925년, 비엔나 정신분석학회가 창립될 때 안나는 학회의 서기가 된다. 이 학회는 베를린의 학회를 모델로 창립되었는데, 소장은 헬렌 도이치였고 부소장副所長은 지크프리트 베른펠트였다. 이 기관이 세워지기도 전에 안나와 젊은 정신분석가 몇 명 - 그중 하르트만과 W. 라이히Wilhelm Reich가 있었다 - 이 모여 연구그룹을 이미 형성하고 있었다. 곧이어 안나는 아동분석에 대한 세미나를 주재하게 된다. 안나의 친구 아우구스트 아이히호른은 지크프리트 베른펠트, 빌리 호퍼와 함께 비행과 범죄 분석을 맡았다. 이들은 연구세미나의 일환으로 아동교육학에 적용된 정신분석학에 대한 성찰인 〈킨더 세미나〉

를 함께 지속시켜 나갔다. 이렇게 다양한 실험은 즉시 대단한 가치를 지닌 이론적 작업을 낳았으며 그것은 아직도 근본이 되는 이론으로 자리 잡고 있다. 또한, 청소년에 대한 아우구스트 아이히호른의 저서 – 이에 대하여 우리는 다시 언급할 것이다 – 가 탄생했으며 이 연구소의 구성원들과 비엔나 시 교육자들을 위한 지크프리트 베른펠트의 교육학에 대한 강연회, 그리고 교육자들을 위한 안나의 강연회 및 아동정신분석 기법에 대한 1925년, 1926년, 1927년 그녀의 작업들 – 이를 우리는 이후 분석할 것이다 – 도 이루어졌다. 르네 스피츠, 헬렌 도이치, 마리안[12]과 어니스트 크리스 등이 이 교육에 참석하여 도움을 받았다.

1927년, 32세의 나이에 안나는 국제정신분석학회의 총 서기관이 된다. 그녀는 이어 몇 번에 걸쳐 재선되고 이 학회의 부회장으로 선출되는가 하면 1973년에는 이 학회의 명예 회장이 되기에 이른다.

정신분석가 양성 문제는 안나 프로이트의 일생 전반에 걸친 관심사였다. 아동정신분석과 문외한[13] 분석이 인정되도록 하고자 그녀는 몇 번이나 국제정신분석학회와 맞섰다. 그러나 완전한 결별까지 가지는 않았다. 아동정신분석가 양성 과정을 국제정신분석학회의

---

[12] [역주] 마리안과 어니스트는 크리스라는 성(姓)을 공유하는 부부이다.

[13] [역주] 여기서 profane이라는 프랑스어는 통상적으로, 의사가 아닌 자가 행하는 분석을 의미한다(독일어로는 Laienanalyse이다). 이 책 처음, '들어가기 전에' 부분에 역주 있음.

추천 과정에 편입할 수 없게 되자, 그녀는 스스로 햄스테드 클리닉을 창설하기까지 한다. 이에 관하여 우리는 이후에 자세히 살펴볼 것이다. 햄스테드에서 그녀가 강의하는 이 과정이 1970년, 영국 정신분석학회의 인정을 받아, 영국 정신분석학회의 학생들은 햄스테드 클리닉에 와서 교육을 받을 수 있게 되었다.

1968년, 뉴욕 연구소에서 발표한 강연(『정신분석학에서의 아동』, 368쪽)에서 안나는 분석가 양성이 반드시 필요하다고 강조한다. "분석가의 임무는 무엇을 새로 발명하거나 창조하는 일이 아니라 관찰하고, 탐색하고, 이해하고, 설명하는 일이다." 1966년 시카고 협회에서 이루어진, 「이상적 협회」에 대한 강연에서 그녀가 이 문제를 이미 다루었음을 우리는 앞에서 살펴보았다.

분석가 선발 문제는 안나에게 위험한 일로 여겨졌다. 아버지처럼, 그녀는 문외한 분석 옹호자였다. 즉, 각 개인의 독창성을 존중할 필요가 있다는 것이었다. 선구자들의 이미지에서 알 수 있듯, "기법과 임상, 분석 이론에서 가장 중대한 공헌은 다양한 분야의 직업인들에 의하여 이루어졌기" 때문이다. "그것은 각 개인의 다양한 특징, 개인적 자질과 특이성**에도 불구하고,** 또한 심지어는 바로 그런 점들 **덕분에** 이루어진 것이었다." 햄스테드 클리닉에서 실현하고자 한, 그녀가 생각하는 이상적 협회에서는 지원자들을 전일제全日制로만 받아들인 후 아동 분야는 물론 성인 분야에서도 일할 가능성을 부여해 주었다. 그녀의 설명에 의하면 아동분석 기법이란, 성인분석에서 나온 부차적 산물이 아니라 성인분석과 동등한 작업이기 때문이라는 것이다.

강의 내용은 주제에 대한 것이든, 역사적 지평이든, 여하튼 중요하다. 본질적인 점은 분석가 지망생들이 "이 새로운 분야에 능동적으로 파고들어 모험과 발견의 분위기에서 새로운 학문을 개척해내는 일이다".

안나에게 관찰, 개척, 이해, 설명이란, 한편으로는 연구그룹의 차원에서 각 지망생이 치료할 때 여러 순간에 실시되는 진단과 판정을 실행하고 지식을 쌓아 나감을 말한다. 그것은 기법에 대해 성찰할 수 있도록 하는 것이 목표이다. 관찰, 개척, 이해, 설명이란, 또 한편으로는 어린 아동을 직접 관찰함을 뜻한다. 즉, "아동의 발달과정이 성립되는 바로 그 시기에 그 발달과정을 직접 관찰하도록 하여 과거 재구축 작업에 관한 교육내용을 완성한다".

마지막으로, 미래의 분석가 지망생에게 정신분석을 인접 학문에 적용하는 법을 가르치는 일 또한 필요하다고 여겨졌다. 적용은 서로 다른 방식으로 이루어질 수 있다. 하나는 새로운 목적을 위하여 전통적 기법을 변모시키는 일이다. 심리치료요법이 이 경우에 해당된다. 또 하나는 이론적 지식이나 획득된 경험을 살려 교육 강의, 예방 등의 문제를 다루는 일이다. 안나는 다음과 같이 쓴다. "이 두 가지 방식을 혼동하는 일이 자주 벌어진다. 즉 분석적 이해를 동원해야 할 학교에서 분석적 기법을 사용하기도 하는데 그런 실수는 심각한 것이다."

그러므로 안나 프로이트는 국제정신분석학회가 아동정신분석가 전일제 양성을 인정하도록 평생을 바쳐 투쟁했다. 이러한 입장에 선 그녀는 소수파였다. 그래도 그녀는 지그문트 프로이트에 충실하고 자 했다. 프로이트가 문외한 분석이나 아동분석을 옹호했다는 등의 면에서 말이다. 의사출신의 정신분석가들은 문외한 분석과 아동분 석을 같은 부류 안에 넣는다. 그들은 분석의, 소위 '순수성'을 옹호 한다고 주장하지만 정작 그들이 신경 쓰는 것은 자신들의 경제적 이익을 옹호하는 것이다.

안나 프로이트, 정신분석학적 교육, 정신분석학적 교육학, 정신분석학 연구소

1965년의 저서 『아동의 정상과 병리』의 첫 장에서 안나 프로이트 는 이렇게 적고 있다. "몇몇 정신분석가는 주어진 사실을 연구하는 데 그치지 않고 그렇게 얻은 지식을 아동 교육에 적용하기 시작했다. 그렇게 되기까지는 십 년 혹은 이십 년도 걸리지 않았다. 그것은 거 의 저항할 수 없는 유혹이었다."(안나 프로이트, 1965, 『아동의 정상 과 병리』, 2쪽)[14] S. 레보비치Lebovici는 논문 「아동의 정신의학」 (1984b, 17쪽)에서 다음과 같이 강조하는데 이는 타당한 지적이다. 안나 프로이트는 "직업 활동의 초반에, 정신분석가인 동시에 교육자

---

[14] 이 부분의 강조는 저자가 했다.

였다. 그녀는 두 가지 활동을 분리하지 않았으며 이 두 가지가 기반을 두고 있는 이론적 토대들도 구분 짓지 않았다".

이런 안나 프로이트의 태도는 아버지의 영향은 아니라는 점을 상기하자. 안나가 이렇게 된 데에는 적어도 네 가지 원인이 있다.

일단 안나 프로이트는 초등학교 교사였다. 비엔나 시의 초등학교에서 5년간 근무했던 것이다. 교육을 받던 해에 그녀는 비엔나 시의 낙오 아동 센터에서 연수를 받았다. 그녀는 교육학의 방법, 특히 학습이 어떤 계획과 맞물려 이루어질 때의 교육학에 관심을 두었다.

게다가 전쟁 말기, 그녀는 오빠들과 함께 사회주의적이며 유대민족주의적인 운동에 참여하고 있었다. 이미 살펴본 바와 같이, 그녀는 〈미국 협력 분배 위원회〉에서 자원봉사자로 근무했다. S. 베른펠트와 빌리 호퍼가 주도하는 바움가르텐 유치원 창설에도 긴밀히 참여했다. 1920년부터는 비엔나 정신분석학회에서 열리는 베른펠트의 강연회에도 참석했다. 그녀는 베른펠트와 W. 호퍼와 함께 〈킨더 세미나〉라는 정신분석 연구그룹을 만들었다. 그 그룹은 베르크가세에서 모여 연구를 했다. 아우구스트 아이히호른이 즉시 이 그룹에 합류했다. 그는 안나로 하여금 비엔나 시의 사회분과를 발견하도록 해주었다. "그는 금요일마다 나를 도시의 후미진 곳으로 데려가 여러 기관과 업무를 보여주었다. 우리는 거기서 일하는 사람들을 만났다. 이는 매우 흥미로운 계기였고 그곳은 매우 중요하면서도 특수한 세계였다."(영-브뤨, 91쪽) 빌리 호퍼와 함께 그들은 교육학에 적용된 정신분석학에 대한 강연을 만들었다. 그 강연은 연구소의 학생뿐만 아니라 도시의 교육자들과 초등학교 교사, 그리고 사회 분과에서 활동하는 사람들을 위한 것이었다. 그들은 또한《정신분석학적 교육학》도 펴냈다. 빌리 호퍼는 이 잡지의 주간을 맡아 1938년 사망할 때까지 아동분석의 발전에 지대한 역할을 했다.

1965년 안나 프로이트는 다음과 같이 쓸 수 있었다. "비엔나의 교육자를 위한 강연에 참석한 이들은 이제 전 세계, 특히 미국에서 아동 분야의 주요 책임자가 되어 있다."(안나 프로이트, 1968,『정신분석학에서의 아동』, 31쪽) 피터 블로스와 에릭 에릭슨이 그 예이다 (3부 2장 참조).

곧이어 안나 프로이트는 몸소 교육자들을 위한 강연회를 열었다. 이 내용은 그 후『교육자들을 위한 정신분석학 입문』이란 책으로 엮여 프랑스의 프리바 출판사에서 1968년 출판되었다. 이에 대하여 우리는 다시 언급할 것이다.

세 번째 동기는 가장 복합적인 원인으로서, 안나 자신과 아버지의 관계와 관련이 있다. 안나는 정신분석학을 옹호하되, 특히 아버지를 돕고자 하는 욕망이 있었다. 후크-헬무트를 다루는 장에서 이미 보았듯, 아동을 교육하고 관찰할 때 정신분석학을 도입하려는 시도가 심한 공격을 받았기 때문이다. 안나 프로이트와 그녀의 친구들은 후크-헬무트가 행한 것과는 다른 방식으로 일을 처리할 수 있다고 생각했다.

마지막인 네 번째 동기는 안나와 그 친구들이 교육법에 가진 관심에 그 기원을 두고 있다. 그 교육법은 성인 신경증을 정신분석으로 치료한 경험과 연관이 있다. 안나 프로이트에 따르면 그 치료 과정을 통하여 "수많은 부모와 주위 사람들의 자세가 아이들에게 좋지 않은 영향을 끼쳤다는 사실이 분명해졌다…"(안나 프로이트, 1965, 『아동의 정상과 병리』, 2쪽)고 한다. 사랑이 지나치든 부족하든 부모가 자녀에게 해가 될 수 있다는 견해는 1920~1930년 당시 안나 프로이트의 저작이나 A. 아이히호른의 저서에 계속 등장한다. 이러한 확인에서 출발하여, 부모에게 진상을 알리고 교육 조건을 바꿈으로써 "정신분석학적 교육－신경증 발생을 예방할 수 있는－이라고 희망차게 명명한 것을 계발할" 수 있다는 낙관적인 견해가 나온다(안나 프로이트, 1965, 『아동의 정상과 병리』, 2쪽). 이 분석적 교육법이란, 임상 시 발견된 병리적 요인들에 대한 치료 기술로 구성될 수 있으며 이론적인 면에서의 변모와 개혁으로도 구성될 수 있다. 이렇게 얻은 새로운 자료들은 부모와 교육자들을 위한 규범이나 충고로 전환될 수 있다.

여기서 우리는 아동정신분석학의 커다란 흐름이 형성되는 것을 볼 수 있다. 이 흐름이 오늘날까지도 활발한 것은 다소 행운이라 할 수 있다. 1965년, 안나 프로이트는 다음과 같이 인정한다. "정신분석학적 교육은 수많은 부분적 진보에도 불구하고, 예방을 위한 무기가 되지 못했다. 마땅히 예방책이 되어야 했는데 말이다. 전반적으로 보아, 신경증 예방책은 있을 수 없다." 그러나 그녀는 약간 수정을 가한다. "심리적 균형을 유지하도록 해주는 해결책을 아이가 찾아내도록 도와주는 분석적 교육의 예가 물론 존재한다… 분석적 교육의 다른 예에서는 심리 내적으로 부조화가 일어남을 방지할 수 없었고 그리하여 이 부조화가 병리적 발달이 형성되는 출발점이 되기도 했다."(같은 책, 5쪽) 정신분석가로서의 안나 프로이트의 초기 작업과 그녀의 '나쁜 부모'라는 개념을 이후 다룰 때 우리는 이에 관하여 더 길게 논의를 전개하도록 하겠다.

이 왕성한 정열은 다양한 기관으로 구체화된다. 그 예로 1914년 전쟁 말엽 지크프리트 베른펠트와 빌리 호퍼가 설립한 바움가르텐 유치원, 1918년 설립되어 A. 아이히호른에게 맡겨진 오버홀라브륀 아동보호센터를 들 수 있다. 후자는 1920년, 바스-오스트리아의 생탕드레로 이전된 후 1922년까지 A. 아이히호른이 관장하게 된다. 1925년 안나 프로이트가 최초로 세워 친구 에바 로젠펠트에게 맡긴 (영-브륄, 123~124쪽) 학교도 꼽을 수 있다. 이 학교에는 도로시 벌링엄의 아이들과 에바 로젠펠트의 아들, 그 외에 다른 친구들의 손주들이 다녔다. 혼란에 빠진 이 아이들에게 적합한 교육 환경을 제공해 주는 것이 관건이었다. 안나가 1937년, 비엔나에서 3세 미만의 불우 아동을 위하여 도로시 벌링엄과 함께 세운 잭슨 유아원도 들 수 있다. 이 시도는 어떤 사건들 때문에 일 년밖에 가지 못했으나 1940년 런던의 햄스테드 유아원 설립을 위한 첫 경험이 되었다.

안나 프로이트의 강연회는 주로 비엔나 시의 보호 시설에서 근무하는 교육자들을 위한 것이었다. 그것은 당시 비엔나 시의 사회주의에 따라 실현된 가장 최초의 교육이었다. 이 시설은 학교가 끝난 후 집에 돌아가면 신체적, 정신적 위험에 처할 아이들을 맡아 돌보는 곳이었다. 이는 버려지는 아동이 많아지는 추세에 대비한 예방책이었다. 3회까지의 강연에서 안나 프로이트는 이 아이들의 부모와 화해할 필요성을 강조한다. 아이들이 보호 시설에 정기적으로 올지 오지 않을지는 바로 부모에게 달렸기 때문이었다. 아동의 본능적인 측면과 잠복기를 다루기 전에, 그녀는 아동의 교육은 출생 첫날부터 시작되는 것이라고 강조했다. 네 번째 강연에서는 정신분석학과 교육학 사이의 관계를 다루었다. 안나에게 있어 교육자들에게 가장 중요한 문제는, 아동의 발달을 해치지 않으려면 꼭 피해야 할 것이 무엇인지 아는 것이었으며 어떤 교육 수단이 적합한지 아는 것이었다. "분석에 의해 드러난 사실에 근거하여 세워진 정신분석학적 아동 교육법의 의무는, 어느 정도로 욕동을 충족시켜줄 수 있는지의 정도와 욕동을 어느 정도로 제한해야 하는지의 비율을 각 연령대에 알맞게 제시해 주는 일이다."라고 안나는 생각한다. 이러한 분석적 아동교육법은 세 가지 기본 요소로 구성되는데, 바로 정신분석학에 의하여 그 세 가지가 제시된다고 한다. 일단, 정신분석학이 있기에 기존의 교육 방법을 비판할 수 있다. 그리고 정신분석학의 견해를 통하여 교육자는 인간에 대해 더욱 폭넓게 알게 된다. 더욱이, 정신분석학이 있기에 성인 교육자와 아동 사이의 복합적 관계를 더욱 예리하게 통찰할 수 있다. 마지막으로, 치료 방법으로서의 정신분석학을 통하여 교육 과정 중에 아동에게 가해진 잘못을 만회하도록 노력할 수 있다.

교육이 어떤 영역에서는 아동에게 매우 중요한 영향을 미친다는 가설에서 출발하여(안나 프로이트, 1956, 54쪽) 안나 프로이트는 "주위의 성인이 아동에게 어떤 반응이나 영향을 전혀 미치지 않을 때" 아이가 어떻게 될지 자문한다. 그녀는 러시아 분석가 베라 슈미트가 한 실험에 관심을 보인다. 베라 슈미트는 1921년 모스크바에 1세에서 5세 된 서른 명의 아이들을 모아 놓은 집을 차렸다. 이 시설에 그는 '아이들의 집 - 실험실'이란 이름을 붙였다. 이 시설은 일종의 과학 실험을 위한 곳이었다. 아동들은 심리학적으로 훈련된 여교사들로 둘러싸여 있었다. 교사들의 임무는 아동의 욕동과 정서적 표현들을 조용히 지켜보는 것이었다. 스탈린 정권의 반발과 관련있는 외부적 어려움으로 이 실험이 중단된 데에 안나 프로이트는 유감을 표한다. "더 순조로운 조건에서 새로운 실험을 하기 전까지는, 인생 초기 교육에 어떠한 가치를 부여해야 하는지의 문제는 알 수 없는 채로 남아있을 것이다."라고 그녀는 적고 있다(안나 프로이트, 1956, 55쪽). 이 말에서 우리는 안나 프로이트가 새로운 분야에 관심을 보이기 시작함을 알 수 있다. 즉 훗날 신생아나 어린 아동에 대한 정신분석학적 관찰을 시도하게 되는 것이다.

1925년에 출판된 아이히호른의 책 『버려진 아이들』은 유럽 전체에 반향을 일으켰다. 우리가 보기에 이 책은 아직도 현대인의 관심을 끌고 있는데, 그것은 사용된 용어 때문이 아니라 - 어떤 때에는 약간 진부해 보이기도 한다 - 표현된 개념의 감화력 때문이다. 이 책은 청소년과 여러 기관을 맡고 있는 정신분석가들에게 몇 세대에 걸쳐 깊은 영향을 끼쳤다. 책의 서문에서 지그문트 프로이트는 이 저서의 중요성을 강조한다. "정신분석학이 사용된 모든 사례 중 이처럼 - 정신분석학이 아동교육의 이론과 실제에 적용된 경우처럼 - 관심과 희망을 일깨우며 수많은 진지한 협력자를 모은 경우는 없었다. 이는 쉽게 이해할 수 있는 사실이다. 아동은 정신분석학적 연구의 주요 대상이 되었다. 새로운 연구의 일차적 대상이 되었다는 점에서 아동은, 어떻게 보면 신경증의 자리를 물려받았다고 볼 수 있다." 정신분석학을 이런 식으로 적용하는 데에 적극적 참여는 하지 않으면서도 지그문트 프로이트는 동료 교육자들이 벌이는 이 사회적 작업의 가치를 무시하지 않는다. 「아우구스트 아이히호른의 실증적 체험」에서 지그문트 프로이트는 "두 가지 교훈"을 취하고자 한다. "일단 교육자는 분석교육을 받아야 한다. 분석에 대한 교육이 없는 상태에서라면 모든 노력의 대상인 아동은 계속 풀 수 없는 수수께끼로 남을 것이다. 정신분석학을 단순히 배우기만 해서는 충분하지 않다." 게다가 프로이트는 어떤 특수한 성격의 교육 작업과 정신분석학의 활동 방식을 혼동하지 말아야 할 필요성을 강조한다.

이 책에서 아우구스트 아이히호른은 어려움을 겪는 청소년들을 돌보는 기관의 책임 교육자로서 겪은, 몇 년간에 걸친 경험을 이야기한다. 그는 대단한 임상적 경험을 했다. 같이 일하는 정신과 의사의 협력으로 아이히호른은 일단, 재교육 기관에 배치될 만한 아이들이나 청소년들은 어떠한 상태여야 하는지를 정의하고자 했다. 그의 작업은 병리적 사례에 대한 풍부한 묘사에 기초하고 있다. 전통적 심리학에서 도움을 얻는 것처럼, 정신분석학을 통해서도 도움을 얻

고자 한다고 그는 말하고 있다(33쪽).[15]

"[아이들이] 하는 이야기와 드러내 보이는 다른 요소들에서 얻은 결론으로 우리는 재교육을 어떻게 진행할지 결정한다." 병의 증상과 병 자체 사이의 관계를 찾듯, 그는 아이들을 검진할 때 결핍을 나타내는 증상과 결핍 자체를 구분하는 일의 이점, 즉 그 둘 사이의 관계를 정립하는 일의 이점을 강조한다.

가출, 도둑질이 버림받은 상태를 드러내는 증상에 불과하다면 "그러한 표시들은 그저 진단하기 위한 의미만을 지닐 뿐이다. 치료해야 할 대상은 결핍 그 자체이다"(같은 책, 43쪽)라고 그는 적고 있다. '부적응성 기질'에 대한 문제를 제기하면서 그는 유전적 성격과 연관된 적성도 물론 있겠지만 적응성이란, 아이가 인생 최초로 주변인들과 맺게 되는 애정적 관계에 기인한다고 – 그의 이러한 견해는 당시에는 혁명이었다 – 말한다. 이는 정신분석학적 발견의 산물이었다. "부적응성의 원인을 연구하는 일이란 어떻게 하여, 잠재해 있던 부적응성이 발현되었는지를 연구하는 것이 아니라, 어떻게 하여 잠재적 부적응성 자체가 생기게 되었는지를 밝히는 것이다…" "부적응성을 고치는 일이란 예컨대 강제적 수단으로 증상을 치료하여 부적응성이 발현되지 못하게 하는 일이 아니다. 그런 방법으로는 잠재적 부적응성이 계속 남아있을 뿐이기 때문이다. 그러므로 부적

---

[15] [역주] A, Aichhorn(1925), 『버려진 아이들』.

응성을 생성시킨 요인들까지로 거슬러 올라가 잠재적 부적응성 자체를 없애야 한다." 그는 다음과 같이 덧붙인다(같은 책, 45쪽). "잠재적 결핍을 줄인다고 그 드러난 표시들에 신경 쓰는 일, 바로 그런 방법을 지양할 때 재교육은 더욱더 효과적으로 될 것이다. 진정한 재교육이란, 자아의 구조를 수정해주는 작업이다." 아이히호른이 자신의 저서에서 묘사하고 있는 청소년과 아동의 부적응성은 오늘날 중증 행동장애, 인격장애, 정신병, 신경증적 장애, 한계 상태 등으로 불리는 것이다. 이 재교육 기관에서 그는 각 아이의 심리구조를 면밀히 연구한다. 일단 진단을 하고 난 후에 그는 교육자들이 가능한 한 최대한으로 일관되게 이해할 수 있도록, 아이들을 그룹으로 나누어 맡아 돌보게 했다. 여기서 그는 지그문트 프로이트의 작업인 『대중의 심리와 자아분석』(1921)에 영향을 받았다고 인정한다.

그는 재교육 혹은 교육적 효과의 원동력으로 전이를 꼽고 있다. 더욱 정확을 기하려는 노력에서 그는 지그문트 프로이트가 분석 치료를 통하여 묘사한 전이와는 다르게, 아동교육학에서의 전이의 개념을 개별화시키기를 꾀한다. "우리가 재교육 시 전이를 말할 때 그것은 아이와 교육자 사이에서 이루어지는 애정을 의미한다. 하지만 그것은 정신분석학에서의 전이와 완벽히 같은 것이 아니다. 마찬가지로 '역전이'는 교육자가 아이에 대하여 취하게 되는 애정적 자세를 말한다. 물론 아동이 교육가와 맺는 관계는 이미 다른 사람과 이전에 맺은 관계의 상황에 기초하고 있다." A. 아이히호른의 견해에 따르면, 교육자가 효과적으로 일을 진행시키고자 한다면 "무엇보다도" 아이를 긍정적 전이로 이끌어야 한다. "교육자는 아이의 호감을 얻기 위하여 조직적으로 접근해야 한다. 아이의 호감이 없는 한, 어떠한 교육적 행동도 이루어질 수 없게 됨을 명심해야 한다."(같은 책, 114쪽) 여기서 비행 청소년과 아이들 재교육에 대하여 언급하는 아이히호른이 안나 프로이트와 시각이 비슷하다는 것이 흥미롭다. 안나 프로이트 역시, 분석 치료를 하고자 한다면 아이와 얽어진 긍정적 전이에 바탕을 두는 치료시의 협력alliance thérapeutique이 필요하다고 주장했다. 두 사람에게 다, 부정적 전이는 재교육이나 아동분석 시 쓸모없는 상황을 야기한다.

그러므로 아이가 도착하는 날부터 당장 이 재교육 기관에서는 긍정적 전이를 촉진하기 위하여 모든 수단이 다 동원된다. 아동과 청소년의 공격성에 교육자들은 관대함과 삶의 기쁨을 보여주어야 한다고 그는 적고 있다. "기관에서 강제적 집단의 성격을 자제하고 정상적 환경의 성격을 띨수록 아동은 순조롭게 발육할 수 있다."(같은 책, 139쪽) 아이들이 좌절을 겪는다면 그것은 최대한 가벼운 것이어야 한다. 그리하여 "우리 기관들에서, 음식은 아동과 직원 모두-기관 구성원 전체-를 위하여 한 방의 주방에서, 같은 가스레인지로 조리하여야 하며 같은 종류의 접시에 담아내야 하는데" 이것은 "교육에 불가결한 조건"이라고 그는 쓰고 있다(같은 책, 141쪽). (오늘날 운영하고 있는 기관들에서는 이런 계획에 반대하는 저항이 많다. 그러니 이는 오늘날에도 어려운 과제이다.)

그는 아동그룹 각각에 교육자를 붙여줄 때 혼성으로 짝지어 주는 안을 옹호한다. "소년들 그룹에게 여성 교육자는 집안과 빨래, 아동 자신들의 청결과 질서에 신경 쓰는 좋은 주부의 역할에만 국한해서는 안 된다. 여 교육자인 만큼 자신의 상황을 이용하여, 소년들과 맺을 수 있는 사적 관계에 유리한 영향을 주어야 - 교육적 의미에서 - 한다." 그가 또한 필요하다고 생각하는 점은 기관의 직원들이 기관장 - 그들의 대장인 - 에게 애착이 있어야 한다는 사실이다. "대장에 대한 교육자의 자세가 아동 - 교육자 간의 적절한 관계를 자동적으로 조성해 주기" 때문이다.

아동의 장애가 형성되는 데에서 친부모의 역할은 매우 중요한 것으로 여겨졌다. 어떤 경우에는 "자식에 대해 부모가 사랑이 부족했다는 사실을 우리는 객관적으로 느끼기도 했다. 또 어떤 경우에는 아이만 그것을 느끼기도 했다". 전자는 성인들이 자신을 급격하게 거부한 일을 당한 아이들의 경우이다. 그리고 "부부간에 사랑이 없을 때 그 부모는 애정의 가능성을 아이에게 쏟는다. 아이는 자신이 그 자체로서 사랑받는 것이 아님을 곧바로 느껴 반사회적 반응을 보이는데"(같은 책, 151쪽) 이것이 후자의 경우이다. 그리하여 아우구스트 아이히호른의 저작에서 우리는 불충분하고 결함 있으며 나쁘기까지 한 부모상이 등장함을 보게 된다. 우리는 이 점에 대하여 이후 다시 논의할 것이다. 왜냐면 이 당시 A. 아이히호른과 안나 프로이트나 모두, 부모의 실재 이미지와 아이가 내면화시킨 부모에 대한 이마고는 서로 다른 것이라는 사실을 알지 못했기 때문이다.

부적응이란, 자아와 초자아 발달상 결함이 생겨 그러한 발달이 병원病源적 영향을 행사하는 것이라고 아이히호른은 책의 마지막 장에서 강조한다. 사실, 사회성 발달에 꼭 필요한 기초는 "인생 초기에 이루어지는, 현실에의 적응"이라고 그는 생각한다. 이 적응은 자아의 다양한 기능이 정상적으로 발육하는 것과 연관되어 있다. 그런데 자아의 다양한 기능은 내부, 외부 요인들 때문에 방해받을 수 있다. 인생 초기의 이 적응에 결함이 생기면 장차 아이가 살아가야 할 공동체의 문화적 가치에 적응할 수 없게 된다는 것이 그의 생각이다. 사랑의 대상과 애정 관계를 맺지 못했을 때 아이는 동일시 구축에 실패하게 된다. 그런데 동일시 과정은 강하고 효과적인 초자아의 핵이 되는 것이다. 저자에 따르면, 이러한 초자아가 없으면 아이는 잠재해 있는 본능적 힘을 막을 방파제가 없게 되어 자아가 아이에게 사회적 규범에 부합하는 행동을 하라고 명할 수 없게 되어 버린다. 여기서도 A. 아이히호른은 이론화 면에서 안나 프로이트와 매우 가까운데, 그러므로 멜라니 클라인의 초창기 이론적 제의와는 당연히 완벽한 불일치의 상태에 있다.

이 전대미문의 작업에서 비롯된 '정신분석학적 교육'이란 개념은 비약적 발전을 했다. 1965년 안나 프로이트가 이러한 개념을 다시 문제 삼았음에도 불구하고 말이다. 그녀는 정신분석학적 교육은, 마땅히 수행하리라 기대했던 만큼의 예방책이 되지 못했다고 말했다. 그녀는 "심리의 다양한 심급, 즉 이드, 자아, 초자아는 그 정의상 상반된 의도를 지닌 것이기에 불화와 충돌을 야기하고 그것은 심리적 갈등의 형태로 의식화된다"(같은 책, 5쪽)고 적고 있다. 그렇기에 신경증 예방이란 있을 수 없다고 말한다.

'정신분석학적 교육'의 비약적 발전을 우리는 이후 주로 미국에서 실행된 예방책 부분에서 다시 다룰 것이다. 그 이론적 연장의 최종점은 프랑수아즈 돌토의 녹색 집에서 찾을 수 있다. 반면 재교육 기관에서 이 개념은 차츰 사라져, 의학-교육 기관의 심리치료요법과 특수치료가 대신 그 자리를 차지하게 되었다.

아동에 대한 정신분석적 관찰과 안나 프로이트, 그것이 하르트만의 이론에 기여한 점

안나 프로이트는 어린 아동에 대한 관찰을 자신의 분석 체계의 주축으로 삼았다. 그것은 곧, 치료 과정에서 얻은 지식을 완성하는 것이었다. 어린 아동을 위한 기관─자신이 세운─에 그녀는 매일 출근했다. 어린 아동에 대한 놀라운 관찰 능력, 주위 직원들의 말을 항시 경청하는 안나 프로이트의 모습을 일제 헬만은 기록하고 있다 (회견 4).

아동에 대한 정신분석학적 관찰은 이렇듯 수 해에 걸쳐 구조화되었으며 정신 현상의 다양한 분야를 포함해 나아갔다. 이렇게 얻은 지식은 햄스테드 클리닉의 《색인》[16] 안에 조직적으로 통합되었다.

---

[16] 354쪽을 볼 것.

그 지식은 아동에 대한 정신분석학적 심리학을 탄생시켰다. 이러한 작업에 기울인 안나 프로이트의 열성을 가늠하려면 당시인 1926~1928년경의 작업에서부터 시작하여, 햄스테드 클리닉 그룹과 시걸 교수와 함께 1972~1973년에 재독再讀한 1936년의 저서『자아와 방어기제』까지 읽어보면 된다. 프랑스에서 이 저서는『방어 분석』이란 제목으로 1989년, 프랑스 대학 출판사[17]에서 발행되었다.

안나 프로이트에 의하면,『성 이론에 대한 세 편의 에세이』출판 후인 1905년에 정신분석가 첫 세대들이 자녀들의 행동을 관찰, 보고하기 시작했다. 그들은 아기의 성, 오이디푸스 콤플렉스, 거세 불안 등에 의거하여 관찰, 보고했던 것이다. 곧이어 수많은 아동 전문가가 이 움직임에 합류하여 정신분석을 받고, 모든 분석적 상황을 떠나서도 아동의 반응을 수없이 관찰했다. 이후 모든 이는 비행청소년과 같은 특수한 성격의 아동을 관찰하기 시작했고 어머니와의 인생 최초의 관계와 같은 아동기의 시기들을 관찰하기 시작했으며 (음식 섭취, 엄지손가락 빨기, 분리 공포 등) 특수한 타입의 어려움을 관찰하기 시작했다. 안나 프로이트의 기록에 의하면 전쟁을 계기로, 정신적 외상을 야기하는 상황을 연구할 수 있게 되었다. 포로수용소에서 나온 아이들, 고아원에 배치된 아이들 혹은 입양되어야 할 상황에 처한 아이들이 있었기 때문이다.(안나 프로이트, 1968,『정신분

---

[17] [역주] PUF(Press Universitaires de France).

석학에서의 아동』, 82~83쪽)

그것은 "아동에 대한 정신분석학적 심리학을 체계적으로 세우는 일이었다. 이는 두 종류의 자료를 통합하는 일이기도 했다. 하나는 직접 관찰에서 나온 자료였으며 또 하나는 성인의 사례를 가지고 재구축한 데서 온 자료였다…"(같은 책, 6쪽)

정신분석가들이 아동을 직접 관찰한 일은 순조롭기만 하지는 않았다고 안나 프로이트는 강조한다. 우선, 정신분석학 연구의 초기 단계에서 이러한 움직임은 완전히 부정적인 시선을 받았다. 그래서 선구자들은 관찰될 수 있는 행동과 숨겨진 욕동 사이에 닮은 점보다는 차이가 있다는 점을 강조하는 것이 일이었고 - 그것이 그들의 "임무"이기도 했다 - 선연히 드러나는 행동 이외에도 무의식적 표현이 또 있음을 보이는 것 또한 그들의 몫이었다. 마지막으로 분석 기법 자체를 완성하고 젊은 세대의 분석가들에게, 무의식의 싹으로 나타나 분명히 볼 수 있는 것과 무의식의 내용 자체를 혼동하지 말라고 설득하는 일도 그들의 일이었다. 그러나 이런 단호한 태도는 차츰 수정되어갔다. 일단, 성인 치료에서 분석가가 탐구해 내는 것은 무의식적 심리현상 자체가 아니라 무의식의 싹이라는 사실이 밝혀졌다. 그리하여 그들은 말실수lapsus나 의도와는 빗나가는 행동, 즉 전의식前意識과 무의식의 욕동을 드러내는 증후적 행동, 몽환적 소재와 그 상징 혹은 전형적 꿈 등에 관심을 두게 되었다. 그러나 "조잡한" 분석에 빠져서는 안 되었다.

우선, 방어기제에 관심이 집중되어 그것은 관찰 소재가 되었다.

"무의식적 심리 현상의 내용과 그 부산물, 즉, 욕동, 환상, 이마고에
만 관심 대상이 제한되어 있다가, 이것이 의식으로 진입하는 것을
막기 위해 자아가 사용하는 방법으로까지 관심이 확대되자, 분석가
는 아동과 성인이 보이는 명백한 행동을 더욱 투명하게 간파할 수
있었다. (방어) 기제는 자동적이어서, 그 자체가 의식적인 것은 아니
지만 그 기제가 야기하는 결과는 명백하기에 쉽게 관찰할 수 있다."
(안나 프로이트, 1965, 『아동의 정상과 병리』, 11쪽) 억압에 대해
말하자면, 억압이 성공적으로 이루어지면 물론 아무것도 의식 표면
에 떠오르지 않는다. 이때 아동에게서 공격성이나 갈망이 눈에 띄지
않기에, 놀랄 정도라고 안나 프로이트는 강조한다. 반면 다른 기제
들은 관찰자가 분명히 알 수 있는 결과를 제공한다. 즉, 과도한 걱정,
수치스러운 감정, 혐오와 동정의 감정 등과 같은 반응성 형성이 그
것이다. 반응성 형성은 아동 내부에서 노출증, 더럽힘에의 쾌락, 잔
인성에 대항한 투쟁으로 얻어지는 것이다. 또한 승화나 투사에도 관
심을 가질 수 있다. 여기서 안나 프로이트는 『억제, 증후, 그리고
불안』이라는 아버지의 작업에 영향받고 있다. 게다가 그녀는 세심
한 관찰을 한 덕에 보충적 방어기제를 밝혀낼 수 있었다. 그녀는 이
를 '공격자에게 자기를 동일시함'이라고 명명했다.

차츰 이들은 아동의 행동에 관심을 두게 되었다. "질서, 정확함,
공격성 부재, 청결이 어린이의 성격 특징으로 있다면 틀림없이 과거
에 항문적 성향을 둘러싼 갈등이 있었음을 짚어낼 수 있다…"라고
그녀는 적고 있다. 그리고 과장된 남성성, 돋보이는 공격성은 거세

에의 공포를 과대 보상하기 위하여 나타나는 것이다.

아동이 생산해 내는 것은 관찰 소재가 되었기에, 아동의 놀이는 정보의 근원이 되었다. 기차를 가지고 노는 남아를 관찰하여 부모의 성관계나 인체 내부에 관한 관심을 읽어낼 수 있다. 그들은 음식과 의복에도 관심을 두었다. 이 "각 요소를 특수한 욕동의 싹에 연결하는 것"이 중심사였다. "욕동의 싹에 의하여 각 요소가 생긴 것이기 때문이다. 이로써 아동의 행동에 대한 즉각적 결론을 내릴 수 있다. 그럼으로써 아동의 심리 현상 안에 감추어진 부분에서 중심 역할을 하는 갈등, 걱정의 일부분을 어림하여 잴 수 있다". 이때 안나 프로이트는 당연히, 환자에게 상징을 해석해 줄 때 환자에게 불안을 증가시키고 심리적 저항만 강화시키는 함정에 빠지지 말라고 강조한다.

그 다음에는 자아의 방어기제를 넘어서 아동의 자아를 관찰했다. 그리하여 자아심리학을 정신분석학의 성찰 내에 포함했다. "자아와 초자아가 의식적 구조물인 한, 표면 행동을 관찰하는 직접 관찰은 적절한 탐구를 할 수 있는 수단이 된다. 그런 탐구는 심층적 탐구에 추가되어, 심층에 관한 탐구가 완성된다." 그리하여 그들은 자아의 다양한 기능을 탐구하게 되었다. 자아의 통제와 감시는 운동 기능, 언어 발달, 기억, 총괄 작용에 그 기능을 행사한다. 물론 정신분석의 성찰 덕으로 일차적, 부차적 과정을 발견했지만 안나 프로이트에게 그 두 과정 사이의 차이점은 2년 째 다니고 있는 아동들 혹은 청소년들을 분석 외부 상황에서 관찰하여 한 눈에 파악한 것이었다. 안나 프로이트에게는 어떤 영역에 한해서는 직접 관찰이 심리 현상을 알기 위한 선택적 방법이 된다. 이는 분석에 의한 탐구와는 반대의 경우이다. 왜냐하면 분석에는 한계가 있기 때문이다. 직접 관찰을 선택하는 영역으로는 언어습득 이전의 기간과, 전이가 불가능한 모든 병리적 사례가 있다. 그래도 그녀는 자신이 세운 이론에 즉시 융통성 있는 변화를 주고 있다. 특히 어린 아동일 때에 그렇다. 예컨대 탁아소 아동에게서 분리 불안에의 다양한 형태가 처음으로 관찰되었다면 "리비도 발전의 연속이나 아동 성 콤플렉스 같은 기본적 요소들을, 그 명백한 발현에도 불구하고 관찰자들이 알아차리지 못한 것이다. 그것은 분석에 의한 조사를 통하여 재구축했을 때 비로소 알게 된다."고 그녀는 적고 있다.

직접 관찰, 장기간에 걸친 연구, 아동분석, 이 모두가 조화롭게 이루어진 분야가 있다. 즉 아이들은 햄스테드 클리닉에서 관찰된 후 햄스테드의 구성원 중 한 명에 의하여 분석되었던 것이다.[18]

실행 면을 보자면 안나 프로이트는 1924~1925년의 첫 시도 후, 잭슨 유아원에서 어린 아기에 대한 이런 유형의 정신분석적 관찰을 실현하고자 했다. 잭슨 유아원은 그녀가 비엔나에 차린 기관이다. 거기에서는 불우한 환경의 3세 미만 아동들이 어머니와 함께 혹은

---

[18] 이 연구의 예로, 아동을 관찰한 후 공동으로 연구한 사례가 있다. 즉, 16개월 된 어린 아기를 관찰한 후 그 아기가 9세 반이 되었을 때 분석한 공동연구의 내용은 일제 헬만과 이비 베네트가 보고한 것이다. 그것은 《아동정신분석학》 12호에 번역되어 있다.

어머니 없이 하루를 보내곤 했다. 이러한 실험은, 그녀로 하여금 런던으로 이주하도록 한 비극적 사건들 때문에 중단되었다. 이 실험은 2년 후, 1940년부터 1945년까지 햄스테드 유아원에서 재개되었다. "이 기관의 구성은 관찰의 목적에 맞게 이상적으로 짜여 있었다." 그녀는 아동을 선발할 수 있었을 뿐만 아니라 아동의 생활에 관한 실제적 조처도 선택할 수 있었다. 아동과는 24시간 중 언제라도 연락할 수 있었다. 당시의 상황 때문에 어떤 아이들은 생후 10일 되는 날 유아원에 들어와 전쟁이 끝날 때까지 지냈다. 어떤 아이들은 어머니와 긴밀한 접촉을 유지했다.

안나 프로이트는 다음과 같이 쓰고 있다. "이렇게 하여 우리는 리비도와 공격성의 발달 단계, 괄약근 교육과 젖떼기의 효과와 과정, 언어 습득, 자아의 다양한 기능과 그 개인적 변이 등을 관찰할 수 있었다."(안나 프로이트, 1968, 『정신분석학에서의 아동』, 43쪽) 이들은 파행성 불균형을 야기할 수 있는 몇몇 요인의 중요성 또한 지적할 수 있었다. 그것은 아버지의 부재, 가정 상황의 결여, 부모의 성관계를 아이가 정상적으로 관찰할 수 없는 상황 등이다. 관찰자들에게는 아이가 관심 대상을 자유로이 옮겨 다닐 수 있도록 놓아두는, 분석 시의 정신분석가의 자세를 그대로 따르도록 요청했다. 그리고 어떤 소재라도 모두 다 추적했다. 관찰 기록의 내용은 업무회의를 통하여 접근했다. "이 실험에 참가한 자들은 자신이 자료를 모으는 일 이상의 임무를 수행하고 있음을 알고 있었다. 즉, 그들은 정신생활 안에 감추어진 성향에 대한 분석학적 가정에 아동의 행동을 대조해 가면서 연구했던 것이다."

전쟁 말기, 햄스테드 유아원이 문을 닫은 후 이러한 실험은 햄스테드 클리닉에서 계속되었다. 거기에서 햄스테드 《색인》[19]이 나왔고 발달 노선 ligne de développement[20]이라는 개념이 고안되었다. 그 개념은 『아동의 정상과 병리』에 잘 묘사되어 있다. 안나 프로이트의 이론을 보자면, 아동을 정신분석학적으로 관찰한 안나 프로이트의 이런 활동이 자아와 방어기제에 대한 그녀 자신의 성찰에서 얼마나 중요한 위치를 차지하고 있는지를 알 수 있다. 이 작업에 대하여 우리는 다음 장에서 다시 다룰 것이다.

이렇게 우리는 하르트만의 자아심리학 고안 작업에 안나 프로이트가 공헌한 부분을 잘 이해하게 되었다.

이미 살펴보았듯, 하인츠 하르트만과 안나 프로이트는 비엔나 정신분석학회에 거의 동시에 가입했다(안나 프로이트, 1968, 『정신분

---

[19] 354쪽을 볼 것.
[20] [역주] 성인의 상태로 이르는 발달 노선의 예는 다음과 같다.
　　　의존 상태에서 감정적 독립으로의 이행
　　　의존 상태에서 성인 유형의 '대상관계'로의 이행
　　　젖먹기에서 이성적 음식섭취로의 이행
　　　실금(失禁)에서 괄약근/요도 조절로의 이행
　　　자기중심주의에서 동료의식으로의 이행
　　　몸에서 장난감으로, 놀이에서 일로의 이행

석학에서의 아동』, 165쪽). "분석에 있어서 그는 나보다 약간 나이 많은 오빠였다. 더 정확히 말해 그는 이복 오빠라고 할 수도 있었다. 왜냐면 어떤 면에서 우리는 같은 아버지가 있었기 때문이다. 자아심리학 분야에서도 우리는 1930년경, 거의 동시에 모습을 드러내었다." 안나 프로이트가 욕동에 대한 자아의 방어기제를 연구하는 전통적 방식으로 그 분야에 들어간 반면, 하르트만은 더 급진적 방식으로, 자아의 독립성이라는 새로운 측면에서 그 분야에 관심을 두었다. 둘이 자아라는 주제를 놓고 최초로 논쟁한 것은 1936년의 비엔나 학회에서였다. 논쟁은 안나 프로이트의 『자아와 방어기제』의 첫 두 장에 관한 것이었다. 이 부분은, 적어도 프랑스에서는 안나 프로이트의 작업 중 가장 비판의 대상이 된 부분일 것이다. 자아의 총괄 기능과 적응 기능에 대해 그녀가 한 이 연구 부분을 극단적이라고 여기는 이들이 있기 때문이다. "다른 정신분석학자들이 자아와 초자아가 신경증을 만들어 내는 책임이 있다고 강조하는 반면, 하르트만과 나는 자아와 초자아가 우리의 건강을 보전하기 위해 기울이는 엄청난 노력을 보여주는 설득력 있는 분석적 이론을 강조했다."(안나 프로이트, 1968, 『정신분석학에서의 아동』, 175쪽)

1964년 11월 4일, 하인츠 하르트만의 70세 생일 기념으로 뉴욕의 의학 아카데미에서는 「아동분석과 하르트만의 자아심리학」이란 제목의 강연회가 열렸다. 여기서 안나 프로이트는 강연을 통하여 자신의 이론화 작업과 하르트만의 자아심리학 이론의 기본 개념에서 몇몇 공통점을 강조했다. 이때 그녀의 이론은 햄스테드 아동 치료 병원에서 이루어진 작업에서 도출된 본질적 자료들을 기반으로 했다.

안나 프로이트는 이렇게 말한다. "특히 우리 햄스테드 클리닉의 '진단결과 목록'profil diagnostique이라는 체제는 아동의 발달, 특히 아동의 심리를 측정하기 위해 만든 것이다. 이 목록을 만들 때 나는 하르트만이 말하는 독립적, '비갈등적'aconflictuel 자아의 발달 연구를 항상 사용하며 자아의 방어 구조에 관한 연구나 욕동 발달의 변천에 대한 연구도 항상 사용한다." 그녀는 하르트만이 수행한 작업의 이점을 강조한다. 하르트만은 자아 발육의 성숙 면모, 발달 면모에 관심을 둘 줄 알았다는 것이다. 하르트만이 "자아의 독립 기능들이 방어 기능에 의하여 장애를 겪는지" 확인하고자 신경 쓴 것이 특히 연구 결과를 풍요롭게 한 점이라고 그녀는 생각한다.

마찬가지로 안나 프로이트는 하르트만의 개념이 근본적 이점을 갖추었다고 생각한다. 하르트만은 "자아의 어떤 기능들은 다른 기능들보다 주도적 우월성을 지니고 있다."고 생각했고 그렇기에 욕동에 비해 이른 혹은 늦은 발달을 겪은 기능들에 관심을 두고 그 다른 기능들의 진행에도 관심을 두었다는 것이다. 하르트만의 이러한 개념을 고려하여 안나 프로이트는 '발달 노선'이라는 개념을 창안했다. '발달 노선'은 "성숙, 적응, 구조화 사이 상호작용의 결과"이다.

또한 분석 시 환자가 제공하는 소재에만 만족하지 않고 직접 관찰에 상당한 무게를 두는 하르트만을 얼마나 지지하는지 그녀는 극구 강조한다. 비판에 맞서, 그녀는 하르트만의 개념이 정신분석학의 역사적 발전에 부합한다고까지 지지한다. 이때 그녀는 실수로 나오는 무의식적 행동, 증후 행동, 백일몽, 아동의 꿈에 관심이 있었던 1900 ~1901년의 지그문트 프로이트를 염두에 두고 있다.

아동에 대한 정신분석학자로서 그녀는 아동 신경증에 대한 하르 트만의 개념에 찬성한다. 그녀는 특히 아동 신경증이란 용어가 남용 되었다는 점에서도 그와 의견을 같이 한다. 아동기에 고유한 장애의 경우, 그 장애가 주요 기능들의 비체질성 장애-게다가 그 장애는 단 한 가지 기능의 손상에 그치는데-일 뿐인데도 이때 사람들은 아동 신경증이란 용어를 지나치게 남용한다고 그녀는 하르트만과 같이 생각한다.

마지막으로, 그녀는 정신분석학과 윤리적 가치 사이의 관계에 대 한 하르트만의 작업에 찬성한다. "자아의 다양한 요소는 개인으로 하여금 윤리적 의미를 획득하도록 도와주는데, 반면 이드는 그 반대 방향으로 작용하는 경향이 있다. 이렇게 인격 내에서 작용하는"(안 나 프로이트, 1968, 『정신분석학에서의 아동』, 174쪽) 이중적 힘이 란 개념을 그녀는 하르트만이 그러했듯 받아들인다.

하인츠 하르트만 기념 강연에서 안나 프로이트가 한 이 발언을 곧이곧대로 받아들이면 안 된다. 평상시 그녀는 하르트만의 주장에 훨씬 덜 동조했던 듯하기 때문이다. 그것은 이 강연의 결론에서 그 녀가 다음과 같이 해명하는 것을 보아도 알 수 있다. "늦은 감이 있 지만 나는 침묵하는 비판자가 아니고, 그의 작품을 열렬히 옹호한다 는 점을 이제 그에게 설득했다고 생각한다." 안나 프로이트의 몇몇 측근과 이루어진 인터뷰에 따르면(회견 3), 안나가 그의 작품에는 정신분석학을 우스꽝스럽게 흉내 낸 면이 있다고 지적했다는 것이다. 하인츠에 대해 깊고도 오래된 애착이 있었기에 이런 발언은 사적 대화에서만 할 수 있는 것이었다. 그녀가 심각한 병리적 사례보다는 정상에서 약간 벗어난 정도의 변이적 사례에 더욱 관심을 둔 것은 사실이다. 그녀가 규범에서 벗어난 이상 변형, 자아의 성숙, 적응 문제 등에 관심을 둔 것도 사실이다. 안나 프로이트도 수차례에 걸쳐 적은바, 그녀의 주된 관심은 종합적 심리 현상 안에 있는 다양한 심리적 심급 사이의 갈등을 연구하는 것이었다. 그리고 그녀에게는 분석 치료를 통한 재구축 시 이루어진 몇몇 발견을 확증할 수 있는 것은 바로 직접 관찰인 것으로 여겨졌다.

안나 프로이트와 아동정신분석 치료

이미 본 바와 같이 아버지와의 정신분석 첫 단계가 끝난 후인 1923년, 안나 프로이트는 아동분석 치료를 시도했다. 그녀는 "문외한" 분석가였기에 당시 오스트리아에서 성인 치료를 할 수가 없었다(하지만 이후에는 성인 치료를 했다). 그녀의 첫 아동 환자는 벌링엄의 자녀인 밥과 매비였다. 이 치료에서 그녀가 맞닥뜨린 어려움을 지적하는 일은 흥미로울 것이다. 그것은 앞으로 그녀의 이론화 작업에서 중요한 위치를 차지하기 때문이다. 사실, 그녀에 대한 전기를 쓴 작가 영-브륄이 적고 있듯, 안나는 아이팅곤에게 보낸 서한에서

이 점을 분명히 드러내고 있다. "그 애들을 치유하고 싶을 뿐만 아니라 그 애들이 내 자식이었으면 하는 생각, 그 애들의 어떤 것을 내 것으로 하고자 하는 생각이 들 때가 있습니다."(영-브륄, 121쪽) 이런 정동을 그녀는 '어리석다'고 판단하지만 그러면서도 그것은 분석가로서의 직업상 개입 이상의 것으로서, 결국은 아동과의 작업에 해가 된 것 같다.

이와 동시에 1925년부터 안나 프로이트는 비엔나 정신분석학회의 차원에서 아동정신분석학에 대한 세미나를 진행한다. 영-브륄의 인용에 따르면 아이팅곤에게 보낸 서한에서 지그문트 프로이트는 딸의 이 강연에 대해 언급한다. "요즈음 가장 즐거운 사건은 아동분석 기법에 대한 안나의 강의입니다. 딸애도 당신에게 그 얘기를 하고 있을 것으로 추측합니다. 전반적 평으로는, 딸애가 청중의 관심을 사로잡을 줄 안다고 합니다. 그 애는 전날 밤마다 강연의 내용을 내게 보여줍니다. 그 애가 단순한 학생처럼, 배운 내용을 적용하는 데에 그치지 않고 스스로 판단해 자유로이 처리하며, 그런 유형의 분석의 특수성을 확실히 말할 수 있기에 나는 매우 기쁩니다. 클라인의 의견에 비교할 때 그 애의 의견은 보수적이고 반동적이기까지 하나 생각 자체는 옳은 것 같습니다."

프로이트의 말에서 엿볼 수 있는 것처럼, 멜라니 클라인이 아동정신분석학계에 나타났다. 1924년 잘츠부르크 회의에서 클라인은 '조기 분석' 기법에 대해 강연을 했다. 이 회의는 비엔나 학회에서 O. 랑크가 떠난 시기에 열렸기에 상황은 그리 좋지 않았다. 멜라니 클라인은 특히 원형적 불안 개념을 지지함으로써 랑크의 의견에 찬성한다고 볼 수 있다. 그러나 멜라니 클라인이 랑크에 대한 이견이 찬성하는 부분보다 더 비중이 크다.

안나 프로이트는 1927년의, 인스브루크 회의에 와서야 이에 응답하되, 1926년 비엔나 정신분석학회에서 한 강연 내용에 따랐다. 그 내용은 『아동정신분석 치료』란 저서에 수록되어, 멜라니 클라인과의 첫 논쟁에 공식적 막을 열었다. 이 강연 내용은 멜라니 클라인의 주장에 답변하기 위한 것이었지만 교육적 의도도 담고 있었다. 비엔나 연구소의 학생들에게 이 새로운 학문을 전수하는 것이었고 장차 베를린 학파에 대비되어 비엔나 학파라고 불릴 사조의 윤곽을 그리는 것이었다. 베를린 학파는 훗날, 통솔자를 멜라니 클라인으로 두는 영국 학파가 되었다. 안나 프로이트의 이 저서는 비엔나 체제에서는 잘 받아들여졌으나 어니스트 존스에게는 혹독한 비평의 대상이 되었다. 존스는 이 저서를 영국에서 출판하기를 거부했기에, 전쟁이 끝나서야 출간되었다. 안나 프로이트의 저서를 둘러싼 토론은 비의료인이 행하는 문외한 분석에 대한 열렬한 토론과 뒤얽혔다. 존스도 이러한 갈등에 긴밀히 관여되었다. 왜냐면 그는 두 입장을 절충하는 편에 섰기 때문이다. 두 입장이란, 의사가 아닌 분석가를 거부하는 미국 학파와, 분석은 의사가 아닌 이도 행할 수 있기를 바라는 지그문트 프로이트를 말한다. 이런 면을 지적하는 일은 의미가 있다. 이후 살펴볼 것이지만, 아동분석의 운명은 흔히, 비의료인이 행하는 문외한 분석의 운명과 맞물렸기 때문이다. 사실 아동분석에 관심을 둔 이들은 주로 의사가 아닌 여성들이었다. 아동, 여성, 의사가 아닌 자 등 모든 요소가 모여 아동분석은 성인분석의 아류가 되었다. 프로이트가 문외한 분석을 지지한 것은 자신의 딸이 의사가 아니었기 때문이라는 말도 있었다. 하지만 프로이트의 입장은 훨씬 더 복합적이었다. 프로이트는 분석가가 되기 위해서는 반드시 의사여야만 한다고 생각하지 않았기 때문이다. 또한 지그문트 프로이트나 그의 딸 안나에게나, 아동교육학자건 심리학자건, 문외한 분석가들을 정신분석학에서 제외하는 일은 분석에 관심 있는 층에서 격리되는 일이었다. 교사, 교육가, 그리고 아동을 돌보는 행정 책임자와 같은 계층은 비엔나 정신분석학계에서 중요한 위치를 차지하고 있었다.

1927년 출간된 『아동정신분석 치료』는 「아동정신분석 기법 입문」이란 제목으로 1926년 비엔나 정신분석 연구소에서 실시한 강연 내용을 다시 모은 책이다(안나 프로이트, 1927). 안나 프로이트의 사상이 처음으로 공식화된 이 작업을 연구하는 일은 흥미롭다. 그 연구는 그것을 비판하기 위해서라기보다는 ─ 비판은 이미 많이 행해졌다 ─ 그녀 사상의 여정과 발달을 더 잘 이해하기 위해서이다. 게다가 젊은 아동분석가가 처음으로 치료를 시작하면서 아이와 접촉할 때 겪는 감정을 잘 묘사하고 있기에 이 책은 감동적이다. 안나 프로이트의 강점은 1927년부터, 개인 연구에서건 동료들과의 모임에서건 이 책의 내용을 수정한 점이었다. 이후에 살펴볼 것이지만 그녀는 이 수정작업을, 햄스테드 클리닉의 세미나에서 J. 샌들러

Sandler와 이에 대해 다시 토론한 1970년대까지 계속한다.

이 책의 다섯 편의 강연 중 첫 번째는 「아동분석을 위한 준비단계」에 할애되어 있다. 일화에 불과하지만, 두 번째 문장에서부터 멜라니 클라인이 등장한다. 안나 프로이트는 "분석이 정상적 아동의 발달에 커다란 이익이 될 수 있을 것이다."라는 사실에 대하여 단번에 클라인과 대립한다. 하지만 이 강연의 본질은 「분석에의 훈련과 준비 시간」이라는 주제이다. 안나의 말에 따르면, 여기서는 "꼬마 환자를 성인 환자처럼 분석 가능한 대상으로 만드는 것"이 중심이 된다. "즉, 아이에게 자신의 병을 인식하도록 해주고 분석과 분석가에 대한 신뢰를 심어주며, 외부에서 대신해주는, 분석에의 요청을 내적 결의로 바꾸어 주는 것"이다. 예를 통하여 안나 프로이트는 어떻게 "진정한 분석의 초기에 필요한 조건들: 고통받고 있다는 느낌, 치료에의 신뢰와 수용…"이 어린 환자에게 일어날 수도 혹은 일어나지 않을 수도 있는지 보여준다(18쪽).[21] "장래에 계속될 분석을 지속하기 위한 강한 연대감 형성"에 이르기 위해 안나 프로이트가 사용하는 수단들은 오늘날 우리의 눈에는 약간 사소해 보인다. 그러나 그 수단들은 처음 시작하는 젊은 심리치료사라면 자연히 생각하게 되는 내용이기도 하다. 그것은 아이의 애정을 얻어내는 일이며, 분석 작업에 불리할 수도 있는 영향이 아이에게 가지 않도록 막아주는

---

[21] [역주] 안나 프로이트(1927), 『아동정신분석 기법 입문』.

일이다.

두 번째 강연의 제목은 「아동분석의 기법」이다. 무엇보다 먼저 안나 프로이트는 분석에로의 길을 열기 위한 준비기간을 다시 다룬다. 이 준비기간에 예컨대 "소녀에게 친한 벗이 되어 함께 부모를 비판한다."(26쪽)[22] 그다음 안나는 아동에게 실시할 수 있는 분석 기법에 관심을 두되, 성인분석 기법과 비교한다. 일단 그녀는 어떻게 아동의 꿈과 공상을 활용할 수 있는지, 아동이 그린 그림 분석도 활용할 수 있는지를 보여준다. 그녀는 이를 의사소통의 수단으로 생각했다. 그러나 그녀는 성인분석에서처럼 모든 소재가 다 사용될 수는 없다는 사실을 강조한다. 아동은 "협력하기를 거부"하기 때문이다. 바로 이 협력이 없기에 헤르미네 후크-헬무트나 멜라니 클라인과 같은 분석가들은 대신 다른 보충적 기법을 찾아, 놀이를 통한 기법으로 분석할 수 있다고 믿었다(40~41쪽)[23]는 것이다.

세 번째 강연의 제목은 「아동분석에서 전이의 역할」이다. 안나 프로이트는 단번에 멜라니 클라인의 놀이를 통한 기법에 의문을 제기한다. 그 기법은 "아동을 관찰하기 위해서라면 대단히 가치 있는 것"이라고 안나 프로이트는 본다. 특히 정상적 언어 발달에 아직 도달하지 못한 어린 아이들에게는 훌륭한 방법이라고 생각한다. 반면 아동정신분석 치료에서 '클라인 여사가 놀이 기법을 사용하는 방식'

---

[22] [역주] 같은 책.
[23] [역주] 같은 책.

은 완강히 거부한다. 놀고 있는 아이의 행동을 성인에서의 연상과 유사하다고 여기는 일은 '합당하지' 않다는 것이다. '놀이의 제스처 각각의 이면에서 상징적 가치를 되찾아내려' 하는 멜라니 클라인의 입장을 그녀는 거부한다. 목적이란 개념이 아이에게는 없다고 안나 프로이트는 주장한다. "성인 행동의 각각, 생각의 각각에 상징적 의미를 함부로 붙이지 못한다. 단지 그 성인이 받아들인 분석적 상황에서 나오는 행동이나 생각에만 상징적 의미를 부여한다." 여기서 안나 프로이트는 전이의 상황을 도입시킨다. 전이의 상황에서 나온 행동에만 상징적 의미를 부여할 수 있다는 것이었다. 그러므로 전이가 아닌 상황에서 나온 행동은 하나도 중요하지 않다는 것이었다. 여기서 우리는 안나 프로이트의 기법과 멜라니 클라인의 기법 사이의 깊은 간극에 접하고 있다. 아동은 진정한 의미에서의 전이 신경증을 겪지 않는다고 안나 프로이트는 주장한다. 그 이유에 대한 안나의 말은 설득력이 별로 없음을 인정해야 한다. 안나는 치료가 이루어질 수 있도록 아동과의 사이에 긍정적 전이를 끌어들일 필요가 있다고 생각하며, 바로 그 긍정적 전이에만 주로 얽매어 있기 때문이다. 그럼에도 그녀는 전이 신경증이 불가능한 다른 두 가지 이론적 이유를 이어서 댄다. 먼저, 아동은 '새로운 판의 애정 관계를 이룰' 준비가 되어 있지 않다는 것이다. 최초의 애정의 대상인 부모는 아이에게 '현실에서의 사랑의 대상'으로 계속 존재하기 때문이라고 그녀는 말한다. 그녀가 내세우는 두 번째 이론적 논거는 다음과 같다. 성인분석에서, 분석가는 환자에게 그늘처럼 중립적 존재가 될 수 있음에 반하여 아동분석가는 "그늘처럼 있으나 마나 한 존재"가 되면 절대 안 된다는 것이다. 이때 논리적으로, 그렇게 분명히 드러나는 인물은 전이의 나쁜 대상이 될 수밖에 없다고 그녀는 덧붙인다.

아동분석 시 맞닥뜨리게 되는 수많은 실제적 어려움을 강조하면서 안나 프로이트는 이 강연을 결론짓는다. "항시 열려 있는, 아동에 대한 문의 센터를 설립"해야 한다고 그녀는 말한다. 이러한 주위 환경이 여의치 않으면 아이를 가족에서 떼어내, 분석을 위해 알맞게 고안된 기관에 넣어야 한다고 그녀는 생각한다. 그리하여 안나 프로이트는 다음과 같은 유형의 기관을 구상해 낸다. 즉 한 분석가가 기관의 지휘관이 되어 그 분석가는 전이의 대상이 된다. 그런데 안나 프로이트는 모순을 인정하는 것으로 강연을 매듭짓고 있다. 왜냐면 가족이 있는 집에서 아이가 멀리 떨어져 나와야 할 때의 단점이 즉시 드러났기 때문이다. 사실 안나 프로이트는 아이가 부모의 집에 다시 돌아가는 것이 얼마나 어려운지도 상상한다. 헤어질 때 "가까스로, 폭력이 제외되지 않은 채 가족과 떨어졌는데" 돌아올 때는 그러한 가족과 집에 "이방인이 되어 있기" 때문이다.

네 번째 강연의 제목은 「아동분석과 교육 사이의 관계」이다. 이 강연에서 안나 프로이트는 분석 기법 정립을 위한 모색을 하고 있음을 드러내고 있다. 이 사실은 여러 점에서 놀랍다. 그 모색은 아동의 초자아에 안나 프로이트가 부여하고 있는 위치, 역할과 부분적으로 관련이 있다. 사실 안나 프로이트는 아동분석가에게 두 가지 어려운 임무가 있다고 말한다. "분석가는 분석을 하는 동시에 교육을 해야 한다. 즉, 허용하는 동시에 금지해야 하고 풀어주는 동시에 규제해야 한다"(71쪽)[24]는 것으로서 이 두 종류의 임무는 본질적으로 모순된다. 분석가가 이렇게 할 필요가 있는 이유는 아이의 초자아가 약하기 때문이다. 그렇기에 분석이 진행되는 기간 내내 분석가는 "아이의 이상적 자아를 대신해 주어야" 하는 것이다. 안나는 아동의 초자아가 아직 "외부에서 따온 제약을 대표하는 비인격체가" 아니라고 생각한다… 그러니 그녀가 왜 이런 이론을 세웠는지 설명된다. 안나의 이 이론화에서는 아동의 초자아가 현실적 부모에 긴밀히 연결되어 있다. 그리하여 안나 프로이트는 그녀 자신도 해결할 수 없는 모순에 이른다. 즉, 치료를 좋은 조건에서 진행하려면 아이를 부모에게서 떼어놓아야 한다. 그런데 부모에게서 아이를 떼어놓으면 부모가 표상하는 초자아가 없어져 아이는 자유로운 본능에 빠져 사회적 부적응의 위험에 놓이게 되는 것이다. 두 번째 모순은, 본능해방을 막기 위하여 분석이 - 안나의 제안대로 - 아동의 교육자이자 분석가가 되면 분석은 무엇이 되고 마는가? 안나는 온순하고 체념적이라 할 수 있는 자세로 다음과 같은 결론을 내린다. 분석은 최소한 분석가의 자녀들에게만 해주거나, 분석적 환경, 즉 부모가 분석의 관점으로 교육적 임무를 수행할 수 있는 환경에서만 이루어지는 것이 최선이라는 것이다. 아동분석의 장점을 강조하면서 안나는 약

---

[24] [역주] 같은 책.

간 비관적인 이 강연을 매듭짓는다. 그녀는 긍정적 요소 세 가지를 든다. 즉 분석의 영향 아래에서 성인보다는 아동이 한없이 더 빠른 성격 변화의 가능성을 보인다는 것이며, 아동의 초자아에 작용력을 행사해 줄 수 있다는 것이며, 아이에게 환경을 바꾸어 줌으로써 아이의 적응 노력이 쉬워지게 도와줄 수 있다는 것이다.

다섯 번째 강연은 더 이후인 1927년, 인스브루크의 10회 국제정신분석회의에서 행했다. 제목은 「아동분석 이론에의 기여」였다. 이 회의에서는 아동분석에 대한 세 편의 강연이 열렸다. 이는 그 시대에 아동정신분석학에의 관심이 어느 정도인지 보여주고 있다. 셋 중 한 연사는 멜라니 클라인이었다. 아동정신분석학에 대한 분석가들의 관심이 이렇게 증가한 것은 자신이 여태까지 해온 세 가지 작업과 연관되어 있다고, 안나 프로이트는 무엇보다 먼저 강조한다. 우선 그녀는 성인분석에서 얻어진 개념들이 타당하다고 확인한다. 그 다음, 아동을 직접 관찰함으로써 그 개념들을 완성하는 것이라고 말한다. 그것은 '클라인 여사'가 방금 증명해 보인 것과 같다(라고 안나 프로이트는 덧붙인다). 마지막으로 그녀는 개념을 적용할 분야, 즉 아동 교육학에의 길을 연다고 매듭짓는다. 안나 프로이트는 아동과의 작업에서 그녀가 본질적이라고 생각하는 두 가지 면을 근본적으로 강조한다. 일단 안나는 아동분석가가 교육자이면서 동시에 분석가가 될 필요성을 재차 강조한다. 그녀는 이러한 이론적 입장을 임상적 예를 통하여 합리화한다. 강연의 둘째 부분에서 그녀는 "성인분석과 아동분석 사이의 근본적 차이점 중 가장 중요한 부분"(84

쪽)[25]이라고 여겨지는 것을 강조한다. 그 차이점은 바로 초자아이다. 성인분석에서와는 반대로 아동의 초자아는 아직 자율성을 확립하지 못했다고 생각되는 이상, 초자아에 대한 분석가의 작용은 분석적이면서 동시에 교육적인, 이중성을 띠어야 한다는 것이다. 강연의 마지막 부분에서, 안나 프로이트는 분석가가 교육자의 자세를 가질 필요성으로 다시 돌아온다. 이러한 자세로써 분석가는 아동이 받는 교육적 영향을 가늠하고 비평할 수 있다는 것이다. 게다가 필요할 때에는 분석가가 "분석 기간 내내 교육자에게 교육의 임무를 박탈하여 직접 교육을 행할 수도 있다". 안나 프로이트는 분석가가 아동의 내면 상황을 파악해야 함을 계속 강조했다. 그리고 "아동이 처해 있는 외부 상황을 정확하게 평가할"(87쪽)[26] 줄 아는 일도 필요하다고 여겼다.

이 강연의 가치는 주로 역사적인 것이다. 안나 프로이트의 관점이 해가 가면서 크게 수정되었기 때문이다. 이에 대해 우리는 다시 언급할 것이다. 그럼에도 이 강연의 내용은 전 세계 각 지역의 아동정신분석 발전에 지대한 영향을 미쳤을 뿐만 아니라 아동정신분석, 특히 안나 프로이트를 비방하는 이들에게 논거를 제공해 주기도 했다.

이 강연에서 안나 프로이트는 오직 아동 치료의 임상사례에만 근거하여 아동의 초자아에 대한 이론작업을 보여준다. 그렇지만 한 가

---

[25] [역주] 같은 책.
[26] [역주] 같은 책.

지 지적할 점이 있다. 안나 프로이트는 교육가 친구들－S. 베른펠트, W. 호퍼, A. 아이히호른－과 함께 정신분석학적 교육을 정의하기 위하여 이 이론을 세웠다. 이 이론은 사실, 초자아가 아직 세워지지 않아 현실의 부모에 매우 의존적인 유순한 아이가 있을 것이라는 가정하에 세워진 것이었다. 그러니 그런 아이의 심리적 변화는 아이의 외부 환경의 변화와 연관된다고 생각한 것이었다.

안나 프로이트는 1936년『자아와 방어기제』를 썼다. 이 책은 초기의 저작보다는 훨씬 덜 논박되었고, 국제적 기반과 청중이 형성된 계기가 되었다. "이드, 외부 현실, 초자아 각각의 요구라는 외부적 요구 사이에서 자아가 항상 평형을 이룰 수 있을 때, 시간의 흐름에 따른 발전은 심리 기능의 모델과 구조가 된다. 이 근본적 가정을 드러내기 위해『자아와 방어기제』집필은 상당히 필요한 작업이었다."라고 S. 레보비치는 쓰고 있다(Lebovici, 1984b, 22쪽). 지그문트 프로이트의『대중의 심리와 자아분석』(1921),『쾌락의 원칙을 넘어서』(1920)가 방향 전환의 계기가 되어 안나 프로이트는 지그문트 프로이트의 이 저서들을 자기 저작의 기준으로 삼는다. "'비 정통성'이라는 배척이 더는 자아 연구에 가해지지 않으므로 자아의 심급들에 관한 연구는 이제 중대한 관심을 끌고 있다." 그리하여 안나는 즉시 아버지 작업의 연장선 위에 자신의 작업을 위치시킨다(안나 프로이트,『자아와 방어기제』, 4쪽). 지그문트 프로이트의『억제, 증후, 불안』(1926)에 의거하면서 그녀는 자아가 욕동의 자극과 외부 자극의 엄습에 대항하여 스스로를 보호하려고 사용할 수 있는 다양한 방어기제 각각을 묘사한다. 그녀는 공격자에의 동일시라는, 자아의 새로운 방어기제를 밝힌다. 그녀에 따르면 이는, 불안을 생산하는 외부 대상에 대항하는 가장 강력한 방어기제 중의 하나이다. 바로 이러한 방어기제를 발견했기에 혹자는 그녀가 본질적으로, 외부 세계에 자아가 적응하는 문제에 관심을 둔 것이라고 말한다. 안나 프로이트의 작업을 그런 평으로 요약하는 것은 심히 부당하다. 왜냐면 그녀는 본질적으로, "안팎으로 자아를 위협하는 위험에 자아가 방어 수단을 적용하는"(같은 책, 158쪽) 방식에 관심을 두었기 때문이다. 그녀가 근본적으로 관심 갖은 대상은 부차적 억압의 순간과 아동 신경증이 생성되는 시기이다.

안나 프로이트의 이론화 작업은 몇 해를 두고 전개된다. 이에 대하여 우리는 이후 다룰 것이다. 그것은 우리가 그녀의 저서 『아동정신분석 치료』의 마지막 부분을 이루는 1945년의 책을 연구할 때, 그리고 1940~1945년 멜라니 클라인과의 논쟁을 연구할 때, 그리고 햄스테드 클리닉에서의 마지막 작업을 증언한 안나 프로이트의 마지막 저서이자 조셉 시걸이 출판한 『방어 분석』(1985, 프랑스어로의 번역은 1989)을 연구할 때일 것이다.

그러나 초기 저작 이후 몇 년은 긍정적 전이를 정립하면서, 아동 분석에 들어가기 위한 준비단계 이론을 이미 포기한 후였다. 그것은 베를린 출신 여성 분석가로서 비엔나에 살러 온 베르타 보른슈타인의 영향이었다. 베르타 보른슈타인은 '방어 분석'이라 불리는 것을 발전시키기 시작했다.

안나 프로이트는 또한, 아동분석가는 동시에 아동 교육가가 될 필요가 있다는 확언을 취소한다. 그녀는 마지막으로, 아동분석은 잠재기에 와야만 가능하다는 생각을 포기하고 조기 분석의 개념에 찬성한다. 하지만 아동의 언어표현 행위가 '부차적 형태의 사고가 발달하기 위한 필요불가결한 조건'인 이상, 아동의 언어 표현 행위가 그래도 중요함을 계속 강조한다(안나 프로이트, 1965, 『아동의 정상과 병리』, 25쪽).

이후 또한 살펴보겠지만, '아동의 전이 신경증'이라 불리는 것이 성인에게서 관찰되는 것에 완벽히 대응하지는 않는다는 개념을 안나 프로이트는 절대 포기하지 않는다. 초자아가 구성되는 일은 오이디푸스 콤플렉스가 해소됨과 연관되어 있다는 개념도 견지해 나간다. 그리고 안나 프로이트는 죽음 욕동이란 개념을 한 번도 사용하지 않았다. 좌절로 인한 반작용인 부차적 공격성이란 개념을 그녀는 오랫동안 발전시켰다. 이런 의미에서 안나 프로이트는 공격성에 대한 하르트만의 이론에 영감을 주었다. 안나 프로이트는 절대 그의 이론에 찬성한 적이 없었다는 점을 지적할 수 있다. 그리고 그녀는 내적 대상[27] ― 어쨌든 그것이 진술되는 방식으로서의 ― 이란 개념을 한 번도 사용한 적이 없다.

---

[27] [역주] 주체의 심리적 현실에서 기본적인 요소. 멜라니 클라인의 이론에서는 내부 대상이란 개념이 모든 발달의 기초를 이룬다. 멜라니 클라인에게 대상과의 관계는 심리 내적(intrapsychique)이며, 곧 내부 대상과의 관계에 해당한다.

결론적으로 우리는 아동정신분석학 분야에 대한 안나 프로이트의 광범위한 개념을 일단 강조하고자 한다. 아동정신분석학이라는 큰 학문에 봉사하고자 안나 프로이트는 "아동전문가"[28]단團 - 이라 그녀가 명명한 것 - 을 세웠다. 정신분석학적 치료는 아동정신분석학의 여러 양상 중 하나에 불과하다. 그녀는 신생아부터 청소년기를 마친 아동에 이르기까지 두루 관심을 두었다. 이런 의미에서 그녀가 어린아이들에게 관심을 두지 않았다거나 그녀 자신의 어머니와 관계가 좋지 않았다는 점을 들면서 어린아이들을 돌보지 않았다고 평하는 것은 정확하지 않다. 그녀는 어린아이들에게 관심을 두었다. 단지, 이론적인 면에서는 부차적 과정과 언어 표현 행위가 정립되기 전이므로 분석이 불가능하다고 판단했을 뿐이다. 전반적으로는 그녀가 모든 연령대의 아동들에 관심이 있었으며 심각한 병리의 사례보다는 정상에 비해 변이적인 사례에 관심이 있었다고 말할 수 있다. 심각한 병리의 사례를 진정으로 거부했다기보다는 관심이 없는 정도였던 것 같다(회견 3).

오늘날, 안나 프로이트와 멜라니 클라인을 잘 알고 지냈던 영국 분석가들은 안나 프로이트가 정신분석학보다는 아동을 더 좋아한 반면 멜라니 클라인은 아동보다는 정신분석학에 더 관심이 있었다고 재담을 한다. 이런 말 외에도 안나 프로이트와 멜라니 클라인의

---

[28] 안나는 햄스테드 클리닉에서 양성된 정신분석학적 심리치료사를 자주 이렇게 불렀다(회견 3).

개념상 두 가지 본질적 차이점이 떠오른다. 이에 대하여 우리는 다음 장에서 논의하기로 한다. 일단은, 어린아이의 발달에 대한 이론과 개념 정립상, 이 둘은 심한 차이를 보였다. 게다가 아동정신분석학 분야에 대한 각각의 개념 역시 극도로 달랐다.

02 멜라니 클라인: 조기(早期) 대상관계

멜라니 클라인의 인생

멜라니 라이체스는 1882년 비엔나에서 태어나, 그 도시에서 아동기와 청소년기를 보냈다. 그녀는 아르투르 클라인과 결혼한 1903년 3월에 비엔나를 떠났다. 이 당시만 해도 그녀는 지그문트 프로이트를 만난 적도 없었고, 프로이트라는 명성이나 그의 저서에 대해 들어본 적도 없었다.

멜라니 라이체스의 가족은 유대인이다. 어머니는 학식 있고 자유로운 유대인의 환경에서 자라났다. 멜라니의 부계 쪽은 정통파 유대교를 신앙하는 유대인들이었다. 그리고 부계, 모계의 양쪽 가문에다 랍비들이 있었다.

멜라니의 아버지는 의사로서, 그녀가 태어났을 때 50세였다. 가족들은 그의 직업을 랍비로 선택했다. 하지만 그는 그러한 결정에서 벗어나 홀로 수능시험 인정을 받아내어 의과대학의 과정을 밟았다. 멜라니의 아버지는 첫 번째 결혼에서 전통에 따랐다. 이후 그는 첫 부인과 이혼하고 40세가 넘어 멜라니의 어머니인 리부사 도이치와 결혼했다. 리부사 도이치는 그보다 훨씬 나이가 어린 25세로 매우 젊고 아름다웠다. 그 당시는 의사라고 해서 다 돈을 잘 버는 것은 아니었다. 모리츠 라이체스가 바로 그런 경우였다. 그래서 그의 부인은 '기이한' 동물과 식물을 파는 상점을 열어 수입을 보충해야 했다.

멜라니가 6살 되던 해, 가히 천우신조라 할 정도로 많은 돈이 들어와 살림 형편에 변화가 생겼다. 온 가족이 큰 아파트로 이사를 하게 되었고 그녀의 아버지는 치과 병원을 하나 더 샀던 것이다. 한나 시걸(회견 1)은 멜라니 클라인이 이러한 거주지의 변화와 그에 따른 물질적 안락함을 매우 잘 기억하고 있었다고 이야기한다.

멜라니는 막내였다. 출생 당시 그녀의 큰언니 에밀리는 6살, 오빠 임마누엘은 5살, 작은 언니 시도니는 4살이었다. 그녀는 진정으로 원해서 나온 아기가 아니었고 위의 세 형제자매와 달리 모유의 혜택도 받지 못했다. 그럼에도 그녀는 화합된 가족 분위기 속에서 행복하고 평탄한 아동기를 보냈다.

멜라니는 아버지를 매우 존경했고 아버지의 풍부한 교양과 지적 능력, 여러 언어에 대한 재능(십여 개의 유럽언어를 혼자 익힘)에 감명을 받았다. 이 시기에 그는 멜라니가 제기하는 수많은 질문에 항상 대답해 주곤 했다. 하지만 부녀 관계가 친밀한 적은 한 번도 없었다. 한나 시걸의 기록에 따르면(1979) 멜라니의 아버지는 큰언니인 에밀리를 더 애지중지했는데, 멜라니가 청소년이었을 때에 정신적 악화로 그녀의 나이 20세에 세상을 뜬다.

어린 멜라니는 어머니를 매우 좋아했다. 이 사실은 자서전의 여러 부분에서 눈에 띄는 점이다. "어머니와의 관계는 내 생애에서 가장 꾸준한 편이었다. 나는 어머니를 깊이 사랑했고 어머니의 아름다움, 지성, 지식에 대한 한없는 욕망을 존경했다. 그러나 거기에는 모든 소녀가 그렇듯 분명 부러움의 감정이 섞여 있었을 것이다."

인생의 마지막에 도달한 멜라니 클라인의 이러한 선언을 통하여 D. 앙지외(1982)가 암시하는 것처럼, 그녀는 과연 죽음에 가까웠기에 - 내면화된 좋은 대상이 필요함을 느끼고 - 어머니를 이상화했던 것이었을까? 『선망과 감사, 그리고 그 외 텍스트들』[29]의 저술을 통한 자기분석 이후, 파괴적 선망의 측면을 없앤 상태에서 어머니와의 관계를 다시 찾은 것으로 생각할 수 있지 않을까?

실지로 그녀는 어머니를 떠난 적이 별로 없었다. 멜라니는 1903년 초에 결혼할 때까지 어머니와 살았고 1907년부터 어머니가 세상을 떠나는 1914년 말까지 줄곧 부다페스트의 어머니 집에서 살았기 때문이다.

멜라니 클라인의 전기 작가인 필리스 그로스쿠어트는 자신의 저작 안에서 리부사 라이체스의 모성적 자질에 의문을 던지는 데 많은 지면을 할애한다. 에너지 넘치는 이 어머니는 직업활동을 하여 아버

---

[29] [역주] M. Klein(1957), 『선망과 감사, 그리고 그 외 텍스트들』.

지가 말년에 이르렀을 즈음의 가정형편을 지탱할 수 있었다. 그렇게, 가정이 파괴되는 것을 막았던 어머니는 또한 자신의 딸이 매우 어려움에 처했다는 것을 느낄 때 딸의 살림에 적극 개입했다. 그로 스쿠어트가 생각하는 것처럼, 그녀는 사위 옆에 딸의 자리를 차지함으로써 가정을 새로 꾸리고자 한, 권한을 남용하는 어머니였을까? 그리고 멜라니는 어머니에게 지나치게 복종하는 딸이었을까?

이에 대한 답변을 멜라니는 자서전에서 비치고 있다. "나는 무작정 임신, 출산과 모성애로 뛰어들었다. 여러 상황 때문에, 가정을 잃은 바와 다름없었던 어머니는 집에 와서 같이 살았다. 어머니는 내게 커다란 위안이었다. 내가 행복하지 않다는 사실을 나는 항상 알고 있었지만 달리 방도가 없었다." 멜라니의 아이들에 대하여 이후 언급할 때 우리는 이 불행했던 시기를 다시 다룰 것이다.

멜라니는 진보적이고 관대한 교육을 받았다. 종교는 거의 중요성을 발휘하지 못했고 그녀 자신 역시 종교 정신을 지니고 있지 않았다. 9살 혹은 10살 무렵, 프랑스인 가정부를 매우 좋아하여 가톨릭에 흥미를 보였던 사건을 제외하면 멜라니는 평생 무신론자였다. 하지만 그녀는 유대교의 전통 몇 가지는 좋아했고 유대인들과의 결속을 느꼈다.

멜라니는 아동기에 편협한 비엔나 사람들의 박해를 받은 경험이 있었고 이후 부다페스트에서 벨라 쿤 정권이 전복되었을 때 마찬가지로 박해를 당했다. 그리하여 남편과 함께 도주해야 했다. 자서전에서 그녀는 다음과 같이 피력한다. "모든 유대인이 당하는 박해의 근원지가 이스라엘이기는 하지만 이스라엘에 대해 느끼는 감정을 나는 박해를 당한 경험이 있는 모든 소수 그룹이나 민족들에 대하여 똑같이 느낀다. […] 이는 과학연구에서 내가 항상 소수에 속해도 힘을 잃지 않도록 해 주었다."

멜라니의 아동기는 행복했지만 잠복기에 해당하는 연령대에 들어서면서 죽음을 알게 되었다. 바로 시도니가 9살의 나이에 숨진 것이다. 이때 멜라니는 불과 5살이었다. 연주창을 앓던 시도니는 자주 입원을 했고 마지막에는 아예 집의 침대에 자리보전을 했다. 바로 이 시기에 시도니는 멜라니에게 읽기와 쓰기를 가르치며 자신의 지식을 전해주고자 했다.

멜라니의 형제자매에 두 번째의 죽음이 들이닥쳤다. 그녀가 결혼하려 할 즈음 큰오빠 임마누엘이 죽은 것이다. 그는 오랫동안 불구성 병을 앓고 있었다. 즉, 청소년기에 급성 류머티스성 열이 있었는데 그것이 심장병으로까지 번진 것이었다. 그는 미련 없이 의학공부를 단념했다. 멜라니가 청소년기에 들어설 무렵, 임마누엘이 그녀가 쓴 시에 감탄하면서 둘의 관계는 돈독해졌다. 그는 멜라니의 재능을 굳게 신뢰했으며, 자신이 할 수 없는 일을 실현해 달라고 당부했다. 시걸은 이에 대해 다음과 같이 적고(1979, 26쪽)[30] 있다. "그는 멜라니에게 자신이 누릴 수 없을 수많은 행복한 나날을 대신 부탁한다고

---

[30] [역주] H. Segal(1979), 『멜라니 클라인 사상의 발전』.

말했다." 멜라니는 자신 안에 분명 오빠와 언니의 염원이 살아 있다고 느꼈을 것이다. 그들과의 추억을 위해서라면, 그리고 그들이 보인 애정에 보답하고자 한다면 그 염원을 이루어야 할 것이었다.

그러나 묘하게도 멜라니는 하고자 하던 의학공부를 청소년기에 그만둔다. 그때까지 그녀는 총명한 학생이었다. 더욱이 대학에 들어갈 수 있도록 아버지는 그리스어와 라틴어 학습을 도와주었다. 이러한 결정을 그녀는 평생 후회하게 된다. 시걸에 의하면(회견 1), 만약 의사였더라면 자신에게 가해진 공격이 훨씬 덜했을 것이라고 멜라니는 자주 생각했다고 한다. 바로 이 점이 어니스트 글로버가 사용한 논지이기도 했다. 그는 정신병 환자들을 다룬 멜라니의 보고서가 신빙성이 없다고 논박한 것이었다. 의학공부를 하지 않았던 동기가 무엇이었는지는 돌이켜 볼 만하다. 눈에 띄는 이유는 결혼이다. 사실 멜라니는 오빠 친구들의 모임에 자주 갔었고 17세에 그중의 한 명인 총명한 공학도 – 아르투르 클라인 – 와 약혼한다. 그녀는 대학이 없는 작은 도시들에서 약혼자와 함께 살게 될 것이므로 의학공부를 체념해야 한다고 생각했다. 그러나, 무의식적인 다른 동기가 있었던 것 같다. 바로 그녀의 오빠이다. 임마누엘은 병이 깊어감에 따라 스스로 가능성이 없다고 의학공부를 단념한 후 무질서하고 불행한 삶으로 빠졌기 때문이다. 이러한 상황에 영향을 받았는지, 멜라니는 오빠가 체념해야 했던 학업을 자신이 감히 할 수는 없다고 생각한 것으로 보인다. 그녀는 그래도 대학에 등록하여 2년 동안 예술사를 공부한다.

1902년에 멜라니는 스무 살이 되었다. 그녀의 아버지는 그해 4월에 세상을 하직한다. 같은 해 12월에는 오빠가 심장마비로 죽는다. 멜라니는 그를 다시 보지 못했다. 병과 우울증으로 그는 외국에 여행 중이었기 때문이다.

스물한 살이 되던 1903년 3월, 상을 당한 후 얼마 되지 않았을 즈음 멜라니는 결혼하여 비엔나를 떠난다. 이후 여러 해 동안 그녀는 작은 도시들에서 살게 된다. 처음에는 시부모님께서 사시는 슬로바키아에서 그들과 조화롭게 지낸다. 그다음에는 슐레지엔에 거주한다. 그녀는 초기부터 결혼생활이 행복하지 못할 것임을 알았다. 1904년에 멜리타, 1907년에 한스, 이렇게 두 명의 아이들이 태어난다. 자신도 기록하고 있듯, 멜라니는 '모성애' 안으로 회피하고자 했다. 그러나 곧 그녀는 여러 신체적 괴로움을 수반한 우울증을 보이게 된다. 아이들을 떠나 휴식을 취하거나 치료를 받아야 하는 일이 점점 더 잦아졌다. 그리하여 멜라니의 어머니가 대신 아이들을 돌본다. 1908년 2월, 크라피츠에서 보낸 서한에서 어머니는 다음과 같이 적고 있다(이때 한스는 1살이었다). "아무런 도움도 못 주면서, 그렇게 엄청난 네 고통을 보고만 있어야 했으니 당연히 억장이 무너졌지."(그로스쿠어트)[31] 멜라니는 아이들이 아주 어렸을 때 원 없이 그들을 돌보아 주지 못했음이 분명하다. 아이들에게 멜라니는 우울

---

[31] [역주] Ph. Grosskurth(1986), 『멜라니 클라인의 세계와 저술』.

한 어머니이자, 집에 없을 때가 많은 어머니였다. 이 사실을 그녀는 알고 있었고 그에 죄의식을 느꼈다.

멜라니 클라인을 대상으로 한 전기작가들은 이러한 병적 상태에 대하여 이견을 보인다. 그들은 저마다 여러 가설을 내어놓았다. 그녀의 혼란은 연이어 당한 상 이후 나타난 우울증적 기질과 관련된 것이라고 말하는가 하면, 혹은 결혼 생활의 불화에 주안점을 두기도 한다. 아니면 풍부한 문화생활을 누리던 수도 비엔나를 떠나 시골의 작은 도시에 갇혀 지내야 했던 점을 주장하기도 한다.

1910년, 멜라니 클라인의 남편은 부다페스트에 일자리를 얻어 온 가족이 그 도시에 정착한다. 이 시기는 멜라니의 인생에 상당한 전환점으로서, 건강 상태가 호전되고 정신과 치료를 받는 때이다. 특히 그녀는 당시 회자되던 지그문트 프로이트의 책 『꿈의 해석』을 읽는다. 바로 이렇게 해서 이후 "평생 계속될, 정신분석학에 대한 흥미가 시작되었다."라고 한나 시걸(1979, 28쪽)[32]은 적고 있다.

1914년은 셋째 아이 에리히의 탄생과 어머니의 죽음으로 점철되었다. 이 해는 또한 S. 페렌치와 만난 해이기도 하다. 그녀는 그와 함께 정신분석을 시도했다. 상을 당하여 심각한 결핍과 우울증에 빠진 인생의 이 시기에 사적 동기로 이러한 치료법 – 자기치료 – 을 시도하게 된 것임이 틀림없다. 전쟁이 일어나고 페렌치가 동원되어 종

---

[32] [역주] 같은 책.

종 끊기기도 했지만 정신분석은 1919년까지 계속되었다.『아동정신분석학』의 초판(1932) 서문에서 멜라니 클라인은 책의 주제에 대해 다음과 같이 피력한다. "나를 정신분석학에 입문시키고 정신분석학의 진정한 성격과 모든 의미를 가르쳐 준 이는 페렌치이다. 그는 무의식과 상징에 대하여 심오하고도 즉각적인 감수성을 지녔으며 아동의 정신에 관한 모든 면에 놀라운 직관을 소유했다. 그가 들어준 예는 내게 커다란 영향을 미쳤다. 그러한 예시를 통하여 그는 내게 아동의 심리를 이해하는 데 도움을 주었다. 아동정신분석에 대한 능력이 내게 있음을 일러 준 이도 페렌치이다. 아동의 정신분석에서 내가 진전을 보이는 것에 극도의 관심을 기울이고 이 분야에 전력하도록 용기를 불어넣어 준 이도 페렌치이다." 시걸에 따르면(1979, 29쪽)[33] 멜라니 클라인은 훗날, 페렌치가 자신을 치료할 때 부정적 전이를 분석해 주지 않은 점을 책망했다. 또한 그녀는 그가 발명한 "능동적 기법"[34]에 동의하지 않았다. 여기서, 페렌치가 그녀에게 치

---

[33] [역주] 같은 책.

[34] [역주] 헤이그 회의에서 1920년 페렌치가 발표한 치료 기법. 환자가 무의식 내용을 잘 드러내지 않아 치료가 거의 정지되다시피 할 때 말보다는 행동을 사용하여 억압 내용을 전이로 나타나게 하는 기법. 환자로 하여금 어떤 것을 하라고 하거나 하지 않도록 하는 것. 이로써 프로이트의 무의식 내용을 의식화함에 체험하기를 맞세운 셈이었다. 그러나 환자의 심리적 저항이 늘거나 피학적으로 받아들이는 등의 부작용이 나타남에 따라 페렌치는 이 기법을 포기한다.

료할 때 해서는 안 될 것을 알려주었던 점에서 그의 영향력을 아는 일은 흥미롭다. 어찌 되었든, 그는 멜라니의 수많은 개인적 문제를 해결하는 데 도움을 주었고 특히 남편과 헤어질 것을 계획할 수 있도록 해 주었다.

1917년, 오스트리아 및 헝가리의 정신분석학회들을 결집한 회의에서 멜라니는 지그문트 프로이트를 소개받았다. 1919년, 헝가리 정신분석학회에서 멜라니는 자신의 첫 보고서인 『아동의 발달』을 낭독했다. 그 보고서의 질적 가치가 인정되어 그녀는 부다페스트 정신분석학회 회원이 되었다. 보고서에서 다룬 아동은 바로 자신의 아들인 에리히였다. 이 부분에 대해 우리는 다시 언급할 것이다.

1919년에는 벨라 쿤 정권의 붕괴로 압제와 반유대인 운동이 일어나 클라인 가족은 부다페스트를 떠나야 했다. 아르투르 클라인은 스웨덴으로 발령받아 떠나고 멜라니는 아이들과 함께 시부모 댁으로 숨는다. 그녀는 거기서 에리히를 계속 치료한다.

1920년, 헤르미네 후크-헬무트도 참석한 헤이그의 회의에서 멜라니는 카를 아브라함을 만난다. 그녀는 그에 대해 깊은 인상을 받은 나머지 1921년, 아동과 성인을 치료하는 정신분석가로 베를린에 자리 잡는다. 그녀는 1923년 베를린 정신분석학회의 회원이 된다. 남편이 베를린으로 합류하여 집을 한 채 건축하지만, 2년 정도의 생활 끝에 1924년, 둘은 아예 헤어지기로 결정한다. 멜라니 클라인의 경력 상 1921년과 1925년 사이는 강도 높은 연구와 출판의 시기였다. 또한 1924년, 멜라니는 카를 아브라함에게 자신을 다시 정신분석해 줄 것을 설득했다. 그에게는 베를린에 사는 사람들을 정신분석해 주지 않는다는 규칙이 있었기 때문에 이는 쉬운 일이 아니었다. 한나 시걸은 이 분석이 아홉 달 지속되었다고 기록하고 있다. 다른 이들은 그것이 열다섯 달이었다고 추정한다. 분석은 아브라함의 갑작스러운 죽음(1925년 12월)으로 중단되었다. 한나 시걸에 의하면, 페렌치의 분석에 만족하지 못함에도 정신분석가라는 직업적인 이유로 멜라니는 분석을 재개했다. 제임스 개밀Gammill이 D. 앙지외에게 털어놓은 바에 의하면, 분석을 재개한 이유는 "환자들을 더 잘 이해하려면 자신에 대한 이해를 심화할 필요가 있기 때문"이었다고 한다. 개밀이 언급한 이 내용은 멜라니 클라인이 그에게 직접 털어놓았다는 말[35]에 근거하고 있다. 그 분석은 멜라니 클라인에게 심오한 영향을 미쳤다. 그 덕으로 그녀는 분석 과정에 대해 진정한 이해를 할 수 있었기 때문이다. 카를 아브라함은 그녀가 아동의 정신분석 연구를 계속하도록 용기를 북돋아 주었다. 멜라니는 1932년, 『아동정신분석학』의 서문에 다음과 같이 적고 있다. "1924년 뷔르츠부르크에서 열린 독일정신분석가 1차 회의에서 아브라함이, 아동의 강박 신경증을 연구한 나의 발표문을 논평하면서 선언한 말을 나는 절대 잊지 않을 것이다. '정신분석의 미래는 놀이 분석에 달려있다.'" 그녀는 K. 아브라함에 대한 한없는 감사와 존경을 평생 간직했다. 그

---

[35] [역주] 『오늘날의 멜라니 클라인』(참고문헌을 볼 것).

러한 그녀에게 그의 죽음은 또 다른 잔인한 비탄이었다. 언니의 죽음이나 특히 오빠의 죽음 이후와 마찬가지로 멜라니는 자신의 저술을 계속 이어나갈 것을 굳게 다짐했다. 자신의 연구는 아브라함의 연구를 연장해 놓은 것으로 생각하여, 그녀는 무엇이든 아브라함의 덕이라고 주장했다(한나 시걸, 앞의 책, 1979, 29쪽). 이후 그녀는 자기분석을 정기적으로 이행해 나아갔다. 우리는 1940년 「애도哀悼와 조울증 사이의 관계」로 명명된 그녀의 작업에서 그 예를 볼 수 있다. 여기서 멜라니 클라인은 아들 한스의 죽음과 연관된 자신의 꿈을 연구하고 있다.

베를린에서 살던 1924년과 1925년 사이는 딸이자 의사인 멜리타가 자신보다 더 나이가 많은 정신분석가 슈미데베르크와 결혼한 시기였다. 사위는 지그문트 프로이트와 아이팅곤의 친구이기도 했다. 이 시기는 또한 멜라니에게 매우 중요함이 분명한 연애가 시작된 때였다. 이에 대하여 멜라니는 거의 언급을 하지 않았지만 그 사랑은 이후 런던에 가서도 가끔 이어진 것 같다.

한편, 아브라함의 죽음은 베를린 정신분석학회 내에서 그녀의 위상에 심각한 변화를 초래했다. 아브라함은 그 학회에서 그녀를 지지했기 때문이다. 한나 시걸에 의하면 학회에서 멜라니의 위치는 어려워지기 시작했다고 한다. 왜냐면 수많은 회원이 안나 프로이트의 작업을 지지했기 때문이다. 그렇기에 E. 존스와 앨릭스 스트레이치(그녀는 카를 아브라함과 함께 분석을 행하기 위하여 베를린에 온 적이 있다), 조안 리비에르가 1925년, 런던에서 열리는 몇몇 회의에 발표해 달라고 초청할 때 그녀는 쾌히 승낙한다. 이 시기에 그녀는 꽤 행복했는지, 1926년 런던에 영원히 정착하기로 결정한다. 그리고 멜라니는 1927년, 영국 학회의 회원이 된다. 그녀의 나이 45세 되던 해였다. 1926년부터 그녀는 아들 에리히를 영국에 데리고 갔다. 이후 1928년 멜리타가 와서 합류했다. 맏아들 한스는 자신의 아버지처럼 공학도가 되어 유럽 대륙에 아버지와 함께 남았다. 멜라니는 1960년 78세로 죽을 때까지 영국에서 살았다. "이러한 결정을 그녀는 한 번도 뉘우친 적이 없다."고 시걸은 적고 있다(1979). 이 시기 이후로 그녀는 심각한 우울증을 한 번도 보이지 않았던 것 같다(회견 1). 이제 그녀의 인생과 저작은 일체를 이룰 수 있게 되었다.

멜라니 클라인의 정신분석 훈련은 만만치 않은 수준이다. 특출한 정신분석가에게 사사하며 주당 5번의 분석을 다년간 지속했던 것이다. 이러한 경력만 있으면 멜라니 클라인이란 분석가가 저절로 나오는 것일까? 디디에 앙지외는 「어떻게 멜라니 클라인이 되는가?」와 「멜라니 클라인의 젊은 시절」이라는 자신의 두 논문에서 멜라니의 창조적 재능을 되짚는다. 그에 의하면, "역량이 뒷받침되는 창조는 위기가 끝나면서 완성된다. 이러한 위기는 멜라니 클라인의 경우 삶의 환경이자 성숙하기 위한 기회였다… 35세 때 부다페스트에서 만난 페렌치와 42세 때 베를린에서 만난 아브라함, 이 위대한 두 인물, 대단한 두 도시는, 형제자매 사이에서 그리도 오랫동안 괴롭힘을 당해온 막내둥이이자, 문화적 유배자, 존경받기를 갈구하는 야심가에게 행운을 주었다." 아무래도 디디에 앙지외가 한 말을 되새겨야 할까? "멜라니 클라인은 만들어지는 것이 아니다. 그녀는 연구를 시작하자마자 이미 멜라니 클라인이 된다."

자서전(Klein, 1959b)에서 멜라니 클라인은 자신이 관찰에 재능이 있음을 강조한다. 이미 8세 혹은 9세에 그녀는 자기보다 어린 아동들을 관찰했다고 한다. 이러한 실행은 완전히 무의식적인 것으로서, 자신의 아이들과의 관계에서부터 개인적 자기분석에 이르기까지 계속되었다. 게다가 그녀는 교육이 낳는 결과가 참으로 실망스럽다고 여기고 "더욱더 심오한 무엇, 즉 무의식이 해부되어 아이들이 겪는 어려움을 변화시킬 수 있어야 한다."(자서전, 33쪽)고 확신했다. 그녀는 이미 아들 에리히(프리츠)를 통하여 경험한 바대로, 아동을 변화시키는 것은 교육 - 아무리 그 교육 내용이 정신분석학의 발견에 부응하는 것이라 할지라도 - 이 아니라 정신분석을 받을 시간이라는 혜택을 부여함으로써 아동을 변화시킬 수 있다고 생각했다.

이러한 지적은 중요한 것으로 보인다. 이 대목에서, 멜라니 클라인이 정신분석학적 교육에 그리 흥미를 느끼지 않는다는 사실이 잘 드러나고, 무의식 개척에 대한 확신도 나타나기 때문이다. '정신분석학적 교육'은 안나 프로이트와의 갈등을 야기한 근본 원인 중의 하나였다. 자서전에서 자신의 삶과 저술을 회고할 때, 그녀는 자주 질문받던 문제들, 즉 왜 그런 실행과 이론을 고집했는지에 대한 답변을 스스로도 하지 못하고 있다. "어쨌든 나는 경험이 없었다. 나자신 안에 재능이 있다는 사실조차도 몰랐으니까 말이다. 흔히 사람들은 '그렇게 비정통적으로, 성인분석을 위하여 정해진 규칙과는 정반대인 방식으로, 아동들을 어떻게 그리도 잘 분석할 수 있느냐'고 묻곤 했다. 불안에 도달했다고 어떻게 느꼈는지, 그리고 왜 그런 과정으로 처치를 했는지 아직도 대답할 수가 없다. 그러나 이제 경험을 통하여 내가 한 방식이 옳았음을 안다. 그리고 내가 발명한 기법인, 놀이를 통한 치료는 맨 처음의 환자를 대할 때부터 이미 어느 정도 시작했다."

멜라니 클라인은 자신에 대해 "무엇보다도 열정이 많다"고 묘사했다고 한나 시걸은 적고 있다(1979, 164쪽).[36] 그녀의 인성은 매혹적이고 복합적인 것으로 나타난다. 그녀에 대한 기록이나 그녀를 알던 이들이 전하는 말로 우리가 알 수 있는 다양한 면은 때로 모순적이기에 끼워 맞추기가 어려울 정도이다.

예를 들어 1940년부터 안나 프로이트와 가까운 동업자였던 일제 헬만(회견 4)은 예술사 전문가였기에 클라인이 같이 이야기 나누기를 좋아했다. 그래서 일제는 멜라니의 사생활을 잘 알게 되었다. 일제는 클라인을 기분 좋고 약간 감정적이고 생기있고 발랄한 여인으로 묘사한다. 하지만 직업인으로서의 클라인은 매우 다르게 보았다. 일제가 느끼기에 클라인과 안나 프로이트와의 관계는 수수께끼로 남아있다. "영국 학회의 일인자에 속했던 두 여인이 바로 몇 걸음 옆에 서 있으면서 수년간 어떻게 말 한마디 나누지 않고 지낼 수

---

[36] [역주] H. Segal(1979), 『멜라니 클라인 사상의 발전』.

있었을까?" 일제에 의하면, 멜라니 클라인은 사람들에게 두려운 존재이기도 했지만 적극적으로 유혹하는 모습을 보이기도 하여, 회의장에서 자신의 주위에 학생들을 단체로 모으기도 했다. 그 무리에 물론 자신도 참여했음을 일제는 기억한다.

그녀는 중년기에도 여전히 매혹적이고 아름다웠으며 사람들을 끌어들이는 카리스마가 있었다고 모든 이가 인정한다. 회의가 열릴 때마다 매번 바뀌는, 정성들여 고른 모자들은 화젯거리가 되곤 했다.

한나 시걸은(회견 1)에 의하면, 멜라니는 따뜻함, 대단한 활기, 인간에 관한 관심으로 사람들의 말을 귀 기울여 듣고, 친구들에게 도움이 필요할 때면 언제든지 달려가곤 했다고 한다. 샌들러는(회견 3) 그녀가 토론을 할 때는 양면적이고 가공할 만하며 신랄해서 무서울 정도였다고 한다. 문헌에 의하면 그녀는 풍부한 사랑의 대상도 될 수 있었고 증오의 대상도 될 수 있었을 것이며, 악착스러운 원수들이 따라다녔다고 한다.

왜 이런 모순들이 있었는지에 대한 설명은 다음과 같은 사실에서 찾아볼 수 있다. 즉, 멜라니는 지그문트 프로이트처럼 자신의 의견에 충실하고, 구축해야 할 자신의 저서에 충실한 나머지, 그것에 이견이 있는 친구들이나 동료들이 생기면 멜라니는 자신의 저서 쪽을 택하여 그들과 절교를 했다. 한나 시걸의 기록(1979, 165쪽)에 따르면, 그녀는 "타협이 정신분석학회 내에서나 일상생활에서 유용하긴 하지만, 과학의 분야에서는 타협이 존재할 수 없다."라고 생각했다.

멜라니 클라인에 대한 가장 신랄하고 증오에 찬 공격은 그녀 자신의 아이들과의 관계에 대한 것이었으며 현재에도 그렇다. 여기서도 현실과 환상이 혼동된 것 같다. 어머니 육체에 대한 가학적 욕동에 의해 고무된 무시무시한 아기들을 머릿속에서 잉태하여 자신의 책 안에 낳아 놓은 여인인데, 어떻게 현실에서는 그러한 어머니를 둔 사실 때문에 고통당하는 일이 없는 아이를 낳을 수 있었겠는가?

1934년, 산악 사고로 한스가 숨진 사실은 몇몇 사람에게는 자살로 비추어지기도 했다. 그의 형제 에리히는 1982년 파리에서 열린 멜라니 클라인의 날에 이 사고를 설명함으로써 헛소문을 잠재우고 진실을 알리고자 했다.

딸 멜리타와의 다툼은 분명 멜라니가 공격당하는데 많이 쓰인 소재이다. 클라인은 젊은 딸을 정신분석학회에 데리고 간다. 멜리타는 거기서 남편을 만난다. 1932년, 『아동정신분석학』의 초판 서문에서 멜라니는 "이 저작을 준비하는 동안 헌신적이고 귀한 도움을 준 [자신의] 딸인 멜리타 슈미데베르크 박사에게 감사한다."고 쓰고 있다. 갈등은 3년 후 일어난다. 이때 멜리타는 에드워드 글로버에게 분석을 받고 있었다. E. 글로버는 여태까지 클라인을 지지하다가 그녀의 논문 「조울증 상태의 발생에 관한 연구에의 기여」 이후 의견 불일치를 보인다. 멜리타는 자신을 분석해 준 E. 글로버와 같은 강도의 악의로 어머니에게 맞선다. 무엇 때문에 멜리타는 어머니의 장례식에 참석하지도 않을 정도로 모든 연락을 끊는 증오를 보였는지 이해하기는－불가능한가?－힘들다. 이 시기를 직접 겪은 일제 헬만은(회견 4) 그러한 갈등에 깊은 인상을 받았고 그것은 고통이었다고 회고

한다. 멜라니 클라인은 딸의 공격에 아무런 대답도 하지 않았다고 한다. 그 시기에 한 세미나에 참석했을 때 헬만은 멜리타를 만났는데, 그 딸이 "어머니가 뭐라고 썼는지 읽어보셨나요!"라고 외치는 것을 들었다고 한다. 멜리타는 어머니의 저작 때문에 박해를 당한다고 여겼다. 그렇다고 하여 몇몇 이들의 결론처럼, 멜라니가 자신의 아이들에게 어머니로서 보다는 아예 분석가로서 행동했다고 결론지어야 할까? 아니면, 한나 시걸이 생각하는 것처럼(회견 1) 어렸을 때 어머니와의 관계에 동요가 있었던, 멜리타의 인생 초기의 갈등으로 원인을 돌려야 할 것인가? 멜라니가 우울증으로 집에 없었기에, 딸이 만족할 정도로 잘 돌보아 주지 않았던 사실 말이다. 아니면 멜리타가 당시 행하던 글로버와의 치료에서 야기된 전이의 효과로 보아야 할 것인가?

1919년에서 1922년 사이, 자신의 아들 에리히에게 행한 분석작업은 또 다른 공격과 무례한 해설을 야기했다. 그녀의 발표 「아동의 발달」에서 에리히가 프리츠란 이름으로 나오는 것은 사실이다. 그렇다고 해서 멜라니가 이 치료를 숨기려 했다고 단정해야 할까? 분석가로서의 위치를 확립하기 위하여 아들에게 해가 됨을 무릅쓰고 아들을 이용한 것일까? 이는 그 시기의 역사적 맥락으로 조명해 보았을 때, 거짓 공판인 것 같다. 멜라니가 아들을 보호하려고 이름을 변조한 것은 사실일 것이다. 그것은 다른 분석가들도 마찬가지이다. 가장 저명한 경우만 들어도, 융이나 아브라함도 멜라니 이전에, 자신의 아이들에 관한 내용을 발표할 때 그렇게 했다.

이제 그 사건을 다시 짚어보자. 에리히는 1914년, 멜라니 어머니의 죽음 이후 몇 달 후에 태어났다. 그러므로 혼자임을 느끼고 결핍당하여 우울했을 멜라니가 페렌치에게 분석을 요청한 것은 당연히 이해할 수 있다. 1919년, 그녀가 '치료'를 시도할 때 그의 나이는 4살에서 5살 사이였다. 이때 멜라니는 부다페스트에 남고 남편은 스웨덴으로 떠나게 된다. 그녀는 자신이 슬로바키아의 시부모 댁에 홀로 고립될 것을 알고 있었다. 그녀는 페렌치와 행하는 자신의 분석을 그만두어야 했다. 에리히가 여러 억제증상을 보여 걱정스러웠기 때문이다. 자기 자신을 대상으로 분석을 실험해 본 이후로 그녀는 정신분석 치료의 효과를 신뢰하고 있었다. 그러한 일을 시도하는 사람은 그녀 역시 예외가 아니라는 사실을 알고 있었다. 1905년 이후로 그 시대의 모든 분석가는 자기 자녀들의 발달에 직접적으로 관여되어 있다고 느꼈고 모든, 거의 모든 분석가가 자신의 아이들을 분석함으로써 스스로 분석가로서의 능력을 시험해보았기 때문이다. 자신의 아이인 힐다와 놀거나 산책하던 카를 아브라함을 상기해 보자. 디디에 앙지외가 강조(1985, 28쪽)[37]하듯, 그녀의 접근 방식을 반드시 "지나치게 강렬하고 해소 안 된 긍정적 전이의 이행 현상, 그리고 잃어버린 분석가[38]와의 동일시 - 잃어버린 분석가의 기능은

---

[37] [역주] D. Anzieu(1985), 『멜라니 클라인의 젊은 시절』.
[38] [역주] 멜라니 클라인을 분석해주던 아브라함은 1925년, 갑자기 세상을 떠났다.

멜라니 클라인의 자아 안의 둘로 나뉜 부분에 내부투사됨 - "로 볼 필요는 없다.

이러한 작업을 그녀는 베를린에서 계속했다. 아이가 어떤 반응을 보일 때 나오게 되는 불안을 억누를 수 있도록 카를 아브라함은 멜라니를 도와주었다. 오늘날의 시각으로 그것은 도움이라기보다는 감독이라고 불릴 것이다.

자신의 아이들과의 관계에서 멜라니 클라인은 다른 어머니들보다 더 좋지도, 더 나쁘지도 않았다. 멜라니 클라인을 이해하는 일은 그녀의 저작을 연구함으로써 이루어져야 할 것이다.

멜라니 클라인의 저작, 1920~1940

많은 정신분석가는 멜라니 클라인의 저작을 스캔들로 여겼고 아직도 그러하다. 멜라니 클라인이 계승한다고 인정하는 두 거장 프로이트와 아브라함과의 관계나 작업 발달의 면에서나, 멜라니 클라인을 더욱더 잘 이해하려면 스캔들의 대상이 무엇이었는지를 생각해야 할 것이다.

스캔들의 대상

처음부터 멜라니 클라인은 자신이 맞닥뜨리는 부정적 반응을 의식하고 있었다. 시걸[39]은 다음과 같이 보고한다(1979, 32쪽). "멜라니가 (1921년에서 1925년 사이) 베를린 정신분석학회에서, 아동들에 대하여 모은 소재를 발표했을 때 많은 이들이 분개했다. 아동에게 공격성이 있다는 발상 때문이기도 했고, 더욱이 아이들에게 성에 대하여 매우 직접적으로 말을 해주었음이 알려졌기 때문이었다. 그런데 이는 꼬마 한스를 관찰한 결과가 출판된 지 10년 후의 일이었다." 멜라니 클라인을 영국 정신분석학회에서 축출하려는 투쟁이 어느 정도로 격했는지를 우리는 이후 살펴볼 것이다. 왜냐하면 멜라니의 발표는 어느 모로 보나, 약간 특수한 치료법이나 보충적 이론화에 그친 것이 아니었기 때문이다. 장 라플랑슈는 1981년 멕시코에서 열린 한 회의에서 다음과 같이(561쪽)[40] 쓰고 있는데, 그 어조가 어떤 의미에서는 통탄스럽기도 하다. "오늘날에는 이제 멜라니 클라인을 매도하지 않는다. 사람들은 그저 그녀를 무시하고 고립시킬 뿐이다. 비결을 찾듯, 종종 그녀의 신조에 동의하기도 한다. 멜라니 클라인을 고립시키고 무시하는 사람들은 편협한 이성주의를 지닌 자들이다. 그들은 오래전부터 지그문트 프로이트가 해석을 통하여 전해준 가르침을 잊어버린 이들이다. 그 가르침에는 여전히 같은 용어들이 메아리치고 있다. 그러므로 **어떤 의미에서는 멜라니 클라인이 옳다고 해야 할 것이다.**"

멜라니 클라인의 저작은 개인적 환경과 역사적 환경이 만나 이루

---

[39] [역주] H. Segal(1979), 『멜라니 클라인 사상의 발전』.

[40] [역주] J. Laplanche(1981), 『멜라니 클라인을 불태워야 하는가?』

어졌다. 개인적인 환경이란, 당시 의사가 아니었고 의학적 지식이 없는 분석가로서의 멜라니 클라인에게 성인분석은 금지되었다는 의미에서이다. 안나 프로이트에게도 마찬가지로 성인분석은 금지되었다. 분석가가 되고자 한다면 아이들만 맡아서 분석해야 했다. 하지만 멜라니가 베를린에서 일찍이 성인분석도 행했다는 사실을 우리는 알고 있다. 또 하나의 개인적 환경은 페렌치와 아브라함을 연달아 만난 사실이다. 이 두 분석가는 모두 아동의 정신분석에 큰 희망을 걸고 있었을 뿐만 아니라 아동분석에서 멜라니 클라인의 재능을 알아볼 줄 알았다. 그리하여 그 둘은 멜라니 클라인이 이 분야에서 굴하지 않고 계속 나아가도록 도와주었다. 1953년 『놀이를 통한 정신분석학 기법』에서, 이에 대하여 그녀가 한 말을 들어 보자. "이 시기에 나타난 새로운 불안이 매우 강렬하여 나는 간혹 혼란스럽기도 했다. 그리하여 아브라함 박사에게 조언을 구했다. 그는, 여태까지 나의 해석이 증상을 진정시킬 때가 많았고, 나의 분석이 눈에 띄게 진전하고 있으므로 접근 방법을 바꿀 이유가 전혀 없다고 대답했다. 그의 지지에 나는 용기를 얻었다… 이러한 분석(프리츠에 대한 분석을 말함)에서 얻은 신념은 나의 분석작업 전체에 지속적으로 크게 영향을 미쳤다."(197쪽)

이제 역사적 환경이 무엇이었는지를 보자. 멜라니 클라인은 지그문트 프로이트의 이론과 기법으로 무장하고 아동정신분석에 접근했지만 그 지평을 완전히 바꾸어 버린다. 시걸(1979, 40쪽)이 강조하듯, 성인의 정신분석에서 출발하여 아동을 연구한 프로이트 – 꼬마 한스의 경우를 제외하고 – 와 달리, 멜라니 클라인은 직접 아동에게서 그 갈등과 구조를 연구했다. 아동을 분석하면서 그녀가 기대한 것은 그 아동의 유아기적 존재 – 이 점이 대단하다 – 가 전이를 통하여 펼쳐지는 것이었다. 멜라니 클라인이 창조적 천재성으로, 우리 개개인을 보호하고 있는 유아적 기억상실을 넘어 프로이트가 가지 않은 곳인 **영유아** *Infans*[41] 분야를 개척했음을 알 수 있다. 몇몇 이들은 이것을 프로이트의 이론을 거슬렀다고 보고 그녀를 용서하지 않았다.

그래도 J.-B. 퐁탈리스의 의견을 따라야 하는 것일까? 그는 다음과 같이 적고 있다(1977, 128쪽).[42] "멜라니 클라인의 가정은, 시간상 더 멀리 거슬러 올라감으로써 더욱더 깊은 곳까지 갈 수 있다는 것이다. 그리하여 적어도 최초의 무의식에 도달하고자 하는 것이다. 한층 더 나아가, 아주 어린아이를 분석하려 시도함으로써 그녀는 무의식의 '출생'에 참여할 수 있었고, 이렇게 말할 수 있을지 모르겠지만 무의식을 모성애로 대할 수 있었다." 각주에서 J.-B. 퐁탈리스는, 이러한 환상 혹은 희망이 멜라니 클라인의 직업활동 초기부터 거의 직접적으로 표현되고 있다고 설명한다. 예컨대 그는 『에세이』[43] 82

---

[41] [역주] '영유아'라고 번역한 이 Infans는 산도르 페렌치의 용어로서, 아직 언어를 습득하지 못한 아이를 지칭한다.

[42] [역주] J.-B. Pontalis(1977), 『꿈과 고통 사이에서』.

[43] [역주] M. Klein(1948), 『정신분석학에 대한 에세이』.

쪽에서 멜라니 클라인을 다음과 같이 인용하고 있다. "아이의 무의식과 관계를 맺으려면 분석을 일찍부터 시작하는 것이 필요하고 유익하다." 태초의 무의식, 무의식의 출생에 참여함, 무의식을 모성애로 다룸, 이 모든 용어는 클라인의 사상에 완벽히 낯선 것으로 우리의 귀에 울린다. 더군다나 퐁탈리스가 인용하고 있는 멜라니 클라인의 문장은 그가 의미하는 바대로 쓰인 것이 아니다. 그는 멜라니 클라인의 이론에서 발생적, 시간연대기적 차원만 보고자 한 것이라 할 수 있다. J.-B. 퐁탈리스의 의견을 그대로 따른다면, 멜라니 클라인의 이론은 지그문트 프로이트가 묘사한 과정과 단지 시간적 간격만 달리할 뿐이라는 논지가 되고 만다. 사실, 두세 살의 아이를 맡아 분석할 때, 무의식의 본질적 부분은 **이미 구성**되어 있다고 그녀는 확언한다. 그러므로 이때 무의식은 이미 **출생의 상태**가 아닌 것이다. 멜라니 클라인의 저작은 단지 그런 차원으로 축소될 수 있는 것이 아니다. 바로 이 점이, 우리가 J.-B. 퐁탈리스의 의견에 동의할 수 없는 본질적 부분이다. 멜라니 클라인이 저술을 통하여 내내 단언하고 있는 것은, 어린아이에겐 내부 세계가 있고 그 내부 세계는 치료 시 전이를 통해 펼쳐질 수 있다는 것이다. 그녀가 단언하는 또 다른 점은, 이 내부 세계는 내부투사의 과정에 의해 형성되는 것으로서, 기억과정과는 아무런 공통요소가 없다는 사실이다. 기억과정은 시간연대기적 연속성에 위치하기 때문이다. 마지막으로, 그녀가 특히 단언하는 점은, 그 내부 세계는 원초적 이마고의 세계이다. 이 원초적 이마고는 현실의 이미지와 구별되어야 한다. 현실이 내부투사 과정에 의하여 변모된 것이 바로 원초적 이마고이기 때문이다. 멜라니 클라인은 다음 사실을 강력하게 확언한다. 즉, 성인과 마찬가지로 아동도 치료 시의 전이를 통하여, 외부 세계와 전혀 다른 내부 세계가 다시 펼쳐질 수 있다는 사실이다. 그 외부 세계에 성인은 적응해야 하는데, 그것은 아동도 마찬가지라는 것이다. 이런 점에서 그녀는 프로이트 사상의 연속선상에 위치하고 있다. J. 라플랑슈는 다음과 같이 강조한다(1983). "프로이트와 클라인이 엄격히 주장하는 바는 서로 통할 뿐 아니라 각자의 이론을 심화시키는 역할을 한다. 여기서 그 둘의 엄격함이란, 무의식의 세계를 인정하는 일이다. 그리고 무의식은, 잊힌 아동기를 고스란히 추적하는 것과는 다른 성질의 것이다."

그러나 더욱더 심오한 부분을 알아야 한다. 멜라니 클라인이 전하는 내부 세계는 괴물과 악마, 그리고 다른 예기치 못한 생각들로 가득 채워져 있다. 그녀가 드러내는 성性은 가학성으로 강하게 채색되어 있되, 그 성性은 전前생식기이지, 전적으로 전前오이디푸스적인 것이 아니다. 왜냐면 그녀는 조기 오이디푸스 콤플렉스를 묘사하기 때문이다. 프로이트의 두 번째 장소론[44]을 재론하면서 그녀는 죽음 욕동의 작용을 드러낸다. 그녀는 신생아의 첫 움직임이 대상에 대한 순수한 사랑의 몸짓이 아니라, 죽음 욕동이 우회되어 표현된

---

[44] [역주] 1부 4장, 「헤르미네 후크-헬무트의 저작」 각주 75번 참조.

가학적 움직임이라고 묘사한다. "외부투사에 의해서, 어머니 젖에 대한 공격성과 리비도가 우회된다."(『전이의 근원』, 815쪽)[45] 멜라니 클라인이 묘사하는 신생아의 내부 세계는 아기가 평상적으로 보이는 행동과 아무런 공통점이 없다. 그녀는 논문 「신생아들의 행동을 관찰하면서」에서 이 점을 분명히 하는 데에 신경을 쓴다. 멜라니 클라인은 이때 어린이의 영혼은 순수하다는 금기를 건드리고 있다. 멜라니 클라인이 묘사한 선망envie의 개념을 받아들이기 힘들어 하는 일제 헬만을 보고 우리는 충격을 받았다. 물론 일제 헬만은 안나 프로이트 계통의 훈련을 받았지만 그녀가 힘들어하는 면은 그것과 관계가 없었다. 왜냐면 그녀는 항상 정신분석학의 여러 학파에 대해 열린 자세를 지니고자 했기 때문이다. "나는 클라인 부인 이론의 이 양상을 인정할 수가 없었다. 나는 수많은 아기를－특히 햄스테드 유아원에서－돌보았다. 쌍둥이 아기의 표정에서 질투의 정동情動이라고 할 수 있는 것을 보았다. 그러나 적어도 신생아에게 있어서, 어쨌든 처음 몇 달 동안에는 선망 같은 것을 도무지 관찰할 수 없었다."(회견 4)

멜라니 클라인은 프로이트가 가정한, 원초적 나르시시즘에 반문을 제기했다. 그녀는 자신의 주장을 설명하고 정당화하려 했다. 이후에 우리는 이 점을 살필 것이다. 이러한 사고가 형성되는 데 그녀

---

[45] M. Klein(1951), 『전이의 근원』.

는 부다페스트의 분석그룹 작업의 영향을 받았음이 틀림없다. 이 그룹에서 만난 알리스 발린트, 카타 레비, 엘리자베트 레베즈 등은 멜라니 클라인에게 S. 페렌치 계통의 연구의 길을 열어 주었다. "원초적 나르시시즘의 이론은 일축되었고 이 연구자들은 인생의 최초부터 시작되는 것으로서 대상과의 관계, 원초적 연결, 어머니/아기 사이의 관계를 가정했다. I. 헤르만^{Hermann}은 이러한 작업을 시작하여 최종적 본능이란 이론과 움켜쥠의 개념에 도달했다."(M. 모로-리코, 1990, 434쪽)[46]

마지막으로, 멜라니 클라인이 이룬 최종적 혁명 – 역사적으로 볼 때는 최초의 혁명이다 – 은 놀이를 통한 분석, 즉 아동분석에 알맞은 기법을 창조해 낸 점이다. 바로 이 기법으로 그녀는 아동의 구조와 갈등을 직접 아동을 통하여 연구할 수 있었다. 이 작업을 하면서 그녀는, 성인분석 시의 원칙을 그대로 아동에게 적용할 수는 없다는 몇몇 의견을 참작한 것은 아니었다. 바로 이 부분이 안나 프로이트와 갈등이 시작된 지점이다. 안나 프로이트에게 있어서 아동분석 기법은 성인분석 기법을 그대로 적용하는 것일 수밖에 없기 때문이었다. 그러므로, 자신은 아버지인 지그문트 프로이트 저작의 연장선에서 연구한다고 주장하는 안나 프로이트와 불화하게 되고 그녀의 적수가 된다.

---

[46] [역주] M. Moreau-Ricaud(1990), 『부다페스트 학파의 창립』.

놀이를 통한 분석

"결과적으로 보았을 때, 일반적 정신분석학 이론에 내가 기여한 바, 그리고 아이들과 성인들에 관한 연구결과는 어린 아동들과 지내면서 고안해 낸, 놀이를 통한 기법에서 나왔다." 멜라니 클라인은 1955년 「놀이를 통한 정신분석학 기법: 그 역사와 해석」이라는 제목의 강연에서 이렇게 토로한다(197쪽).

정신분석학에서 이론과 기법은 긴밀히 연관된 것이 사실이다. 놀이를 이용한 분석을 창조해 냄으로써 멜라니 클라인은, 프로이트가 최면에서부터 출발하여 고안한 바대로의 기본적 분석 기법과 상황에 대한 근본규칙에 충실하고자 했다.

우리가 이미 본 바이지만 역사적으로, 아동과 놀이한다는 아이디어는 1919년의 비엔나와 베를린의 분석학계에서 그리 독창적인 것은 아니었다. 이미 헤르미네 후크-헬무트가 이 주제에 대하여 쓴 적이 있다. 그리고 멜라니 클라인이나 안나 프로이트와 같은 젊은 신진이 그러한 방법에 대하여 듣거나 읽지 않았을 리 없다. 그러나 아이들의 놀이를 바탕으로 기법을 고안해 아동분석을 가능하도록 한다는 주장은 아무도 하지 못했다. 멜라니 클라인의 적수들에게 있어서는, 성인분석을 아동에 **적용할 때** 놀이가 있기에 비로소 아동분석이 가능해진다는 정도였다.

멜라니 클라인은 성공하기 위하여 여러 장애물을 넘어야 했다. 한나 시걸에 의하면(1979)[47], 그녀의 원칙과 기법은 1923년에 정립되었지만(37쪽), 그 이전에 멜라니 클라인은 그것을 인정받기 위해 오랜 세월 투쟁했다. 그리고 오늘날에는 드문 일이지만, 몇몇 분석가는 아직도 그녀의 원칙과 기법을 거부한다.

멜라니 클라인의 적수들에 따르면, 아동을 분석하는 일은 여러 이유 때문에 이행할 수 없는 일이다. 안나 프로이트를 다루는 장에서 이미 언급했지만 여기서 다시 간단히 정리해 보자.

- 우선, 어린아이는 자신의 장애를 자각하지 못하고 도움을 받을 필요 역시 자각하지 못하기 때문에 성인과는 달리 치료에 협조해 줄 것을 기대할 수 없다.

- 어린아이는 누워서 자유로이 연상작업을 할 수 없다.

- 어린아이는 부모에게 애착이 있기 때문에 분석가에게 전이를 할 수 없다.

- 마지막으로, 어린아이는 연약하다. 그러므로 오이디푸스적 단계 이후에나 존재하기 마련인 초자아의 구성이 없는 상태에서 욕동慾動을 발현시키는 일은 위험하다.

한나 시걸은(같은 책, 32쪽) 다음과 같이 적고 있다. "멜라니 클라인의 천재성은, 아동에게 자연적인 표현 수단은 놀이라는 사실을 알아차렸고, 놀이가 아동과의 의사소통 수단으로 사용될 수 있다는 사실을 알아차린 점이다. 아이에게 놀이는 단순한 유희가 아니라 작업

---

[47] [역주] H. Segal(1979), 『멜라니 클라인 사상의 발전』.

이다. 놀이는 단순히 외부 세계를 탐험하고 조절하는 수단이 아니라, 환상을 표현하고 고안해 냄으로써 불안의 강약을 조절하고 탐험하는 수단이다. 놀이를 통하여 아동은 무의식적 환상을 드러낸다. 그러면서 아동은 자신의 갈등을 고안하고 통합해낸다."

결과적으로, 멜라니 클라인에게 아동의 자유로운 놀이는 지그문트 프로이트의 꿈에 해당하여, 무의식과 환상에 도달하기 위한 최고의 길이다. 놀이는 성인의 자유연상과 같은 기능을 담당한다. 임상적 관점에서 멜라니 클라인은, 아동이 놀이를 통하여 표현하는 억제에 관심을 두었다. 그녀에게 아동의 이러한 증상은 환상의 세계를 억제했음을 드러내는, 매우 중요한 것으로 비추어졌다. 성인의 경우 자유연상에의 저항을 해석을 해줌으로써 푸는 것처럼, 멜라니 클라인은 오직 해석을 해주어야만, 놀이로 표현된 억제가 해방되며 깊이 숨은 불안이 잠잠해진다고 생각했다.

놀이는 상징적인 방식으로 아동의 환상, 욕망, 체험을 나타낸다는 사실을 그녀는 『아동정신분석학』에서 주장한다. 성인의 환상, 갈등, 방어를 해독해 내면서 꿈과 자유연상을 분석하는 것과 똑같이, 아동의 놀이를 분석하는 것이 그녀의 기법이다. 멜라니 클라인은 상징 각각의 의미를 따로 고립시키는 일은 위험하다고 경고한다. 즉, 꿈의 고안[48] 작업에 고유한 요소인, 모든 가능한 전환transposition 과 다

---

[48] [역주] 여기에서 고안은 부차적 고안(élaboration secondaire)을 말한다. 프로이트는, 꿈의 내용을 더 일관성 있고 이해할 수 있도록 만드는, 꿈의 최종 작업

른 기제들도 고려해야 한다는 것이다. 또한 각 요소가 현실의 어떤 상황과 맺어진 관계를 계속 주시해야 한다는 것이다.

『아동정신분석학』을 프랑스어로 번역하고 있던 프랑수아즈와 장-밥티스트 퐁탈제 부부에게 1952년에 보낸 서한에서 멜라니 클라인은 놀이의 상징과 꿈의 프로이트식 해석 사이에 관계가 있음을 극구 강조한다(그로스쿠어트, 505쪽).[49] "꿈의 요소(프로이트)와 놀이의 요소 사이에 유사성이 있음을 보여주는 일이 내게는 중요합니다. 다시 말해서, 꿈과 놀이의 어떤 부분－고려의 대상이 되는 부분－사이의 유사성 말입니다. 꿈의 요소에서 추출되는 연상을 분석함으로써 잠재적 내용을 드러내듯, 연상에 해당하는 놀이의 세부적인 것을 분석함으로써 놀이 요소의 잠재적 내용을 드러내는 것입니다."

게다가 멜라니 클라인은, 아동은 자신의 병을 자각하지 못하는 것이 사실이지만－그것은 성인도 그럴 수 있다－, 자신의 불안을 해소해준 성인 분석가에게 고마워하고, 그 성인의 도움을 받을 준비가 되어 있다는 논지를 옹호한다. 이러한 논지는 자신의 치료에서 나온 확인과 직결된 것이다.

그녀는 치료의 체험에서 다음과 같이 생각하기에 이르는데, 이는 안나 프로이트와 반대되는 입장이다. 즉, 자신의 불안을 해소해줄 수 있는 누군가를 만났다는 느낌 때문에 아이는 분석가에게 매우

─────────────

을 부차적 고안(élaboration secondaire)이라고 명명했다.

[49] [역주] Ph. Grosskurth(1986), 『멜라니 클라인의 세계와 저술』.

강렬하고 즉각적인 전이를 실행한다. 그리고 이를 위해서는 - 여기서 또다시 멜라니 클라인은 안나 프로이트의 생각을 짓밟는다 - 부정적 전이 역시 해석하길 주저하지 말아야 한다는 것이다. 가장 유명한 예는 분명, 2살 9개월 된 리타의 예일 것이다. 멜라니 클라인은 리타의 집에서 리타를 분석했다. 이 여아는 너무 불안이 심해, 자신의 방에서 멜라니 클라인과 같이 있지도 못했다. 멜라니 클라인은 리타를 정원에서 따라다니면서 해석을 했다. 리타는 멜라니 클라인이 자신에게 가할 해악을 두려워했는데 그것은 밤에 꾸는 악몽의 내용과 관련이 있었다. 멜라니 클라인의 이런 설명을 들은 아이는 이제 자신의 방으로 다시 올라가 거기서 클라인 부인과 함께 놀 수 있었다. 「전이의 근원」이라는 논문(1951)에서 멜라니 클라인은 다음과 같은 점을 분명히 해 둔다. "삶의 본능과 죽음의 본능, 그리고 그에 따른 사랑과 미움은 깊은 곳에서 서로 긴밀히 상호작용하고 있기 때문에, 긍정적 전이와 부정적 전이는 근본적으로 상호의존적이다."

한 걸음 더 나아가, 멜라니 클라인은 아동이 왜 분석가에게 전이를 할 수 있는지를 이론적으로 증명해 보이려 한다. 그녀는 다음과 같이 쓰고 있다. 즉, 부모가 있고, 그 부모에게 의존한 상태라고 해서 아동이 전이를 할 수 없는 것은 아니다. 왜냐면 우리가 아동 치료 시 만나게 되는 것은 그 현실적 부모가 아니기 때문이다. 치료 중에 우리는 부모의 이마고, 즉 내적으로 환상화된 모습의 부모를 대하게 된다고 그녀는 확언한다. 이것은 그녀가 아동의 내부 세계, 즉 분석가에게 전이된 내적 모습들의 성격을 정성껏 검토하면서 확인한 바이다.

게다가 멜라니 클라인은 지그문트 프로이트가 정의한 분석 상황을 존중하면서 다음과 같이 주장한다. "진정한 분석 상황은 분석적 수단에 의해서만 실현될 수 있다."(「아동분석에 대한 세미나」, 1927, 182쪽) 그러므로 교육적 방법은 여기서 설 자리가 없고 오히려 분석 과정을 교란하기만 할 뿐이라고 확신한다. 그녀는 초자아가 아직 없는 상태인 아동의 욕동을 해방하는 데에 위험이 따를 것이라는 안나 프로이트의 가정을 반박한다. 멜라니 클라인은 치료 사례를 통하여, 아동에게도 조기 초자아가 존재한다는 점을 증명해 보인다. 그녀는 초자아를 특별히 잔인한 것으로 묘사하는데, 아동의 자아가 정면으로 맞설 수 없을 정도이다. 따라서 분석가의 작업은 해석을 통하여 초자아의 엄격함을 누그러뜨려 자아의 힘을 강화시켜주는 일이다. 이러한 작업이 아동의 발달을 촉진한다.

놀이를 통한 분석이라는 그녀의 이론작업은 혁명적 양상을 띠고 있고 거기에서 멜라니 클라인은 1919년부터 1923년 사이에 점진적으로 어린 아동분석에 특수한 틀을 다지게 된다.

그 분석 틀의 대략적 윤곽을 보도록 하자. 이는 오늘날 분석가나 심리치료사 대부분에게 다 알려진 사실이다. 분석 한 회당 시간은 55분이며, 일주일에 5번으로 엄격하다. 진료실은 아동을 맞아들이기에 적합하도록 특별히 짜여 있다. 즉, 튼튼하고 간단한 가구들만 놓여 있고 벽과 바닥은 물로 닦을 수 있는 재질이다. 각 아동은 치료에 적합한, 자신만의 놀이 상자를 갖게 된다. 장난감들은 아주 작은 크기인데, 세심히 선택되었다. 작은 집들이 있는가 하면 크기가 두 종류인 남자 인형들과 여자 인형들도 있고 농장의 동물들, 야수들도 있다. 멜라니 클라인은 거기에 찰흙, 종이, 연필, 끈, 가위를 추가한다. 그녀는 진료실에 세면대도 갖추어져 있기를 바란다. 때에 따라서는 물이 중요한 역할을 하기 때문이다. 멜라니 클라인은 장난감에 어떤 고정된 성질을 부여하여 놀이를 유도해서도 안 된다고 확언한다. 그러므로 장난감은 어떤 특별한 의미를 미리 갖고 있으면 안 된다. 그렇기에 규칙을 강요하는 게임이나 놀이는 사절이며, 조그마한 남자인형 혹은 여자인형은 제복이나 특수한 옷을 입고 있지 않다. 조그마한 크기의 물건을 선택한 것은 멜라니 클라인의 직관에 따른 것이었다. 위니코트가 이러한 선택을 "이 분야에서 가장 괄목할 만한 진보"라고 축하했다고 한나 시걸은 회상한다(1979, 38쪽).[50] 잘 성찰해보면, 그리고 실지의 체험에 의해서도 다음의 사실이 드러난다. 즉, 장난감들의 자그마한 크기 덕분에 아이는 그 장난감을 즉각적으로 자신의 것으로 삼으면서, 매우 쉽게 그리고 가장 자유롭게 자신의 환상 세계를 장난감에 투사한다는 사실이다.

---

[50] [역주] H. Segal(1979), 『멜라니 클라인 사상의 발전』.

멜라니 클라인의 초기 저작

1919년부터 1940년까지 M. 클라인은 열일곱 편의 논문을 작성했다. 이 논문은 모두 1968년, 프랑스의 파이오 출판사에서 『정신분석학에 대한 에세이』란 이름으로 합쳐 출간되었다. 그녀는 두 권의 책도 써낸다. 1932년의 『아동정신분석학』(프랑스에서는 1959년, 프랑스 대학 출판사[51]에서 간행됨)과 1937년의 『사랑과 미움, 복원의 필요성』(프랑스에서는 1968년 파이오에서 간행됨)이 그것이다. 여기서 잠깐, 프랑스에서 멜라니 클라인의 저작물이 늦게 번역된 점을 지적하자. D. 라가슈가 번역한 그녀의 첫 논문 「전이의 기원」이 《프랑스 정신분석학》에 실린 것은 1952년이었다.

이 논문이나 책을 하나하나 다 요약하여 소개하기보다는, 발견과 이론화 작업의 이 첫 단계에서 훌륭한 개념들을 드러내는 것이 더욱 흥미 있는 일일 것이다. 그러나 몇몇 저작은 필요 불가결한 것으로 비추어지므로 일단 각각을 인용해야겠다. 한나 시걸은 다음과 같이 우리에게 상기시킨다(1979, 45쪽).[52] "프로이트는 성인에게서, 억압당한 아이를 발견했고 M. 클라인은 아동에게서, 이미 억압당한 존재 즉 신생아를 발견했다."

M. 클라인의 첫 논문인 「아동의 발달」은 첫 부분이 1919년에, 두 번째 부분은 1921년에 저술되었다.

---

[51] [역주] PUF(Press Universitaires de France).
[52] [역주] H. Segal(1979), 『멜라니 클라인 사상의 발전』.

헝가리 정신분석학회에서 발표한 첫 부분으로 그녀는 그 학회의 성원이 되었다. 그만큼 그녀의 작업은 혁신적이고 주목할 만한 것이었다. 「어린 아동 분석」이란 제목의 두 번째 부분은 여전히 프리츠에 대한 치료의 후속 내용으로서, 1921년 베를린 정신분석학회에서 발표되었다. 이때 클라인은 막 베를린에 정착한 참이었다.

이 첫 작업은 많은 비평을 자아내었다. 일단 그 '프리츠'라는 아이는 멜라니 클라인의 셋째 아이인 에리히였기 때문이기도 했다. 그렇지만 무엇보다도 비방자들은 그녀가 하는 일이 정신분석학이 아니라고 증명하는 데에 이 작업을 이용했다. 연구자가 모색하는 단계에서 나온 첫 작업일 때 그런 비난은 물론 하기 쉬울 것이다. 에리히는 그 당시 5세에서 7세였다. 그 아이는 놀고 말하거나 들을 때 억제 증상이 있었다. 그녀는 그런 아들을 집에서, 아이의 장난감을 사용하여 분석했다. 그녀가 스스로 설정한 목적은 두 번째 부분에서 더욱 분명히 드러나듯, 성인분석에서 그렇듯 아동으로 하여금 무의식적 갈등을 의식적 수준에서 깨닫도록 해주는 일이었다. 그것은 사용된 소재에 대한 해석이라는 같은 규칙을 이용한 것이었고 긍정적, 부정적 전이에 각별한 주의를 기울여 이룩한 일이었다. 이 분석을 위하여 클라인은 K. 아브라함에게 격려해달라고 부탁했다. 아브라함은 클라인이 그 기법을 가지고 이러한 방향으로 계속 나아가도록 용기를 북돋아 주었다.

1927년은 유명한 논문 「아동분석에 대한 토의」의 해였다. 이 논문은 영국 정신분석학회에서 낭독되었으며 1926년 발행된 안나 프로이트의 저서 『아동정신분석 기법 입문』에 대한 응답이었다. 그녀의 이러한 답변은 어조의 힘찬 면이나 내용의 비타협성 면에서 반격임이 분명했다. 두 여인 간의 대립이 심각한데다, 이 논문을 읽어보면 갈등은 피할 수 없는 것으로 나타난다. 결국 그것은 15년 후의 논쟁[53]으로 이어졌다.

1930년에는 「자아 발달에서 상징 형성의 중요성」이란 제목의 논문이 발간된다. 여기서 클라인은 디크의 경우를 다루고 있다. 디크는 정신적으로 심한 병을 앓고 있었는데ー십중팔구 자폐증이었을 것이다ー그 아이에게 클라인은 분석을 시도했다. 역사적으로 보았을 때, 이 논문은 1943년 L. 카너가 묘사한 자폐증보다 훨씬 앞선 것이었다. "디크를 분석하면서 나는 다음과 같은 사실을 확인하게 되었다. 디크에게 있어 발달을 막는 억제는 그 근원이 인생 최초 단계에서의 좌절에 있었다."라고 M. 클라인은 적고 있다(『에세이』, 268쪽).[54] 정신병 환자를 분석할 길을 열었다는 점에서 이 논문은 중요하다. 그 이전까지 정신병 환자 분석은 불가능한 것으로 간주되어 왔다. 그것은 정신병 환자들이 상징적 용어를 써서 의사소통할 능력이 없었기 때문이었다. 이 논문은 또한 아동 병리 연구에 근본

---

[53] [역주] 본문에서 방점으로 강조한 논쟁이란 안나 프로이트와 멜라니 클라인 사이의 그 유명한 논쟁을 말한다. 원문에서는 대문자로 표기되어 있음 (Controverses).

[54] [역주] M. Klein(1948), 『정신분석학에 대한 에세이』.

적인 도약을 가져다주었다.

1935년에는 그녀의 이론화 작업의 핵심인 우울증의 입장[55]이 정립되어 있는 중요한 논문이 간행되었다. 논문의 제목은 「조울증 상태의 발생에 관한 연구에의 기여」였다. 이 논문은 요약되어 루체른의 13회 국제 정신분석학 회의에서 낭독되었다. 그녀는 다음과 같이 적고 있다. "아동의, 우울증의 입장은 아동 발달에 핵심적 입장이라는 점이 나의 견해이다. 이 점을 나는 이 논문에서 강조했다. 아동의 정상적 발달과, 아동이 사랑할 능력은 우울증의 입장의 고안 작업에

---

[55] [역주] 이 책 2부, 2장 맨 끝의 네 단락에서 우울증의 입장을 설명하고 있다. 그 내용을 보면 왜 그것을 입장이라고 명명했는지 이해할 수 있다. 즉 입장 (position)이란, 어떤 존재방식(façon d'être)을 정의하는 것으로서, 단계 (stades, phases)처럼 시간이나 연대순으로 정해진 시기에 나타나는 것이 아니다. 그러므로 여러 종류의 입장은 매우 이른 아동기에 나타났다가 일정 조건이 생기면 인생 전체에 걸쳐 다시 나타나기도 한다.

입장이란 용어에 대해 멜라니 클라인은 다음과 같이 말한다. "'정신병의 단계(phase psychique)'란 용어(terme)는 별로 만족스럽지 않다. 그래서 나는 이제 '입장(position)'이란 용어를 써서 아동의 초기 발달에 전형적인 정신병적 방어와 불안을 다루고자 한다. 단계(phase)나 기제(mécanisme) 보다도 입장이란 용어가, 아동발달상의 정신병적 불안과 성인의 정신병 사이의 차이를 잘 드러낸다고 생각한다. 예컨대 박해 태도(attitude de persécution)나 우울의 감정(sentiment de dépression)이 곧바로 정상적 태도로 바뀌는 현상이 아이에게 있는데 그것만 보아도 입장이란 용어가 아이에게 그리도 특징적인 변화 (mutation)를 보다 잘 설명하는 용어임을 알 수 있다." Mélanie Klein(2009), *La psychanalyse des enfants*, Presses Universitaires de France, Collection: Quadrige Grands Textes.

크게 의존하고 있는 것으로 보인다… 이 고안 작업이 실패하면 결과적으로, 심각한 정신병이나 신경증이 야기될 수 있다." 12년 후인 1946년에 그녀는 정신분열의 입장을 정의한다. 가학증과 함께 파괴성이 그녀 저작의 초기부터 등장하기는 하지만 삶 욕동과 죽음 욕동 사이에 대한 프로이트적 구분은 1933년에 와서야 그녀의 저술 안에 등장하여 1935년의 논문에서 – 당연히 – 연구의 중심이 된다.

K. 아브라함에게 헌정된 M. 클라인의 저서 『아동정신분석학』(1932)은 두 부분으로 나뉘어 있다. 첫째 부분은 그녀가 1925년 영국 정신분석학회에서 발표한 강연 내용이다. 그녀는 여기서 아동의 각 연령대에 따른 분석 기법에 대하여 주로 말하고 있다. 더 이후에 쓰이고 더욱 이론적인 두 번째 부분에서 그녀는 오이디푸스적 갈등의 최초 단계들과 초자아 형성에 관심을 둔다. 그녀는 불안을 야기하는 최초의 상황들이 여아, 남아의 성적 발달에 어떤 영향을 미치는지를 연구하고 있다. 이론화 작업의 이 첫 단계에서 그녀 사상의 강점이 무엇인지를 연구할 때 우리는 이에 대하여 다시 거론할 것이다.

이 초기에 M. 클라인은 여전히 분석을 통한 임상을 기초로, 어린 아동의 내부 세계를 구축하는데, 그것은 상당히 상세하고 정확하다. 그녀는 구순 단계, 특히 그 후반기인 구순-가학의 단계가 중요함을 강조하며 그 단계가 이후의 발달에 미치는 영향을 강조한다. 그녀는 아동 신경증이 생후 약 6개월 정도에 나타나는 것으로 잡는다. 그리고 아동 신경증에 기초가 되는 정신병적 불안을 명백히 밝히고 있다.

M. 클라인은 분석 작업의 초기에, 자신이 치료하는 아동이 보이는 의식적, 무의식적 불안의 강도에 매우 민감했다. 그녀는 그것이 어디서 오는 것일까 자문했다. 아동이 드러내는 공격성에도 매우 민감했으며 그것을 방어수단으로 느꼈다. 예컨대 에르나의 놀이 사례가 있다. 에르나는 '눈 샐러드'를 만들었으며, M. 클라인의 코를 얇은 조각으로 자르는가 하면, 두 인물을 세 번째 인물이 불에 구워 먹는 놀이를 했다. M. 클라인에 의하면 그러한 놀이는 부모에 대한－그리고 전이에 의하여 M. 클라인에 대한－가학적, 식인적 공격이 상징을 통하여 표현된 것이다. M. 클라인은 점차 다음과 같은 가설을 세운다. 즉, 어린 아동은 구순 단계에서 이미 억압되었던 부분적 대상들을 가지고 무의식적으로 어떤 관계를 세우는데, 바로 그 무의식적 관계에 의해 지배된다는 것이다.

지그문트 프로이트와 K. 아브라함이 이미 부분적 대상관계를 언급한 바 있지만 M. 클라인은 그것을 자신의 이론의 주축으로 삼았다. 좋은 젖, 나쁜 젖을 내부로 투사하는 심리 현상은 아이의 내부 세계가 구축되는 데에 기본이 된다. 이론적 오해를 피하고자, M. 클라인이 정의하는 대상과 지그문트 프로이트가 정의한 대상의 다른 점을 짚고 넘어가야겠다. 지그문트 프로이트에게 대상이란, 욕동의 대상을 말한다. M. 클라인에게 있어서 그 형태는 훨씬 복잡하여 프로이트에서와 같이 욕동의 대상이지만 젖먹이의 대상이기도 하다. 즉, 더 구체적인 대상으로서, 그것은 심리적 자질과 인격을 갖추고 있다. 그리하여 부분적 대상이든 전체적 대상이든 아이는 그것이 사랑하고 미워하며 탐낸다고 생각한다… 이런 현상은 그 대상들이 어디서 왔는지를 보면 된다. 젖먹이가 어머니의 인격에 대하여 감지한 바의 결과이자, 어머니란 대상에 대한 자기 기분을 외부투사한 결과로서, 그런 대상이 형성된다고 M. 클라인은 제시한다. 이 내부 대상들은 실지의 외부 대상 그대로의 모습이 아니다. 내부 대상들은 바로 내부투사 과정에 의하여 변모된 것이기 때문이다. 젖먹이는 그렇게 어머니의 젖가슴, 아버지의 페니스, 서로 결합된 어머니와 아버지, 등과 같은 대상들을 내부로 투사한다. 이 '서로 결합된 부모'에 대한 환상에 대해 잠시 설명하기로 하자. 사실 M. 클라인은 아동에게 있어 서로 다른 여러 환상을 구별하고 있다. 최초의 욕망과 불안은 어머니의 몸이나 아버지의 페니스 - 부분적 대상으로서의 - 와 결부된다. 아버지가 어머니와 구분될 때, 그리고 아버지와 어머니의 결합이 성적 관계와 연결되어 두 부모가 하나의 모습으로 될 때 이 '서로 결합된 부모'에 대한 환상이 출현한다. 이 원초적 장면 - 을 인지하거나 환상하거나 어쨌든 - 을 아이는 항상 가학적 장면으로 느낀다고 프로이트는 이미 기록한 바 있다. M. 클라인은 바로 그러한 면을 강조하여, 아이가 미워하는 그 모습은 그것 자체가 미워하는 것으로 된다[56]고 증명한다.

---

[56] [역주] 바로 위에서 설명하고 있듯, 사실 미워하는 마음은 내 안에 있는데, 그 마음이 외부 세계로 투사(projection)되어, 외부의 어떤 모습이 (나를) 미워한다고 지각하는 것이다.

아이는 대상들과 자신을 동일시할 수 있으며, 혹은 자신이 그 대상들과 **관계를 맺고** 있다고 느낄 수 있다는 점을 그녀는 보여준다. 바로 이러한 관계에, 이후 W. R. 비온은 자신의 이론의 많은 부분을 할애한다.

그녀가 처음 발견한 내용들은 오이디푸스 콤플렉스, 좀 더 정확히는 그 전前생식기적 형태들에 관한 것이다. 이것을 그녀는 원초적 오이디푸스라고 부른다. 무엇보다 먼저 M. 클라인은 오이디푸스 콤플렉스가 구순 단계의 후반기부터 시작된다고 확언한다. 이 시기는 젖떼기로 인한 정신적 외상 때문에 구순-가학의 단계가 절정에 이르는 때이다. 그래서 이때에는 본질적으로 미움이 지배적임이 눈에 띈다. 그러므로 어머니 몸에 가해지는 극도의 공격이나 부모라는 커플, 어머니 몸에 대한 환상이 어디서 연유하는 것인지 분명해진다. 이후 1934년, 클라인은 우울증의 입장을 발견하면서 자신의 이론을 수정한다. 오이디푸스 콤플렉스는 여전히 같은 시기에 위치하지만 그것은 미움과 함께 사랑도 같이 개입되는 갈등에 더 많이 관련되어 있다.

리비도 발전의 각 단계에 다다를 때마다 아이는 부모에 대한 환상을 하되, 다양한 리비도적 만족감을 체험한다. 즉, 구순기에서는 영양 섭취나 빨아들이기, 항문기에서는 소변이나 대변의 교환 혹은 항문 삽입 등이다. 이런 상황들을 분석하면서 M. 클라인은 아이가 어머니의 몸이나 젖가슴에 대해 갖는 관계를 더 잘 이해하게 된다. "아이의 환상 속에서 어머니의 몸은 우유, 음식, 마술적이면서도 소중

한 대변, 아기들, 아버지의 페니스 등 풍부한 것으로 가득 차 있다. 발달상 구순 단계에 있는 젖먹이는 어머니가 성관계 시 이 풍부한 것을 몸에 섞어 넣었다고 환상한다. 그렇게, 어머니의 몸은 아이에게 탐험하고픈 격렬한 욕망을 유발한다. 탐험하여 그 풍부한 것을 자기 것으로 독점하기 위해서이다."라고 한나 시걸은 쓰고 있다 (1979, 47쪽).[57]

이와 동시에 M. 클라인은 초자아에 관심을 둔다. 여기서도 그녀의 이론은 지그문트 프로이트의 이론과 갈라진다. 클라인에게 초자아는 프로이트가 적고 있는 바처럼 오이디푸스 콤플렉스가 쇠퇴함에 따라 나오는, 오이디푸스 콤플렉스의 유산이 아니다. 그 반대로 초자아는 오이디푸스 콤플렉스 안에 있을 뿐만 아니라 오이디푸스 콤플렉스의 전체 부분을 차지하며 원초적 오이디푸스 단계 안에도 이미 존재해 있는데 이는 좋은 젖, 나쁜 젖을 내부로 투사하는 기제 덕분이다. 그녀는 초자아의 가혹함을 주로, 아동의 가학적 욕동에 연결한다. 그녀에게 아동의 초자아는 현실에서의 실제 부모보다는 아동 스스로의 욕동에 의하여 더욱더 영향을 받는다. 이 부분에서도 그녀는 안나 프로이트와 의견 불일치를 보인다. 클라인은 초자아 형성에 그 기원을 두고 있는 여러 기제를 연속적으로 묘사한다. 즉 그녀는 일단 동태복수법同態復讐法[58] 유형의 현상을 생각한다. 그리고

---

[57] [역주] H. Segal(1979), 『멜라니 클라인 사상의 발전』.
[58] [역주] 가해자에게 피해자와 같은 정도의 고통을 주는 형벌의 법제.

는 초자아 안에 있는 욕동의 흔적을 생각한다. 마지막으로 1933년부터는 투사란 기제 덕분에 처벌하는 대상인 금지성-내부 대상 생성을 설명할 수 있게 된다. 아이는 공격적 욕동을 내부 대상에 투사함으로써, 처벌하는 금지성-내부 대상이 만들어지는 것이다.

분석 치료를 계속함에 따라 M. 클라인은 어린 아동의 자아가 정신병성, 학대성 불안에 항거하기 위해 사용하는 주요 방어기제들을 분명히 드러낸다. 1933년, 「자아의식의 조기 발달」에서 그녀는 학대에 대한 불안은 스스로의 파괴 욕동이 외부투사된 결과라고 확언한다. 그렇게, 그녀는 (자아와 대상 사이의) 분열 기제들 및 내부/외부투사 기제들의 중요성을 발견한다. 차츰 그녀는 아동 신경증을 새롭게 정의해 낸다. 이때 그녀는 지그문트 프로이트와 모순되는 것으로 보인다. 사실 지그문트 프로이트에 의하면 아동 신경증은 오이디푸스 콤플렉스에 의하여 생성되어 그것이 해소됨에 따라 전개되며 거세 공포와 연관되어 있다. 반면 M. 클라인에 의하면 아동 신경증은 깊이 숨은 정신병성 불안 상황에 대한 방어 구조로서 조기에 나타난다. 그리하여 그녀에 따르면, 리타가 잠자기 전에 행하는 의식은 정신병 수준의, 깊이 숨은 불안을 조절하기 위한 것으로서 아동 신경증에 해당한다. 두 이론 간의 차이는 그 규모에 있다. 그것은 단순히 시기에 대한 이견이 아니라, 시야 자체가 바뀐 것을 의미하기 때문이다. 사실 지그문트 프로이트에 의하면 리비도가 (어떤 단계에서 리비도의 일부가) 고착되는 것은 하나의 **원인**으로 기능하여 장차 이 고착점으로 퇴행(사후 현상)되는 병리적 과정으로 발전한다. 멜라니 클라인에 의하면, 어떤 단계에서 리비도의 고착은 그 자체가 이미 병리적 과정의 **결과**이다. 결과가 있으니, 그것은 이미 선행하여 존재하는 갈등, 욕동의 갈등이 있다는 말이다. 발달의 어느 발달 단계에서나, 공격성과 불안이 과도해지면 그 불안을 넘어서기 위해 리비도의 고착 현상이 일어난다. 그리하여 조기에 사후 현상이 나타난다.

지그문트 프로이트와 M. 클라인 사이의 이론 작업상 또 하나의 중대한 차이점은— 더욱이 1932년부터 있었던 차이점은— 남아와 여아의 성 발달에 관한 것이다.

지그문트 프로이트의 개념을 간략히 보기로 하자. 그에게 남아는 여아처럼 오이디푸스 전 단계에서는 일단 어머니에게 오랫동안 애착을 갖게 된다. 남근기에 여아는 자신에게 페니스가 없다는 것을 발견하고 그 책임을 어머니에게 돌린다. 거기에서 이 첫 사랑의 대상에 대한 증오와 거부가 생겨난다. 여아는 자신이 탐내는 페니스를 아버지가 가진 것을 알아차리고는 아버지에게 애착한다. 여아는 그 보상으로 아버지에게 아기들을 요구한다. 결국 여아는 거세 콤플렉스를 발견하기에 오이디푸스에 접근할 수 있는 것이다. 오랫동안의 성적 잠복기가 지난 후, 여아는 사춘기에 이르러 드디어 질膣을 발견한다. 남아는 사랑의 첫 대상인 어머니에게 계속 충실하다가 그 상태에서 오이디푸스 단계에 들어가고 거기서 아버지와의 경쟁과 거세 공포에 맞닥뜨려 일시적으로 어머니를 포기하게 된다. 남아의 오이디푸스 콤플렉스는 거세 콤플렉스 때문에 쇠하게 된다.

반면 클라인의 이론화에서는 남아와 여아가 어머니에 대하여 오랫동안 애착 - 그것은 물론 오이디푸스적 애착인데, 전前생식기적 애착이기도 하다 - 한다. 구순-가학의 단계가 시작되면서, 아버지는 매우 이른 시기에 개입되어 남아와 여아에게 다 욕망의 대상, 경쟁자가 된다. 클라인은 여아가 자신의 질膣을 매우 철 이른 시기부터 의식한다고 한다. 어머니의 젖에 등을 돌리자마자 여아는 어머니의 몸 - 페니스를 간직한 - 에 관심을 갖고 오이디푸스적 갈등 단계로 들어간다고 클라인은 주장한다. 어머니에게서 아버지가 분리되어 개체화됨에 따라 이 오이디푸스적 갈등은 점점 더 생식적으로 되어간다는 것이다. 클라인에게 성적 잠복 단계는 없다. M. 클라인은 "여아의 성은 남성적 성의 거세된 보완물이 아니라, 고유한 현실을 지닌 성이다."라는 점을 분명히 밝혔다고 한나 시걸은 쓰고 있다 (1979, 55쪽).[59] 여아에게 있어 생식기 단계에서 페니스에 대한 욕망은 오이디푸스적 질투가 다시 나타나는 것일 뿐이다. 남아에게는, 페니스에 대한 욕망 - 어머니를 갖기 위하여 - 과 거세 불안이 물론 있는데 그것은 생식기 기간에 그 절정에 달한다고 M. 클라인은 쓰고 있다. 그런데 그 훨씬 이전에도 불안은 이미 존재한다고 클라인은 강조한다. 내장이 뽑히고 자신의 몸 내부가 파괴될 것을 볼 것에 대한 이 불안은 거세 불안의 기초가 된다는 것이다.

---

[59] [역주] H. Segal(1979), 『멜라니 클라인 사상의 발전』.

프리츠-에리히와 지내면서 멜라니 클라인은 억제라는 문제에 일찍이 관심을 두었다. 거기에서 그녀는 곧, 학교에서의 모든 활동은 무의식적 환상에 기초한다고 추론하게 되었다. 그 무의식적 환상은 모두, 어머니 몸 내부에 대한 호기심, 그 안에 들어가고자 하는 욕망, 어머니의 몸 내부를 공격하거나 소유하기까지 하고자 하는 욕망과 관련되어 있다. 이에, 그녀의 분석을 다시 읽어보기만 하면 된다. 프리츠에 대한 분석을 필두로 하여 에르나, 존과 그의 게, 특히 꼬마 자폐증 환자 디크가 있다. 1934년까지, 그녀는 아동의 알고자 하는 욕망을 가리키기 위하여 인식 애호 **욕동**이라는 것에 관해 이야기한다. 그녀에게 그것은 매우 본질적인 것이었다. 멜라니 클라인은 욕동을 대표하는 '무의식적 환상'을 정의하고 그 환상이 아동의 놀이나 활동을 통하여 상징의 방식으로 표현된다는 점을 발견한다. 이때부터 그녀는 상징에 대한 개념을 더욱 풍부히 하여 1930년, 「자아 발달에서 상징 형성의 중요성」이라는 논문을 통하여 상징 개념을 정의한다.

자폐증 아동 디크에 대한 분석에서는 그 임상 소재와 함께 M. 클라인의 사고의 여정이 잘 담겨있다. 클라인이 디크를 처음 만났을 때 아이는 상징적 활동이 전혀 없었다. 디크는 기차역과 문의 손잡이에만 관심을 두고 문을 여닫기만 할 뿐이었다. 디크는 차츰 제대로 놀기 시작했다. 디크가 표현하는 환상들은 어머니 몸에 대한 가학적 공격에 해당하는 것이었다. 그리고 그것은 즉시 극도의 불안을 수반하곤 했다. M. 클라인은 여기에서 다음과 같은 결론을 내린다.

즉 디크가 견디기 어려운 이 어마어마한 불안은 어머니 몸에 관한 관심을 위축시켰고 나아가 어머니 몸을 조금이라도 상징하는 모든 외부 대상에 관한 관심을 위축시켰다는 것이다. "디크는 이렇게 현실과 분리되어 자신의 환상 활동을 정지시켜, 텅 비고 어두운 어머니 몸이란 환상 안으로 피신해 있었다."(264쪽)[60]

「조울증 상태라는 정신병 발생학에의 기여」라는 1935년의 논문에 그녀는 우울증의 입장의 개념을 도입시켜 진정한 클라인 학파를 창립하게 된다. 이 작업으로 그녀에게는 적수들이 추가로 더 생겼는데 이번에는 비엔나나 베를린이 아닌, 런던에서 형성되었다. 사실 이 논문으로 어니스트 글로버는 소란스럽게 멜라니 클라인과 결별했다.

이 논문은 그녀의 이론에서 본질적인 부분이다. 사실 그 이전까지 그녀는 불안, 환상, 방어를 세밀히 묘사해 왔다. 그런데 이제는 아동의 자아에 관심을 둔다. 그녀는 우울증의 입장의 고안 작업을 자아의 일관성이 가능해지는지의 여부에 연결한다. 6개월 이후부터 아이는 어머니를 전체적인 사람으로 지각할 수 있다고 그녀는 적는다. 이러한 변화로, 우울증의 입장이 시작된다. 이때는 아이가 다른 시각으로 어머니와의 관계를 체험하기 시작하는 특권적 순간이다. 젖먹이는 이제 어머니를 전체적으로 사랑할 수 있고 자신을 어머니에

---

[60] M. Klein(1930a), 「자아 발달에서 상징 형성의 중요성」.

게 동일시할 수 있다. 안으로 투사된 어머니는 이제 자신을 박해하는 내부, 외부 대상에서 자신을 지켜줄 수 있다. 그러나 그러한 어머니는 젖먹이 자신의 공격이나 외부 세계의 공격에 노출되어 있다. 대상을 잃었다는 느낌, 슬픔, 향수뿐만 아니라 그 대상을 공격했다는 죄의식은 우울증의 입장과 연결된 정동情動들이다. 이 우울증의 입장을 고안해 내면서, 젖먹이 자아의 주된 임무는 자신의 자아 내에 확실하면서도 좋은 내부 대상을 세우는 일이다. 그런 작업은 미래에 건강한 정신균형을 갖추는 데 필요한 조건이다. M. 클라인에 의하면, 우울증의 입장의 고안은 그러므로 구조가 결정되는 - 정신병의 분야와 신경증의 분야가 나뉘는 - 순간이다.

M. 클라인이 묘사하는 방어기제들은 모두 편집광偏執狂[61]적 유형

---

[61] [역주] 편집으로 번역한 'manie'는 간혹 매니아나 열광으로 표현되기도 한다. 고대 그리스어로 광기(folie), 발광(démence), 광란(fureur)을 의미하며 정신 상태상 비정상적으로 고양된 에너지나 자극, 기분이 특징이다. 청소나 위생에 대한 결벽 등을 일상 프랑스어에서는 간혹 'maniaque'이라 부르기도 하는데, 그것은 잘못된 표현이다. 강박적 특징(traits obsessionnel)인 결벽증은 그렇게, 편집증과 구분되어야 한다.

기분(humeur)의 변화가 특징인, 편집의 증상을 논해보자면 다음과 같다. 물론 여기서 드는 증상 모두가 한 개인 안에서 다 발견되는 것은 아니다. 생각이 강화, 증대되며 감정(émotion)이 더욱 격하거나 강렬해진다는 점에서 편집은 우울이 전도된 것으로 볼 수 있다. 이때 정신적 고통(douleur morale)이나 슬픔도 같이 강해지기에 진단상의 혼돈을 초래할 수 있다. a) 흥분, 열광이 내적 압력으로 느껴진다. b) 고양된 기분으로, 도취가 전형적 증상인데, 한편 흥분하기 쉬운 과민성, 대뜸 보이는 반응성, 화를 내는 성향도 같이 포함된다. c)

이다. 그 방어기제들은 대상을 잃어버린 데 따른 정신적 고통을 없애는 것을 목적으로 하여, 스스로를 전지전능하다고 여기며 현실을 거부한다. 그런데 여기서 M. 클라인은 특히 복원réparation 기제를 도입하며, 정신 현상 발달에서의 그 본질적 역할을 강조한다. 바로 이것이 1940년의 논문 「애도哀悼와 조울증 사이의 관계」의 본질적 주제이다. 이 논문에서는 우울증의 입장의 창조적 양상을 볼 수 있다. M. 클라인은 우울증의 입장의 절정기에 자아가 손상된 대상을 복원하기 위해 어떻게 자신의 능력과 사랑을 동원하는지 묘사하고 있다.

쉬지도 않고 활동하거나 생산성도 없이 부산함을 떠는 경우. 예컨대 여러 가지 일을 시작한 후 마무리를 짓지 않는다. d) 뻔뻔스럽거나 수치를 잘 느끼지 않는다. 그리하여 되는대로 혹은 과도하게 성적 접촉을 하는 유혹 태도를 보이기도 한다. 평소라면 그런 행동을 하지 않으려 했던 이도 편집증 상태에서는 이와 같은 증상을 보인다. e) 생각이 가속되어, 새로운 생각이 계속 뇌리를 스친다. 한 활동을 지속하기 어렵고 집중도 어렵다. 어떤 주제에 대하여 말하다가 본론을 벗어난 후 애초에 하려던 말이 무엇이었는지 되찾아내지 못한다. 여러 생각이 머릿속에서 부딪히기도 한다. 연상 작용이 약해져, 자기는 논리적이라고 여러 가지를 말하는데 듣는 사람은 도대체 무슨 말인지 알아듣기 어렵다. f) 말할 필요가 강해지고 수다가 과도해진다. 수다는 매우 빨라지며 멈추지 않는다. 너무 빨라서 상대가 따라가지 못할 때도 있다. g) 과도한 확신 h) 수면이 과도하게 줄어든다. 그렇게 적게 자는데도 주체는 피로를 느끼지 않는다. 수면 감소는 흔히 편집증상의 초기 신호이다. i) 남을 도와주려 하는데, 타인의 감정을 과대공감한다. j) 지각 과민, 감각 과민 k) 감정상 불안정: 웃다가 쉽게 눈물을 흘린다. l) 위생이나 식사에 게으르다. m) 편집증이 있을 때 주체는 과대망상(délire de grandeur)으로 주위 사람들에게 피해 끼치는 일을 저지를 수 있다. 예컨대 무엇을 산다고 빚진 후 갚지를 못한다.

이러한 작업은 새로운 전환점이 되고 있기에 멜라니 클라인의 작품에서 본질적이다. 이제부터는 파괴성만 등장하지는 않는 것이다. 즉, 죽음 욕동이 삶 욕동과 서로 소통하면서 유기적으로 체계화되고 있다. 이와 같이, 우울증의 입장은 대상 상실에 따라 자아가 겪는 고통이자 협박이며, 동시에, 그러한 움직임 안에서 주체와 그 대상이 행하는 복원, 치유의 창조적 움직임이다.

J. 라플랑슈는 「멜라니 클라인을 불태워야 하는가?」라는 글을 통하여 클라인식 체계를 관통하는, 반대되는 두 항의 쌍들을 강조한다. 그가 든 예를 인용해 보자면 내면화/외부투사, 좋은/나쁜, 전체/부분, 망상paraoïde/우울dépressif 등이 있다. 이 극단의 쌍 중 한쪽을 잡아 다른 한쪽을 부정시 하면 클라인식 체계를 단순하게 축소시키는 일이 될 것이다. 그러므로 우리는 한 쌍의 두 극단이 같이 작용하는 양상을 보아야 한다는 점에 J. 라플랑슈와 의견을 같이 한다. 그런 의미에서, 그는 전체/부분이라는 쌍에 대하여 다음과 같이 적는다. "부분이란, 전체 안에서의 한 부분이 아니라 전체와는 다른 종류의 특색을 지니고 있는 것이다." 마찬가지로, 좋음과 나쁨도 서로를 제외시키는, 반대된 두 극단이 아니라 서로 통하며 결합하기도 한다. 또한 좋은 대상이 나쁜 대상으로 되기도 하며 나쁜 대상이 좋은 대상으로 변하기도 한다. 이 모든 소통 방식이 중요하다고 우리는 생각한다. 우울증의 입장으로써 M. 클라인은 분명, 잠재성 풍부한 변증법을 도입하고 있는 것이다. 이후 우리는 그녀가 이러한 자신의 이론을 또 어떻게 수정하는지 살펴볼 것이다.

03 위제니 소콜니카: 프랑스에 분석이 도입됨[62]

위제니 소콜니카의 유년 시절:
프로이트와, 이후 페렌치와의 분석

위제니는 1884년 6월 14일, 바르샤바의 학식 높은 유대인 가정에서 태어났다. 아버지는 은행가였고, 어머니는 전투적 활동가였다.

당시 폴란드에서 많은 수를 차지하고 있었던 유대인들은 주위의 반유대주의에 혹독한 시련을 당했으며 러시아, 프러시아, 오스트리아-헝가리 제국 등 이웃 열강의 손에 맡겨져 있었던 조국의 민족, 민주주의 운동에 적극 참여했다.

위제니는 합병이 한창 진행 중인 환경에서 자라났다. 그렇기에 그녀는 자신이 속한 유대 계층보다는 노예 상태로 전락한 폴란드의

---

[62] 이 부분은 파스칼 뒤하멜 박사가 정신병과의 특수 임상 연구 자격증 논문으로 쓴 연구 작업에 의거했다(보르도 II 대학, 1988년 10월 12일). 논문 제목은 「위제니 소콜니카: 잊힘과 비극 사이에서」이다.

고통에 더욱 자신을 동일시했다. 위제니의 가족 중 몇 명은 침략자에 대한 폴란드의 저항에 참가했다. 친조부는 1830년, 폴란드 군대에서 복역했다. 친가 쪽 작은아버지는 1863년 항거 이후 시베리아로 강제수용 되었다. 어머니는 1863년 저항 운동에서 매우 중요한 역할을 하여, 1918년 이후 재통일된 폴란드 정부의 국장으로 장례식이 거행되었다(피숑, 1934).[63]

모든 부유한 계층의 자녀처럼 위제니도 주로 가정에서 이루어지는 교육을 받았다. 그녀는 프랑스인 가정교사에게서 우리의 언어[64]를 배웠다. 이후 그녀는 중등교육을 받고, 대학 입학 자격시험을 통과한다. 헬렌 도이치는 위제니에 대한 전기를 통하여 그 시대, 그곳에서 주위 사람들에게 그녀가 대학에 갈 권리가 있음을 설득하는 데에 얼마나 어려움을 겪었는지 증언한다.

20세가 되기 전에 위제니 쿠트너는 프랑스 파리의 소르본 대학의 생물, 자연 과학과의 대학생이 되었다(피숑, 1934). 그녀는 콜레주 드 프랑스의 피에르 자네 교수의 수업을 받는다. 심리학자이자, T. 리보의 제자이며 정신과 의사에 J. 샤르코의 제자인 P. 자네는 심리학 분야에서 프랑스를 포함한 전 세계의 공식적 대표자이다. 자신이 무의식을 처음 말했다고 생각하기에 그는 프로이트의 발견에 씁쓸

---

[63] [역주] Pichon(1934), 「위제니 소콜니카」.
[64] [역주] 저자가 프랑스인이기 때문에 여기서 '우리의 언어'란 프랑스어를 뜻한다.

함을 금치 못했고 서슴지 않고 지그문트 프로이트를 공격했다.

과학 분야의 학위를 취득한 후 위제니는 폴란드에 돌아와 결혼한다. 그리하여 그녀는 위제니 소콜니카가 된다. 우리가 프랑스-폴란드 도서관에서 찾아낸, 그녀의 이름으로 된 과학 개설서가 증명하듯(1916), 위제니는 몇 년 동안 강단에 선 것으로 보인다.

1911년부터 1921년 사이에 그녀는 많은 이주를 한다. 취리히, 비엔나, 뮌헨, 바르샤바, 부다페스트 등에서 살았으니 불안정해 보일 수 있다. 이 기간은 사실 정신병학 교육 이후 정신분석학 교육을 받은 몇 년이었다. 그리고 이때 중부유럽은 전쟁으로 혼란스러웠다.

1911년, 위제니는 취리히의 정신병원에서 기술을 쌓았다. 거기서 그녀는 C. G. 융을 만난다. 융의 저술 안에서 그녀에 대한 언급을 찾아볼 수는 없지만, 그녀는 융의 제자였던 것 같다. 1913년, 프로이트와 융의 결별 시 그녀는 융보다는 프로이트를 택했다. 프로이트는 그녀를 기꺼이 맞아들였다. 이때 그는 융의 오래된 친구이자 제자인 사비나 슈필라인도 막 맞아들인 참이었다.

위제니의 정신분석은 일 년 정도 계속되었다. 이 분석은 지그문트 프로이트가 1913년, 「치료의 시작」이란 제목의 글에서 갓 정의한 규칙에 따라 진행되었을 것으로 생각할 수 있다. "나는 환자 각자에게 일요일과 법정 공휴일을 제외하고는 매일 한 회 분의 분석을 해준다. 즉 그것은 주당 6회이다. 경미한 사례이거나 치료가 이미 꽤 진행된 환자들은 주당 세 시간이면 충분하다." 그녀는 이 시기에 남편과 헤어진다. 1914년 4월부터 그녀는 비엔나 정신분석학회의 수

요일 저녁 모임에 초대된다. 지그문트 프로이트의 충고에 따라 그녀
는 뮈니히에 정착한다. 1914년의 뮈니히는 정신분석학자가 없는 도
시였다. 그러나 전쟁이 시작되자 위제니는 폴란드로 돌아간다. 독일
과 볼셰비키파의 협박으로 그녀는 거기서도 오래 머물지 못하고 취
리히로 피신한다. 1916년 그녀는 다시 취리히에 정착해 정신분석학
회 회원이 된다. 1916년 11월 8일, 그녀는 비엔나 정신분석학회의
회원으로 당선된다. 바로 이날의 학회에서 헤르미네 후크-헬무트는
「세 레즈비언의 사랑의 운명」에 대한 내용을 강연한다. 이날 이후로
위제니는 비엔나 학회의 회의에 나가지 않는다. 그녀는 그 학회에
1919년 11월, 다시 모습을 보이고 거기에 초대된 지 얼마 되지 않은
안나 프로이트를 만나게 된다.

　1918년 1월, 위제니 소콜니카는 다시 폴란드에 정착한다. 그녀는
바르샤바에 정신분석학회를 설립할 꿈을 꾼다. S. 페렌치에게 1918
년 1월 19일에 보낸 편지에서 지그문트 프로이트는 다음과 같이 적
고 있다. "소콜니카 부인은 바르샤바에 정신분석학회를 세우고 있는
것 같습니다."[65] 사실 위제니 소콜니카는 그 일을 이루지 못했다.
1919년 봄, 위제니 소콜니카는 바르샤바에서 강박 신경증에 걸린
어린 소년을 6주간 분석했다. 이는 다시 논의할 것이다.

　그러나 위제니는 바르샤바에 남지 않는다. 1920년 초, 그녀는 S.

---

[65] 지그문트 프로이트가 S. 페렌치에게 쓴 편지에서 발췌한 부분이다. 이 편지는
　J. 뒤퐁 부인이 건네준 미간행 서간문이다.

페렌치가 있는 부다페스트로 간다. 그녀는 페렌치와 함께 새로운 정신분석을 시도하고자 한다. 이 분석은 남자 형제를 만나러 프랑스로 떠나기 전까지 약 일 년간 지속된다.

프로이트와 페렌치 사이의 서신 덕에 우리는 이 분석이 어떠했는지 부분적으로 알 수 있다. 둘은 이 공동 환자에 대해 오랫동안 이야기한다. 이 서신의 출판 전 번역권을 확보하고 있는 주디트 뒤퐁 부인의 호의로 우리는 이 편지를 읽을 수 있다. 뒤퐁 부인의 희망에 따라 우리는 이 편지를 글자 그대로 베끼지는 않고, 본질적인 부분만을 전달하는 데에 그칠 것이다. 독자는 이 방대한 양의 서신이 출판되기까지 기다리면 된다.

1920년 2월 10일: S. 페렌치는 지그문트 프로이트에게 E. 소콜니카를 6주 전부터 분석하고 있다고 말하며 이 사실을 아무에게도 말하지 말아달라고 부탁한다. (비밀은 잘 지켜져서 S. 페렌치는 흔히 E. 소콜니카의 스승 중의 한 사람으로 인용되곤 했다. 우리가 알고 있는 한, 오늘날까지 이 두 번째 분석을 언급한 사람은 아무도 없다.)

1920년 5월 20일: 이 헝가리 스승은 자신이 속한 그룹의 정신분석가 중에 E. 소콜니카가 있다고 말하고 있다. 부다페스트 정신분석학회 모임은 그녀를 참작하여 독일어로 진행되고 있다고 그는 쓰고 있다. 그는 E. 소콜니카가, 간략하지만 매우 재미있는 관찰 내용을 보고했으므로 동봉한다고 적고 있다. 우리는 그 관찰 내용이 강박 신경증에 걸린, 민스크의 작은 소년에 대한 것이라고 믿을 만한 충분한 이유가 있다. 이 내용은 같은 해에 정신분석학을 위한 국제 잡지(1920, t. Ⅵ)에 간행된다.

1920년 6월 4일: 지그문트 프로이트는 S. 페렌치에게 좀 더 '사적인 것'을 편지에 써 주는 것이 어떻겠냐고 권유한다. 이 권유의 출발점은 위제니 소콜니카의 분석이었다. S. 페렌치는 스승의 의향에 응대하여 그날 E. 소콜니카의 경우를 매우 길게 언급한다. 그는 프로이트에게 자신이 하는 이 분석을 자세히 "토로해"주고, 결국은 그것에 대하여 어떻게 생각하느냐고 의견을 묻는다. 분명 E. 소콜니카의 사례는 이렇듯 '점검'[66]의 계기가 되며 이론화의 대상까지 된다. S. 페

---

[66] [역주] 정신분석가는 정신분석학으로 무장하는 것만으로는 충분하지 않다. 과거와 현재의 다른 정신분석가들과 함께 정신분석학의 발견을 전수하는 과정에 참여해야 하는 것이다. 그렇게 스스로를 계발하는 방법에는 여러 가지가 있다. 성찰, 독서, 동료들과의 교류, 회의나 세미나 참가 등은 젊었건 나이 들었건 정신분석가라면 누구나 일상적으로 행하는 활동이다.

그중 정신분석학계에서 오래 전부터 인정되어 온 전수 과정은 점검(contrôle)이다. 감독(supervision)이라고도 부르는 이 작업은 두 정신분석가(한 쪽은 다른 한 쪽보다 더 노련한 경우가 대부분임. 그러나 더 노련하다고 자신의 지식을 주입하는 스승의 위치에 서는 것은 아님)가 분석에 대해 함께 논의하는 전수 과정이다. 신진 정신분석가는 노련한 정신분석가의 충고와 점검을 겸하면서 치료를 행할 때 좋은 경력을 쌓을 수 있다.

점검이라는 용어는 1919년 지그문트 프로이트가 「대학에서 정신분석학을 가르쳐야 하는가?」라는 글에서 처음 사용하였다. 이후 막스 아이팅곤(1881~1943)은 1922년 국제회의에서 발표한 보고서 – 베를린 정신분석학 연구소에 대한 보고서 – 안에 이 용어를 도입하였다. 정신분석가를 양성하면서 동시에 환자를 받기도 했던 베를린 정신분석학 연구소는 아이팅곤과 카를 아브라함이 정신분석가를 양성한 최초의 기관이었다. 여기서 교육받던 정신분석

렌치는 그녀의 심리적 연약함에 관심을 둔다. 분명 그녀는 편한 환자가 아니었고 심각한 성격장애를 지니고 있었다. 프로이트는 위제니가 이혼의 초기 절차로 자금이 부족해지자 분석이 끝나기도 전에 자신을 거절했다고, 위제니는 프로이트를 원망하고 있었다. 위제니는 자신이 사는 부다페스트의 다른 하숙인 부인들과 자주 말다툼을 하곤 했다. 그녀는 S. 페렌치를 가증스럽게 대하여, 그를 대놓고 무능력자로 취급했으며 계속 지그문트 프로이트와 비교했다. S. 페렌치는 위제니에 대한 진단 가정을 세운다. 우리는 그 내용을 예외적으로, 그대로 인용해 보도록 하겠다. 그 내용을 요약했다가는 페렌치가 내린 평가 내용이 변형될 우려가 있기 때문이다. "성격상의 특징은 망상적[67] 증후symptômes paranoïaques와 비슷합니다. 망상적 증후

가들은 의사나 정신과 의사도 있었고 의사가 아닌 자들도 있었다. 베를린 대학 병원 정신과 과장이었던 헤르만 오펜하임은 이 연구소에 환자를 보내주곤 하였다.

[67] [역주] 망상(paranoïa): 광기(folie). 인간관계가 성립되기 어려운 정신 장애, 혹은 행동 장애나 박해당하고 있다는 느낌. 그런 느낌은 비합리성이나 정신 착란까지 갈 수 있다. 타인의 위협에 박해당하고 있다는 믿음이 망상증의 전형이다. 망상은 불안에서 오는 장애(trouble anxieux)가 아니라 정신병(psychose)이다. 즉, 망상은 불안이나 두려움의 감정이 아니라 사고기능 이상(그른 판단)이다. 망상증 환자는 자신이 내리는 판단이 틀렸다는 점을 의식하지 못한다. (참고로, 21세기 초 대중매체에서 망상이란 용어는, 불신, 의심, 회의라는 부차적 의미로 잘못 사용되고 있다. 불신, 의심, 회의 등은 병적 상태와는 거리가 멀다.) 고정되고 완고한 인격이 특징인 망상은 일반적으로 청소년기나 성인 초기에 나타나며 고통이나 기능장애를 수반한다. 인구의 0.3~2.5 퍼센트를 차

지하는 망상 환자는 자신에 대한 병적 과대평가(자신의 가치가 제대로 평가된 적이 없다는 오만), 타인에 대한 극도의 불신, 사회적 관계 시 격하기 쉬운 감각과민증, 정상을 벗어난 신경과민, 자기비판, 실패를 고통스럽게 내면화함, 판단 오류 등과 같은 사회 부적응성을 보인다. 망상증 환자에게서는 흔히 수동적-공격적 행동을 볼 수 있다. 객관적 현실과는 맞지 않는 생각을 하며 주체는 그런 생각을 확신한다. 그것이 틀렸다는 증거를 분명히 대어도 주체는 그 생각을 맹목적으로 믿는다(délire paranoïaque).

망상성 정신착란(délire paranoïaque)의 특징: "내가 차를 몰고 도착했을 때 신호등이 빨간 등으로 바뀌었다. 그것은 누군가가 나를 감시하고 있음을 보여준다."라는 예에서 보듯, 주체는 해석 기제를 사용하되, 자신의 경험에 현실과는 다른 해석을 내린다. 내용은 다양하지만 망상증은 주로 박해 망상, 피해망상, 질투, 음모(陰謀) 등과 관련된다. 그런 정신 착란은 매우 체계적이고 긴밀한 논리적 일관성이 특징이다(그것이 잘못된 전제 위에 세워지기는 하지만). 그리하여 청자가 완전히 찬동하는 때도 있다. 분야가 제한된 정신착란(délire en secteur)은 (예컨대 아내가 바람을 피운다고 망상하는 남자의 경우. 이때 그 남자는 인생의 다른 부분에서는 망상증이 없다) 환자의 인생 중 일정 부분으로만 제한되어 있다. 반면, 모든 사람이 음모를 하고 있다고 여기는 경우는, 망상이 주체의 인생과 정신기능 전반으로 퍼지는 경우이다(délire en réseau).

망상증(paranoïa)으로 발생하는 정신착란(délire)에는 여러 가지가 있다. a) 치정 정신착란(délire passionnel)의 예로는 "아내가 방으로 급히 들어간 것은 바람피우는 것을 숨기기 위한 것이다."를 들 수 있다. b) 호소 망상(délire de revendication): 체계화되어 있고 일상의 일정 부분에 제한된(en secteur) 망상으로서 정신착란적 해석체계에 주로 기초한다. 주체는 자신이 피해를 봤다고 믿는 나머지, 흥분이 고양되어 공격적으로 된다. 그리하여 "진리를 드러내야 한다"거나 "잘못한 사람을 벌주어야 한다"고 주장한다. 자존심이 상했고 피해를 받았다면서 소위 그 박해자에 대한 고소, 소송을 거듭하기도 한다. 건강염려증 정신착란(hypocondrie délirante)도 호소망상에 포함된다(주체는 병환 중는 자아에 속하기 때문입니다. 이러한 나의 추측은 그녀를 성격 분석한 결과 (가벼운) 망상적 특징이 드러남으로써 사실임이 확인되었습니다. 이는 실로 놀라운 일이 아닐 수 없습니다(그리고 바로 이 점이, 과학적인 면에서도 가장 흥미로운 부분입니다). 그녀는 자주 염탐을 하려고 하며 다른 사람들이 자신에 대해 무슨 생각을 하는지에 사로잡혀 있습니다. 색정광적 격발, 남자다움 등의 면모 역시 이 부분적 진단 결과와 일치합니다. 그녀는 절대적으로 자신이 남보다 우월하다고 느낍니다. 그녀는 재능이 탁월하지만, 자신이 위대하다는 공상을 하고 있습니다." S. 페렌치는 또한 그녀가 매우 심각한 우울증의 경향이 있다고 강조한다. 자살하겠다는 협박 때문에 그는 걱정이 돼서 그녀를 저버릴 수 없게 되었던 것이다. 게다가 S. 페렌치는 프로이트에게 E. 소콜니카의 분석가적 자질을 칭찬한다. E. 소콜니카가 특히 기법의 면에서 재능을 보인다는 것이다.

1920년 8월 15일: S. 페렌치는 휴가를 도중에 중단한다. E. 소콜니

자신이 제대로 치료받지 못했다거나 사고 후 제대로 보상받지 못했다고 망상한다 어떤 주체는, 자신이 병에 걸렸다가 스스로 발견해 낸 치료법으로 나았다고 확신한 후 그 치료법을 널리 퍼뜨리려 한다. 효과가 없을 뿐 아니라 위험하기까지 한 그 새로운 치료법을 반대하면, 사람들이 자신을 박해하려 한다고 생각한다). 열정적 이상주의자도 호소망상에 포함된다. 그리하여 사회적, 정치적, 신비주의적 절대 신앙 등 대의에 사로잡혀 광신적으로, 피로도 못 느끼고 그 주장을 퍼뜨리는 사자(使者)가 된다. 자신이 유명한 계보(흔히 왕실이나 귀족)의 후손이라고 주장하는 혈통 정신착란(délire de filiation)도 호소망상에 포함된다. c) 그 외 해석 정신착란, 감수성과 관련된 정신착란 등이 있다.

카가 치료가 중지된 것을 못 견디는 것이었다.

그리고 1921년 1월 6일: S. 페렌치는 지그문트 프로이트에게 E. 소콜니카가 파리에 정착할 것이며 그녀의 남자 형제가 그녀를 맞아들일 것이라고 알린다. E. 소콜니카는 지그문트 프로이트의 파리 주재 밀사였다고, 대부분의 역사가는 오늘날까지 추정해왔다. V. 스미르노프만이 그것을 의심했다(1979). S. 페렌치는 E. 소콜니카와 해낸 분석 작업에 만족해한다. 그녀 성격상의 가혹한 점이 완화되었기 때문이다. 그녀는 홀로스 밑에서 일하면서 실제에 대한 교육을 계속 받는다. 홀로스는 그 당시 부다페스트에서 가장 큰 정신병원인 〈노란 집〉의 병원장이었다(게로-브라반트^{Gero-Brabant}, 1986). 그녀는 거기서 우수한 해석으로 주목을 받았다고 한다. 좀 더 내려가, S. 페렌치는 E. 소콜니카가 지그문트 프로이트와 O. 랑크에 의해 모욕당했다고 줄곧 느끼고 있다고 적었다. (그녀는 O. 랑크를 짝사랑했다는 것이다.) S. 페렌치는 프로이트에게, 파리에 있는 프로이트의 출판사와 번역가 얀켈레비치에게 그녀를 추천해 달라고 간청한다.

1921년 1월 16일: 지그문트 프로이트는 S. 페렌치에게 E. 소콜니카를 파이오 출판사와 얀켈레비치에게 추천해 주되 그녀가 파리에 정착한 후에 해주겠다고 약속한다(주소가 또 바뀔 것을 꺼려서 그랬을 것이다). 지그문트 프로이트는 그녀를 돕기는 하나 그녀에 대해서는 조심성 있는 태도를 보인다. "여담이지만, 그(O. 랑크)와 나는 그녀를 좋아하지 않습니다. 반면 당신은 그 혐오스러운 인간을 아주 좋아하는군요."라고 프로이트는 쓰고 있다. 이후에 볼 것이지만 몇 년 후, 프로이트는 이런 판단을 누그러뜨린다.

1921년 2월 7일: S. 페렌치는 변론한다. 그 여환자를 특별히 좋아하지는 않고 그녀의, 보통 수준 이상의 정신분석가적 재능을 인정한다는 것이다.

1921년 2월 11일: S. 페렌치는 지그문트 프로이트에게, E. 소콜니카가 이제 곧 파리로 떠날 것이라고 재확인해 준다. 그는 E. 소콜니카의 경우를 다시 언급한다. "그녀는 전형적인 신경증이 아니라 병적 격노를 앓고 있습니다." 그녀는 다른 사람들과 자기 자신을 동시에 격노한 것일 수 있었다. 페렌치는 E. 소콜니카의 성격장애의 최초 근원은, 여동생에게 선물해 준 아버지에 대한 화를 제대로 소화하지 못한 것이라고 규정하고 있다. S. 페렌치는 지그문트 프로이트에게, 그녀가 "서쪽에"(이 표현은 S. 페렌치가 쓴 것이다) 정착하는 계획에 대해 프로이트와 잘 의논할 수 있도록 친절히 맞아달라고 부탁한다.

1921년 3월: S. 페렌치는 여전히 자신의 여환자 행동에 신경을 쓰며 그녀가 프로이트의 집에서 어떻게 처신했는지 묻는다. 결국, 프로이트는 그녀가 아직 낫지 않았다고 겸손히 강조한다.

우리는 이 서신의 내용을 이야기하는 일이 중요하다고 생각했다. 이로써, E. 소콜니카가 프랑스에 온 것은 지그문트 프로이트의 요청이 아니라 그녀의 스승[68]이 요청해서였다는 사실을 확인할 수 있기 때문이다. 더군다나 E. 소콜니카가 프랑스에 정신분석학을 도입시키려고 노력할 때 맞닥뜨린 어려움의 성격이 어떤 것이었는지 더 잘 파악하고 이해할 수 있게 된다.

프랑스에서의 위제니 소콜니카

위제니 소콜니카는 출판계에 지그문트 프로이트의 추천을 받았다. 그리하여 《프랑스의 새로운 잡지》 그룹은 위제니 소콜니카를 열렬히 환호했다. 매주 그녀의 집에는 앙드레 지드, 장 리비에르, 로제 마르탱 뒤 가르, 가스통 갈리마르, 장 슐룅베르제 등이 모였다. 이들은 그룹을 〈억압된 자들의 클럽〉이라 이름 지었다.

에두아르 피숑Pichon(1934)은 위제니 소콜니카의 프랑스 도착을 다음과 같이 묘사한다. "우리 프랑스 정신분석학자들에게 1921년, 소콜니카의 파리 도착은 기념할 만한 사건입니다. 그때까지만 해도 프로이트주의는 순전히 이론적인 비평 연구로만 알려졌을 뿐입니다. 그러한 이론적 비평 연구로 프로이트주의의 어떤 결과적 가치를 판단할 수는 없었죠. 소콜니카 부인이 옴으로써 우리는 정신분석학에 대한 훌륭한 원천적 지식을 갖춘 심리학자이자, 구체적 사례에 실제로 방법을 적용할 줄 아는 전문가를 얻었습니다. […] 그녀가 알게 된 사람들은 특히 《프랑스의 새로운 잡지》의 문학 파트 성원들이었습니다. 이 유명한 동인 모임 내에 그녀가 가져온 정신분석의

---

[68] [역주] 페렌치를 말함.

개념은 도시 전체에 막강하게 퍼져 나갔죠. 1921년과 1922년 사이의 겨울, 파리에서는 무슨 일에서건 노상 토론만 벌어졌다 하면 정신분석학의 학설이 주제가 되었습니다. 그렇게 갑작스레 유행이 퍼지는 것이었습니다. 그런데, 대부분이 감탄 어린 도취 아니면 피상적이고 과장된 야유의 말투로 진행되곤 했습니다. 이러한 유행의 파도는 당시 정신분석을 과학적으로 침착하게 연구하고자 하는 이들에겐 신경을 거스르는 일이었습니다. 또한, 사람들은 그런 분위기를 조성했다고 소콜니카 부인을 비난했습니다. 그러나 그녀는 일단 접촉할 수 있는 분야에서부터 시작했다고 생각해야 합니다. 그녀가 인연을 맺은 문학계 사람들은 정신분석에 흥미가 없는 것은 전혀 아니었고⋯ 의사들과 접촉이 되자마자 그녀는 의료계 쪽으로 갔습니다."

1922년과 1923년 사이의 겨울, 그녀는 고등사회과학 학교에서 강연을 몇 번 한다. 바로 거기서 폴 부르제가 그녀를 조르주 호이예르에게 소개해준다. 조르주 호이예르는 병원 의사이자 당시 성-안느 병원의 뒤프레 교수의 대리인이었는데, 소콜니카에게 이 프랑스 정신병학의 명문계에 문을 열어 준다.

우리의 부탁으로 앙리 포르는, 소콜니카가 처음으로 파리 정신병학계에 들어선 이 중대한 순간에 대하여 매우 흥미로운 증언을 해주었다.

"조르주 호이예르 교수는 고령에 다다랐을 때 나를 몇 번이나 집에 초대하여 긴 직업 여정 중에 일어난 우여곡절을 말해주곤 했습니다. 그중 위제니 소콜니카 부인이라는 이상한 사람에 대해 언급하기를 좋아하셨습니다. 폴란드 출신으로서 그녀는 1921년에 프랑스에 도착했답니다. 1921년 폴 부르제의 소개로 그녀는 조르주 호이예르에게 연락을 해 왔습니다. 의사는 아니며 정신분석가이자 C. G. 융의 제자이며 지그문트 프로이트의 분석을 받은 그녀는 파리의 정신병원에 들어가 거기에 정신분석학을 도입시키고자 했습니다. 성-안느 병원의 정신병 강좌를 대리로 맡고 있던 조르주 호이예르는 그녀를 자신의 분과에 받아주었습니다. 매주 석 달 동안 다양한 정신과 의사들과 함께 그녀는 실제 사례를 연구하는 모임과 여러 종류의 병을 소개하는 모임에 참석했습니다. 그중에 R. 라포르그가 있었는데 그녀는 이후 그를 분석해 주었습니다. 그런데 (이 일화는 호이예르 교수가 해준 이야기임) 조르주 뒤마는 소콜니카 부인에게 당황스러운 질문을 했습니다. 석 달 후 그녀는 사람들이 자기를 놀린다며 성-안느에 다시는 나오지 않았습니다. 그리고 그녀는 개인 정신분석 진료소를 열었습니다."

　모든 정신분석 역사가들은 위제니 소콜니카가 성-안느에서 쫓겨났다고 여태까지 주장해왔다. 그러나 G. 호이예르의 이러한 증언을 들어보거나 우리가 알고 있는 그녀의 인격으로 미루어 보아 그녀는 프랑스 정신병학계라는 '성채'를 자진해서 떠난 것이 분명하다. 그러나 과묵한 이 의학계에서 위제니 소콜니카가 완전히 실패한 것은 아니다. 그녀는 클로드 교수의 조교인 르네 라포르그의 분석가가 되었을 뿐만 아니라 소아과 의사이면서 R. 라포르그의 친구이며 P. 자네의 사위인 에두아르 피숑의 분석가도 되었기 때문이다.

이제부터 위제니 소콜니카의 여정은, 실제로 진행되기 시작하는 프랑스 정신분석학 움직임의 역사를 배경으로 하게 된다.

의사도 아니면서 유대인인데다 거장 스승[69]의 지지를 받고 있지도 않았으며 성-안느 지도층의 인정도 못 받은 그녀였으니 선도자로 자리매김하기가 어려운 것은 당연했다. 분석가가 된 그녀의 제자 라포르그는 자신을 분석해 준 그녀가 자의반 타의반으로 넘겨주는 배턴을 거머쥐었다.

그래서 르네 라포르그는 프로이트에게 편지로, 파리로 와서 콜레주 드 프랑스에서 강연을 해달라고(아인슈타인 다음으로) 초청한다. 그는 프로이트에게, 와서 클로드 교수가 참석한 가운데 소콜니카 부인을 지지해 달라고 초청한다. 클로드 교수가 소콜니카를 의사가 아니라는 이유로 제명하고자 하기 때문이라고 그는 적고 있다. 매우 신속히 보낸 답장에서 지그문트 프로이트는 어느 정도 신중함을 보인다. 프로이트는 R. 라포르그와 연락이 닿아 기쁘다는 점을 분명히 한다. 프로이트는 "라포르그에 대한 말을 많이 들었"기 때문이다 (1923년에 라포르그를 프로이트에게 소개해줄 수 있었던 이는 E. 소콜니카밖에 없었던 것 같다. 치료상 '검사'의 목적으로 라포르그에 대한 말을 했을 것이다). 그러나 프로이트는 즉시 R. 라포르그가 É. 피숑과 막 함께 쓴 논문에 대해 주의시킨다. "널리 유행되는 편견

---

[69] [역주] 지그문트 프로이트를 말함.

이나 여론과 타협하여 동의를 얻는 경우가 있습니다." 이미 병에 걸려 있던 프로이트는 파리로의 초대를 거절한다. 그러나 소콜니카 부인의 입장을 지지하러 가지 못하는 것을 유감스럽게 생각한다. 사실 지그문트 프로이트는 R. 라포르그와의 이 첫 번째 접촉이 있고 나서야 위제니 소콜니카를 지지하기 시작한다. 그는 R. 라포르그가 그녀와 대립한다는 사실을 놀랍게 여긴다. 그 점을 알리고자 프로이트는 R. 라포르그에게 다음과 같이 쓴다. "당신이 소콜니카 부인과 사이좋게 일한다는 소식을 들었다면 매우 기뻤을 것입니다. 우리는 그녀를 매우 오래전부터 알고 있고 그녀가 우리의 합당한 대표자임을 인정하지 않을 수 없기 때문입니다."

이중 부정의 이 마지막 문장을 근거로 정신분석학 역사가 대부분은 소콜니카가 파리에서 지그문트 프로이트의 밀사였다고 말한다. 사실 1923~1924년경에는 지그문트 프로이트가 프랑스 땅에 정신분석학을 심기 위하여 E. 소콜니카와 R. 라포르그 둘 다에게 기대를 걸었던 것 같다. E. 소콜니카는 문외한 분석^{Laienanalyse} 및 어느 정도의 정통성을 구현하고 있었지만, 의학계가 별로 용인하지 않는 인물인데다 '정치적' 도량이 전혀 없었다. 한편, R. 라포르그는 타협을 하는 인물은 아닌지 의심스러웠다. 그의 이론적 견해는 나약해 보였다. 그러나 그는 프랑스 정신병학 거물들에게 신임을 받고 있었고 재빨리 명성을 얻는 수완가였다. 지그문트 프로이트는 E. 소콜니카와 R. 라포르그의 이 놀라운 '대무'^{對舞}를 조정하고 있었다. 그러나 E. 소콜니카도, R. 라포르그도 이 스승의 실제적 신임을 얻지 못한다. 지그문트 프로이트는 자신이 진정으로 신뢰할 수 있는 사람을 1926년에야 찾아낸다. 그 사람은 '그리스의 게오로기오스 왕자비'였다… 그리고 이 "치마 두른 보나파르트"[70](É. 루디네스코[71])가 프랑스 쪽 업무를 맡는 순간부터 E. 소콜니카의 이름은 프로이트와 라포르그의 서한문에서 사라진다…

1926년 8월, "프랑스어로 진행되는, 정신분석가들의 최초의 강연회가 제네바에서 열린다. R. 라포르그는 이때 「정신분열증과 스키조노이아」[72]라는 제목의 보고서를 발표한다. 그리고 1926년 11월 4

---

[70] [역주] 보나파르트는 나폴레옹 집안의 성이다. 그리스의 왕자비인 마리 보나파르트는 나폴레옹 1세의 조카의 손녀이다.

[71] É. Roudinesco(1986), 『프랑스 정신분석학의 역사』.

[72] [역주] 스키조노이아(schizonoïa):

a) 피숑(E. Pichon)이 정의하는(1932) 스키조노이아는, 주체가 일상생활에서 의식적으로 취하고자 하는 태도와 무의식 심리활동 사이의 불일치를 말한다. 이때 그 두 가지는 서로 방향을 달리한다.

b) 코데(H. Codet)와 라포르그(R. Laforgue)가 정의하는 스키조노이아는, 본능발달의 장애에서 오는 모든 감정의 발육부진 – 치명적 결함을 야기하는 – 을 가리킨다. 이 두 저자에 따르면, 스키조노이아의 근본적 핵은, 실패를 보완하기 위해 자폐증적 성향을 보이는 것이라고 한다. 이 광범위한 정의 안에는 다양한 신경증, 블로일러(E. Bleuler)의 정신분열, 클로드(H. Claude)의 분열편집증(schizomanie), 크래플링(E. Kraepelin)의 조발성 치매의 중요부분, 샤슬랭(Ph. Chaslin)의 부조화 광기 등도 포함된다. 이렇게 범위가 하도 넓다보니, 스키조노이아라는 개념 자체의 가치가 떨어지는 면도 있다. 그러나 스키조노이아란 개념은 정신분열증(schizophrénie) 그룹에 속하지 않는, 비정형적이고 부차적인 병리형태를 따로 구분짓기 위하여 정의된 것이다.

일에는 그리스의 게오르기오스 왕자비 전하, 위제니 소콜니카 부인, 에나르 교수, 그리고 의사로는 R. 앨런디, A. 보렐, R. 라포르그, R. 뢰벤슈타인, G. 파르슈미네, É. 피숑이 모여 파리 정신분석학회를 창립한다."

오디에와 R. 드 소쉬르라는 두 스위스인이 이들과 합류했다. 그리고 12월 20일에는 앙리 코데가 〈12인의 창립자 협회〉의 정식 회원이 되면서 협회 구성원은 총 12명이 되었다.

회장인 R. 라포르그 옆에서 위제니 소콜니카는 파리 정신분석학회의 부회장이 된다(1926년 말에서 1928년까지). 그녀는 이 학회에서 특히 정신분석학 기법가이자 교육 전문가의 역할을 하고 있음이 눈에 띈다(피숑, 1934). 프랑스에서 이제 막 시작되는 정신분석학의

정신분열증(schizophrénie)이란 용어는 분열을 뜻하는 'schizein'과 정신을 뜻하는 'phren'에서 유래했다. 정신이 현실에서 분리되어, 현실에 대한 해석이 남들과 같지 않고 이상한 말이나 행동을 보이는 정신병이다. 그러니 이때 분열이란, 정신이 여러 개로 분열되었다는 의미가 아니다. 따라서 정신분열증은 정체성 분열 장애와 연관된 다중 인격 현상과 혼동해서도 안 된다. 그러나 흔히, 매스미디어나 영화에서는 서로 반대되거나 여러 겹을 지닌 실체, 혹은 서로 모순되는 내용 사이에서 망설이며 갈등하는 것을 정신분열로 잘못 사용한다. 정신분열증은 보통 청소년기 말과 성인기 초기에 발병한다. 이때는 개인의 사회적 행동이 발달하는 시기이다. 처음에는 주로 이상한 느낌, 비의(秘義)적인 것에의 관심, 박해감 등으로 나타난다. 이런 증상은 망상성 정신착란(délire paranoïde)으로 발전된다. 생각과 말이 황설수설하며, 20~30 퍼센트의 환자들은 환청을 경험한다. 또한 사회적, 인지적 기능 장애, 행동 장애도 야기된다.

움직임 안에서 자신의 여정을 재구축하는 일은 쉽지 않았다. 그녀의 가르침은 주로 말로 진행되었고 '그녀의 지식'은 분명 치료를 통해 전수된 점을 상기하자.

É. 피숑은 다음과 같이 제시한다. "또한, 위제니 소콜니카가 의학 학위를 지니고 있지는 않았지만 정신분석가라는 직업을 배우기 위해 문의할 사람은 그녀밖에 없었습니다. 그녀에게는 간과할 수 없는 어떤 것이 있었다고 - 내가 그렇게 믿었듯 - 생각됐다면 말입니다. 나는 입은 은혜를 잊어버리는 사람이 아닙니다. 옛날에 그녀가 내게 할애해 준 그 많은 시간이며, 이후 지속적으로 보여준 우정 등 나는 너무 많은 혜택을 입었기에 위제니 소콜니카에게 감사한 마음을 금치 못합니다…"

아동분석을 이미 해본 적 있는 소콜니카는 이 젊은 소아과 의사에게 많은 것을 가르쳐 주었을 것이다. 이 소아과 의사는 이후 직업상 절정기에 『아동과 청소년의 심리 발달』이라는 연구 교과서를 펴낸다.

É. 피숑이 프로이트의 이론으로만 아동 교육 체계를 세우고자 했다면, 위제니 소콜니카의 또 다른 제자 분석가인 소피 모르겐슈테른은 아동정신분석학 분야에서의 진정한 이론과 임상 작업을 고안해 낸다. 역시 유대인이며 폴란드 여인인 S. 모르겐슈테른이 분석용 긴 의자를 사이에 두고 E. 소콜니카와 언제 만났는지 정확한 시기는 알 수 없다(미래에 불행히도 그녀 둘은 또 다른 공통점을 지니게 된다). 이 둘의 만남은 십중팔구, 1924년 이전의 일이었을 것이다.

1924년은 S. 모르겐슈테른이 호이예르 교수와 함께 아동 신경정신과 부속 병원 설립에 참석하러 프랑스에 온 해였다.

우리가 만나본 프랑수아즈 돌토는 S. 모르겐슈테른에게 많은 것을 배웠다고 인정했다. 돌토는 위제니 소콜니카에 대한 이야기는 들어본 적이 없다고 토로한다. 심지어는 S. 모르겐슈테른을 분석해 준 사람은 지그문트 프로이트라고 생각하는 것 같았다.

한나 시걸은 위제니 소콜니카를 만난 적이 있었다. 위제니 소콜니카가 부모님의 친구였기 때문이다. 당시 한나 시걸은 제네바에서 살고 있었으며 15세였다. 그녀는 별로 젊어 보이지 않는 소콜니카가 유혹의지가 강했고 남성적 모험 추구, 약간 무질서한 사랑 행각, 장애 상태의 경향도 있었다고 기억한다… 당시 갈리마르라는 남자가 그녀에게 구애하고 있었다. 한나 시걸은 또한 소콜니카와 단둘이 산책했던 일, 소콜니카에게 받은 선물도 기억한다. 그 선물은 지그문트 프로이트가 손으로 쓴 원고였다. 시걸은 당시 자필 원고를 수집하고 있었던 터라 매우 기뻤다고 한다.

1932~1933년부터 E. 소콜니카는 프랑스의 정신분석 모임에서 점차 사라진다. 설립 당시 그녀가 그 모임을 그리도 활기있게 움직였는데도 말이다. 이미 오래전부터 그녀는 국제 정신분석학 회의에도 참석하지 않았으며 프랑스의 대단위 모임에서 강연도 하지 않았다. 《프랑스 정신분석학》에의 게재도 뜸해졌다. 《프랑스 정신분석학》에 실린 (1932년 5월 23일의) 마지막 발표 내용은 '빠른 치료 사례'를 보고하고 있다. 여기서 그녀는 자신이 행한 치료의 성공을 자신

의 재능이 아니라 환자의 특수한 심리구조 덕으로 돌리고 있다. 이것을 우리는 겸손이라기보다는 자기 평가절하와 우울증의 악순환으로 읽을 수 있지 않은가?

그녀를 보러오는 환자들은 수가 줄어들었고 그녀는 이제 분석교육도 하지 않아 수입이 눈에 띄게 줄어들었다.

역사적으로도 우연인지 숙명인지, 위제니 소콜니카의 존재적 위기는 전 세계적 위기와 함께 어둡게 맞물려 나아간다. 경기 침체, 결핍, 드세어지는 반유대주의 등 세계적 위기와 나치즘이 도래하기 때문이다.

그 사이, 프랑스 정신분석가들은 "그리도 기다려 왔던 정신분석학 연구소의 창설 - 1934년 1월 10일 탄생함 - 을 비롯하여 지속적인 활동을 하고"(드 미졸라De Mijolla, 1982) 있었다. 생-제르맹 가의 137번지에 자리 잡은 이 연구소는 소장으로 마리 보나파르트가 임명되었으며 정신분석학 강의도 진행되었다. '정치적' 균형에도 신경을 써, 연사演士들을 현명히 배치하는 작업도 진행되었다. 1934년 5월, 수요일인 2일과 23일에 「성격에 대한 정신분석」을 다루는 강의가 E. 소콜니카에게 주어졌다. 이 강의가 진짜로 이루어졌는지는 오늘날 알기 어렵다. A. 드 미졸라 덕분으로 우리는 1934년의 모든 자료가 이 연구소에서 사라졌다는 사실을 알았기 때문이다.

1934년 5월 19일 토요일, 바로 S. 페렌치의 기일에 위제니 쿠트너-소콜니카는 살고 있던 아파트에 가스를 틀어 놓아 자살했다. 시기만 맞았더라면 페렌치는 그녀를 지지해 주었을 것이다.

소피 모르겐슈테른이 파리에서의 아동정신분석학의 대를 잇게 된다.

아동의 강박 신경증 분석: A. 지드의 꼬마 보리스

1920년 한 해 동안 위제니 소콜니카는 《국제 정신분석학》에 「아동의 강박 신경증 분석」을 게재한다. 이 자료는 커다란 반향을 불러일으켜 영어로 번역되어 1922년, 《국제 정신분석학》에 실렸으며, 1924년에는 러시아에서 출판되었다.

이 논문이 프랑스에서 출간된 것은 1968년에 와서였다. 구르비치 박사가 번역하여 《아동 신경정신과 정신 위생》(16, 5~6호)에 실렸다.

E. 소콜니카는 여기서 선구자적 면모를 보인다. 이 논문은 아동정신분석에 대한 최초의 글 중 하나이기 때문이다. 이 작업은 헤르미네 후크-헬무트의 작업보다 몇 해 이후의 것이지만 멜라니 클라인의 첫 출판(1921)과 시기를 같이 하며 안나 프로이트의 첫 작업보다 앞선다.

이 논문은 두 가지 이유로 우리의 관심을 끈다. 우선, 아동분석의 실제에 대한 역사적 자료이기 때문이고 그다음은 - A. 지드가 이를 언급은 하지 않지만 - A. 지드가 『화폐 위조자』를 쓸 당시 사용한 소재 중 하나이기 때문이다. 이러한 점을 근거로 우리는 이 논문을 살펴볼 것이다. 이 논문을 통하여 파리의 문학 모임, 특히 A. 지드가 어떤 방식으로 정신분석을 사용하고 부인했는지 잘 알 수 있다.

열 살 반 아동에 대한 분석 치료

1919년 4월, 한 의사가 E. 소콜니카에게 마르고 허약한, 민스크 출신 소년을 분석해 달라며 보내왔다. 그 소년은 어디에 손대는 것을 무서워하여 어머니가 음식도 먹여주고 옷도 입혀 주어야 했다. 이 사례를 다루기 위해 소콜니카는 소년의 가족 협력을 얻어, 틀을 규정짓기 위해 일상적으로 사용되는 정신분석의 규칙을 적용한다. 그녀는 아이를 정기적으로(매일이었을 것이다) 집으로 맞아들인다. 치료는 6주간 계속되었고 강박적 의식儀式과 강박증상이 사라졌으므로 성공적이었다.

임상 관찰의 내용은 상당히 풍부하다. 만지는 것에 대한 공포는 지극히 구속적인 의식儀式을 수반했다. 그리하여 소년의 어머니는 노예와 다름없는 상태로 전락하여 그런 의식에 자발적으로 따르고 있었다. 의식儀式 절차가 실패되기라도 하면 소년은 의식意識을 잃을 정도로 발작하곤 했다. 간질이라는, 신경과 의사의 진단을 반박하여 E. 소콜니카는 이 경우, 히스테리가 발현되고 있음을 본다. 그녀는 여기서 관계에 대한 억제 상태가 상당하다고 강조한다. 그리고 강박성強迫性 방어기제인 취소, 거부를 세밀히 묘사한다.

분석 치료는 전이에 따른다. 그녀는 전이를 분석의 축이라고 정의

한다. "처음에는 나의 모든 노력이 오직 하나의 목적을 향해 있었습니다. 그 목적은, 굳게 닫혀 있는 소년의 힘든 성격과 지적 억제를 끝장내는 일이었습니다. 그러므로 무슨 수를 써서라도 의사소통을 해내야 했습니다. 나의 활동은 반은 분석적으로, 반은 교육적으로 진행되었습니다. 이때 교육적 방법은 분석적 태도를 따랐습니다." 여기서 분명, 1919년 M. 클라인이 프리츠-에리히 치료 초기에 했던 방법과 비슷한 점이 있다. 둘은 모두 S. 페렌치의 제자로서, 페렌치의 분석을 받았다는 점을 상기하자. 반면, E. 소콜니카는 프리츠-에리히보다 훨씬 나이가 많은 이 소년(열살 반)과는 놀이의 방법을 사용하지 않았다는 점도 지적해 둔다.

E. 소콜니카는 그러므로 소년과 대화를 트고 소년을 변화시켜 내기 위하여 긍정적 연결 관계—그녀가 '전이'라고 부르는—에 의거하고 있다. 이후 D. 비트뢰혀(1968)는 이것이 '전이 신경증'이라 말할 수 없다고 강조한다. 이 사례에 대한 소재가 불충분한 관계로 정확히 어떤 태도를 보이기는 힘들다. 그러나 D. 비트뢰혀의 입장에서 안나 프로이트 입장의 반향을 볼 수 있다. E. 소콜니카는 어린 환자의 꿈을 가지고 작업하되, 소년의 자유연상을 기반으로 하고 있다. 오이디푸스 콤플렉스나 거세 불안을 중심으로 하는 등 해석은 일반적인 방식이다. 곧이어 그녀는 자신이 '소년의 큰 비밀'이라 칭하는 것에 맞닥뜨린다. 치료 내내 E. 소콜니카는 개입을 많이 하며, 그러한 개입을 그녀는 교육학적이라고 규정한다. 그런데 교육학적이란 단어는 오늘날 보았을 때 그리 적합하지 않은 표현으로 보인다. 그

녀는 분석가임에도 치료 과정에 성性을 도입시키고, 아이에게 성교육을 시켜야 한다고 판단한다. 우리는 이에 대한 D. 비트뢰혀의 해설에 찬성한다. "이러한 자세는 완전히 교육학적이며 규범적으로 보일 수 있지만 그 의미는 약간 다르다. 그 자세를 통하여 어떤 소재에 대한 아이의 저항을 드러내 주고 검토하는 것이다. 또한 환자는 그 소재에 대하여 말할 수 있도록 허락받았다고 의식적으로 느끼기 때문이다. 거기서 얻어진 결과가 바로 이 점을 증명한다. 즉 아이는 계속 자신의 죄의식을 표현하고 '비밀'이라는 주제에 접근할 수 있다. 이때 그 비밀이 성적으로 함축하는 바는 부차적으로 드러날 뿐이다." 어떤 때에는 그녀가 매우 적극 개입한다. "하루는 일부러, 이런 종류의 상태를 소년에게 일으킨 적이 있다. 소년은 자신의 어머니에게 달려들기에 이르렀다. 그래서 나는 소년의 두 손을 힘있게 붙잡고 의자에 앉혔다. '엄마, 엄마!' 라고 소년은 마귀 들린 것처럼 소리쳤다. 나는 소년의 손을 놓지 않고 반복해 말했다. '너는 지금 의식이 없는 상태에서 엄마를 부르고 있어! 그러니 여기 너와 함께 있는 사람이 엄마가 아니라는 사실을 어떻게 알겠니?' "

헤이그 회의(1920년 9월)에서 S. 페렌치가 「정신분석학에서 '적극적 기법'의 연장」이란 보고서를 발표할 때 그는 E. 소콜니카의 이러한 개입을 인용하며 말한다.

"강박 신경증을 앓는 사내아이의 히스테리 발작의 경우를 소콜니카는 최근 출간했다. 그 사내아이 역시 적극적 방법에 따라 병세가 호전되었다. 게다가 그녀는 병의 부차적 이득[73]을 유지하려는 증후에, 교육적 방식으로 접근해야 한다는 흥미로운 아이디어를 제안했다." 사실, E. 소콜니카의 이러한 자세는 S. 페렌치가 고안해 낸 적극적 요법의 정의와 완벽하게 일치한다. 페렌치에 의하면 이러한 적극적 요법에는 두 가지 양상이 있다. 그것은 성애性愛의 경향을—승화된 성애라 할지라도—활성화하고 또한 통제해야 한다는 것이다. 활성화한다는 첫 번째 양상이란, 억압된 욕동행위를 뚜렷한 만족감으로 변화시켜 그것을 분명하게 의식하도록 해주는 명령을 말한다. 통제한다는 두 번째 양상이란 이런 과정을 금지하는 일을 말한다.

열에 들뜬 1920년대의 연구 분위기에서 이렇듯, E. 소콜니카와 S. 페렌치 사이에 상호작용이 있었던 것이다. 이 작업에서 E. 소콜니

---

[73] [역주] 부차적 이득(bénéfice secondaire)이란, 정신병적 증후의 긍정적 효과를 말한다.

일단, 일차적 이득(bénéfice primaire)을 보자면 다음과 같다. 분석적 개념에서 증상은 이점(利點)을 위해 존재한다. 즉, 증후는 욕동(Pulsion)의 충족을 위하여 나타나는 것이다. 예컨대 공포증이 생길 때, 그 주목적은 본질적 공포 내용을 하찮은 대상에 옮기는 것이다. 어떤 소년이 어떤 동물을 무서워할 때 실제로 무서워하는 것은 거세이다. 그러므로 이러한 증후를 생성시킴으로써 그 안에 욕망충족이라는 이득이 있는 것이다. 이렇듯, 일차적 이득은 무의식적이다.

반면, 부차적 이득은 현재적이다. 예컨대 공포증이 있는 환자는 항상 가족이 따라다니면서 돌보아 준다든지, 직장에 병가를 낼 수 있다든지, 주위 사람들이 더 잘해주는 등의 이득을 본다. 환자가 병 때문에 얻게 되는 여러 이점이 부차적 이득인데, 이는 증후를 유지하는 결과를 낳을 수도 있다. 부차적 이득을 계속 누리고자 하는 환자는 병을 고칠 생각을 별로 하지 않기 때문이다.

카는 아동분석에 특수한 어려움에서 벗어나지 못한다. 그녀가 나아가는 방향은 안나 프로이트의 방향도, M. 클라인이 택한 방향도 아니었다. 이 작업은 아동정신분석에 대한, 그녀의 유일한 출판물이었다.

이 분석 치료 작업은 1968년에 와서야 프랑스에서 출판되었지만 훨씬 이전부터 프랑스 문학에 자취를 남겼다. 앙드레 지드의 유명한 소설『화폐 위조자』가 그것이다.

A. 지드는 1921년《제네바》(롱보[Ronvaux], 1986)에서 지그문트 프로이트를 발견했다. 열광한 그는 자신의 유명한 교신 상대인 도로시 버시에게 편지를 쓴다. 도로시 버시는 제임스 스트레이치(프로이트 번역가)의 누이이며, 당시 비엔나에 있었다. 지드는 스트레이치를 통하여 지그문트 프로이트에게『코리동』[74]의 서문을 써달라고 부탁할 생각이었고(J. 라캉은 이후 이『코리동』을 리비도에 대한 '지드식' 이론이라고 기꺼이 규정짓는다), 프로이트의 글을《프랑스의 새로운 잡지》에 싣겠다고 넌지시 비추었다. 도로시에게 지드는『코리동』이 '독일의 이론'을 도입한 것으로, 즉 외국에서 온 것으로, 다른 배경과 미지의 사람에게서(É. 루디네스코[75]) 온 것으로 프랑스 대중에게 소개될 수 있겠다고 설명한다.

---

[74] [역주] 코리동은 시인 베르길리우스(Virgile)의 목가 안에 나오는 양치기 이름이다. 이 작품을 통하여 지드는 호모섹슈얼리티를 옹호한다.

[75] É. Roudinesco(1986),『프랑스 정신분석학의 역사』.

E. 존스는 편지가 무사히 수신되었다고 알린다. 불행히도 A. 지드의 편지는 소실되었고 지그문트 프로이트의 편지는 대중이 접할 수 없다.

지드는 정신분석학에 매우 흥미를 느낀 나머지 1922년 겨울부터 E. 소콜니카에게 분석을 받아 본다. 그런데 그는 너무도 빨리 의욕이 꺾여 6회째부터 그만둔다. 이는 1919년부터 잉태되고 있었던 자신의 소설 『화폐 위조자』를 보다 더 심사숙고하기 위한 것이었으리라. 지드에 대한 심리전기 작가인, 잊을 수 없는 인물 장 들레^{Jean Delay}는 지드 작품 안에서 이 소설의 위치를 파악하는 데 도움을 주고 있다 (1956).

"지드는 생애에서 두 번째로, 책 안에 자신을 고스란히 담는다. 『앙드레 왈테르의 공책』을 통하여 20세 때 시도한 일을 50이 되어서 다시 시작하는데, 그것은 전혀 다른 솜씨이다. 즉 자신의 생애에서 일어난 사건들을 어느 정도 재생해 내는 자서전 류가 아니라 심리의 본질적 상황들을 상상적 분신을 통하여 상징적으로 표현하는 것이다. 소설가이자 중심인물인 에두아르(지드의 분신)는 만나는 모든 인간을 분석한다. 지드의 인생과 작품에 친숙한 독자라면 지드 스스로 성향이나 갈등 상황이 이러한 인물들로 구현되어 있음을 알아차릴 것이다. 그의 표현을 빌리자면 여기서 주인공들은 살 구석구석까지 깎아 다듬어져 있으며, 다른 인물들은 그 주인공들을 돋보이게 하는 구실을 한다."

지드는 화폐 위조자들의 세계에 자신의 분석가를 도입시키고 있는데(이 점이 바로 우리가 관심 두는 부분이다), 여의사 소프로니스카라는 그리스 식 이름으로 간신히 위장시킨다. 그는 이 여의사에게 꼬마 보리스 라페루즈라는, 해결하기 어려운 특수한 경우를 털어놓는다. J. 들레는 꼬마 보리스가 『씨가 죽지 않으면』과 『일기』에서의 아이와 많은 유사점을 보인다는 사실을 정확히 알아차렸다. 그러나 E. 소콜니카가 민스크의 소년을 분석했고 지드는 거기서 아이디어를 얻었다는 사실을 J. 들레는 모르는 것 같다.

보리스에 대한 묘사와, 민스크의 소년에 대한 이론적 성찰인 임상 요소 사이의 유사점은 많다. 보리스 역시 양면적으로 자신을 표현하며 만지는 것에 대한 금기로 고통당한다. 또한, 보리스는 민스크의 아이처럼 비밀을 간직하고 있는데, 그 마술적 의미는 양피지에 새겨져 있다. 가스-전화-십만 루블 (이 단어들 역시 민스크 소년의 꿈속에 나타나는 그대로이다). 보리스에게도 다른 한 남자아이가(밥티스텡-모니아) 비밀을 털어놓아 보리스는 금지된 쾌락에 입문한다. 즉, 그 역시 수음手淫에 빠지는 것이다. 이에 거세의 협박이 제기된다. 이때 보리스는 아버지를 잃지만, 민스크의 소년은 부계 혈통 존속의 위협에 그친다. 이어 신경증적 병이 터진다.

그러나 이 모든 것은 그리 간단하지 않다. 만일 지드가 자신의 아동기의 상당 부분을 어린 주인공 안에 불어넣어, 닮은꼴 놀이를 뒤섞는 데에 그쳤더라면 진정한 작가가 되지 못했을 것이다. 보리스처럼, 어릴 적 앙드레 지드는 '고독하고 시무룩한' 아동기를 보냈다. 수줍고 서투르며, 자신이 사랑받지 못한다고 느낀 그는 친구들을 무서워했다. 부정행위로 결국 그는 학교에서 쫓겨났다. 부모는 지드를 브루아르델 의사에게 데리고 가 진찰을 받게 했다. 의사는 지드에게 수술로 거세해 버리겠다고 으름장을 놓았다… 아버지가 없어지자 어머니는 그를 독점했다. 점차 신경증적 발작이 나타났다.『씨가 죽지 않으면』에서 A. 지드는 그 병에서 파생되는 여러 부차적 이득을 상당한 유머로 언급하고 있다. 한 예로, '만성적 결석'이 있었는데, 그 징후 때문에 특별히 고통당한 것 같지는 않다… 보리스가 브롱자에게 받은 사랑처럼, A. 지드는 어린 사촌 마들렌느 덕으로 (그녀는 '천사 같다'고 규정되었다) 사랑과 평온을 알게 된다.

앙드레 지드는 〈억압된 자들의 클럽〉에서 E. 소콜니카가 하는 말을 들었기에 민스크 소년의 사례를 알게 되었을 것이다. (그가 독일어나 영어로 된 정신분석학 전문 잡지를 읽었을 가능성은 사실, 희박하다.) 그 기회에 A. 지드는 자신이 어린 시절 분석 치료를 받았더라면 인생에 어떤 영향을 받았을까 자문했음이 틀림없다. 보리스가 받은 치료와 그 영향을 묘사하는 내용은 이러한 의문에 분명한 답을 제시한다. 에두아르와 여의사 소프로니스카가 주고받는 대화를 통하여, 1920년대 작가가 정신분석학에 대하여 알고 있는 지식 정도를 가늠할 수 있다. 그러나 동시에, 지드가 프로이트 이론이나 자신의 분석가에게 품은 거부감도 간파할 수 있다.

A. 지드가 '여의사'에 대하여 드러내는 지표들을 다시 살펴보자. 그녀는 비엔나의 이론에 대해 지드가 손보고 정리한 내용을 전달하는 매체에 불과하다. 그녀 인성의 몇 가지 요소들도 드러난다. 그녀

는 회의적인 태도는 거의 없이 자신의 학문에 빠져 있다. 그 학문으로 그녀는 치료상의 만족감과 독선적인 감동을 받는 듯하다… 여의사 '소프로니스카'는 자신의 방법을 잘 설명해 준다. 그 방법이란, 어린 환자가 말하도록 놔두는 것인데 이때 신뢰를 얻어야 하며 특히 환자에게 아무것도 암시하지 말아야 한다. 보리스가 겪는 불안과 신경증적 장애를 그녀는 '창피한 일급비밀' 탓으로 돌린다. 환자의 '불안성' 신경증을, 그녀는 도덕률로 본능을 제압한 데에 따른 심리적 반응이라고 평가한다. 그러한 제압은 죄의식을 낳는 것이다.

한편 에두아르는 이 새로운 치료 방식에 완전히 회의적이다. 그는 이 여의사가 너무 탐색하는 눈초리를 하고, 자신만의 방법으로 인간의 내밀한 부분을 증명해 보이며, 개인 영혼의 마지막 고지를 침해한다고 비난한다. 그는 다음과 같이 토로한다. "소프로니스카는 내게 보리스에 대하여 또 말했다. 즉, 보리스로 하여금 모든 것을 실토케 하는 데 성공했다는 것이다. 그 불쌍한 아이는 이제 여의사의 눈초리를 피해 도망쳐 숨을 내적 지대가 없다. 아이는 진지에서 격퇴된 것이다. 시계 제조인이 시계를 닦아 그 분해된 부품을 대낮에 벌여놓듯, 소프로니스카는 아이의 정신기관에서 가장 은밀한 장치를 분해하여 밝은 곳에 진열해 놓았다. 그 모든 작업 후 소년이 제시간에 울리지 않는다면 모든 일은 헛수고인 셈이다."

이에 대한 대답으로, W. R. 비온의 말을 인용해 보자. "시계란, 조립하는 데 필요한 톱니바퀴들의 총합 이상이라는 사실을 받아들일" 필요가 있다.

에두아르는, 브롱자의 사랑만이 이 아이를 구할 수 있다고 생각한다. 소설의 끝 부분에서, 브롱자가 결핵으로 죽을 때 보리스는 급우들의 잔인한 의도에 자신을 내던져, 러시아 룰렛 놀이를 하다 자살한다.

이렇듯 지드는 E. 소콜니카의 강연에 민감하고 주의 깊은 청자이긴 했지만, 인간을 자신만의 시각에서 벗어나지 못하는 한계가 있었다. 지드는 정신분석학과 그 실행에 관심은 보였지만 정신분석학 옹호자는 아니었다. 이후 A. 지드는 정신분석학의 성과에 더욱더 회의적이 되어 J. 들레에게, 자신의 어린 시절에 정신분석 치료가 아직 발견되지 않은 것이 다행이라고 말했다. 아울러, 정신분석학의 개입이 있었더라면 지금쯤 자신은 다른 사람이 되어있을 것이라며, 예술가라면 스스로 힘으로 콤플렉스에서 벗어나야 한다고 ─ 특히 자신의 작품을 통하여 ─ 말했다. 작품이야말로 예술가에게는 일종의 카타르시스라는 것이다.

당시 문학계의 견해를 반영하고 있는 앙드레 지드의 견해는 묘하게도 슈테른 부부의 견해와도(I, 2장 참조) 들어맞는다. 아이였던 인간, 게다가 그 아이의 양상을 계속 지니고 있는 인간 스스로에 대한 앎과, 아이에 대한 앎을 제공해 주는 정신분석학이 이제 어른이 된 인간에게 유해하고 위험하다는 것이다.

04 소피 모르겐슈테른: 프랑스에
아동정신분석학을 적용하다[76]

소피 모르겐슈테른의 인생

소피 카바츠니크는 1875년 4월 1일, 폴란드의 그로드노에서 출생했다. 유대인 가정에서 태어난 그녀는 오이겐 블로일러 교수가 강의하는 취리히 대학의 의예과에서 1906년, 의학 공부를 시작한다. 이때 그녀의 나이 31세였다. 1912년, 그녀는 아이히호르스트 교수의 지도로 「갑상선의 몇몇 무기물 요소에 대하여」란 박사논문을 발표한다. 박사논문 표지에 그녀의 이름은 '소피 모르겐슈테른, 바르샤바'로 되어 있는 것으로 보아 학업기간 동안 결혼을 한 것으로 추정된다. 이후 그녀는 스위스를 떠나 러시아로 가서 의학 분야의 국가

---

[76] 이 텍스트는 미레이 플뢰리 박사의 정신의학 논문에 의거한 것이다. 제목은 「소피 모르겐슈테른, 그녀 인생과 저술의 요소」이며 1988년 5월 3일, 보르도 II 대학으로 등록되어 있다.

학위를 취득한다. 그것은 폴란드에서 의술을 펼치기 위해서였다(파르슈미네, 1947).[77] 그러나 1915년부터 그녀는 다시 취리히에서 오이겐 블로일러가 이끄는 부르크휠츨리 병원의 무보수 의사로 일한다. 1915년, 그녀는 4급 보좌의사의 직책을 맡았고 1916년에는 3급 보좌의사, 1918년에는 2급 보좌의사가 된다. 1920년 5월 1일, 그녀는 1급 보좌의사로 임명된다. 병원 장부에 그녀가 언제 떠났는지는 기록되어 있지 않지만 1923년 4월 1일에는 다른 1급 보좌의사가 임명된 것으로 나와 있다.[78]

부르크휠츨리에서의 첫해, 그녀는 E. 민코프스키와 사귄다. E. 민코프스키 역시 보좌의사였으며 그녀와 여정이 비슷했다. E. 민코프스키는 폴란드 유대인으로서 취리히에서 철학, 의학 공부를 했으며 러시아로 가서 학위를 재취득한 후 프랑스에는 1915년에 왔다. 그는 자신의 부인과 함께 소피 모르겐슈테른의 절친한 친구가 된다. 정신분석학에 대한 시각은 서로 다르긴 해도 말이다.

1987년에 85세에 이른 만프레트 블로일러 – 오이겐 블로일러의 아들 – 는 소피 모르겐슈테른을 '발랄하고 많은 것에 관심이 있었으며 매력 있고 똑똑한 여인'이라고 기억한다. 1987년, 스위스 정신분석학회 회장인 베르나 부인에게 보낸 편지에 그는 이렇게 쓰고 있다.

---

[77] [역주] G. Parcheminey(1947), 「소피 모르겐슈테른」.
[78] 취리히 지역 병원(舊 부르크휠츨리)의 의학 보좌관인 한(Hahn) 박사가 1987년에 제공한 정보이다.

"그녀는 부르크횔츨리에서 제 아버지의 높은 인정을 받는 의사였습니다. 그녀는 지그문트 프로이트의 시각에 관한 토론, 그리고 지그문트 프로이트가 나의 아버지 오이겐 블로일러와 나눈 서신에 대한 잦은 토론에 참가하곤 했습니다."[79] 그는 소피 모르겐슈테른에 대한 편지나 다른 자료를 찾아내지는 못했다. 더욱이 스위스 정신분석학회의 공식 보고서를 보아도, 이 시대의 연구 모임에 그녀가 참여했다는 흔적을 찾을 수 없다.

조르주 파르슈미네에 의하면 소피 모르겐슈테른은 1924년, 프랑스에 왔다. 그녀가 왜 프랑스에 왔는지 정확한 동기를 우리는 모른다. 친구인 위젠 민코프스키와 그의 부인, 그리고 위제니 소콜니카에 의해 그녀에게 프랑스로의 길이 열린 것은 사실이다. 그녀가 위제니 소콜니카를 그 이전, 스위스에서 만났다고 생각할 수 있다. 그녀는 자신과 어느 정도 공통점을 지닌 이 여인을 만나고자 했을 수도 있다. 소피 모르겐슈테른이 위제니 소콜니카와 함께 정신분석을 한 것은 틀림없는 사실이다. 그러나 어느 시기에 그것이 이루어졌는지 알 수 있는 자료가 없다. 그녀가 프랑스에 와서 분석했을 수도 있고, 아니면 이미 스위스에서 이루어졌을 수도 있다.

1925년, 조르주 호이예르가 살페트리에르 병원에 아동 신경정신

---

[79] 스위스 정신분석학회장인 베르나 여사, 학회의 기록 보관인이자 의학박사인 데이지 드 소지 여사, 취리히 대학 정신병원 의사 Th. 한, 취리히 대학의 G. A. 노글러 박사께서 기꺼이 해주신 조사 작업에 감사드린다.

병 부속 병원을 설립했을 때 소피 모르겐슈테른은 그의 협력자가 되어, 실험실 분과와 정신분석학 무료진료소 분과를 무보수로 맡는다. 그녀는 이 직위에 15년간, 죽을 때까지 있는다.

그녀의 사생활은 별로 알려진 바가 없다. 사망 증명서에는 그녀가 아브라함 모르겐슈테른과 결혼했다는 사실이 명시되어 있으며 어느 날짜인지는 적혀있지 않지만 이후 과부가 되었음도 명시되어 있다. 이 결혼에서 라우레라는 딸이 태어났으며 이에 대하여는 이후 재론할 것이다.

프랑스에서 그녀의 직업 경험이 쌓인 15년간, 즉 1925년부터 1940년까지 소피 모르겐슈테른은 활발한 활동을 벌인 것 같다. 일단 그녀는 조르주 호이예르[80]가 매우 높이 평가하는 협력자였다. 1937년 출간된 그녀의 저서『아동정신분석』의 서문을 쓴 사람도 G. 호이예르였다. 아동의 정서 장애에 관한 분석 연구에 그녀가 이바지한 점을 호이예르는 다음과 같이 칭송한다. "그녀는 정신분석의 방법을 사용하여 이해하기 어려운 상황을 명확히 밝혀주었으며 해결되지 않거나 복잡해 보이던 심리 문제를 설명해 주었다. 또 한편으로는 감수성이 예민하고, 강박관념에 사로잡혔으며 걱정을 많이 하고 불안해하는 아이들을 자유요법으로 치료하되, 매우 참을성 있고 조심

---

[80] 조르주 호이예르와 소피 모르겐슈테른에 대한 자세한 사항은 J. 로세란트 (Losserand)의 별책(1991)에 담겨 있다. 그 책은 너무 늦게 발행돼 이 책에 미처 인용하지 못했다.

스럽게, 호감이 가는 부드러움 속에 담긴 위력으로 치료했다. 모르겐슈테른 여사는 고치기 어려워 보이는 성격을 바로잡아 주었고 불안한 아이들을 안심시켰으며 비정상적 가정상황으로 정서상 무의식적 반발을 겪는 아이들에게 위안과 완쾌를 가져다주었다. 11년 전부터 모르겐슈테른 여사는 우리의 무보수 조력자이다. 우리는 그녀의 헌신에 대해 뭐라 찬양해야 할지 모르겠다. 또한 그녀의 도움과, 이루어 낸 결과물에 어떻게 감사해야 할지 모르겠다." 조르주 호이예르는 자신의 이 협력자가 지그문트 프로이트의 방법을 아동에게 사용한 선구자라고 여긴다. 그는 모르겐슈테른 여사가 그림이라는 특수한 기법을 사용한 선구자라고 흔쾌히 인정한다. 그는 병인학病因學의 관점에서나 치료학의 관점에서나, 아동 신경정신병학에 이바지한 정신분석학의 지대한 공로를 확신한다고 말한다. 몇 해가 흐른 후 정신분석학에 어느 정도 거리를 취하게 되었을 때에도 그는 자신의 이 협력자를 여전히 존경했다. 그리하여 1952년, 자신의 저서 『아동정신의학 입문』안에서 정신분석학을 다룰 때, 그는 수차례에 걸쳐 모르겐슈테른에 대한 이야기를 한다.

다른 이들도 그녀를 칭찬한다. 즉, 조르주 파르슈미네는 『정신의학의 진보』에서 그녀의 재간, 너그러움, 토론 시 참가 발언의 명민함, 극도의 겸손을 강조한다(1947).

소피 모르겐슈테른은 파리 정신분석학회에 가입하여 1929년, 학회의 정회원이 된다. 1932년과 1933년에 그녀는 학회의 재무관이었다. 그녀는 또한 정신의학의 발달 그룹의 정회원이었다.

프랑스에서의 활동 15년간, 그녀는 열다섯 편 정도의 논문과 한 권의 책을 출판했다. 《프랑스 정신분석》, 《뇌》, 《정신의학의 진보》, 《프랑스 의학》 안에서 그녀의 저작을 찾을 수 있다. 그녀의 저서 『어린이 정신분석학(아동의 상상적 창조의 임상적 가치와 상징)』은 드노엘 출판사에서 1937년 발행되었다. 죽기 2년 전인 1938년, 그녀는 파리에서 열린 국제 정신분석학 회의에서 「아동이 그린 그림의 정신분석학적 가치와 상징」이라는 주제로 발표했다.

그녀는 자신의 직업계에서도 무리 없이 잘 받아들여진 것 같다. 이에, 조르주 파르슈미네는 다음과 같이 평한다. "그녀는 관찰 정신, 생각의 깊이, 방법상의 엄격성, 그리고 더할 나위 없는 과학적 정직성으로 모든 작업에서 두각을 나타내고 있다."

정신분석학 연구소가 창립된 해인 1934년부터 소피 모르겐슈테른은 파리 정신분석학회의 정신분석학 연구소에서 아동 신경증 연구에 대한 강연을 맡는다. 그녀가 죽는 해인 1940년의 일정표에도 그녀의 이름이 계속 보인다. 그녀는 여기서 「자아 우세성 신경증의 구조」라는 제목으로 강의를 하기로 되어 있었는데 전쟁 때문에 강의는 열리지 않았다.

소피 모르겐슈테른은 독일군이 파리에 들어온 다음 날인 1940년 6월 16일, 집에서 자살한다. 파리의 모든 병원이 문을 닫았음에도 그녀는 남프랑스로 같이 가자는 프랑수아즈 돌토의 제의를 막 거절한 참이었다. 이러한 자살은 수수께끼가 되어, 이에 대해서는 가설만 설정할 수 있을 뿐이다. 그녀의 외동딸 라우레가 몇 해 전 수술대

위에서 죽었던 것은 사실이다. 1937년에 간행된 책 『나의 딸 라우레를 기억하며』는 이렇게, 딸에게 헌정되고 있다. 조르주 파르슈미네는 사망자 약력에 이 어린 소녀를 다음과 같이 묘사하고 있다. "특출한 재능이 있으며 예술사와 미학 분야에의 뛰어난 활약이 기대된다." 딸에 대한 깊은 애정으로 소피 모르겐슈테른은 딸의 죽음 이후 삶을 견디기가 어려웠으며 몇 해 동안은 일에 집중하며 위안으로 삼았다. 이러한 조건에서 1940년, 독일군이 파리에 진입했을 때 — 망명한 유대 여인에게 닥칠 일, 모든 과학적, 직업적 활동을 그만두어야 할 상황 등을 고려했을 때 — 세상을 하직하는 편이 낫겠다고 결정한 것이 아닐까.

소피 모르겐슈테른의 저술

소피 모르겐슈테른의 저작을 보았을 때, 그녀가 지그문트 프로이트의 저작을 깊이 있게 읽었음을 알 수 있다. 그녀는 프로이트의 글을 직접 독일어로 읽을 수 있었다. 또한, 그의 글을 자주 참조하며 임상 활동시 그의 이론에 폭넓게 의거한다. 소피 모르겐슈테른은 아동 신경증은 성인에서와 똑같은 갈등에 기초하며, 성인 신경증과 같은 목적, 같은 구조, 같은 근원을 지닌다고 본다. 그리고 아동 신경증이 자아와 초자아 사이 즉 본능적 성향들의 조화 부재에 기인한다고 말한다. 그녀는 인간의 발달 과정 중 생기는 초자아에 대해, 안나 프로이트의 관점을 선택한다. 안나 프로이트처럼 그녀도 아이는 어느 순간 초자아를 표상하는 사람에게 매우 의존적으로 된다고 본다. 임상에서 소피 모르겐슈테른은 성인에게서 볼 수 있는 명백한 신경증을 똑같이 아동에게서도 볼 수 있다고 생각한다. 즉, 그것은 불안신경증, 공포, 강박 신경증이다. 그러나 아동은 일시적으로만 신경증적 장애를 보인다고 알린다. 그것은 남동생이나 여동생이 태어났을 때 나타날 수 있는데 이때의 기제로는 질투나, 아기는 어디서 오는지에 대한 호기심 등이 있다. 그녀는 수음과 연관된 죄의식에서 올 수 있는 장애 또한 강조한다. 아동은 그로 말미암은 불길한 결과를 두려워하기 때문이다. 그녀는 정상적 지능발달을 옥죌 수 있는 이러한 신경증적 장애가 중요하다고 본다. 그것은 지적 발달부진이라는 오진을 일으킬 위험이 있기 때문이다.

아동정신분석학적 치료에 대한 소피 모르겐슈테른의 개념

1928년에 출판된 논문『아동정신분석학』에서 소피 모르겐슈테른은 안나 프로이트와 의견을 같이 한다고 말한다. 안나 프로이트를 따르면, 정신분석은 신경증에 걸린 아동에게만 적용해야 한다. 성적 문제들에 대한 호기심을 미리 알아서 충족시켜 주어서는 안 되고 단지, 상징적 행동이나 증후가 나타남에 따라 그것에 대한 설명이나 성적 해석을 해주기만 하면 된다고 판단한다. 그럼으로써 소피 모르겐슈테른은 멜라니 클라인의 입장을 비판한다. 그녀에 의하면 멜라니 클라인은 정신분석이 현대교육에 꼭 필요한 보충물이라고 생각하며, 신경증적 장애를 예방하기 위한 수단으로서 모든 아이에게 필요하다고 여긴다는 것이다. 소피 모르겐슈테른은 아동정신분석 시 클라인이 사용하는 기법의 개념에도 동의하지 않는다. 소피 모르겐슈테른에 의하면 클라인의 기법은 완전히 정태적靜態的인 것으로서, 상상력을 제한하는 고정된 상징을 아동에게 받아들이라고 강요하는 기법이라는 것이다. 그녀는 멜라니 클라인이 놀이를 통한 기법을 이용하여 아이의 모든 조작행동을 상징적 행동으로 보아 그에 따른 해석을 내린다고 본다. 그러므로 안나 프로이트와 멜라니 클라인이 한창 논쟁 중인 시기에 소피 모르겐슈테른이 단호히 안나 프로이트의 편에 서고 있음이 분명히 드러난다. 이는 분명 클라인식 실행과 이론에 대하여 프랑스 정신분석가들이 보인 경계심의 첫 형태에 속한다.

소피 모르겐슈테른은 아동을 가정의 울타리 안에 놓아두는 것이 좋다고 생각한다. 그래야 치료 중 발현되는 갈등을 사용할 수 있으며, 아동으로 하여금 자신의 증상이 어디서 왔으며 그 목적은 무엇인지 이해시킬 수 있다. 그러나 그녀는 어떤 경우에는 가정환경에서 분리하는 것이 행동 장애에 좋은 영향을 줄 수 있다고 생각한다. 설령 그것이 심리적 갈등을 해결하기에 충분하지는 않더라도 말이다. 부모가 모든 치료 작업을 방해하는 환경을 조성할 때에만 아이를 부모에게서 분리하도록 그녀는 제시한다. 아동을 '입원'시키려 했던, 당시 프랑스의 경향에 그녀는 저항해야 했을 것이다.

치료를 시작할 때의 어려움을 그녀는 길게 강조한다. 아동과 접촉할 수 있는 조건은 미묘한 문제이다. 아동은 목적이 무엇인지도 모르는 치료를 받도록 부모에게 강요받는다고 여기기 때문이다. 아동은 흔히 자신의 행동 때문에 고통을 겪지는 않고, 자신의 병에서 나오는 이점을 즐길 줄 안다고 그녀는 생각한다. 안나 프로이트의 입장에 찬성하여, 정신분석가는 전이를 이끌어 내기 위해 가능한 모든 수단을 다 동원해야 한다고 생각한다. 그리고 아동은 자신의 정신분석가에게 신뢰를 지녀야 한다는 것이다. 분석가가 자신의 갈등을 잘 이해하고 있다고 아동이 느낄 때 전이가 생길 수 있기 때문이다. 이러한 전이 덕분에 아이는 더욱 자유롭게 자신을 표현할 것이고 가장 내밀한 갈등을 드러내며 그렇게 하여 치료가 진전될 수 있다는 것이다. 아동 치료시 또 다른 어려움은 아동의 사고 기능과 행동의 특수성과 연계된다. 아동의 세계는 마술적 생각이 주가 되므로 그러한 상상적 창조에서 나오는 표현에 친숙해져야 하며 아동이 상징하는 것을 이해할 줄 알아야 한다.

소피 모르겐슈테른은 정신분석 치료의 목적을 아동 신경증으로 일어나는 가정 내 갈등을 없애거나 호전시키는 일이라고 본다. 아동의 무의식은 성인의 무의식보다 훨씬 더 접근하기 쉽다. 성인이 되면서 점차 쌓이는 층이 아직 없기 때문이다. 이 부분에서도 소피 모르겐슈테른은 자신의 이론이 안나 프로이트의 개념과 더 가깝다고 말한다. 아동 신경증은 '현재에 뿌리를 두는 신경증'이다. 그러므로 갈등이 있는 층들에 더 쉽게 접근할 수 있다. 증상의 근원에 도달하기 위한 경로도 별로 복잡하지 않다. 이러한 연유로, 분석기간은 길면 안 되고 완쾌 역시 성인의 경우보다 훨씬 더 확실하다고 그녀는 생각한다.

소피 모르겐슈테른에게 부모의 역할은 아동정신분석 치료상 특히 중요한 것으로 여겨지는데, 그 이유는 여러 가지이다. 부모는 치료에 저항으로 간섭하는 일이 생긴다. 이런 문제에 부딪히면 흔히 분석가는 아무런 수를 쓸 수가 없다고 그녀는 판단한다. 소피 모르겐슈테른은 일곱 살 된 아이를 예로 든다. 그 아이는 아기가 어디서 오는지를 고심한 나머지 자살할 생각까지 하게 되었다. 그러나 아이의 아버지는 탄생에 대한 설명을 '그 더러운 것'이라며, 설명해 달라고 아이가 아무리 부탁해도 들어주지 말라고 심리치료사에게 엄포를 놓았다.

아동의 초자아는 성숙하지 못한 데다 아직 독립성도 획득하지 못한 상태이기에 부모의 역할이 또한 중요한 것으로 여겨졌다. 교육자의 도덕적 지침에 아이의 초자아가 모사되므로, 지나치게 엄격한 초자아는 아동의 발달에 곤란한 영향을 끼친다. 분석가는 부모에게 그러한 도덕적 갈등의 원인을 이해시켜 치료를 위한 도움을 받아낼 수 있다. 그러나 항상 그럴 수 있는 것은 아니다. 아동에게 어떻게 행동해야 좋은지에 대한 충고를 자주 부모에게 할 수 있다고 소피 모르겐슈테른은 생각한다. 그런데 수음을 못하게 하려는 협박이 잘못된 것이라는 사실, 또는 탄생에 대한 정보를 아예 주지 않거나 틀린 정보를 주는 일도 잘못된 것이라는 사실을 부모들에게 이해시키기란 쉽지 않은 일이라고 그녀는 생각한다. 아동이 신경증에 걸렸을 때, 때로는 부모를 정신분석하는 일이 큰 도움이 될 수 있다고 그녀는 판단한다.

소피 모르겐슈테른은 정신병에는 별로 관심 두지 않은 것으로 보인다. 그러나 그녀는 아동을 정신분석해주면 성인이 되었을 때 정신병에 걸리는 일을 일찍 막아주는 효과가 있다고 생각했다. 성인 정신병의 경우, 아동기나 사춘기에 신경증적 발작을 보였을 수 있기 때문이다.

그러나 소피 모르겐슈테른의 창조성이 드러나는 부분은 아동정신분석 시 사용한 기법이다. 그녀는 성인의 경우에서처럼, 가능한 자유연상을 사용하도록 충고하곤 했다. 하지만 10세에서 12세 사이의 아동에게서는 − 아무리 똑똑한 아이일지라도 − 자유연상을 얻어내기 어렵다는 것을 알고 있었다. 그리하여 그녀는 그림, 찰흙 빚기, 놀이 등 다른 다양한 방법을 시도했다. 또한 그녀는 아동의 꿈을 분석해 보려고 노력했다.

사용된 기법적 수단

그림

함구증에 걸린 아동치료라는 특수한 문제에 소피 모르겐슈테른이 직면한 것은 조르주 호이예르의 협력자로서 아동정신분석을 실행하던 초기인 1926년이었다. 그와 함께 그녀는 당시 그림을 사용했다.

정신분석으로 그 아동은 몇 달 만에 완치되었다. 이 사례를 진술한 것이 1927년, 그녀의 첫 저작이 되었다.《프랑스 정신분석학》에 실린 이 글은 이후 전체적으로 혹은 부분적으로 수정되어 여러 논문에 게재되었다. 아동의 상상적 창조물의 상징적 의미에 관한 이후 연구의 출발점이 된 것도 바로 그림을 이용한 작업이었다. 아동의 상상적 창조물의 상징적 의미라는 주제를 그녀는 1937년, 저서 『아동정신분석학』에 담아 출간했다. 정신분석을 실행할 때 줄곧 사용한, 아동에 의한 그림은 소피 모르겐슈테른의 연구에 항구적인 대상이었다.

S. 모르겐슈테른은 신경증이 있을 때 선으로 그리는 성향이 매우 풍부하게 발달한다고 생각한다. 내적 갈등이 예술적 실현을 위한 영감으로 작용한다는 것이다. 억압은 상상력을 활성화하며 어떤 주제의 그림을 그릴 것인지에 대한 탐구에 이바지한다는 것이다. 갈등이 깊을수록 예술적 생산물이 독창적이고 풍부해지는 것으로 여겨졌다. 또한, 그림을 통하여 무의식적 갈등에 접근할 수 있다. 그녀는 많은 그림에서, 상징이 중요한 위치를 차지하고 있음을 드러낸다. 그러므로 그림의 피상적 내용은 실제 내용과 무척 거리가 있다. 사용된 상징은 다소 명백하다. 표현된 갈등이 많이 억압된 것일수록, 상징 내용은 알기 어려워진다. 사용된 상징은 기발한 때가 많으며, 표현된 갈등이 무엇인지 알고자 한다면 그 상징을 이해해내야 한다고 그녀는 강조한다. 이때 갈등은 성인과 같은 내용이다.

그녀는 그림에서 나오는 감정적 분위기를 고려한다. 그러한 그림을 통하여, 갈등의 깊이나 신경증의 심각성을 알 수 있기 때문이다. 가장 흔히 발견되는 불안 상태는 다양한 양상으로 발현된다. 즉, 그림의 주제, 한 페이지 안에 물건들을 지나치게 많이 그려 놓거나 쌓아 놓는 일, 같은 주제가 반복되는 일 등으로 나타난다. 같은 주제가 반복될 때, 그 주제는 한 그림 안에서 여러 가지 형체로 표현되어 어떤 강박관념이나 환각으로 나타날 수도 있고, 아니면 한 가지 상징을 나타내는 다양한 물건으로 그려질 수 있다. 그녀는 인물의 표정에 관심을 둔다. 그리하여 눈은 불안이나 불신 혹은 비난을 표현할 수 있다. 그녀는 또한 물건의 크기가 과도하게 큰 경우도 고려한다. 물건의 크기는 그 물건이 지니고 있는 감정적 가치와 관계가 있다는 것이다.

놀이

"놀이는 아동 신경증의 신비 안으로 진입하기 위한 훌륭한 수단이다." 이것이 바로 1930년, 소피 모르겐슈테른이 제5차 프랑스어권 정신분석학자 회의에서 발표한 보고서 「아동정신분석, 그 정신위생에서의 역할」에 담긴 의견이다. 놀이의 덕으로 그녀는 흔히, 진단을 내리거나 성격을 알아맞히거나 경과를 예측할 수 있다. 감정생활의 모든 점이 놀이를 통하여 관찰될 수 있다. 아이가 어떤 놀이를 선택하는지, 어떻게 놀이에 열중하는지는 그 아이의 무의식에 대한 소중한 정보를 제공한다. 아이는 놀이를 하면서 자신의 갈등을 표현하고, 실망에 대한 구제책을 모색하며 주위 사람들을 혼내준다. 또한 그렇게, 상징적인 방식으로 자신의 이상한 욕망을 실현한다. 아이는 어떤 다른 세계를 창조하여, 거기서 감정적 필요를 충족시키기 위한 역할극을 할 수 있다. 치료 시 놀이를 사용함으로써 소피 모르겐슈테른은 안나 프로이트나 메리 채드윅의 반열에 선다. 이 두 인물은 놀이를 통하여 방출되는 감정을 이용하여 어떤 해석을 해주되, 아이가 그 해석 내용을 이해할 수 있는 마음의 준비가 - 치료를 통하여 - 되었을 때에만 해석해 주었다. 그녀는 멜라니 클라인을 가볍게 언급하는 데에 그친다. 그녀에 의하면 멜라니 클라인은 아동이 하는 몸짓 각각을 해석해 주되, 그 몸짓의 상징적 의미를 아이에게 설명해 준다는 것이다.

꿈

소피 모르겐슈테른은 성인이나, 아동에게나, 같은 기제로 꿈이 구축된다는 점을 발견한다. 그러나 이때 개입되는 요소들은 성격이 다르다고 한다. 그리하여 검열은 특히 어린아이는 그 엄격성이 덜하기에, 갈등이 훨씬 더 뚜렷이 표현되며 억압의 강도도 낮은 데다, 검열작업을 하는 초자아 역시 아직 독립상태가 아니다. 그녀가 발표한 바로는 매우 어린아이를 포함하여 모든 인간은, 현재 갈등의 뿌리를 과거의 기억에 두고 있다는 것이다. 성적 발달의 여러 단계나 초자아의 성격 등 심리의 구조 전체는 꿈으로 드러날 수 있다.

일반적으로 S. 모르겐슈테른은 아동의 창조적 활동에 중요한 위치를 부여한다. 아동이 그러한 창조적 활동을 하려면 승화라는 뛰어난 능력이 있어야 한다. 거기에는 그림도 물론 포함되지만 스스로 지어내는 동화와 같은 자발적 이야기도 있다. 그렇게 아이는 동화나 그림이라는 예술적 창조로 자신의 갈등을 표현한다. 이는 어느 정도 발전을 했다는 증거로써, 그렇게 아이는 본능적 욕망을 승화시킬 수 있게 된다. 아동은 예술적 창조를 통하여 자신의 문제에 대한 해결책을 탐색하는 것이라고 그녀는 생각한다. 동화를 지어냄으로써 아동은 상징적 표현을 사용할 수 있게 된다. 그러므로 동화는 놀이나 꿈보다 더 정확히 인격의 구조나 감정적 갈등을 드러낸다는 것이다. 동화를 지어낼 때 아이는 스스로 고양된 느낌이 들고 더욱 완전한 실현을 이루어낼 수 있다. 그림은 물론, 이러한 동화, 소설은 흔히 아이의 몽상에서 나온 것으로써 - 그러한 세계에서는 상상이 주된 위치를 차지한다 - 의식적이며 자발적인 창조 행위이다. 소피 모르겐슈테른은 이렇게, 아이가 자신의 사생활에서 나온 소재를 바탕으로 고안해 낸 동화에 관심을 둔다.

이런 자료들을 근거로 S. 모르겐슈테른은 아동의 죄의식, 신비적 생각, 죽음에 대한 개념 등의 문제를 연구했다. 그녀는 또한 아동의 공격 성향에도 관심을 뒀다.

정신분석학적 교육

소르본 대학의 〈철학과 과학 연구를 위한 모임〉에서 열린 1932년
의 강연회에서 소피 모르겐슈테른은 다음과 같이 표명한다. "무의식
과 본능의 생에 관한 학문인 정신분석학은 교육에 귀중한 도움이
된다는 사실이 점차 드러나고 있다." 그녀가 볼 때 성적 욕망의 잠재
기간은 인성 강화나 인성 발달에서 그 중요도가 상당하다. 그녀는
아동 교육의 결정적 기간을 5세에서 11세 사이로 위치 짓고 있음에
유의하자. 반면, 오늘날에는 그 기간을 생후 첫 몇 해 동안으로 잡고
있다. 무의식과 본능의 삶이 어떻게 발달하는지에 대한 앎은 부모에
게 매우 중요한 길잡이가 될 수 있다고 그녀는 판단한다. 그것을 알
면 부모는 아이로 하여금 본능적 힘을 창조적 작업으로 전환하도록
도와줄 수 있기 때문이다. 부모는 아이가 맞닥뜨리는 정신적 갈등을
최대한 이해해 줄 의무가 있다. 지나치게 엄한 초자아는 강렬한 죄
의식을 낳을 수 있고 자신과 남에 대한 공격적 행동을 양산할 수
있다고 그녀는 생각한다. '악의, 불복종, 거짓말하기를 좋아함'으로
치부되는 현상들은 정신분석학이 있기에 비로소 다른 각도에서 볼
수 있다고 – 그리고 그러한 점을 부모들에게 알리는 것이 정신분석
가의 의무라고 – 그녀는 생각한다. 그러한 현상들은 흔히 학교나 가
정에서 과도한 요구와 함께 행사되는 권위에 대한 방어이거나, 초자
아라는 내적 권위의 과도한 요구에 대한 방어일 때가 많다. 지나치
게 엄격한 초자아는 장래 범죄형을 양산하기까지 한다. 탄생과 수음

에 대해서는 명확하고 진실한 설명을 해주는 교육이 필요하다고, 소피 모르겐슈테른은 판단한다. 오직 그러한 방식으로써만 정신 장애를 막을 수 있다는 것이다.

'집안의 골칫덩이' (1934a)

소피 모르겐슈테른의 스승인 조르주 호이예르의 관심을 특히 사로잡았던 '집안의 골칫덩이'란 주제는, 호이예르의 정의에 따르면 '다른 사람들은 제외하고 가족구성원들에게만 선별적으로 악의를 행사하는, 변태적 인성 유형'을 지칭한다. '집안의 골칫덩이'가 되는 아이들은 주위 사람을 병적으로 괴롭히는 유형으로서, 본능의 변태에 속한다. 집안의 골칫덩이인 아이에 대한 개념을 세울 때 소피 모르겐슈테른은 선험적으로는 따로 떨어져 있는 두 이론 ─ 정신분석학의 이론과 체질에 대한 이론 ─ 을 잇고자 시도한다. 그녀는 선천적 요인인 체질도 인정하지만 이 병의 근원을 리비도 발달상의 장애에서 찾는다. 집안의 골칫덩이 그룹을 격리시키는 일은, 본능의 변태에 관한 정신분석학 이론, 체질 이론과 모순된다고 그녀는 판단한다. 그러나 이 병에 특유한 증상을 보이는 아이들을 몇 해 동안 관찰함에 따라 그녀는 격리시키는 병원의 입장을 인정한다. 이 병의 명확한 특징으로는 공격성과 악의의 발현이 있는데, 이것은 가족 구성원에게만 표현된다. 그녀가 행한 임상실험으로 이 병은 지적 장애가 아니라 감정적 장애와 관련된 것으로 밝혀졌다. 그러한 아동들을 정신분석학적으로 연구한 결과 그녀는 그들의 공격적 행동을 이해 가능한 언어로 해독할 수 있게 되었다. 그리하여 그녀는 이 병에 억제의 결여, 본능적 성향에의 평형추의 결여가 있음을 보이고, 오이디푸스 콤플렉스와 거세 콤플렉스의 역할 등이 중요한 요소임을 분명히 드러냈다. 가정 내 갈등과 연계된 이 증상을 정신분석적 치료로 해결할 수 있다고 그녀는 생각한다. 그러나 이는 어디까지나 제안에 불과하다고 한다. 정신분석학은 이에 아직 증거를 제시하지 않았기 때문이라는 것이다.

소피 모르겐슈테른은 프랑스에서 아동정신분석을 실행한 초기 정신분석가이다. 그리고 아동 정신의학 대학병원에서 조르주 호이예르 교수의 협력자로서 1925년부터 1940년까지 작업했다. 출판물, 열다섯 편 정도의 논문, 책 등을 보면 그녀가 강도 높은 학문 활동을 했고 동료에게 인정도 받았음을 알 수 있다. 그녀의 논문은 《프랑스 정신분석학》, 《뇌》, 《정신의학의 진보》와 같은 중요한 잡지에 실려 있기 때문이다. 그녀의 저술은 한편으로는 지그문트 프로이트 저작의 연장선 상에, 또 한편으로는 안나 프로이트 사상의 연장선에 있다. 당시 그녀는 명망이 높았다. 그녀의 제자 중 한 사람이 프랑수아즈 마레트-돌토였다. 프랑수아즈 마레트-돌토는 그녀에게서 가르침을 받았다고 - 특히 아동의 그림에 관하여 - 인정했지만 정작 자신의 저술에서 소피 모르겐슈테른은 예외적으로만 인용되고 있을 뿐이다. 그녀가 왜 그리 잊혔는지 이해하기란 쉽지 않다. 이러한 망각은 프랑스의 1940~1945의 전쟁이 야기한 단절과 관련있는 것일까? 아니면 아동정신분석학과 점차 멀어진 조르주 호이예르의 향방과 관련있는 것일까? 그래도 1952년 조르주 호이예르는 자신의 저서에서 소피 모르겐슈테른을 여전히 칭송하며 인용하고 있지 않은가? 그녀에 대한 망각은 그녀의 비극적 최후와 관련있는 것일까? 누군가의 자살은 항상 살아남은 자들에게 죄의식을 안겨준다는 사실을 우리는 알고 있다. 그 자살이 정확히 말해 나찌가 파리에 진입했을 때 일어난 것일 때이니 더욱 그렇다.

다른 이들이 그녀의 자리를 차지하게 된다. 그런데 이상한 일은, 그 다른 이들은 정신분석가이면서도 자신들의 집단적 역사를 잊었다는 사실이다. 그리하여 소피 모르겐슈테른은 아동의 그림에 관한 논의, 혹은 정신병을 발생시키는 함구증에 관한 논의가 있을 때 이따금 인용될 뿐이다.

05 두 학파: 개중(個中)에 꼽을 수 있는 몇몇 인물

안나 프로이트를 비롯한 비엔나 학파

1920년대와 1930년대는 지극히 풍요로운 시기로서, 안나 프로이트를 비롯한 아동정신분석가 중에서 특히 명사가 많이 배출되었다. 지그문트 프로이트 세대의 정신분석가들은 안나 프로이트가 이끈 세미나를 〈킨더 세미나〉라고 불렀다. 이 세미나는 A. 아이히호른, S. 베른펠트, W. 호퍼, H. 하르트만, W. 라이히, J. 람플 드 그루트, R. 스테르바, R. A. 스피츠, H. 도이치, E. 크리스, M. 크리스-리, A. 카탄-로젠베르크Katan과 같은 인물들을 점차 규합해 나아갔다. 이들은 거의 다 유대인이었고, 안나 프로이트의 어린 시절 친구들도 있었으며, 대부분 정치적 좌파 운동에 가담하고 있었다.

이 정신분석가들은 매우 활발한 활동을 했다. 이들은 교육에 대한 강연회를 열고 비엔나 정신분석학 연구소를 이끌었다. 그리하여 아동분석에 대한 특별 강의가 3학년 과정에 개설되기도 했다. 이들은 또한《정신분석적 아동교육학》에 논문을 게재했다. 이 잡지는 1938년에 출간이 중단되고 영미계 잡지인《아동에 관한 정신분석학적 연구》로 대체된다. 이들은 여러 연구소를 창립했다. 그중 A. 아이히호른, S. 베른펠트, W. 호퍼는 재교육 연구소의 활동에 참여했다. 또한 이미 본 바와 같이, 이들이 창립한 유치원은 D. 벌링엄, P. 블로스, E. 에릭슨 외 몇 명이 이끌었다. 이들은 어려움을 겪는 아동을 위해 개설된 비엔나 시 차원의 상담 활동에도 참여했다.

이 시기의 특징으로, 이 선구자들이 조성한 분위기를 꼽을 수 있다. 이들은 서로서로 분석이나 검사를 해주곤 했는데 이때 각자의 부모들이 이미 친구 사이인 경우가 많았다. 그러므로 사생활과 직업적 생활이 쉽게 뒤얽히곤 했다.

강도 높은 활동을 전개하던 이들이었건만, 그 견해가 당시의 비엔나에 퍼지는 데에는 많은 저항이 잇따랐다. 당시 심리학과 교수 샤를로테 뷜러의 조교였던 일제 헬만은 안나 프로이트를 만날 수 없었다. 뷜러가 허락해 주지 않았기 때문이다. 게다가 일제 헬만은 자신의 출신 환경 - 비엔나의 교양 있는 대가문 - 에서 지그문트 프로이트의 발견은 비판과 야유의 대상이었다고 말한다(회견 4). 그녀는 예로 A. 슈니츨러와 부모님 사이의 대화를 기억해낸다. 일제 헬만의 아버지는 몹시 완강하여 샤를로테 뷜러의 제자로 들어간다고 해도 심리학 공부를 반대하려 했다. 그러므로 정신분석학을 지향하는 정신은 당시로서는 매우 혁명적이었다고, 후일 안나 프로이트는 말한다. 이들 모두를 다루기는 불가능하므로 예로 A. 카탄, 톨라 랑크,

D. 벌링엄만 선정해 소개하기로 한다.

나치주의가 대두함에 따라 각지로 흩어졌지만, 이 그룹의 구성원들은 충실한 우정을 견지했다. 전쟁이 끝나자마자 이들은 안나 프로이트와 다시 연락하며 지냈다. 단지 지그문트 프로이트의 딸이어서가 아닌, 그녀 자체의 가치를 알아본 것이었다. 이중 다수가 국제회의 때 서로 만났으며 여름에는 안나 프로이트와 D. 벌링엄의 저택이 있는 발베르슈빅에서도 서로 만났다.

안니 카탄-로젠베르크 (1898~1992)

안니 카탄-로젠베르크는 안나 프로이트의 어릴 적 친구이며, 안나 프로이트보다 세 살 아래였다. 안니가 일곱 살이었을 때, 하루는 안나에게 흙탕물을 튀긴 적이 있었다고 한다. 그래도 지그문트 프로이트는 안니 카탄-로젠베르크를 혼내지 않았다고 É. 영-브륄은 말한다. 이후 안나가 그녀를 분석해 주길 주저하자 안니는 "그것 조금 물 튀긴 일 가지고 너무 심각하게 생각하는 것 아냐?"라며 살짝 귀띔했다고 한다.

안니 카탄-로젠베르크는 소아청소년과 의사 루트비히 로젠베르크의 딸이었다. 루트비히 로젠베르크는 다른 소아청소년과 의사 오스카 리에와 함께, 지그문트 프로이트의 친구였다. 셋은 당시, 매주 토요일 카소비츠 연구소에 모여 카드놀이를 했다. 이 둘은 지그문트 프로이트가 분석한 유명한 꿈 「이르마에게 놓은 주사注射」에서 오토와 레오폴드라는 이름으로 등장한다. 오스카 리에도 마리안이라는 딸이 있었다. 안니 로젠베르크와 마리안 리에는 둘 다 의학 공부를 했고 각각 남편의 성姓인 안니 카탄과 마리안 크리스란 이름의 정신분석가로 알려졌다.

1934년, 안니 로젠베르크는 36세였다. 그녀는 안나 프로이트와 함께 자신을 분석했고 첫 번째 결혼에서 아이를 하나 낳은 후 이혼했다. 당시 비엔나는 1934년 2월 소요가 있었는데, 오토 바우어가 인솔하고 저항을 계획하는 불법 혁명 사회주의 조직에 안니 로젠베르크는 가맹한다. 그녀는 몇몇 정신분석가 특히 마거릿 말러가 피신하는 데 도움을 주었다. 그러나 1936년부터는 아들과 함께 네덜란드로 이주해야 했다. 두 번째 남편 마우리츠 카탄과 함께 그녀는 전쟁 중 네덜란드 저항 운동의 적극적 성원이 된다. 이후 둘은 클리블랜드(오하이오)로 이주했다. 안니 카탄은 그곳에서 아동정신분석학의 대의를 위하여 전력투구했다.

그녀는 항상 안나 프로이트의 충실한 벗으로 남았다. 1950년대 말, 그녀는 안나의 집 근처인 발베르슈빅의 전원주택을 남편과 함께 사들인다. 그녀는 1992년 12월 24일, 94세의 나이로 집에서 숨을 거둔다.

톨라 (베아타) 랑크 (1895~1967)

베아타 톨라 민처는 보스턴(로우즌Roazen, 1990)의 아동정신분석학 선구자로서 우리의 연구에 채택되었다. 게다가 그녀는 초기 정신분석학의 역사에서 중요한 역할을 했다.

오토 랑크는 1916년부터 1918년 사이, 크라코우에 군인으로 주둔하고 있을 때 이 아름다운 유대계 폴란드 여인을 알게 되었다. 결혼 직후 그는 그녀를 지그문트 프로이트에게 소개해 주려고 비엔나로 데리고 왔다. 로우즌Roazen은 이를 마치 정식 '궁정에서의 소개'[81]인 것처럼 다루고 있다. 지그문트 프로이트를 보좌한 오토 랑크의 역할을 우리는 알고 있다. 그는 비엔나 정신분석학회의 '회의록' 담당 비서관이었으며 지그문트 프로이트가 그를 오랫동안 정신적 아들로 여겼다는 사실도 우리는 알고 있다. 로우즌은 1918년 11월, K. 아브라함에게 보낸 편지에서 지그문트 프로이트는 톨라에 대하여 "칭찬과는 거리가 먼" 평판을 적어 보냈다고는 하지만, 어쨌든 그녀는 비좁은 프로이트 가족모임[82]에 일종의 '며느리'로 즉시 받아들여졌다. 『걱정스러운 기묘함』*Das Unheimliche*의 각주에서 지그문트 프로이트는 그녀가 어원 문제에 대해 언급한 일을 두고 "랑크 여박사"에게 감사한다고 적고 있다. 프로이트가 항상 출처를 밝힌다는 사실로 미루어 볼 때, 이러한 각주 표기는 비엔나에 정착한지 몇 개월도 안

---

[81] [역주] 남편감을 구하거나 사교 등의 목적으로 젊은 여인을 궁정에 소개하는 관습이 영국에 있었다. 소개하는 사람도 가족을 통하여 아는 지인이거나 자신이 이미 궁정에서 소개 받은 사람이어야 했다.

[82] [역주] 여기서는 프로이트를 비롯한 지인들의 모임을 가족에 빗대어 표현한 것임.

되는 톨라가 이미 과학적 논의상 어엿한 위치에 있었음을 시사하고 있다. 톨라가 딸을 낳았을 때 지그문트 프로이트는 아기의 탄생을 진짜 손녀처럼 축하했다. 톨라는 프로이트 부부를 위하여 몇몇 접견을 주최하곤 했다. 프로이트의 부인이 접견 준비를 그리 좋아하지 않았던 것 같다. 톨라는 친한 친구들도 집으로 초대하곤 했다(예컨대 루 안드레아스-살로메, F.와 H. 도이치).

톨라는 곧이어, 비엔나 모임에서 더욱 적극적인 활약을 하기 시작했다. 이마고 출판사에서 한몫을 하는가 하면, 프로이트의 명령에 따라 - 안나 프로이트도 그랬던 것처럼 - 글을 써내었다. 1920년, 톨라는 멜라니 클라인, 안나 프로이트와 같은 자격으로 헤이그 회의에 초대되었다(리버만, 1985). 그녀는 안나 프로이트가 비엔나 정신분석학회 회원이 된지 불과 몇 달 후에 같은 회원이 된다. 그녀는 1923년 5월 30일, 이 학회의 후보자 자격으로 「인류 사회의 발전에서 차지하는 여성의 역할」이란 발표를 한 바 있었다.

우리는 비엔나 정신분석 모임이라는 인간 사회의 발달에 톨라 랑크가 중요한 역할을 했다는 가설을 세워 본다. 이 당시 지그문트 프로이트와 오토 랑크 사이의 논쟁은 주로 '출생 시의 정신적 외상'에 오토 랑크가 내세운 새로운 주장에 기인했다. 이 논쟁은 두 당사자에게나 측근들에게나 견디기 어려운 일이었다. E. 존스의 관찰 기록에 의하면 랑크는 다른 요소 중에서도 특히, 인생 초기에 어머니/아기 사이의 관계가 매우 중요하다고, 프로이트에 대항하여 주장했다. 사실 랑크가 어머니라는 위치에 중요성을 부여함에 따라 문제가 불거진 것 같다. 이때 톨라와 오토의 공동작업이 있었음이 틀림없다. 오토 랑크는 결혼한 지 얼마 지나지 않아 이 주제를 언급하고 있기 때문이다. 또한, 오토 랑크의 저서 『돈 후안』(1922)의 7장은 제목이 「여성의 역할」로서, 바로 인간사회의 발달에 대한 것이다. 오토 랑크는 S. 페렌치와 함께 「정신분석학의 전망」(1924)이라는 논문을 썼는데 이는 지그문트 프로이트가 추가로 불만을 품는 동기가 되었다. 지그문트 프로이트가 총애하는 제자 중 두 명이 그 논문에서 정신분석적 기법을 정비할 것을 제안했고 프로이트는 이를 받아들일 수 없었다. 그런데 그 정비 내용 역시 어머니에 대한 전이와 관계가 있었다. 특히 K. 아브라함이 이 이론적, 기법적 제안을 두고 격한 반응을 보였다. 이 모든 상황에도 불구하고 지그문트 프로이트는 그 새로운 견해를 이해하고자 했다. 1924년 2월 15일의 서한에서 프로이트는 그에게 다음과 같이 설명한다. "자네들의 작업이 내 취향에 들어맞는지의 여부에 자네들이 좌우돼야 한다고 요구하지는 않겠네." "자네들이 새로운 견해를 갖게 될 때마다 내 허락을 기다리다가는 그새 늙어버릴 수도 있다네." 지그문트 프로이트는 이 문제를 함구하기는 했지만 "문제를 열어"두고자 했다. 그는 오토 랑크의 견해가 "흥미로운 보완"이라며, "그 가치는 모든 사람이 인정해야 할 것"이라고 생각했다. 그래도 프로이트는 다음과 같이 덧붙인다. "의사에게 전이하는 일은 곧 어머니와의 관계를 재생해 내는 일이라고, 미리 환자에게 알려주면 왜 분석 기간이 단축되는지, 명확하지 아니하네."

지그문트 프로이트는 암이 막 진행되기 시작했고 이에 오토 랑크가 영향을 받았다고 세간에서는 말한다. 또한, 오토 랑크의 작업에는 아버지 이미지에 대한 어려움이 나타난다고도 한다. 이 사실은, 자신의 작업이 이해되지 않자 조울증적 반응을 보였다는 사실로 확증된다. E. 존스는 그가 "미치기"까지 했다고 적고 있으나, 그러한 언급은 정확하다기보다는 감정적인 것으로 보인다.

결혼 이후로 오토 랑크Rank가 내세우는 모성 이미지는 매우 양면적이다. 『돈 후안』에서 그는 동화에 나오는 마녀나 성미 고약한 여자인 계모Rabenmutter, 악마의 조모, 심술궂은 늙은 여자를 예를 든다. "도대체 여성이 어쩌다 이런 적대적인 역을 맡게 되었는가?"라고 그는 V장의 끝에서 자문한다. 『출생 시의 정신적 외상』에서 우리는 아이들을 잡아먹는 "나쁜 원초적 어머니(마녀)"(117쪽)[83], 자궁 안의 지옥(139쪽)[84], 여자 스핑크스, 헤카테[85], 고르고노스[86], 죽음의 여사탄 약 열두 명, 원초적 우상들(153쪽)[87] 등을 볼 수 있다.

바로 이러한 원초적 공상들 때문에 지그문트 프로이트는 주저한 것 아니겠는가? 이러한 방향으로 나아갈 때 정신분석학에 어느 정

---

[83] [역주] O. Rank(1922), 『돈 후안』.

[84] [역주] 같은 책.

[85] [역주] 그리스 신화에 나오는, 천지와 하계(下界)를 다스리는 여신, 혹은 마법을 다스리는 여신.

[86] [역주] 머리털이 뱀 모양인 세 자매 괴물.

[87] [역주] 같은 책.

도의 진보가 있을지 자신의 지적 정직성으로 얼핏 간파할 수 있었는데도 말이다.

그리고 이 1918년에서 1924년 사이는 아동정신분석학의 발달을 이해하는 데 중요한 시기이다. 바로, 멜라니 클라인과 안나 프로이트가 데뷔한 시기이다!

대중은 이 논쟁의 차원을 재빨리 알아차렸다. J. 스트레이치는 1924년 10월 5일 부인에게 보낸 편지에, 미국의 분석가 사이에서 "아버지에 대한 콤플렉스는 프로이트에게 가서 분석 받고 어머니에 대한 콤플렉스는 랑크에게 가서 분석 받아야 한다."라는 말이 돌고 있다고 적었다.

헬렌 도이치도 오토 랑크의 작업과 톨라 랑크의 사상 간의 관계가 있음을 확언하는 것 같다. 헬렌 도이치는 원초적 어머니가 지배적임을 다룰 때 톨라 랑크를 인용하기 때문이다. 더 정확히 말하여, 그녀는《이마고》(1924년 10월)에 실린 톨라 랑크의 논문을 증거로 인용한다(H. Deutsch, 1945, I, 244쪽을 볼 것).

톨라와 같은 나이였던 안나 프로이트는 톨라를 좋아하지 않았다. 톨라는 '며느리'로서, 경쟁 상대였다. 아름다운 여인이자 출산과 모성 면에서 한창 행복한 톨라는 안나에게 선망을 불러일으켰다. E. 존스에게 보낸 편지에서(로우즌Roazen, 1990) 안나 프로이트는 오토 랑크의 '인성 변화'를 결혼의 시기로 거슬러 올라가 살핀다. 안나 프로이트는 그래도 자신이 이끄는 아동정신분석학 세미나에 톨라를 받아들였다. 1925년 2월 14일 막스 아이팅곤에게 보내는 편지에(영-

브륄, 1988) 안나 프로이트는 다음과 같이 쓰고 있다. "지난번 학회 모임에 랑크 부인이 참석했습니다. 제 상상 속에서 그녀를 부당하게 생각해 왔으므로 이번에는 그녀를 좋게 보려 애썼습니다. 그러나 아무 소용이 없더군요. 그녀를 도저히 참아줄 수 없겠다고 끝내 생각하게 되었습니다." 1925년 비엔나에서 톨라 랑크가 입원했을 때 지그문트 프로이트는 매일, 그녀가 산책하는 시간에 몸소 찾아와 주었다.

톨라 랑크는 약간 변덕스러운 성격이었던 것 같다. 예컨대 절약과는 거리가 멀었다. 비엔나에서 살던 당시의 그녀는 매우 우아한 차림으로 묘사된다. 반면 그녀의 남편은 바지를 기워 입고 다녔다. 살림살이에 돈이 모자랐으나 그녀는 정신분석학 출판사에서 거액의 돈을 꾸어오곤 했다. 그녀는 외출을 많이 했으며 그 와중에도 『꿈의 해석』을 폴란드어로 번역할 틈은 냈다. 번역된 책은 1923년에 출판되었다. 1924년부터 그녀의 남편은 비엔나와 파리, 뉴욕을 오가는 빈번한 여행을 했다. 그는 이 도시에서 자신의 진료실로 몰려오는 수많은 분석가 고객층이 있었다. 거기서 많은 돈을 모을 수 있었다기보다는, 그동안 파리에 정착한 톨라가 그리 호사스러운 생활만 안 했어도 많은 돈을 모을 수 있었을 것이었다. 톨라 랑크는 십여 년간 파리에서 살면서 헨리 밀러나 아나이스 닌과 같은 문학, 예술계 사람들을 사귀었다. 특히 아나이스 닌은 자신의 일기 안에 톨라 랑크를 언급한다. 사실 아나이스 닌은 특히 오토 랑크를 이야기한다. 아나이스는 파리에서 오토 랑크와 함께 정신분석학 작업을 실행했기 때문이다(그것은 앨런디와의 첫 '단계'[88] 이후였다). 둘은 서로 친해졌고 오토 랑크는 톨라와 함께 아나이스의 집에서 저녁 식사를 하겠다고 응했다. 당연히 두 여인은 서로 좋은 사이가 될 수 없었다. 아나이스 닌은 다음과 같이 적고 있다(1967).[89] "상당히 실망스러운 저녁이었다. 부정적인 랑크 부인은 모든 사람의 정열을 꺾는데 시간을 보냈다… [그녀는] 차갑고 퉁명스럽다." 이후 얼마 지나지 않아 (1934)[90] 랑크는 아나이스 닌을 뉴욕으로 오게 하여 자신의 조수-비서-학생으로 삼는다. 아나이스는 즉시 스스로 환자들을 받아 정신분석을 한다. 그러나 그녀의 활동은 일 년을 못 넘긴다.

톨라는 프랑스에서 정신분석학이 시작되었음을 분명 알고 있었을 것이라고 로우즌은 추측한다. 그러나 우리는 그 사실을 확증할 만한 아무런 단서도 찾을 수 없다. 반면, 그녀는 한때 미라 깅크부르크-오버홀처에게 분석을 받았다. 이에 대하여는 I, 2장에서 다루었다.

1929년, 오토 랑크가 비엔나 정신분석학회에 사표를 냈을 때 톨라는 지그문트 프로이트에게 충실하게 남았다. 그녀는 파리에서 아동을 분석하기 시작했다고 하나 우리에게 그에 대한 상세한 자료는 없다.

---

[88] [역주] 르네 앨런디에게 분석을 받으면서 아나이스 닌은 앨런디를 유혹한 후 버린다. 이후 그녀는 오토 랑크에게 분석을 받으면서 교감을 나눈다.
[89] Anaïs Nin(1967), 『1934~1939년 일기』.
[90] Anaïs Nin(1967), 『1934~1939년 일기』.

헬렌 도이치가 톨라 랑크를 보스턴에 초대한 것으로 보인다. 그녀는 1936년 보스턴에 도착했음이 틀림없다. 두 여인은 비엔나에 있었을 때 각자의 자녀들을 산책시키러 공원에 왔다가 서로 알게 되었다. 그 자녀들 역시 이후 친구 사이가 된다. 헬렌 도이치는 자신의 자서전에서(1973) 톨라가 처음에는 보스턴에서 정신분석 고객을 확보하는 데 어려움을 겪었다고 말한다. 톨라는 의학 학위가 없었기 때문이다. 친구들이 그녀에게 일자리를 마련해 주었다. 그런데 친구들이 추천해 주는 사회사업의 가정방문위원이라는 직업보다는 정신분석을 선호함으로써 그녀는 모든 사람을 놀라게 했다.

1939년 그녀는 오토 랑크와 이혼한다. 이는 이미 오래전부터의 결별을 정식으로 인정하는 셈이었다. 랑크는 재혼하지만 얼마 지나지 않아 죽는다. 때는 1939년 10월로서, 프로이트의 죽음 한 달 후의 일이었다. 그것은 분명 우연 이상의 일이다.

로우즌에 의하면 톨라 랑크가 보스턴에서 가장 유명한 아동분석가가 되었다고 한다. 아동정신분석 분야의 다른 분석가들을 그녀가 모두 양성했다는 것이다. 톨라 랑크는 보스턴 정신분석 연구소의 〈교육위원회〉를 관장했고 "모든 사람이 그녀를 좋아했다." 톨라 랑크는 특히 《아동정신분석 연구》에 아동의 비정형적 발달에 대한 논문 몇 편을 썼다. 그녀는 몰리 퍼트넘 박사와 함께, 취학 전 나이의 아동을 위한 〈제임스 잭슨 퍼트넘 아동센터〉를 세우는 데 이바지했다.

이후 톨라 랑크는 이 센터의 감독 일을 그만두고 분석교육가가 되었다.

그러나 톨라 랑크의 저작은 독자를 많이 확보하지 못했으며 우수한 작품으로 평가받지 못했다. 그녀의 저작 중 몇몇이 미간행으로 남았다. 그중 하나는 H. 도이치가 인용하는 글인데도 말이다. H. 도이치는 자서전에서, 그녀가 매우 신경증적 자세를 보였으며 "전혀 근거 없는 열등감으로 괴로워했다."고 적는다. 로우즌은 그녀가 섬세하면서도 복합적인 지성의 소유자였으나, 학문적 용어로 말한다면 "지적"이라기보다는 "감성적"이었다고 한다.

톨라 랑크는 헬렌 도이치에 애착을 잃지 않았으며 말년에는 서로 가까이 살면서 매일 서로의 집을 방문했다. 그녀는 1967년에 세상을 떠났다.

로우즌은 시간이 흐른 후 다시 보았을 때, 톨라 랑크가 다음과 같았다고 말한다. 그녀는 "출구 없는 상황에 직면한 비극적 인물로 보였다. 아나이스 닌의 일기에 그녀는 항상 검은 드레스를 입고 있는 것으로 나온다. 검은색은 그녀가 우아한 면과 우울증적 기질이 있다는 점을 동시에 나타낸다. 이는 보스턴에 그녀가 데뷔할 때 남긴 인상과 일치한다. 집단 동료들의 세력에 그녀는 지극한 감성적으로 반응할 줄 알았다. 보스턴에서 분석가로 그녀가 얻은 성공 역시 그러한 감수성 덕분 아니었나 싶다".

도로시 벌링엄 (1891~1979)

도로시 벌링엄은 미국인이었다. 그녀는 1891년 뉴욕의, 매우 유명한 가문에서 태어났다. D. 벌링엄의 아버지는 유명한 유리세공 장식가인 루이 티파니였다. 그녀는 상당히 젊은 나이에 R. 벌링엄과 결혼한다. 남편은 조울증에 걸린 외과 의사였다. 시아버지는 동쪽 해안에서 저명한 법학자이자 변호사로서 영향력 있는 정치인이기도 했다. 그녀는 눈 깜짝할 사이에 네 명의 자녀를 얻는다. 그리고 병원에 몇 번이나 감금된 적 있는 남편을 치료하러 S. 페렌치를 찾아가기도 하고 비엔나의 지그문트 프로이트에게도 갔다. 그녀는 처음으로 T. 라이크에게 분석을 받아본 후 이어 지그문트 프로이트에게 분석을 받았다. 자신의 아이들이 정신병에 걸리지는 않았나 두려워하여 아이들을 안나 프로이트에게 맡긴다. 안나 프로이트는 첫째와 둘째를 즉시 정신분석 한다. 이 두 자녀는 안나 프로이트가 처음으로 맡은 아동에 속한다.

D. 벌링엄은 얼마 안 가서 비엔나 정신분석학회의 회원이 된다. 그녀는 최초의 유아원 창립에 적극적으로 참여하며, P. 블로스와 E. 에릭슨이 그곳의 교육자가 된다. 그녀는 또한 안나 프로이트와 함께 비엔나에 '잭슨 유아원'을 세운다. 그녀는 강단에도 서는가 하면, 프로이트 가족을 런던까지 따라가 1938년에 영국 학회의 회원이 되며 1940년에는 교육 분석가가 된다.

논쟁이 있을 때 D. 벌링엄은 안나 프로이트의 입장을 적극적으로 지지한다. 둘은 함께 햄스테드 유아원을 세원다. 이는 이후 햄스테드 클리닉이 되는데 여기서 벌링엄은 특히 맹인 아동에 대한 연구와 햄스테드 《색인》[91] 작업을 한다.

D. 벌링엄은 논문과 책을 몇 권 출판하는데, 안나 프로이트와 공동집필을 할 때가 많았다. 그녀는 영국 학회의 수많은 분석가를 분석해 주었다. 그중에는 일제 헬만도 있다.

D. 벌링엄은 안나 프로이트의 절친한 친구였다. D. 벌링엄의 손자 마이클 D. 벌링엄은 1988년, 미국에서 『마지막 티파니』란 제목으로 D. 벌링엄에 대한 전기를 출간했다. 관심이 있는 독자들은 이 전기에서 그녀의 일생과 저술에 대한 여러 요소를 찾을 수 있을 것이다.

멜라니 클라인을 비롯한 영국 학파

영국 정신분석학회의 역사는 그 학회를 창립한 E. 존스와 긴밀히 연관된다. 그는 1900년에 의사 자격을 취득했다. 그다음 그는 신경학, 정신병리학에 관심을 가졌다. 바로 이때 그는 W. 트로터 덕분에

---

[91] [역주] 햄스테드의 색인(Index)이란, 벌링엄이 창안해 낸 작업으로, 아동분석으로 모은 자료들을 카드에 적어 주제별로 편성해 놓은 것이었다. 색인의 주제로는 무의식의 내용, 불안, 방어, 성격 상의 특성, 대상과의 관계, 전이의 발현 등이 있다.

지그문트 프로이트의 작품을 발견하게 된다. E. 존스는 프로이트의 저술을 1905~1906년, 첫 환자에게 적용해 본다.

1907년, E. 존스는 C. G. 융을 알게 되고 융은 그를 취리히에 초대한다. 그는 잘츠부르크에서 열린 1차 국제회의에서 지그문트 프로이트를 만난다. 캐나다 체류 후 1913년, E. 존스는 런던으로 돌아온다. 1919년에 그는 영국 정신분석학회를 세운다. 1920년에는 영어로 된 최초의 정신분석학 잡지인 《국제 정신분석학》을 만들며, 1924년에는 영국학회 연구소를 연다. 베를린에 있던 M. 클라인을 영국에 오도록 한 것은 1926년의 일이었다. 클라인은 즉시 그의 부인과 두 자녀를 맡아 분석한다.

학회의 구성원들은 모두 자유주의적, 인본주의적 성향과 교육의 혜택을 받은 이들이었다. 그중에는 앨릭스와 제임스 스트레이치, 아드리안과 카렌 스티븐이 있었고 이들은 블룸스베리Bloomsbury 92 그룹에 속했다. 이에 관련하여, 제임스와 앨릭스 스트레이치가 1924년에서 1925년 사이에 주고받은(마이젤Meisel, 1985) 서신을 읽는 것도 흥미롭다. 이 시기는 앨릭스 스트레이치가 베를린에서 K. 아브라함에게 분석을 받던 때였다. 거기서 앨릭스는 M. 클라인을 만났다. 이 서간문은 그 사회 계층의 자유로운 사고방식을 잘 드러낸다. 조안 리비에르, 바바라 로우(유일한 유대인), 수전 아이작스, 실비아 페

---

92 주지하다시피 블룸스베리는 특히 버지니아 울프가 가담했던, 절대 자유주의적 경향의 문학 그룹이다.

인, 에드워드 글로버 박사 등도 이 첫 그룹이 형성되는 데에 참여했다. 이들은 모두 비엔나, 부다페스트, 베를린에서 분석 받았다는 공통점이 있었다.

십여 년 동안 이 그룹은 매우 조화롭고 왕성하게 발전했다. M. 클라인과 그녀의 사상은 모든 구성원에게 영향을 미쳤다. 클라인에게서 일탈한다는 생각은 아예 제기되지도 않았다.

우리는 아동정신분석학의 역사에서 맡은 역할을 고려하여, 이 그룹의 구성원 중 세 명만 선택했다.

파울라 하이만 (1899~1982)

파울라 하이만은 베를린에서 분석가로서의 경력을 시작한다. T. 라이크에게 분석을 받은 것도 베를린이었다. 1932년, 그녀는 베를린 정신분석학회의 준회원이 된다. 베를린에 나치주의가 대두하고 남편 프란츠 하이만과 결별함에 따라 1933년, 그녀는 딸과 함께 런던에 정착하라는 E. 존스의 제안을 받아들인다. 그녀는 같은 해에 영국 학회의 준회원이 된다. 파울라 하이만은 1935년, 멜라니 클라인과 함께 분석을 재개한다. 도중에 중단되기도 했지만 1953년에 진행된 듯한 이 분석이 어떻게 종료되었는지에 대하여 그녀는 항상 분명치 않은 태도를 보였다. E. 존스의 의견에 따라 그녀는 의학 공부를 시도하여 1937년에 마친다. 영국 학회에는 1939년에 회원이 된다. 이때 비엔나 사람들을 클라인의 개념에 친숙하게 해 주려 한 작은 그룹이 있었다. 결국은 수포로 끝났지만, 당시 파울라 하이만은 그 그룹의 활동에 가담했다. 1939년 말, 파리 정신분석학회와 합동으로 런던에서 열린 회의에서 그녀는 「승화라는 문제에의 기여와 승화가 내부투사 과정과 맺는 관계」라는 논문을 발표한다.

특히 논쟁시 그녀는 멜라니 클라인을 강력히 지지했고 학회의 학문적, 행정적 토론 회의에 적극적으로 참여했다. 그녀는 「초기 아동기에서 내부투사와 외부투사의 몇몇 기능」이라는 첫 작업을 발표하는데, 이는 1943년 10월에 열린 제6차 과학 논쟁에서 토론되었다. 당시 파울라 하이만은 M. 클라인에게 분석을 받고 있었는데, 그로 인하여 인생에 - 자신이 받은 분석에도 - 매우 복잡한 상황이 생긴다.

S. 아이작스와 함께 파울라 하이만은 세 번째 과학 강연회용 텍스트인 「퇴행」을 집필한다. 이 텍스트는 논쟁이란 제목의 다음 장에서 거론될 것이다.

1944년, 파울라 하이만은 분석교육가가 되었다. M. 클라인과 파울라 하이만의 관계는 매우 복잡했던 것 같다. 1935년부터 1953년까지 둘은 절친한 친구였다. P. 하이만은 M. 클라인의 사생활의 수많은 사건에 참여한 것으로 보인다. 즉, 둘은 서로 분석해 주는 등 함께 작업을 수행했다. 오늘날 이것은 이해하기 어려운 상황이다. 둘의 사이가 틀어지고 난 후 P. 하이만은 사회생활과 우정이 동시에 뒤섞인 분석에는 위험이 내재해 있다는 발언을 많이 했다.

둘 사이의 관계는 1949년부터 나빠지기 시작한 듯하다. 이 해는

P. 하이만이 M. 클라인의 마음에 안 드는 주제로 취리히에서 발표를 한 해였다. '역전이'에 대한 이 논문은 열렬한 환호를 받았는데, 파울라 하이만은 멜라니 클라인이 이를 시기했다고 생각한다.

둘을 다 알고 똑같이 존경하는 사람들은 그녀 둘 다 지적이고 꿈이 컸다고 묘사한다. 오랫동안 복종해왔던 파울라 하이만은 독립을 선택했고 M. 클라인은 이를 나쁘게 받아들였음이 틀림없다. 그런데 또 한편으로, 파울라 하이만은 자신을 분석해 주는 클라인이 자기 생각을 훔쳐내어 스스로 영예를 누리는 데 사용한다는 느낌을 여러 번 가졌었다. 이런 느낌은 사실일 가능성이 많으며 분석을 받는 모든 사람이라면 흔히 갖게 되는 느낌이기에 분석가 쪽에서 해석과 작업을 해야 마땅하다. 불화를 일으킨 또 다른 상황은 영국 정신분석학회 안에서 발생했다. 학회에서 P. 하이만은 M. 클라인보다 더 인기가 좋아 회장이 될 꿈도 꾸었다. 그녀는 회장이 되지 못한 것을 성가신 친구인 M. 클라인의 탓으로 돌렸다. 이 모든 일에도 불구하고 그녀들이 1955년, 결정적으로 결별하게 된 정확하고 진정한 계기는 알기 어렵다. M. 클라인이 제네바 회의에서 발표한, 선망에 대한 텍스트를 기점으로 둘 사이의 이론적 절교가 최종적으로 이루어졌다고 이후 파울라 하이만은 말한다(그로스쿠어트, 536쪽).[93] 그 둘의 절교는 1955년 11월에 공식화되었다. M. 클라인이 그녀에게 〈멜라

---

[93] [역주] Ph. Grosskurth(1986), 『멜라니 클라인의 세계와 저술』.

니 클라인 신탁자금)에 사표를 내라고 요구했고 그녀는 즉각 사표를 낸 것이었다.

파울라 하이만은 곧이어 독립자들의 그룹의 중심이 되어, D. W. 위니코트의 주간 세미나에 참석했다.

이런 결별은 클라인 그룹의 존속에 유별나게 고통스러운 일화였던 것 같다. 그룹의 구성원들은 이에 대해 입을 다문다. 반대로, 적수들에게 이 소식은 당연히, 새로운 승리를 할 기회였다. 그들은 이 결별을 통하여 M. 클라인이 얼마나 불길한 권력을 가졌는지를 드러내려 했다. 그렇게, 클라인 그룹에서 파울라 하이만이 제적된 사실은 M. 클라인에게 사용할 수 있는 무기가 되었다. 특히 미국에서는 클라인의 사상이 퍼지는 것을 막기 위한 투쟁에 사용되었는데, 이는 유럽에서도 예외가 아니었을 것이다.

게다가 파울라 하이만은 유명한 분석가들의 분석가였다. 예로 몇 명을 꼽자면, 영국 클라인 그룹의 구성원인 베티 조세프[Joseph], 프랑스로 오기 전에 런던에서 교육을 받은 미국인 제임스 개밀 등이 있다(III, 4장을 볼 것).

조안 리비에르 (1883~1962)

조안 리비에르는 출생상 영국 부르주아 상류층의 지식계급에 속했다. 그녀는 영국 그룹 안에서도 가장 날카롭고 뛰어난 인재 중 하나였다. 대륙인인 우리가 전형적 영국식이라고 흔히 묘사하는 그 초연한 태도로, 그녀는 클라인의 '대의'를 열렬히 옹호했다. 수전 아이 작스는 당시 이민자였던 멜라니 클라인을 위하여 대학 보증금을 내주었다. 그리고 J. 리비에르는 클라인이 사회적으로 자리 잡는 데에 귀중한 도움을 주었다.

J. 리비에르는 대학 학위를 취득한 적이 없지만, 문학과 예술 방면의 학식이 대단했다. 17세 되던 해, 그녀는 언어를 더 배우라고 독일로 보내졌다. 그리고 변호사 에블린 리비에르와 결혼한다. 32세 되던 1915년, 조안 리비에르는 E. 존스와 함께 분석을 시작한다. 그리하여 영국 최초의 문외한 분석가가 된다. 그녀는 1919년, 영국 정신분석학회 창립에 가담한다. 그리고 1922년에는 비엔나로 가서 지그문트 프로이트와 함께 첫 단계 분석을 한다. 조안 리비에르는 곧이어, 스트레이치 부부와 함께 지그문트 프로이트의 저서들을 영어로 번역하는 작업에 몰두한다. 또한《국제 정신분석학》의 번역 분과 책임자가 된다. 그녀는 앨릭스와 제임스 스트레이치 부부, E. 존스와 함께 용어 사전 위원회에도 참여한다. 이 위원회는 지그문트 프로이트가 사용하는 기법 용어를 영어로 번역하는 일을 담당하고 있었다. 1921년부터 조안 리비에르는 교육 활동을 한다. 게다가 그녀는 D. W. 위니코트와 S. 아이작스를 분석한 이들 중 하나였다.

1920년의 헤이그 회의 때부터 조안 리비에르는 필시 멜라니 클라인을 만났을 것이다. 그러나 둘이 친구가 된 것은 잘츠부르크 회의이후인 1924년부터였다. 둘은 당시 대륙에서 함께 휴가를 보냈고, 그러면서 조안 리비에르는 M. 클라인의 사상에 친숙해졌다. 그녀는

M. 클라인을 영국으로 오게 하는 데에 커다란 역할을 했다. 그녀는 클라인을 적극적으로 지지하여 지그문트 프로이트의 화를 돋우기도 했다. 1927년과 1930년 사이, E. 존스가 지그문트 프로이트와 교환한 서신은 이런 내용을 잘 보여 주고 있다. 즉 지그문트 프로이트는 J. 리비에르에게 배신당했음을 알고는 리비에르를 이단으로 취급하며, E. 존스에게 그러한 의견을 리비에르에게 전달하라고 부탁한다. 리비에르는 분명 이를 통지받았을 터인데도 눈 하나 깜짝하지 않았다. 그녀는 지그문트 프로이트를 매우 존경하고 인정하고 있었으나 정신분석학을 지그문트 프로이트의 저작 안으로만 한정 짓기를 거부했다.

출신과 교육에 기인한, 선천적으로 독립적인 리비에르는 비엔나 정신분석가들의 세계에 태연자약하게 대면할 수 있었다. 그것은 특히 1936년, 두 학회 간 교류의 하나로 논문「최초 아동기 때의 심리적 갈등의 발생에 대하여」를 발표하러 갔을 때 두드러졌다. 과학적 관점에서 보았을 때 이 논문은 매우 괄목할 만하다. 이 글은 멜라니 클라인의 사상을 매우 객관적으로 체화시키면서도 지그문트 프로이트의 이론에 연결한 엄밀한 작업이다. 이는 또한 매우 용감한 작업이기도 하다. 상당히 적대적인 비엔나 세계 안에서 그녀는 다음과 같이 선언하기 때문이다. "M. 클라인의 혁신적 저작은, 특히 영국 정신분석학회 안에서 중점이 되던 문제들이 자세히 연구되도록 이끌었으며, 내가 보기에는 최근 몇 년간 학회 구성원들의 저작 대부분에 직간접적으로 영향을 미쳤다."

그녀는 1938년, 비엔나인들이 런던에 순조롭게 동화될 수 있도록 한 사람 중 하나였다. 그러나 논쟁이 있을 때 그녀는 클라인의 입장을 맹렬히 옹호하여, 간혹 M. 슈미데베르크나 바바라 로우의 공격에 거칠게 대답하기도 했다. 특히 E. 존스와 다른 점은 그녀가 학문적으로 M. 클라인에게 우수한 자질로 후원해 주었다는 사실이다. 그녀는 모든 학문 토론에 참여했다.

1947년경[94], M. 클라인의 논문 「정신분열증의 기제에 대한 몇 가지 기록」이 나온 후 그녀는 스스로, 친구인 클라인에게 약간의 거리를 취한다. 리비에르는 정신병 환자를 맡는 일이 두렵다고, 그러한 극단적 경우는 불편하다고 토로한다. 클라인 이론의 새로운 면모가 그녀에게는 낯설어졌다. 또한, 한나 시걸, H. 로젠펠트, W. R. 비온 등의 신입회원들과 같이 동등한 자격으로, 클라인 제자의 모임에 속할 능력이 이제는 없다고 느꼈다. 리비에르는 M. 클라인의 70세 생일 기념으로 1952년에 출간된 『정신분석학의 발전』이란 책의 준비작업에도 적극적으로 참여했다. 그리하여 그 책의 서문을 썼는데 그것은 프로이트의 저서 『나의 생애와 정신분석학』(1925)에서 따온, 다음과 같은 인용으로 시작한다. "나는 여러 갈래의 길을 열어 놓았을 뿐만 아니라 많은 자극을 선사했다. 그리하여 그것은 미래의 어떤 것으로 이르게 할 수 있을 것이다." 멜라니 클라인의 저작은 여태

---

[94] [역주] 그러나 참고문헌에 M. 클라인의 이 논문은 1946년으로 되어 있다.

까지 여하한 과학적 탐색도 금지됐던 앎의 분야로 펼쳐져 있다고, 그녀는 자신의 글을 통하여 여러 번 강조한다(34쪽).[95] 조안 리비에르는 다음과 같이 쓴다. "성인에게 익숙한 방식으로 성인이 보고 듣고 이해할 수 있게 아기가 스스로 표현하기 전까지 아기는 심리적 과정도, 심리 현상도 없다고, 몇몇 분석가는 아직도 그렇게 생각하고" 있다. 그렇지만 "아기는 자신에게 일어나는 모든 일을, 사람들이 자신에게 해주는 모든 일을 느끼고 생각하고 알고 반응하며 감정적 경험 – 즉 심리적 경험 – 을 보인다". 학자도 아니면서 이 사실을 알고 있는 "직관적 어머니들"에게 경의를 표한다는 것이다. 사실, "학자"와 몇몇 정신분석가의 어머니와 아이 상호 관계에 대한 과학적 연구를 배워서, 클라인의 저술에 대한 태도를 바꾸기까지는 몇 해가 더 걸렸다.

J. 리비에르는 1962년, 79세의 나이로 별세했다. 그녀가 발표한 방대한 논문 중 우리는 역사적으로 중요한 것만 예로 들었다. 리비에르는 영국 정신분석학회 내에서 상당한 영향력을 발휘했다.

수전 아이작스 (1885~1948)

수전 아이작스는 1921년 영국 정신분석학회의 준회원으로 선출

---

[95] [역주] M. Klein, P. Heimann, S. Isaacs & J. Rivière(1952e), 『정신분석학의 발전』.

된 이후 1923년 정회원이 되었다. 그녀에게는 연속하여 세 명의 분석가가 있었는데 그중 O. 랑크에게 대륙에서 잠깐 분석을 받았다. 이후 런던에서 J. C. 플뤼겔에게 두 번째 단계의 분석을 받은 후 최종 단계로 J. 리비에르의 분석을 받았는데 이는 멜라니 클라인을 만난 다음의 일이었다.

수전 아이작스는 의학을 전공하지 않았다. 그녀는 교육자로서, 맨체스터 대학과 이후 뉴햄에서 철학, 심리학을 공부했다. 1924년에, 수전 아이작스는 케임브리지의 소위 "혁명적" 학교의 교장직을 받아들였다. '맬팅 하우스 스쿨'이라 불린 이 유치원은 새로운 교육철학을 기치로 내걸고 있었다. "이 학교에서 아이들은 마음껏 의사표현을 하도록 지도될 뿐만 아니라 스스로를 위하여 자신 안의 모든 것을 다 발견하도록 권유된다. 거기에는 성性에 대한 관심을 터놓고 표현하는 일도 포함된다. 그 성에 대한 관심이 과학적 관심으로 변모함에 따라 일정 방향으로 유도－수전 아이작스의 표현－된다. 수전 아이작스의 의견으로는 그 결과 아이들은 편안한 집중력을 갖게 되었다."(마이젤Meisel, 1985, 『앨릭스와 제임스 스트레이치 사이의 서간문』, 61쪽) 이 학교는 추문을 불러일으켰다. 제임스 스트레이치는 이 학교에 '전前생식적 난잡'이란 별명이 붙여졌다고 말한다. 그럼에도 이 학교에는 케임브리지의 스트레이치 친구들의 자녀들이 다니고 있었다. M. 클라인과 피아제－S. 아이작스에게 영향받은 것으로 보이는－도 이 학교를 방문했다. 1927년, 이 학교는 문을 닫았다.

S. 아이작스는 영국의 아동발달연구의 선구자였으며 그 분야에 정신분석학적 지식을 적용한 최초의 사람이었다. 1933년 그녀는 런던대학 교육연구소의 신설 아동발달분과의 소장으로 임명되었다. 논쟁이 있을 때에도 그녀는 계속 그곳에 근무하고 있었다.

1937년, 런던에 근무하러 온 일제 헬만은(회견 4) 당시 그녀와 함께 작업했다고 회고한다. S. 아이작스는 《육아 세계》라는 신문의 교육란을 집필하여 편지로 독자들에게 답을 하곤 했는데, 일제 헬만이 그 편지 쓰는 일을 같이했던 것이다. 그렇게, 그녀 옆에서 일하면서 많은 것을 배웠다고 I. 헬만은 말한다.

1939년, S. 아이작스는 영국 학회에서 「내부 대상과 관련된, 아동의 분노 폭발」이라는 제목으로 발표했다. 이때 열린 학회는 기억할 만한 사건이었다. 거기에 M. 클라인과 그 학파, 그리고 안나 프로이트, 도로시 벌링엄, 마리 보나파르트 왕자비 등이 다 모여 있었기 때문이다. 토론을 통하여 사람들은 그녀가 당연하다고 생각하는 몇몇 요소를 보충적으로 해명해야 한다고 평했다.

S. 아이작스는 적극적으로 논쟁에 참여하여 멜라니 클라인을 용감하고 지혜롭게 옹호했다. 그녀는 1차 과학 토론을 담은 텍스트인 「환상의 성격과 기능」을 펴냈다. 그리고 파울라 하이만과 함께 '퇴행'에 대한 2차 과학 토론의 논문을 집필했다. 이 텍스트들을 논쟁에 대한 다음 장에서 연구할 것이다.

S. 아이작스는 논쟁의 끝까지 참여하지 못했다. 1944년에 자택이 폭격을 당했고 그녀 자신도 폐렴에 걸렸다. S. 아이작스는 1948년,

이른 시기에 세상을 떠났다. 그 해에는 클라인 파 친구들과 함께 『정신분석학의 발전』이라는 제목으로 출판될 책을 구상하고 있었다.

수전 아이작스는 M. 클라인을 런던에 맞이한 여성들 가운데 하나이다. 1925년, M. 클라인이 런던에서 강연할 때나 1926년, 런던에 정착하러 왔을 때 특히 그러했다. 수전 아이작스는 멜라니 클라인의 이론에 단번에 매료되었다. 우리가 이미 본 것처럼, 그녀는 클라인 그룹의 활동에 적극적으로 참여했다. 그녀는 맹신적이지 않으면서도 클라인의 충실한 친구가 되었다. 그녀는 그렇게, 정신적 독립을 유지하고자 했다. 이 점은 그녀가 M. 클라인과 주고받은 편지에서 볼 수 있다. S. 아이작스는 클라인의 저술을 열렬히 옹호하고자 하지만, S. 아이작스 자신뿐만 아니라 다른 이들이 얼마나 오류를 범했기에 그토록, 클라인의 저작에 대한 적의가 야기되었는지 의문이라고 쓴다. 자신의 행동에 대한 이러한 분석이 있었기에 토론 중 그녀는 "거만하지도, 노골적이지도 않으면서"[96] 명료하고 정확한 논리로 침착하게 대답할 수 있었던 것이다. 무엇보다도 그녀는 동료들을 설득해야 했다. 그만큼 M. 클라인의 저작은 "저술 자체가 야기하는 피할 수 없는 불안과 함께, 그 특성과 위대함으로"(Ph. Grosskurth, 1988)[97] 그녀에게 감명을 주었던 것이다.

---

[96] 멜라니 클라인에게 보낸 편지에서 S. 아이작스가 손수 쓴 표현이다.
[97] [역주] Ph. Grosskurth(1986), 『멜라니 클라인의 세계와 저술』.

06 논쟁 (1941~1945):
런던에서의 피할 수 없는 대결

　사람들은 흔히 논쟁을, 아동정신분석학의 역사상 전설적인 순간으로 치부하여, 이를 너무 알려고 하지 않는 것이 좋다고들 생각해왔다. 오늘날에는 이제 그 이야기를 할 수 있게 되었다. '논쟁'이라는 이름으로 알려진, 학문적/행정적 회의내용 전체에 대한 보고서가 『프로이트와 클라인 사이의 논쟁: 1941~1945』이란 제목으로 런던에서(1991) 출간되었다. 이 보고서는 펄 킹과 리카도 슈타이너가 간행했는데, 둘 다 영국 정신분석학회의 회원이다. 이 책은 958쪽에 달하는 방대한 저작이다. 그러니 이 책에서 이 책의 세세한 부분까지 다룰 수는 없다. 다만, 우리는 이 출판물의 역사적 가치만은 강조하고자 한다. 이 보고서 출판으로 우리는 어느 한쪽으로 치우쳐 편들지 않는, 논쟁의 정확한 내용을 객관적으로 전하는 책을 처음으로 접하게 되었다.

　논쟁에서는 안나 프로이트를 둘러싼 지그문트 프로이트 파와 멜라니 클라인을 둘러싼 멜라니 클라인 파가 대립했다고 흔히들 말해왔다. 더욱 정확히, 과학적으로 말하자면 M. 클라인의 작업이 여전히 프로이트의 발견 내용 선상에 위치하는지, M. 클라인의 고찰 내용이 지그문트 프로이트의 고찰 내용과 모순되지는 않는지를 알아내는 일이 관건이다. 클라인의 이론 중 이의異議의 대상이 된 주요 부분을 살펴보면 다음과 같다.

- M. 클라인이 원초적 나르시시즘을 재검토한 점이다. M. 클라인에 의하면, 나르시시즘과 자기성애는 존재하되 내부, 외부 대상들과 관계된 환상과 좌절에 이미 연결되어 존재한다는 것이다.

- M. 클라인은 대상에 여러 관계를 세울 줄 아는 초보적 자아, 내부투사와 외부투사와 같은 정신적 기제를 생산해 낼 줄 아는 초보적 자아라는 개념과 연결된 무의식적 환상이 존재하며, 조기 대상관계[98]가 존재한다는 가정을 세웠다.

- 전前생식의 형태의 오이디푸스 콤플렉스, 특히 최초의 오이디푸스가 존재한다고 주장하며 따라서 조기 초자아도 존재한다고 M. 클라인은 주장한다. 조기 초자아는 지그문트 프로이트의 이론처럼 오이디푸스 콤플렉스의 결과로 나오는 것이 아니라 최초의

---

[98] [역주] 대상관계(relation d'object 혹은 relation objectale)란, 주체가 어떤 대상(object)과 갖는 관계를 말한다. 이러한 관계로 주체의 세계가 형성된다. 그러한 세계는 내부적이면서 동시에 외부적이다. 대상으로 개인의 욕동이 향하는데, 그러한 욕동적 대상은 사물뿐만 아니라 사람도 된다.

오이디푸스를 이루는 구성요소인 것이다.

- M. 클라인은 우울증의 입장을 발견했으며 6개월 이후부터의 소아에게 신경증이 있을 수 있다고 확신했다. 그러한 아동 신경증은 정신병적 불안이 생성됨에 따라 발생되는 것이다.

- 삶 욕동/죽음 욕동이라는 이원성 안에서 그녀는 죽음 욕동에 커다란 중요성을 부여한다.

- 마지막으로, 여성의 성을 재검토한 점이다. M. 클라인은 고유한 실재를 여성의 성에 부여했다. 그리하여 이제 여성의 성은 더는, 남성의 성의 거세당한 보완물이 아니게 되었다.

행정적인 면에서는, 학회 내 여러 경향 각각의 중요성에 대하여 토의하고, 특히 지망생들 교육의 영역에 각 경향이 행사하는 영향을 토의하는 일이 관건이었다. 이 토론은 때때로 극도로 맹렬해져서 에드워드 글로버, 멜리타 슈미데베르크(멜라니 클라인의 딸)와 M. 클라인을 대립시키는 갈등 등 개인적 감정으로 악화되었으며, 전체적으로는 그간 거리를 두어왔던 비엔나와 런던 두 학파 간의 해묵은 원한으로 악화되었다. 한 예를 들자면 토론 중 안나 프로이트는 영국 학회와 그 회장 E. 존스가 1926년에 발행된 자신의 첫 저술을 영국에서 번역, 간행하는 일을 꺼렸기에 유감이라고 말했다. 더군다나 비엔나에서는 M. 클라인의 논문을 항상 출간해 왔기에 섭섭하다는 것이었다.

사람들이 이 논쟁으로 무엇을 노렸는지 이해하려면 1930년대 초 영국으로 거슬러 올라가야 한다. 영국에 도착한 이래로 계속 E. 존스의 지지를 받은 M. 클라인은 순조로운 환경에서 자신의 사상을 발전시켜 나아갈 수 있었다. 사람들은 그녀의 말을 귀 기울여 듣고 받아들였으며 그녀 주위로는 조안 리비에르, 수전 아이작스, D. W. 위니코트, 니나 설스, E. 존스 자신과 스트레이치 부부 등 아동정신분석가들의 모임이 형성되었다. 그런데 1934~1935년부터 영국 학회 내 첫 불화가 생겨났다. 당시 M. 클라인의 아들인 한스가 죽고 우울증의 입장에 대한 그녀의 논문이 발표되었다. 그런데 그 일을 계기로 M. 클라인의 딸과 E. 글로버는 공개적으로 그녀와 원수가 되었다. 게다가 국제정신분석학회의 회장이 된 E. 존스는, 이제 클라인 학파라고 불리는 영국 학파와 비엔나 학파 사이에 깊어지는 대립이 걱정이었다. 지그문트 프로이트가 E. 존스에게 보낸 서한에서, 자신이 감히 M. 클라인을 공격하지는 않겠지만 자신에게 정신분석을 받은 조안 리비에르가 자기를 배반했기에 씁쓸함을 금치 못한다고 말했다. 아울러, 조안 리비에르는 클라인 단체의 대변인 중 한 사람이 되었다는 것이었다.

1934년 지그문트 프로이트와 E. 존스가 비엔나와 런던 사이에 강연회를 교류하기로 한 것은 서로 간의 거리를 좁혀보고자 하는 취지에서였다(그로스쿠어트, 289쪽).[99] 그리하여 1935년 존스는 자신의 논문 「여성의 성性의 초기 단계들」을 발표하러 비엔나에 왔다. 그

---

[99] [역주] Ph. Grosskurth(1986), 『멜라니 클라인의 세계와 저술』.

답으로 1935년에는 비엔나인인 R. 밸더가 영국 정신분석학회에 「자아의 심리의 문제점들」에 대한 논문을 발표했다. 그다음, 1936년 5월에는 J. 리비에르가 「초기 아동기 심리적 갈등의 생성에 대하여」라는 논문을 들고 비엔나에 왔다. 우리가 이미 본 바와 같이 이 논문은 M. 클라인의 주장, 특히 복원réparation 이라는 개념을 옹호하는 글이다. 교육적이고자 한 이 논문은 오늘날 보기에는 당시의 클라인 사상을 정리한 보고서인 「M. 클라인의 혁신적 저작」에 대한 강연으로 보일 수 있다. 이 논문에서는 구순 가학증, 내부투사와 외부투사, 복원 등의 문제가 길게 전개된다. J. 리비에르는 설득하려는 의도는 없이 그저 다음과 같이 언명한다. "아이가 직접 자신을 표현할 수단이 거의 없는 시기에 솟아나는 욕동이나 갈등에 대한 결론들은 분석 중 그것들이 반복해서 나온다는 명백한 사실에 기초를 둔다. 의식과 기억이 온전히 발육하기 전에 존재하는 심리적 무의식의 내용을 알기 위해서는 그것만이 유일한 통로이다. 바로 이러한 방향의 분석적 경험만이 우리의 의견과 발견 내용의 유효성을 증명할 수 있기에 그 유효성을 여러분이 즉각적으로 받아들이기를 기대하지는 않는다." 아동의 정신을 분석하여 얻은 바에 따라 비로소 어떤 사실을 인정하는 태도는 멜라니 클라인이 자주 표명했다. 멜라니 클라인은 자신의 적수들이 아동을 치료해 보지도 않고 의견을 내세우는 점을 유감스러워하곤 했다. (이 논문은 논쟁에서 논란이 된 글들과 함께 1966년 프랑스에서 『정신분석학의 발전』 안에 실려 출판되었다.)

이런 교환으로도 서로의 관점 차이는 좁혀지지 않은 것으로 보인다. 정면 대결을 간접적으로 앞당긴 사건은 나치주의의 대두라는 역사적 요소였다. 1933년, 유대계 비엔나인 분석가 그룹이 런던에 최초로 도착했다. 파울라 하이만과 케테 프리들랜더가 이 중에 있었다. 그리고 프로이트 가족과 함께 비엔나에서 많은 사람이 전쟁 직전에 도착했다.

1938년부터는 대륙에서 온 사람들이 영국 정신분석학회 분석가들의 3분의 1을 차지했다. 이들은 대부분 비엔나에서 왔지만 힐다 아브라함과 같이 베를린에서 오기도 했고 M. 발린트처럼 부다페스트에서 온 사람도 있었다.

이러한 사람들의 도착을 M. 클라인은 '재난'으로 받아들였다. D. W. 위니코트에게 그녀는 "이제 사태는 전과 같지 않을 것입니다."라고 불평했다(그로스쿠어트, 1988, 317쪽).[100] 한편 이민 온 사람들은 그들대로 혼란스러웠다. 다른 분석가의 환자를 가로채러 왔다고 간접적으로 비난 — 모든 분석가에게 다 돌아갈 환자들이 충분히 있기나 한가? — 도 받았고 동시에 덜 형식적이고 훨씬 더 따스하기만 했던 비엔나 그룹에 대한 향수가 겹쳤다. 1938년부터 안나 프로이트는 정신분석가로서의 활동을 재개하여 아동정신분석 연수를 위한 사적 세미나를 주도했다. 1939년 안나 프로이트는 정신분석학 연구소에

---

[100] [역주] 저자는 그로스쿠어트의 1988년 저서를 참고문헌에 명시하지 않고 있다.

서 열리는, 아동분석에 대한 세미나를 맡기를 거부했다. 그 이유는 분석 연수자들이 "다른 개념을 지닌 분석가들에게 다른 방식으로 분석과 교육을 받았으므로 자신의 가르침의 혜택을 받기는 틀렸다."는 것이었다(320쪽).[101]

M. 클라인도 서로의 가르침을 혼합하는 일은 무익하다고 인정했다. 1940년 4월, 런던에서 둘은 서로 대면할 기회가 생겼다. 그것은 교육위원회 모임에서였다. "프로이트 양은 자신의 작업과 동료들이 프로이트적 분석에 따름에 반해 클라인 부인의 작업은 분석이 아니라 아류라고 말한다. 그러한 견해에 프로이트 양이 든 이유로는, M. 클라인의 작업이 그 이론적 결론이나 분석 실행에서 자신들이 알고 있는 정신분석학과 너무나 동떨어져 있다는 것이었다."(336쪽)[102] 이 말은 실비아 페인이 기록해 정리하였으며 클라인 진영에 엄청난 파문을 일으켰다. 그것은 극도의 충격이었다. 어떤 사람들은 그러한 안나 프로이트에게서 자신의 아버지 저작을 수호하고 계승하는 확신에 찬 모습을 보았다. 이 말은 그 역사적 맥락 안에서 다시 볼 때 완곡하게 해석해야 한다. 안나 프로이트가 여기서 옹호하려 한 것은 – 다른 모든 것보다 바로 이 점을 옹호하려 했는지도 모른다 – '비엔나적' 정신분석학의 정체성이었다. 그 정체성은 이민자 그룹에게 남겨진 유일한 것이었다. 사실 안나 프로이트가 발표한 학회는

---

[101] [역주] 같은 책.
[102] [역주] 같은 책.

전쟁이 시작할 즈음에 열렸고 이때 비엔나 인들은 런던에서, 영국 정신분석학회에서, 고독하게 남아있을 수밖에 없었다. 외국인으로 서의 신분 때문에 런던을 떠날 수 있는 허가가 주어지지 않았기 때 문이었다. 반면 영국인 분석가들은 군에 입대하거나 아니면 시골로 피신하곤 했다.

분석가들이 런던으로 돌아왔을 때인 1942년, 바로 이러한 배경과 분위기에서 논쟁이 시작되었다.

1942년, 2월에서 7월 사이, 다섯 차례에 걸쳐 진행된 임시 행정회 의Extraordinary Business Meetings에 대해 이 책에서는 다루지 않겠다. 그 러나 이 회의의 결과로 학문적 회의의 장場이 마련되었다. 멜라니 클라인과 그 지지자들은 이 회의에 자신들의 작업을 옹호하도록 초 대되었다. 에드워드 글로버가 단언하듯, "자신들의 작업이 유효함을 증명하는 일은 항상 그 새로운 이론을 주장하는 자들이 직접 맡아야 하기"(407쪽)[103] 때문이었다. 클라인 파는 이 제의를 받아들였다. 그 리하여 그룹이 토의할 수 있도록 S. 아이작스, 파울라 하이만, M. 클라인이 네 개의 텍스트를 제출했다. 열띤 토론이 진행되었으며 S. 아이작스의 논문에 대한 토론은 몇 달 동안(1943년 1월에서 6월까 지) 지속되었다. 안나 프로이트 파는 마지막 텍스트 몇 부에 대한 토론에 참여하지 않았다.

---

[103] [역주] 같은 책.

논쟁 전반의 내용을 읽어볼 때, 그리고 그에 대한 몇몇 주석을 읽어볼 때, 몇 가지 짚고 넘어가야 할 점이 있다.

일단, 두 그룹은 서로에 대하여 한 치도 물러섬 없는 완강함과 불신으로 가득 차 있으며 반대편 그룹과 절대 타협하지 않고자 하는 분명한 결의가 보이는데, 그것은 가히 놀라울 정도이다. 첫 번째 발표문인 S. 아이작스의 텍스트를 둘러싼 토론이 끝난 후 '대립 통고서'에 기록되도록 안나 프로이트가 고집한 다음과 같은 말도, 바로 이런 욕망이 있었음을 알면 쉽게 이해된다. "지금 우리가 대답하지 않는다고 해서 그녀[S. 아이작스]가 해준 [우리의 질문에 대한] 답변이 만족스럽다는 뜻이 아니며 현재 우리가 그 발표된 관점을 받아들인다는 뜻도 아니다."(『프로이트와 클라인 사이의 논쟁: 1941~1945』, 472쪽)[104]

게다가 여기서 클라인의 과감하고 공격적인 면과 우수한 자질이 분명히 드러나고 있다. 그리고 클라인 파의 대변자들이 자신들의 작업을 프로이트 사상의 연장선상에 위치시키려는 고심, 자신들의 발견 내용을 프로이트 텍스트를 기준으로 언급하고 전개하려는 고심 또한 분명히 나타난다. 이와 관련하여, 멜라니 클라인에 대한 전기 傳記 작가 필리스 그로스쿠어트가 멜라니 클라인 신탁자금의 자료에 따라 인용한, 1943년 6월 27일 M. 클라인이 쓴 편지의 발췌문을 보

---

[104] [역주] P. King & R. Steiner(1991), 『프로이트와 클라인 사이의 논쟁: 1941~1945』.

도록 하자. "내가 볼 때 중요한 점은 우리 작업의 실제적 가치로써 학회 내 우리의 상황을 회복시키는 일이다. 그러기 위해서는 그들이 소화할 수 있을 만한 양을 참을성 있게, 매번 조금씩 주어야 한다. 또한 그들이 그 소화불량을 견딜 만하다고 여길 수 있게 해주어야 한다… 학회 내에서 장래 우리가 행하는 토론을 위해서나, 안나 프로이트와 대비된 우리 자신을 위해서라도 프로이트가 집필했을 만한 모든 것에 대한 기억을 되살릴 필요가 있다. 바로 이 자세가, 모든 토론에 임할 때 튼튼한 토대가 되어 있어야 한다. 그럴 때 우리는 '비엔나의 프로이트 파'를 바로 그들의 영역 안에서 상대할 수 있게 된다."

반대로 안나 프로이트 그룹은 자신들의 정통성을 확신했으며, 상대방은 일탈이라고 지나치게 확신한 나머지, 조리있는 이론을 내세우지 못한다. 몇몇 대목은 이 점을 분명히 드러내 준다. 한 예로 K. 프리들랜더가 한 말을 들어보자. 자유토론 시간에 그녀는 다음과 같이 표현한다(『논쟁』의 일곱 번째 토론, 585쪽).[105] "적어도 우리 학문계에서는, 치료의 적용 부분을 내세우면서 이론이 타당하다고 주장할 수 없다. 예컨대 동물 자기설磁氣設[106]이나 루르드의 물[107]은

---

[105] [역주] P. King & R. Steiner(1991), 『프로이트와 클라인 사이의 논쟁: 1941~1945』.

[106] [역주] 18세기 말에서 19세기 말까지 서양에서 발달한 치료요법. 의학과 심리학, 초심리학의 발달에 중대한 영향을 미쳤다. 독일 의사 프란츠-안톤 메스머는 보편적으로 자기력이 존재함을 가정하여, 1773년에 치료를 목적으로 동물

정신분석학보다 더 나은 성과를 보인다. 그러나 그러한 치료효과가 있다고 해서 그 이면에 정확한 이론이 있는 것은 아니다." 같은 토론 (같은 책, 587쪽)의 E. 글로버의 말을 더 예로 들어보자. "당연히, 바로 이 점이 우리의 토의 주제이다. 즉, 그 결론[M. 클라인의 결론] 이 타당한지, 혹시 그것이 주관적 성찰에 불과한 것인지의 여부이 다. 다시 말하여 어느 정도까지, M. 클라인의 생각이 그녀의 결론과 기법을 좌우하는지가 바로 우리의 토론 주제이다."

이러한 이상, 여러 달에 걸친 발표 회의에 참여하는 안나 프로이 트 그룹의 수가 점점 줄어든 것은 놀라운 일이 아니다. 그리고 처음 부터 클라인 파에 대한 격렬한 주요 비판자였던 E. 글로버가 영국 정신분석학회에 사표를 낸 것 역시 놀라운 일이 아니다. 아무리 다 른 요소 ― 전투적 정신분석학자들과 정신과 의사들에게 그가 어설 픈 공격을 한 점 ― 도 같이 작용하여 E. 글로버가 어려움에 부닥쳤다 해도 말이다. 이와 관련하여, E. 글로버는 혹시, 자신도 미처 알아채 지 못한 역전이의 차원에서 M. 클라인을 증오한 것은 아니었을까 자문自問해 볼 수 있다. 그 역전이는 그가 당시 클라인의 딸 멜리타

의 자기를 도입했다.

[107] [역주] 1858년 2월 11일, 마사비엘(Massabielle) 동굴에서 성모마리아가 나타 나 무염시태(無染始胎)를 말했음을 보고 들었다고 14세 소녀 베르나데트 수 비루가 선언했다. 성모의 말을 따라 이 동굴의 물을 마시거나 목욕하니 병이 나았다는 순례자들이 속속 생겨났다. 루르드 도시는 이후 큰 가톨릭교 순례지 가 되었다.

슈미데베르크를 대상으로 행하던 분석과 연관 있는 것은 아닐까? 남자 형제의 갑작스러운 죽음과 분석적 상황, 이 두 요소로 인하여 멜리타에게는 어머니에 대한 오래전의 증오가 다시 살아났기 때문이다.

토론은 흔히 지그문트 프로이트의 저술을 중심으로 이루어졌음을 지적하자. 각 그룹은 '자기들만의 프로이트'를 지니고 있었고 상대편 그룹보다 자신들이 더 프로이트적이라고 주장했다. 이때 지그문트 프로이트가 말한 내용 일부분을 내세워 그것에 따랐다. 안나 프로이트 그룹은 지그문트 프로이트의 초기 이론에 집착했지만 클라인 그룹은 지그문트 프로이트의 후기 작업을 내세우곤 했다. 그 한 예가 바로 죽음 욕동을 둘러싼 토의이다. 안나 프로이트 파는 죽음 욕동이란 순전히 생물적인 이론이기에 거기에는 심리학적 개념이 자리할 수 없으며, 그러한 성찰만이 프로이트적인 것이라고 주장했다. 이에 클라인 파는 죽음 욕동이 그 자체로서 받아들일 만한 개념인지를 아는 것이 문제가 아니라 지그문트 프로이트가 말한 그대로의 죽음 욕동을 고찰해야 한다고 반박했다. 즉, 지그문트 프로이트는 자아의 욕동과 리비도 사이의 변증법적 대립―나르시시즘의 발견과 함께 더는 주장할 수 없게 되어버린 개념―을 대신하기 위하여 삶 욕동과 죽음 욕동이란 이원성―무의식 안에서 근본적인 변증법―을 진술했기 때문이라는 것이었다. 『자아와 이드』(1923), 「부인」否認(1924), 「피학대 음란증의 경제성 문제」(1925)와 같은 지그문트 프로이트의 텍스트에 따라 클라인 파는 죽음 욕동이란 심리적 갈등, 신경증 이론과 관계되어 있다고 주장했다. 이들은 죽음 욕동이 내적 심리갈등 - 그리고 그 갈등이 이후의 모든 내적심리 현상으로 발전할 때 - 의 토대라고 주장했다. 이러한 맥락에서 프로이트는 피학대 음란증, 우울증 환자의 자살 등을 말했다는 것이다.

이제 마지막 지적사항이다. 이 텍스트들은 클라인의 이론에서 본질적으로 중요하다. 사실 이 텍스트들에는 클라인의 기본적 개념 몇몇이 나타나 있을 뿐만 아니라 클라인 파 사람들은 지그문트 프로이트 사상에 뿌리를 두는 일 이외에도 자신들의 혁신적 면모를 증명해 보이고자 하기 때문이다.

「환상의 성격과 기능」[108]이란 제목으로 S. 아이작스가 발표한 첫 번째 텍스트는 무의식적 환상이란 개념이 어떻게 사용되는지 해명하고자 했다. S. 아이작스는 M. 클라인의 저작에 따라 환상을 욕동, 정신적 기제, 외부 현실, 상급의 정신 작용과의 관계하에 연구하게 된다. 그녀는 무의식적 환상이야말로 욕동의 심리적 표현이라고 보았다. "모든 욕동과 모든 감정, 방어의 모든 방식이 환상을 통하여 체현된다. 환상은 그 모든 것에 심리적 체험을 부여해 주며 그 모든 것의 향방과 의도를 드러낸다."(『정신분석학의 발전』, 1952, 80쪽)[109] 이러한 내용은 신생아의 심리 세계의 특징인 전능감全能感[110]

---

[108] 여기서 '환상'은 그 철자가 'phantasme'로 표기되어 있다. 환상이라는 현상의 무의식적 성격을 드러내기 위하여 S. 아이작스가 그렇게 표기한 것이다.

[109] [역주] M. Klein, P. Heimann, S. Isaacs & J. Rivière(1952e), 『정신분석학의

과도 일치하며 지그문트 프로이트가 전개해 나아가는 바와도 일치

한다고 S. 아이작스는 이어서 말한다. 즉, 지그문트 프로이트는 욕망

의 환각적 성취accomplissement hallucinatoire du désir가 어떻게 존재하는지

묘사한 바 있으며 욕망의 환각적 성취야말로 초기 발달단계의 특징

이라고 했기 때문이라는 것이다. S. 아이작스는 이에 관한 지그문트

프로이트의 말을 인용한다(『욕동과 그 운명』, 1915).[111] "자아는 자

기성애적인 이상 외부세계가 필요하지 않다. 그러나… 자아는 그래

도 일정 기간 내적 욕동의 자극을 불쾌하게 받아들일 수밖에 없을

때도 있다. 쾌락의 원칙principe de plaisir의 솜씨에 따라, 이후 단계의

발전』.

[110] [역주] 전능감(toute-puissance, 全能感)에 대하여 프로이트는 다음과 같이 말

한다.

"원시인들의 정령숭배(animisme)체계 안에 전능감(全能感)의 원칙, 즉 심

적 현실 과대평가의 원칙을 나는 발굴했다. 그것은 마술(magie)의 근원을 이루

는 원칙이기도 하다." Sigmund Freud, *Autoprésentation, textes auto-

biographiques*, Presses Universitaires du France, Paris, 2011, p.64.

"우리의 아동들과, 신경증에 걸린 성인, 원시인들에게서 우리는 이러한 심

적(animique) 현상을 볼 수 있다. 그 현상을 우리는 생각의 전능함에의 믿음이

라고 지칭한다. 우리가 판단하건대 이 현상은 심적 행동, 지적 행동의 영향을

과대평가하는 일로서, 그러한 심적 행동이 외부세계에 변화를 줄 수 있다고

여기는 것이다. 정신분석 기법상 어떤 징후를 제공해 주는 주술도 그 깊은 이

면에는 이러한 가정에 근거를 두고 있다." Sigmund Freud, *L'homme Moïse

et la religion monothéiste*, Presses Universitaires du France, Paris, 2011,

p.118.

[111] [역주] S. Freud의 저서.

발달이 자아 안에서 일어난다. 외부에서 주어지는 대상이 쾌락의 근원이 되는 한 자아는 그 대상을 자신 안에 섞어 넣고, 대상을 내부로 투사(S. 페렌치의 표현에 따라) 한다. 반면, 자아는 자신 안에서 불쾌의 근원이 되는 것은 밖으로 내던진다(이후의, 외부투사의 기제를 볼 것)." 그러면서 S. 아이작스는 여기서 다음과 같은 결론을 내린다. "지그문트 프로이트가 내부투사를 묘사할 때 '무의식적 환상'이라는 용어를 사용하지는 않지만, 그의 생각이 인생 최초의 단계에서 무의식적 환상이 존재한다는 우리의 가정과 일치함은 분명하다." (『정신분석학의 발전』, 83쪽)[112] 그녀는 최초의 환상들 모두가 언어적인 것은 아니고 일단은 신체를 이용하여 나타나며, 시각적인 것으로 된 후에야 언어로 표현될 수 있다고 생각한다. 그런데 가끔, 그 언어적인 것 이전의 환상들은 이후 언어로 표현될 수도 있다고 말한다. 그녀는 이에, E. 존스가 관찰한 남아를 예로 든다. 그 남아는 어머니가 남동생에게 젖을 먹이는 것을 보고는 어머니의 젖꼭지를 가리키며 "이걸로 엄마가 나를 깨물었지"라고 말했다고 한다. 그녀는 구순 단계에서의 최초의 환상을 묘사해 낸다. 그 환상은 자아의 어떤 부분들과 외부의 대상들을 자신 안에 합체시키거나 몰아내는 작업과 관련되어 있다. 환상은 자아의 최초 방어기제 – 내부투사와 외부투사임 – 의 근본을 이룬다. "그것은 항상 환상으로 체험된다."

---

[112] [역주] M. Klein, P. Heimann, S. Isaacs & J. Rivière(1952e), 『정신분석학의 발전』.

(『정신분석학의 발전』, 102쪽)[113] 그녀는 주체의 심리현상에서 다음과 같이 표현될 수 있는 부인否認의 기제를 예로 든다. "내가 그 일을 (힘든 일일 때) 용납하지 않으면 그 일은 존재하지 않는다. 혹은, 내가 그 일을 용납하지 않으면 아무도 그것이 사실이라는 점을 알지 못할 것이다." 그녀는 환상을 외부세계와 관계있는 것으로, 외부세계에 따라 모양이 형성되는 것으로, 외부세계와 항시 상호작용의 관계에 있는 것으로 묘사한다. 환상과 외부세계 사이의 이러한 연관은 상징을 매개로 이루어진다. 외부세계 안에서 이렇듯 무의식적 환상의 상징적 표현을 찾아냄으로써 아이는 이 외부세상을 개척하고자 하고, 개척할 수 있다. "무의식적 환상에서부터 생각은 발달하며, 현실의 시련을 통해서도 생각은 발달한다."는 것이 S. 아이작스의 관점이라고 한나 시걸은 말한다.[114]

그러나 그렇다고 해서 지그문트 프로이트가 심리적 현실이라 명명한 것이 곧 무의식적 환상이라고 할 수 있는가? 이러한 의문은 이미 몇몇 토론자가 제기한 바 있다. 이는 그리 간단한 문제가 아니다. 지그문트 프로이트의 관점과 S. 아이작스는 중요한 부분에서 서로 갈라지기 때문이다. 사실 지그문트 프로이트에게 환상이란 그 심리적 표현을 통해서만 파악될 수 있는 것이 아니다. 그 반대로 M. 클라인에게 환상이란 욕동에 대한 자아의 응수이며 방어와 대상관

---

[113] [역주] 같은 책.
[114] [역주] H. Segal(1979), 『멜라니 클라인 사상의 발전』.

계를 고안[115]하기 위하여 자아가 행하는 작업이다. S. 아이작스에게 환상에 대한 클라인적 접근은, 출생과 함께 충분한 자아가 이미 있기에 대상에 초보적 관계를 세울 줄 알게 되고 외부투사, 내부투사, 분열과 같은 기초적 정신기제를 사용할 줄 알게 된다는 개념과 연결된다(한나 시걸, 『멜라니 클라인 사상의 발전』, 1979, 95쪽).『정신분석학의 발전』이라는 저술의 총 서론에서(13쪽)[116] J. 리비에르는 다음과 같은 용어로 이러한 근본적, 혁신적인 관점을 부각하고 있다. "인생의 어떤 시기라도 총괄적인 기능이 활동하지 않는 시기란 생각할 수 없는 일이다… 자아의 발달과 연관된 총괄적 기능 말이다."

괄목할 만큼 학술적인 이 논문에서 S. 아이작스는 이마주image와는 구별되는, 이마고imago에 대한 정의를 내린다. 이 정의를 다시 상기하는 일도 무익하지는 않을 것 같다(102쪽).[117] "a) 이마고란, **무의식적**[118] 이미지를 지칭한다. b) 이마고는 사람, 혹은 사람의 어

---

[115] [역주] 고안(élaboration psychique): 정신분석학에서 고안은 정신 기제 (appareil psychique: 프로이트는 자신이 발전시킨 정신 기능의 모델을 정신 기제라고 표현했다)가 자극(excitations)을 조절(maîtriser)하기 위하여 완성해 내는 작업을 말한다. 자극이 쌓이면 병이 될 수 있기 때문이다.

[116] [역주] M. Klein, P. Heimann, S. Isaacs & J. Rivière(1952e), 『정신분석학의 발전』.

[117] [역주] S. Isaacs(1943), 「환상의 성격과 기능」.

[118] S. 아이작스가 강조한 부분이다.

떤 부분, 최초의 대상을 지칭한다. 반면 '이마주'는 사람이건 아니건 간에 모든 대상이나 모든 상황을 다 가리킬 수 있다. c) 마지막으로 이마고는 주체가 상상하는 사람과 주체 사이의 **관계**[119]에서의 신체적, 감정적인 모든 요소를 포함하며, 무의식적 환상(자신 안으로의 합체{incorporation}라는 환상. 이것은 내부투사 과정의 기초가 된다) 안에서 이루어지는, 이드와의 신체적 **연결**[120]도 포함한다. 반면 '이마주image'에서는 감정적 요소의 대부분과 신체적 요소가 강하게 억압된다."

여기서 W. R. 비온의 저작이 얼마나 클라인의 사상에 뿌리를 두는지 주목하자. 그것은 오늘날 프랑스의 정신분석학자 몇몇이 인정하는 정도보다 훨씬 더 깊은 수준이다. W. R. 비온의 사상 안에서 클라인 사상의 실질적 내용을 버리고 비온적 사상만을 추려내려는 이들이 있다. 그렇지만 그것은 이미 50년 전, 프로이트의 성찰과 클라인의 성찰을 분리해 보려 함으로써 마찬가지로 시도된 일이다. 50년 전의 사람들이 깨달은 사실을 현대의 이들은 또다시 피상적으로 발견하고 말 것이다.

토론을 위하여 제안된 두 번째 텍스트는 P. 하이만이 썼고 제목은 「초기 아동기에서 내부투사와 외부투사의 기능 몇 가지」이다.

---

[119] 저자가 강조한 부분이다.
[120] 저자가 강조한 부분이다.

이 텍스트는 최초의 자아와 대상관계를 다룬다. P. 하이만은 여기서 내부투사와 외부투사가 어떻게 자아, 초자아 형성에 개입하는지 보이고자 한다. 클라인의 이론에서 이 두 가지 투사는 본질적인 것으로서, 출생 시부터 존재하여 인생 전체에 걸쳐 지속된다. 인생이 시작되자마자 신생아는 욕망의 대상인 어머니 젖을 내부로 투사하는데, 젖을 빨아 영양을 흡수할 때와 마찬가지로 환상을 할 때도 내부투사가 일어난다. 이러한 내부투사는 단순히 자아의 기능인 것이 아니라 자아 자체를 이루는 것이다. 이 용어는 S. 페렌치가 이미 사용한 후 지그문트 프로이트도 특히 『자아와 이드』(1923)에서 사용했다. 지그문트 프로이트는 이 책에서, 인간은 욕망의 대상을 자아 안으로 축재하고 자기 것으로 받아들이는 내부투사를 통해서만 그 욕망의 대상을 포기할 수 있다고 말한다. 여기에 M. 클라인이 새로 이바지하는 바는 부분적 대상, 어머니 젖과 같은 최초의 내부투사에 중요성을 부여했으며, 이후 다른 대상, ㅡ특히 오이디푸스 콤플렉스 상황에서의 부모ㅡ에 대한 내부투사에 중요성을 부여했다는 점이다. P. 하이만은 내부투사 동일시identification introjective와 내부투사introjection를 구별한다. 내부투사 동일시는 자아 안에서 이루어진다는 것이다. 그녀는 내부투사 동일시를 내부투사된 다른 대상들objets introjectifs과 구별한다. 이 내부투사의 대상objets introjectifs은 초자아를 구성하기 때문이다. M. 클라인은 처음에, 내부로 투사되는 모든 대상은 초자아를 이룬다고 생각했는데, 이후 P. 하이만은 내재적 대상object internes을 말하면서 그 내재적 대상의 운명에 더욱 큰 다양성을 부여한다. "내재적 대상이 있기에 아이는 자신이 음식을 제공받고 도움을 받을 수 있으며 성性이 강화된다고 느낄 수 있다. 혹은 반대로 내재적 대상이 자신을 박해하고 내부의 자아를 공격한다고 느낄 수도 있다."라고 한나 시걸은 쓴다(1979, 97쪽).[121]

외부투사 역시 심리작용이 시작될 때부터 중요한 역할을 한다. 여기서도 P. 하이만은 자기 생각이 지그문트 프로이트의 이론, 특히 지그문트 프로이트가 『욕동과 그 운명』에 쓴 내용과 일치한다고 본다. 하지만 인생 최초의 대상관계에 대하여, 둘 사이에 의견이 불일치함을 과소평가해서는 안 된다. 실제로 프로이트는 다음과 같이 묘사했다는 점을 상기하자. 신생아는 처음에 자기성애적(즉 자신의 감각을 어떤 대상에 결부시키지 않는다. 이때 대상은 자신의 몸 안에 있다)이며 이후 나르시스적(신생아는 자기 자신을 대상으로 취한다)이다가 이윽고 한 대상으로 향한다(즉 어머니가 성애의 대상이 된다)는 사실이다. P. 하이만은 신생아에게 자기성애와 나르시시즘이 존재함을 인정한다. 그러나 이때 신생아는 내부투사라는 기제와 환상을 사용하기 때문에 대상과의 관계에 결부된다. 그리하여, 신생아는 자기 자신의 엄지손가락을 빨지만, 그것은 어디까지나 어머니 젖을 내부로 투사하여 자신의 엄지를 젖꼭지와 동일시할 줄 알기 때문이다. 한나 시걸은 다음과 같이 쓴다(1979).[122] "자기성애와 나

---

[121] [역주] H. Segal(1979), 『멜라니 클라인 사상의 발전』.
[122] [역주] 같은 책.

르시시즘은 좌절을 감당하기 위한 수단이자 내재적, 외재적 대상과 관련된 환상과 연결된다는 것이 P. 하이만의 논문의 본질적 내용이다."

이러한 텍스트에서 우리는 세 가지를 지적할 수 있다. 우선, M. 클라인의 성찰에서 좋음과 나쁨이란 개념은 자아와 관련된 것으로 이해하여야 한다. 그리고 M. 클라인은 그러한 자아를 초기 단계에서 완전히 자기중심적인 것으로 묘사한다. 좋음/나쁨이란 개념을 몇몇 정신분석학자는 우주를 이원론적으로 구분하는 추상적 사고를 드러내기 위하여 사용하기도 한다. 그러나 사실, 이원론적 구분이라는 개념은 클라인의 성찰 내용 안에는 없다. M. 클라인이 말하는 바는, 자아가 자신 안과 밖에서 어떤 것이 좋은 것, 혹은 나쁜 것이라고 감지하는 것이다. 그리고 반복하자면, 이때의 목적은 – 초기에는 – 순전히 자기중심적이다. 두 번째 지적 사항은 나르시스 신화에 대한 P. 하이만의 재해석 – 많은 정신분석가가 '복제'에 그리도 몰두하는 오늘날 – 에 관한 것이다. 나르시스가 물 안에서 외부세계를 보기는 하지만 그것은 사실 자기 자신 안에서 대상을 보는 것이라고 P. 하이만은 강조한다. "이 요소는 그러므로 주체 내에 존재하는 (사랑하는) 대상에 대한 무의식적 환상을 묘사한 것이다. 그러므로 이는 근원적으로 주체가 자신을 대상과 동일시하는 것이다. 이러한 대상은 신화의 표면적 내용에서는 주체의 모습을 충실히 비추어낸 것 – 그렇게 비추어진 주체는 대상으로 착각됨 – 으로 표상화된다." 나르시스를 우수에 젖게 하다가 급기야는 죽음으로 몰고 간 고통의 근원에는 이중적 좌절이 있다고 그녀는 본다. "나르시스는 자신의 성애적 욕망이 불충족되었기에 고통스러워했다. 그뿐만 아니라 그는 사랑하는 대상의 고통을 덜어주지 못한다는 절망감 때문에도 괴로워했다." 결국, 나르시스는 자신의 고통이 비친 것을 바로 사랑하는 대상의 고통이라고 생각한 것이었다. 세 번째 지적 사항이다. 우리는 M. 클라인이 정의한 그대로의 조기 초자아를 이해하기 위하여 이 텍스트가 중요함을 강조하고자 했다(『정신분석학의 발전』, 158쪽).[123]

세 번째 텍스트는 P. 하이만과 S. 아이작스가 발표했으며 제목은 「퇴행」이었다. 이 텍스트는 M. 클라인의 저작 내에서 중요도가 덜하다. 전쟁 이후 M. 클라인이 정신분열성 망상의 입장 position schizo-paranoïde[124]을 묘사하면서부터 퇴행이란 개념에 관심이 없어졌기 때

---

[123] [역주] M. Klein, P. Heimann, S. Isaacs & J. Rivière(1952e), 『정신분석학의 발전』.

[124] [역주] 1946년, 조기(早期) 정신분열증 경향의 과정(processus schizoïdes précoces)이란 이론을 고안한 멜라니 클라인은 망상증 경향의 입장(position paranoïde)이란 개념도 발전시킨다. 이 개념은 무엇보다도 박해의 단계(stade persécutif)이며 초보적 망상과 같은 상태(état paranoïde rudimentaire)이다. 이 때 망상과 같은 양상을 띤(paranoïde)이란 용어는 망상증(paranoïa)과 정신분열증(schizophrénie)의 두 정신병적 기제와 가깝다는 의미이다.

Délire paranoïde와 Délire paranoïaque: 망상성 정신착란으로 번역되는 두 용어는 차이점이 있다. 망상증(paranoïa)에서 보이는 Délire paranoïaque은 정신분열증(schizophrénie)에서 보이는 Délire paranoïde schizophrène과는 성격

문이다. 퇴행이란 개념은 지그문트 프로이트의 작품에서 매우 자주 나타난다. 지그문트 프로이트에게 퇴행의 개념은 정신병으로 이를 때 본질적인 기제이다. 그는 고착과 퇴행을 연결하고 있다. 클라인 파는 적어도 두 가지 본질적 양상에서 지그문트 프로이트의 이론과 다른 길을 택한다. 일단 M. 클라인에 의하면 리비도의 고착은 병리 적 과정의 원인이 아니라 그 결과이다(한나 시걸, 1979, 101쪽).[125] 게다가 P. 하이만과 S. 아이작스는 M. 클라인의 이론에서 생식 단계 와 전前생식 단계 사이에 더욱 많은 상호관계가 있다고 강조한다. 그 상호관계에서는 두 단계 사이에 끊임없는 왕래 움직임이 있는데, 불안이 첫 번째 원동력이다. M. 클라인에 의하면 오이디푸스 콤플렉 스적 성향은 이미 구순 단계에서 출현하며, 전前생식적 요소들은 생 식적 형성에 매우 커다란 역할을 한다. 이는 임상 시 전생식기의 소 재가 나타났다고 해서 반드시 퇴행이 일어났다는 증거로 볼 수는 없음을 함축한다. 이러한 이론이 치료의 향방에서 기법적으로 어떻 게 귀결될지 알 수 있다.

마지막 발표는 M. 클라인이 했다. 「아기의 감정생활에 대한 이론

자체가 다르며, 그것은 단순한 정도차이가 아니다. 즉, Délire paranoïde의 기 제(mécanisme)는 다양하다(여러 해석, 다양한 착각 등). 반면 Délire paranoïaque의 기제는 주로 해석를 위주로 하되 그 주제는 단일하다(박해, 피 해, 음모, 질투 등). Délire paranoïde에서는 체계화가 없어 내적 일관성이 없는 반면, Délire paranoïaque는 체계화가 되어 논리적 일관성이 있다.

[125] [역주] H. Segal(1979), 『멜라니 클라인 사상의 발전』.

적 결론 몇 가지」란 제목의 이 발표원고는 그 당시 출판되지 않았다. 이 논문에서 "그녀는 우울증의 입장이 대단히 중요한 역할을 한다는 점을 재차 단언하되, 그 우울증의 입장을 아브라함과 지그문트 프로이트의 - 『문명 안에서의 불안』을 참조하면서 - 관점에 더욱더 긴밀히 연결하고 있다."라고 한나 시걸은 썼다(1979, 102쪽).[126] 이 논문은 두 가지 새로운 요소를 선사한다. 즉, 우울증의 입장으로 인하여 상징에 대한 개념이 수정된 후 M. 클라인은 다음과 같이 생각하였다. "사랑과 죄의식, 바로 대상에 대한 이러한 염려로 아이는 최초의 대상에 대한 관심을 부분적으로 거두어 그것을 여러 상징적 대리물에 분배하기에 이른다."(103쪽)[127] 두 번째 요소로서, M. 클라인은 아동의 음식섭취 장애를 자세히 진찰하는 데에 몰두하여, 그러한 장애를 식인적 욕동에 연결하였으며, 그로 인해 야기되는 불안과 죄의식을 진찰했다.

이 작업은 출판되지 않았다. 전쟁이 끝난 후 M. 클라인의 글 중 본질적인 부분을 한 권의 책으로 묶어 간행할 때 그녀는 이미 태도를 바꾸어 여러 논문을 작성한 뒤였기 때문이다. 그중의 한 편이 1946년의 「정신분열증의 기제에 대한 몇 가지 기록」이다. 이 논문들은 『정신분석학의 발달』이라는 책 안에 수록되었다. 이 책은 1966년, 프랑스에서 번역되어 출간되었다.

---

[126] [역주] 같은 책.
[127] [역주] 같은 책.

논쟁은 1944년 5월에 끝났다. 7월에는 새 회장으로 실비아 페인이 선출되었고 교육위원회도 새로 선정되었는데 그 안에 안나 프로이트 파는 보이지 않았다. E. 글로버는 사직했다. 이러한 상황은 대부분 정신분석학자의 눈에 흡족한 것은 아니었다. 그리하여, 안나 프로이트와 그녀 그룹의 동료들을 학회 내 교육 양성 활동에 다시 참여시키고자 안나 프로이트와의 대화가 1945년 재개되었다. 1946년 6월, 학회 내 재편성이 공식화되어, 3개의 그룹이 분명히 구별되었다. 안나 프로이트 그룹과 클라인 그룹, 그리고 중간 그룹이라고 지칭된 미들 그룹Middle Group, 즉 독립자들의 그룹이 그것이었다. 분석가 지망생 교육을 위해서는 두 가지 경향을 제도화했다. 즉, A 경향은 클라인 파와 미들 그룹의 모임으로, B 경향은 안나 프로이트 파로 구성되었다. 비문서화 혹은 문서화된 규칙으로써, 학회의 방향관리와 교육양성 기관에서 각 그룹이 차지하는 중요도가 정의되었다. 여기서 우리는 이 행정적인 면에 자세히 들어가지는 않겠다. 단, 3학년 과정에서는 모든 이가 M. 클라인의 저술에 대한 이론을 배웠고, 안나 프로이트는 자신의 바라는 대로 B 그룹 내에서의 양성 과정을 맡았다는 사실만은 알린다.

R. 슈타이너가 강조하는 것처럼(『프로이트와 클라인 사이의 논쟁, 1991, 907쪽)[128] 신사적 합의 *gentleman's agreement*가 전적으로 존중

---

[128] [역주] P. King & R. Steiner(1991), 『프로이트와 클라인 사이의 논쟁: 1941~1945』.

되었기에 영국 학회는 통합되어 존속할 수 있었다.

1945년, 핵심인물 둘은 서로 매우 다른 감정을 지니고 있었음이 틀림없다. 안나 프로이트는 헛된 기대를 한 적이 없었다. 그녀는 가장 중요하다고 생각되는 것 – 제자를 양성할 가능성을 포함하여 – 을 유지해 나아갔다. 하지만 피곤함, 어느 정도의 환멸, 몇 가지에 대한 원한 등으로 인하여 그녀는 영국 학회를 떠날까 하는 생각도 했다. 그러나 학회를 떠나지는 않았는데, 거기에는 분명 다음과 같은 여러 이유가 있을 것이다. 일단 그녀는 정신분석학 기관들에 회의적이었다. 바로 이러한 감정으로 인하여 그녀는 새로운 학회를 창립할 마음이 없었다. 게다가 A.-M. 샌들러도 입증하듯(회견 3), 안나 프로이트는 아버지와 함께 자신을 영국에 맞이한 영국인들에게 깊이 감사하고 있었다. 그러한 연유로 그녀는 런던에서 갈등 상황을 빚고 싶지 않았다. 마지막으로, 의사가 아닌 문외한 분석가라는 제 위치로 인하여 그녀는 인정받는 데에 어려움을 겪었다. 특히 미국 학회와 관련해서는 그런 이유로, 미국으로 떠날 수도 있다는 생각을 포기했다. 그러므로 영국학회에 대한 그녀의 입장은 타협의 방향으로 나아가는 것이었다. 그러나 그러한 타협을 하면서도 학회의 여러 결정기관에 참여하는 일은 삼갔다.

자신이 1948년에 창립한 햄스테드 클리닉 내에서 안나 프로이트는 어떻게 연구를 심화시키는지, 어떻게 자신의 사상을 미국에 전파하는지를 우리는 이후 볼 것이다. 그렇게 미국은 그녀만의 '사냥 제한구역'[129]이 되어, 그녀는 거기에 이민한 비엔나 학파 친구들의 심적, 물적 지지를 받았다.

한나 시걸에 따르자면, M. 클라인은 논쟁의 결과가 전체적으로 긍정적이었다고 생각했다. 그녀는 동료와 제자 그룹을 획득하여, 이제 자신의 이론을 정당화시킬 필요가 없었으며 자신의 저작을 발전시키는 데에만 전념할 수 있었다.

---

129 [역주] '남은 손댈 수 없는 일'을 뜻하는 표현.

▌참고문헌 ▌

■ 공동 저작

Les premiers psychanalystes, Minutes de la Société psychanalytique de Vienne.

1 - 1906-1908, 1962, International Universities Press. Trad. fr., Paris, Gallimard, 1976.

II - 1908-1910, 1967, International Universities Press. Trad. fr., Paris, Gallimard, 1978.

III - 1910-1911, 1967, International Universities Press. Trad. fr., Paris, Gallimard, 1979.

IV - 1912-1918, 1975, International Universities Press. Trad. fr., Paris, Gallimard, 1983.

La Bible, trad. fr. A. Chouraqui, Paris, Desclée de Brouwer, 1985.

Symposium de Genève sur la psychanalyse de l'enfant, 1970, in *Psychanalyse de l'enfant*, I, 1971, vol. XIV, Paris, PUF.

Colloque des psychanalystes de langue anglaise, Londres, 1970, in *Psychanalyse de l'enfant*, I, 1972, vol. XV, PUF.

Melanie Klein aujourd'hui, ouvrage collectif, Lyon, Cesura, 1985.

Rapport annuel de l'Anna-Freud Centre, 1989.

The Work of the Anna-Freud Centre, 1990, plaquette de présentation du Centre.

■ 개별 저작

Aberastury (Pichon-Rivière), A. (1951 et 1966), *El juego de construir casas*, Buenos Aires, Paidós.

Aberastury, A. (1952), ≪Quelques considérations sur le transfert et le contre-transfert dans la psychanalyse d'enfants≫, *Revue française de psychanalyse*, vol. 16, no. 2, pp. 230-253 ; Repris in *Journal de la psychanalyse de l'enfant*, 1986, no. 6, pp. 228-255.

Aberastury, A. (1962), *Theoría y técnica del psicoanálisis de niños*. Buenos Aires, Paidós.

Aberastury, A. (1967), *Historia, enseñanda y ejercicio legal del psicoanálisis*, Buenos Aires, Bibl. Omeba.

Aberastury, A. (1968), *El niño y sus juegos*, Buenos Aires, Paidós.

Aberastury, A. (1971), *Aportaciones al psicoanálisis de niños*, Buenos Aires, Paidós.

Aberastury, A. (1972), *Compiladora. Et psicoanálisis de niños y sus aplicaciones*, Paidós, SAICF, Buenos Aires.

Aberastury, A. (1973a), ≪Psicoanálisis de niños≫, *Rev. de psicoanálisis*, XXX, no. 3-4, pp. 631-687.

Aberastury, A. (1973b), ≪La percepción de la muerte en los niños≫, *Rev. de psicoanálisis*, XXX, no. 3-4, pp. 689-702.

Abraham, H. C. (1974), ≪Karl Abraham: An unfinished biography with a comment by Anna Freud and introductory note by Dinora Pines≫, *International Review of Psycho-Analysis*, no. 1, pp. 15-72.

Abraham, H. C. (1974), *Karl Abraham. La petite Hilda*, trad. fr. Paris, PUF, 1976.

Abraham, K. (1913), ≪Effets psychiques chez une enfant de 9 ans de l'observation des relations sexuelles des parents≫, trad. fr. in OC, Paris, Payot, 1966, t. I, pp. 139-142.

Abraham, K. (1916), ≪Aspects de la position affective des fillettes à l'égard de leurs parents≫, trad. fr. in O. C., Paris, Payot, 1966, t. II, pp. 77-79.

Aichhorn, A. (1925), *Jeunesse à l'abandon*, trad. fr. Toulouse, Privat, 1973.

Anderson, R. (éd.) (1992), *Clinical Lectures on Klein and Bion*, Londres, Routledge.

Anthony, J. (1986), ≪Les contributions de la psychanalyse de l'enfant à la psychanalyse≫. *Psychoanalytic Study of the Child*, no. 41, pp. 61-89. Trad. fr. in *Journal de la psychanalyse de l'enfant*, 1991, no. 11, pp. 251-281.

Anzieu, D. (1959), ≪L'auto-analyse de Freud≫, 2 vol., Paris, PUF, 3ᵉ éd. refondue en un seul volume, 1989.

Anzieu, D. (1980), ≪W. R. Bion 1897-1979≫, *Documents et débats*, no. 17.

Anzieu, D. (1982), ≪Comment devient-on Melanie Klein?≫, in *Nouvelle revue de psychanalyse*, no. 26, pp. 235-251.

Anzieu, D. (1985), ≪Jeunesse de Melanie Klein≫, in Melanie Klein aujourd'hui, Lyon, Cesura, pp. 11-35.

Arfouilloux, J.-C. (1989), ≪La formation dans la Société française de psychanalyse et dans l'Association psychanalytique de France: histoire d'un malaise dans la culture analytique≫, in *Revue internationale d'histoire de la psychanalyse*, no. 2, pp. 343-368.

Assoun, P.-L. (1976), *Freud, la philosophie et les phihsophes*, Paris, PUF.

Athanassiou, C. (1992a), ≪L'observation psychanalytique des bébés en famille≫, *Devenir*, vol. 4, no. 1, pp. 9-31.

Athanassiou, C. (1992b), ≪Contribution de W. R. Bion à l'observation des bébés en famille≫, *Devenir*, vol. 4, no. 2, pp. 63-74.

Aulagnier, P. (1975), *La violence de l'interprétation −Du pictogramme à l'énoncé*, Paris, PUF, coll. ≪Le fil rouge≫ (1re éd.).

Barande, R. (1975), *L'histoire de la psychanalyse en France*, Toulouse, Privat.

Barbey-Thurnauer, L. (1989), ≪Propos sur le destin dramatique de Hermine Hug-Hellmuth, première psychanalyste d'enfants≫, in *Journal de la psychanalyse de l'enfant*, no. 7, pp. 286-306.

Berge, A. (1936), *L'éducation familiale*, Paris, Montaigne.

Berge, A. (1968), *Les psychothérapies*, Paris, PUF.

Berge, A. (1988), *De l'écriture à la psychanalyse. Entretiens avec Michel Mathieu*, Paris, Clancier-Guénaud.

Bergeret, J. (1984), *La violence fondamentale*, Paris, Dunod.

Bergeret, J. (1987), *Le petit Hans et la réalité*, Paris, Payot.

Bettelheim, B. (1943), ≪Comportement individuel et comportement de masse dans les situations extrêmes≫, in *Survivre*, Paris, Payot, 1979, pp. 66-105.

Bettelheim, B. (1955), *Évadés de la vie*, Free Press Corp., trad. fr. Paris, Fleurus, 1973.

Bettelheim, B. (1967), *La forteresse vide*, trad. fr. Paris, Gallimard, 1969.

Bettelheim, B. (1969), *Les enfants du rêve*, MacMillan Co. trad. fr. Paris, R. Laffont, 1971.

Bettelheim, B. (1974), *Un lieu où renaître*, trad. fr. Paris, R. Laffont, 1975.

Bettelheim, B. (1976a), *Psychanalyse des contes de fées*, trad. fr. Paris,

R. Laffont, 1976.

Bettelheim, B. (1976b), *Survivre*, Alfred Knopf, New York, trad. fr. Paris, Payot, 1979.

Bettelheim, B. (1990), *Recollections and Reflections*, Londres, Thames and Hudson. Trad. fr. *Le poids d'une vie*, Paris, R. Laffont, 1991.

Bick, E. (1961), ≪La psychanalyse infantile aujourd'hui≫, XXIIe congrès API, *Revue française de psychanalyse*, no. 1, 1964, pp. 139-148.

Bick, E. (1964), ≪Notes on infant observation in psychoanalytic training≫, *International Journal of Psycho-Analysis*, no. 45, pp. 558-566.

Bick, E. (1967), ≪L'expérience de la peau dans les relations d'objet précoces≫, trad. fr. J. et J. Pourrinet in *Les écrits de Martha Harris et d'Esther Bick*, Larmor Plage, Les éditions du Hublot, 1998, p. 135.

Bick, E. (1968), ≪The experience of the skin in early object relations≫, *International Journal of Psycho-Analysis*, no. 49, pp. 484-486. Trad. fr. *in* D. Meltzer, *Explorations dans le monde de l'autisme*, Paris, Payot, 1980, pp. 240-244.

Bick, E. (1987), *Collected papers of Martha Harris and Esther Bick*, M. G. Williams (éd.), Perthshire, The Clunie Press.

Bion, W. R. (1943 à 1952), *Experiences in groups*, Londres, Tavistock, 1961. Trad. fr. *Recherches dans les petits groupes*, Paris, PUF, 1965.

Bion, W. R. (1962), *Aux sources de l'expérience*, trad. fr. F. Robert, Paris, PUF, 1979 (1re éd.).

Bion, W. R. (1963), *Éléments de psychanalyse*, Paris, PUF, coll. ≪Bibliothèque de psychanalyse≫, 1979 (1re éd.).

Bion, W. R. (1965), *Transformations —Passage de l'apprentissage à la croissance*, Paris, PUF, coll. ≪Bibliothèque de psychanalyse≫ 1982 (1re éd.).

Bion, W. R. (1970), *L'attention et l'interprétation —Une approche scientifique de la compréhension intuitive en psychanalyse et dans les groupes*, Paris, Payot, coll. ≪Science de l'homme≫, 1974.

Bléandonu, G. (1985), *L'école de Melanie Klein*, Paris, Centurion.

Blos, P. (1986), ≪Freud and the father complex≫, *Psychoanalytic Study of the Child*, no. 42, 1987, Yale, pp. 425-441.

Boix, M. (1990), *La vie et L'œuvre de Hermine Hug-Hellmuth*, t. 1, mémoire CES de psychiatrie, université de Bordeaux-II.

Bolland, J., et Sandler, J. (1965), *Psychanalyse d'un enfant de 2 ans*, trad. fr. Paris, PUF, 1973.

Bonaparte, M. (1930), ≪De la prophylaxie infantile des névroses≫, *Revue française de psychanalyse*, vol. 4, no. 1, pp. 85-135.

Bornstein, B. (1949), ≪L'analyse d'un enfant phobique≫, *Psychoanalytic Study of the Child*, no. 3-4, pp. 181-226.

Bouvet, M. (1985), *La relation d'objet (névrose obsessionnelle, dépersonnalisation)*, Paris, Payot, Bibliothèque scientifique, coll. ≪Science de l'homme≫.

Bowlby, J. (1978 et 1984), *Attachement et perte* (3 vol.), Paris, PUF, coll. ≪Le fil rouge≫ (1re éd.).

Brazelton, T. B. (1979), ≪Comportement et compétence du nouveau-né≫, in *Psychiatrie de l'enfant*, 1981, XXIV, no. 2, pp. 275-296.

Brazelton, T. B. (1983), ≪Échelle d'évaluation du comportement néonatal≫, *Neuropsychiatrie de l'enfance et de l'adolescence*, vol. 31, no. 2-3, pp. 61-96.

Bretherton, I. (1990), ≪Communication patterns —internal working models and the intergenerational transmission of attachment relationships≫, *Infant Mental Health Journal*, vol. 11, no. 3, pp. 237-252.

Britton, R., Feldman, M., et O'Shaughnessy, E. (1989), *The Œdipus Complex Today*, J. Steiner (éd.), Londres, Karnac Books.

Buckle, D., et Lebovici, S. (1958), *Les Centres de guidance infantile*, Genève, OMS.

Bühler, C. (1922), *Das Seelenleben des Jugendlichen, Versuch einer Analyse und Theorie der pyschischen Pubertät*, Jena, Fischer.

Burlingham, M. J. (1989), *The last Tiffany, a biography of D. Tiffany-Burtingham*, New York, Atheneum.

Cahn, R. (1962), ≪Les structures psychopathologiques des enfants inadaptés≫, *Psychiatrie de l'enfant*, V, no. 1, pp. 255-316.

Cahn, R. (1991), *Adolescence et folie*, Paris, PUF.

Caille, F. (1989), ≪Éditorial≫, *Journal de la psychanalyse de l'enfant*, no. 6, pp. 7-18.

Chiland, C. (1971), *L'enfant de 6 ans et son avenir*, Paris, PUF.

Chiland, C. (1975), ≪La psychanalyse des enfants en 1920 et en 1974≫, *Psychiatrie de l'enfant*, XVIII, no. 1, pp. 211-218.

Chiland, C. (1980), *Homo psychanalyticus*, Paris, PUF.

Chiland, C., et Young J. C. (1990), *L'enfant dans sa famille. Nouvelles approches de la santé mentale*, Paris, PUF.

Clancier, A., et Kalmanovitch, J. (1984), *Le paradoxe de Winnicott*, Paris, Payot.

Codet, O. (1935), ≪À propos de 3 cas d'anorexie mentale≫, in *Revue française de psychanalyse*, 1939, vol. 11, no. 2, pp. 253-272.

Cramer, B. (1993), ≪Are post-partum depressions a mother-infant relationship disorder?≫, *Infant Mental Health Journal*, vol. 14, no. 4, pp. 283-297.

Cramer, B., et Palacio-Espasa, F. (1993), *La pratique des psychothérapies mères-bébés —Études cliniques et techniques*, Paris, PUF, coll. ≪Le fil rouge≫ (1re éd.).

Cramer, B., et Palacio-Espasa, F. (1994), ≪Les bébés font-ils un transfert? Réponse à Serge Lebovici≫, *La psychiatrie de l'enfant*, XXXVII, no. 2, pp. 429-441.

Cucurullo, A., Fainberg, H., et Werder, L. (1982), ≪La psychanalyse en Argentine≫, *in* R. Jaccard, *Histoire de la psychanalyse*, Paris, Hachette, t. 2, pp. 453-511.

Damourette, J., et Pichon, E. (1911-1940), *Des mots à la pensée. Essai de grammaire de la langue française*, Paris, D'Artrey, 7 vol.

David, M. (1960), *L'enfant de 2 à 6 ans*, Toulouse, Privat.

David, M. (1962), *L'aide psycho-sociale*, Paris, PUF.

Daws, D. (1999), *Les enfants qui ne dorment pas la nuit*, Paris, Payot, coll. ≪Desir≫.

Debray, R. (1987), *Bébés/mères en révolte. Traitements psychanalytiques conjoints des déséquilibres psychosomatiques précoces*, Paris, Bayard, coll. ≪Païdos≫.

Decobert, S. (1989a), ≪Historique de l'institut Édouard-Claparède≫, *Sauv. Enf.*, no. 3, 1989, pp. 161-165.

Decobert, S. (1989b), ≪Introduction≫, in *Avancées métapsychologiques. L'enfant et la famille*, Paris, Apsygée, 1991, pp. 7-10.

Decobert, S. (1989c), ≪Métapsychologie et thérapie familiale psychanaly-tique≫, in *Avancées métapsychologiques. L'enfant et la famille*, Paris, Apsygée, 1991, pp. 135-146.

Delay, J. (1956), *La jeunesse d'André Gide*, 2 vol., Paris, Gallimard.

Destombes, C. (1989), ≪Françoise Dolto≫, *Journal de la psychanalyse de l'enfant*, no. 6, pp. 291-296.

Deutsch, H. (1945), *La psychologie des femmes*, t. 1 et 2, 7ᵉ éd., New York, 1945, trad. fr. PUF, 1949.

Deutsch, H. (1973), *Autobiographie*, New York, Norton, trad. fr. Paris, Mercure de France, 1986.

Diatkine, G. (1997), *Jacques Lacan*, Paris, PUF.

Diatkine, R. (1971), ≪Remarques préliminaires sur l'état actuel de la psychanalyse de l'enfant≫, Symposium de Genève sur la psychanalyse de l'enfant, *Psychiatrie de l'enfant*, vol. 14, no. 1 (1971), Paris, PUF.

Diatkine, R. (1979), ≪Le psychanalyste et l'enfant avant l'après-coup, ou le vertige des origines≫, *Nouvelle revue de psychanalyse*, 19 (≪L'enfant≫), pp. 49-63 ; article republié in Diatkine, R., *L'enfant dans l'adulte ou l'éternelle capacité de rêverie*, Paris, Delachaux & Niestlé, Neuchâtel, 1994, pp. 127-143.

Diatkine, R. (1982), ≪Les références au passé au cours des traitements psychanalytiques d'enfants≫, in *Les textes au centre Alfred-Binet*, Éd. ASM XIIIᵉ, no. 1, pp. 1-8.

Diatkine, R. (1982), ≪Propos d'un psychanalyste sur les psychothérapies d'enfants≫, in *La psychiatrie de l'enfant*, XXV, no. 1, 1982.

Dolto, F. (1939), *Psychanalyse et pédiatrie*, thèse de médecine, Paris, Amédée Legrand.

Dolto, F. (1961), ≪Personnologie et image du corps≫, in *La psychanalyse*, no. 6, Paris, PUF, pp. 59-92.

Dolto, F. (1977), *L'Évangile au risque de la psychanalyse*, Paris, J.-P.

Delarge.

Dolto, F. (1984), *L'image inconsciente du corps*, Paris, Le Seuil.

Dolto, F. (1987), *Tout est langage*, Paris, Vertiges du Nord/Carrere.

Duché, D.-J. (1990), *Histoire de la psychiatrie de l'enfant*, Paris, PUF.

Duhamel, P. (1988), *Eugénie Sokolnicka, 1884-1934. Entre l'oubli et le tragique*, mémoire CES de psychiatrie, université de Bordeaux-II.

Dujols, D. (1990), *La vie et l'œuvre de Hermine Hug-Hellmuth*, t. 2, mémoire CES de psychiatrie, université de Bordeaux-II.

Eliacheff, C. (1993), *À corps et à cris −La psychanalyste avec les tout-petits*, Paris, Odile Jacob.

Erikson, E. (1966), *Enfance et société*, trad. fr. Delachaux et Niestlé, Neuchâtel, 1966.

Fages, J.-B. (1911), *Histoire de la psychanalyse après Freud*, Toulouse, Privat.

Fava-Vizziello, G., Stern, D. N., et Birraux, A. (sous la direction de) (1995), *Modèles psychothérapiques au premier âge −De la théorie à l'intervention*, Paris, Masson.

Federn, E. (1988), ≪La psychanalyse à Buchenwald. Conversations entre Bruno Bettelheim, le Dr Brief et Ernst Federn≫, *Revue internationale d'histoire de la psychanalyse*, no. 1, pp. 109-115.

Fendrick, S. I. (1989), *Fiction des origines*, Paris, Denoël.

Ferenczi, S. (1908), ≪Psychanalyse et Pédagogie≫, in *Œuvres complètes*, Paris, Payot, 1968, pp. 51-56.

Ferenczi, S. (1913), ≪Un petit homme-coq≫, in *Œuvres complètes*, t. II, Paris, Payot, 1970, pp. 72-78.

Ferenczi, S. (1915), ≪La psychanalyse vue par l'école psychiatrique de Bordeaux≫, in *Œuvres complètes*, t. II, Paris, Payot, 1970, pp.

209-231.

Ferenczi, S. (1920), ≪Prolongements de la "technique active" en psychanalyse≫, in *Œuvres complètes*, t. III, Paris, Payot, 1974, pp. 117-133.

Ferenczi, S., et Rank, O. (1924), ≪Perspectives de la psychanalyse≫, in *Œuvres complètes* de Ferenczi, t. III, Paris, Payot, 1974, pp. 220-236.

Ferenczi, S. (1933), ≪Thalassa: A Theory of genitality≫, *Psychoanalytic Quarterly*, no. 2, pp. 361-403. Trad. fr. Paris, Payot, 1969.

Ferrer, S. (Lustig De), et Garma, A. (1973), ≪Arminda Aberastury, aproximación a su vida e obra≫, *Rev. de Psicoanálisis* XXX, n°s 3-4, pp. 619-625.

Fleury, M. (1988), *Sophie Morgenstern. Éléments de sa vie et de son œuvre*, mémoire CES de psychiatrie, université de Bordeaux-II.

Fonagy, P., Moran, G. S. (1991), ≪Comprendre le changement psychique dans l'analyse d'enfants≫, in *Revue française de psychanalyse*, vol. LIV, pp. 13-43.

Fraiberg, S. (1983), ≪Fantômes dans la chambre d'enfants≫, *La psychiatrie de l'enfant*, XXVI, no. 1, pp. 57-98.

Fraiberg, S. (1999), *Fantômes dans la chambre d'enfants*, Paris, PUF, coll. ≪Le fil rouge≫ (1re éd.).

François, Y. (1990), *Françoise Dolto*, Paris, Centurion.

Freeman, T., Cameron, J. L., et Mc Ghie, A. (1965), *Studies on psychosis*, Londres, Tavistock.

Freeman, T. (1976), *Childhood Psychopathology and Adult Psychoses*, New York, International Universities Press.

Freud, A. (1927), ≪Einführung in die Technik der Kinder analyse≫,

Wien, Intern. Verlag. Trad. fr. in *Le traitement psychanalytique des enfants*, 1981, Paris, PUF.

Freud, A. (1936), *Le moi et les mécanismes de défense*, Wien, Internationaler psychoanalytischer Verlag. trad. fr. Paris, PUF, 1949.

Freud, A., et Burlingham, D. (1942a), *Young Children in Wartime*, Londres, George Allen and Unwin.

Freud, A., et Burlingham, D. (1942b), *War and Children*, New York, International Universities Press, 1943.

Freud, A., et Burlingham, D. (1944), *Infants Without Families*, New York, International Universities Press.

Freud, A., et Klein, M., ≪Les controverses Anna Freud/Melanie Klein (1941-1945)≫, rassemblées et annotées par P. King et R. Steiner, préface de A. Green, Paris, PUF, coll. ≪Histoire de la psychanalyse≫, 1996.

Freud, A. (1945), Le traitement psychanalytique des enfants, trad. fr. Paris, PUF, 1981.

Freud, A. (1956), *Initiation à la psychanalyse pour éducateurs*, trad. fr. Toulouse, Privat, 1968.

Freud, A. (1965), *Le normal et le pathologique chez l'enfant,* trad. fr. Paris, Gallimard, 1968.

Freud, A., et Bergmann, T. (1965), *Les enfants malades*, trad. fr. Toulouse, Privat, 1976.

Freud, A. (1968), *L'enfant dans la psychanalyse*, trad. fr. Paris, Gallimard, 1976.

Freud, A. (1970), ≪Colloque des psychanalystes de langue anglaise≫, Londres, in *Psychiatrie de l'enfant*, 1, 1972, vol. XV, Paris, PUF.

Freud, A. (1970), ≪Symposium de Genève sur la psychanalyse de l'enfant≫, in *Psychiatrie de l'enfant*, 1, 1971, vol. XIV, Paris, PUF.

Freud, A. (1976), ≪L'identité du psychanalyste≫, *Monographie de l'API*, Paris, PUF, 1979, pp. 267-272.

Freud, A., les principaux écrits peuvent être trouvés in *The Writings of Anna Freud*, 8 vol., New York, International Universities Press, 1966-1980.

Freud, S., et Andreas-salomé, L. (1972), *Letters, Ernst Pfeiffer* (éd.), New York, Harcourt Brace Jovanovich.

Freud, S. (1873-1939), *Correspondance*, Londres, 1960, trad. fr. Paris, Gallimard, 1966 et 1979.

Freud, S., et Breuer, J. (1895), Études sur l'hystérie, Paris, PUF, coll. ≪Bibliothèque de psychanalyse≫, Paris, 1973 (4e éd.).

Freud, S. (1893), ≪Zur Kenntnis der cerebralen Diplegien des Kinderalters≫, *Beiträge zur Kinderheilkunde*, 3.

Freud, S., et Rie, O. (1891), ≪Klinische Studie über die halbseitige Cerebrallähmung der Kinder≫, *Beiträge zur Kinder-heilkunde*, no. 3.

Freud, S. (1900), *L'interprétation des rêves*, trad. fr. I. Meyerson revue par D. Berger, Paris, PUF, 1967.

Freud, S. (1904-1919), *La technique psychanalytique*, trad. fr. Paris, PUF, 1953.

Freud, S. (1905), *Trois essais sur la théorie de la sexualité*, trad. fr. B. Reverchon-Jouve, Paris, Gallimard, 1962.

Freud, S. (1907), ≪Les explications sexuelles données aux enfants≫, trad. fr. in *La vie sexuelle*, Paris, PUF, 1969.

Freud, S. (1909), ≪Analyse d'une phobie chez un petit garçon de 5 ans (le petit Hans)≫, trad. fr. in *Cinq psychanalyses*, Paris, PUF, 1954.

Freud, S. (1912), *Totem et tabou*, trad. fr. Paris, Payot, 1973.

Freud, S. (1913), *Le motif du choix des trois coffrets*, trad. fr. Paris, Gallimard, 1985.

Freud, S. (1914), ≪Pour introduire le narcissisme≫, in *La vie sexuelle*, Paris, PUF, coll. ≪Bibliothèque de psychanalyse≫, 1982 (6e éd.), pp. 81-105.

Freud, S. (1914), *Cinq leçons sur la psychanalyse. Contribution à l'histoire du mouvement psychanalytique*.

Freud, S. (1918), ≪Extrait de l'histoire d'une névrose infantile (L'homme aux loups)≫, trad. fr. in *Cinq psychanalyses*, Paris, PUF, 1959, et *OCP*, XIII, Paris, PUF, 1988.

Freud, S. (1919), ≪On bat un enfant≫, trad. fr. *Revue française de psychanalyse*, 1933, vol. 6, nos. 3-4.

Freud, S. (1920), *Au-delà du principe de plaisir*, trad. fr. Paris, Payot, 1963.

Freud, S. (1921), ≪Psychologie des masses et analyse du moi≫, (*OCP*, XVI, pp. 1-83, Paris, PUF, 1991.

Freud, S. (1925a), *Ma vie et la psychanalyse*, Paris, Gallimard, trad. fr. M. Bonaparte revue par S. Freud, 1950. *Sigmund Freud présenté par lui-même* (même texte), Paris, Gallimard, trad. fr. Cambon, 1984, et *OCP*, XVII, Paris, PUF, 1992.

Freud, S. (1925b), ≪Les résistances contre la psychanalyse≫, *OCP*, XVII, pp. 123-135.

Freud, S. (1926a), *La question de l'analyse profane*, trad. fr. Paris, Gallimard, 1985.

Freud, S. (1926b), Inhibition, symptome et angoisse, *OCP*, XVII, Paris, PUF, 1992.

Freud, S. (1933), *Nouvelles conférences d'introduction à la psychanalyse*, trad. fr. Berman, 1933 ; Zeitlin, 1984, Paris, Gallimard.

Freud, S., et Ferenczl, S. (1933), *The Correspondance of Sigmund Freud and Sandor Ferenczi*, E. Brabant *et al* (éd.), trad. angl. P. T. Haffer, Cambridge, MA: Harvard University Press. Trad. fr. 1992, Paris, Calmann-Lévy.

Freud, S. (1937), ≪L'analyse avec fin et l'analyse sans fin≫, trad. fr. in *Résultats, idées, problèmes*, Paris, PUF, 1985, pp. 231-268.

Freud, S., et Abraham, K. *Correspondance*, Francfort-sur-le-Main, Fischer, 1965. Trad. fr. Paris, Gallimard, 1969.

Freud, S., et Jung, C. G., *Correspondance*, t. I et II, 1975, trad. fr. Paris, Gallimard, 1975.

Furman, R. E. (1986), ≪Pratique de la psychanalyse des enfants aux États-Unis≫, *Journal de la psychanalyse* de l'enfant, 1987, no. 3, pp. 66-85.

Furman, R. E. (1988), ≪L'expérience du travail avec les enfants atypiques≫, *Journal de la psychanalyse de l'enfant*, 1988, no. 5, pp. 14-32.

Furman, R. E. (1993), ≪Obituary: Anny Katan≫, *International Journal of Psycho-Analysis*, no. 74, p. 834.

Gammill, J. (1985), ≪Quelques souvenirs personnels sur Melanie Klein, in *Melanie Klein aujourd'hui*, Lyon, Cesura, pp. 37-54.

Gateaux-Mennecier, J. (1989), *Bourneville et l'enfance aliénée*, Paris, Centurion.

Geissmann, C., et Geissmann, P. (1984), *L'enfant et sa psychose*, Paris,

Dunod.

Geissmann, C. (1987), ≪Transfert ou névrose de transfert. La controverse Anna Freud/Melanie Klein≫, in *Journal de la psychanalyse de l'enfant*, no. 4, Paris, Centurion.

Geissmann, C. *et at.* (1993), ≪À propos d'une forme de traitement précoce de l'autisme et des psychoses infantiles: l'hospitalisation à domicile≫, in Hommage à Frances Tustin, St-André-de-Cruzières, Audit Éditions.

Geissmann, C. (1996), ≪Les fondements de la psychanalyse de l'enfant≫, *Journal de la psychanalyse de l'enfant*, no. 19, ≪Formations≫, pp. 25-47.

Geissmann, C. (1998), ≪L'inquiétante étrangeté et la construction dans l'analyse d'enfants psychotiques≫, *Journal de la psychanalyse de l'enfant*, no. 22, ≪Les psychothérapies psychanalytiques≫, pp. 205-219.

Geissmann, C. (1999), ≪Séduction narcissique mutuelle et psychose de l'enfant≫, *Journal de la psychanalyse de l'enfant*, no. 25, ≪La séduction≫, pp. 51-60.

Geissmann, C. (2000), ≪Éditorial≫, *Journal de la psychanalyse de l'enfant*, no. 26, ≪La croissance psychique≫, pp. 11-22.

Geissmann, C. (2001), ≪Rêves, rêveries agies et jeux≫, *Journal de la psychanalyse de l'enfant*, no. 28, ≪Le rêve≫, pp. 199-211.

Geissmann, C., et Houzel, D. (sous la direction de) (2001). *L'enfant, ses parents et le psychanalyste*, Paris Bayard, Compact.

Geissmann, C. (2002), ≪Éditorial≫, *Journal de la psychanalyse de l'enfant*, no. 31, ≪L'archaïque, aspects théoriques≫, pp. 9-22.

Geissmann, C. (2002), ≪Le travail du psychanalyste sur le lien mère-père-enfant psychotique≫, *Journal de la psychanalyse de l'enfant*, no 30, ≪L'enfant et l'adolescent psychotiques≫, pp. 245-260.

Geissmann, C., et Houzel, D. (sous la direction de) (2003), *Psychothérapies de l'enfant et de l'adolescent*, Paris, Bayard, Compact.

Geissmann, C. (2004), ≪L'accès à la réalité psychique dans la cure d'un enfant psychotique≫, *Journal de la psychanalyse de l'enfant*, no. 34, ≪La réalité psychique et ses transformations≫, pp. 167-177.

Geissmann, P., Geissmann, C., et Stourm, C. (1991), ≪Situation des parents dans l'hospitalisation à domicile des enfants≫, *Neuropsychiatrie de l'enfance*, 39 (11-12), pp. 563-566.

Geissmann, P. (1996), ≪Particularités du travail psychothérapique avec les enfants≫, *Journal de la psychanalyse de l'enfant*, no. 19, ≪Formations≫, pp. 92-104.

Gero-Brabant, E. (1986), ≪Introduction à l'ouvrage du Dr Istvan Hollós: *Mes adieux à la maison jaune*≫ in Cog-Héron no. 100.

Gide, A. (1925), Les *faux-monnayeurs*, Paris, Gallimard.

Glenn, J. (1987), ≪Supervision of Child Psychoanalyses≫, in *Psychoanalytic Study of the Child*, 1987, no. 42, pp. 575-596.

Goldstein, J., Freud, A., et Solnit, T. (1973), *Dans l'intérêt de l'enfant?* New York, Free Press, trad. fr. Paris, ESF, 1978.

Goldstein, J., Freud, A., et Solnit, T. (1979), *Avant d'invoquer l'intérêt de l'enfant...*, New York, Free Press, trad. fr. Paris, ESF, 1983.

Golse, B. (1995), ≪Le concept de transgénérationnel≫, *Le Carnet-Psy*, no. 1, pp. 18-23. Article republié sous le titre: ≪De quoi avons-nous hérité avec le concept de transgénérationnel?≫, pp. 55-81, *in* B. Golse, *Du corps à la pensée*, Paris. PUF, coll. ≪Le fil rouge≫,

1999 (1re éd.).

Golse, B. (1998), ≪Attachement, modèles internes opérants ou comment ne pas jeter l'eau du bain avec le bébé?≫, in *Le bébé et les interactions précoces* (sous la direction de A. Braconnier et J. Sipos), Paris, PUF, coll. ≪Monographies de psychopathologie≫, pp. 149-165.

Golse, B. (1998), ≪Du corporel au psychique≫, *Journal de la psychanalyse de l'enfant*, no. 23, pp. 113-119.

Golse, B. (1999), ≪L'attachement entre théorie des pulsions et théorie de la relation d'objet≫, *Le Carnet-Psy*, no. 48, pp. 16-18.

Golse, B. (2000), ≪La naissance et l'organisation de la pensée≫, *Journal de la psychanalyse de l'enfant*, no. 26, pp. 23-28.

Graf, H. (1972), *Memoirs of an invisible man*, New York, Opera News.

Graf-Nold, A. (1988), ≪Der Fall Hermine Hug-Hellmuth≫, München-Wien, *Verlag International Psychoanalyse*.

Green, A. (1977), ≪La royauté appartient à l'enfant≫, in *L'arc*, no. 69, ≪Winnicott≫, Aix-en-Provence.

Green, A. (1983), ≪Le langage dans la psychanalyse≫, in *Langages* (IIes Rencontres psychanalytiques d'Aix-en-Provence), Paris, Les Belles Lettres, coll. ≪Confluents psychanalytiques≫, 1984, pp. 19-250.

Green, A. (1984), ≪Winnicott et le modèle du cadre≫, in *Le paradoxe de Wmmcott*, Paris, Payot.

Green, A. (1987), ≪La représentation de chose entre pulsion et langage≫, *Psychanalyse à l'Université*, vol. 12, no. 47, pp. 357-372.

Green, A. (1991), ≪Lettre ouverte à W. R. Bion≫, in *W. R. Bion, une théorie pour l'avenir*, Paris, Metailié, pp. 15-21.

Greenacre, P. (1953), *Traumatisme, croissance et personnalité*, trad. fr.

Paris, PUF, 1971.

Greenacre, P. (1961), ≪Quelques considérations sur la relation parent-nourrisson≫, trad. fr. in *Revue française de psychanalyse,* 1961, XXV, no. 1, pp. 27-53 ; et *Revue française de psychanalyse,* 1963, XXVII, nos. 4-5, pp. 483-527.

Gremer, A. (1981), ≪La "motricité libérée" par fixation manuelle de la nuque au cours des premières années de la vie≫, *Archives Françaises Pédiatrie,* no 38, pp. 557-561.

Gribinski, M. (1971), ≪La médecine et la psychiatrie≫, *La Nef,* no. 42, pp. 117-132.

Grosskurth, P. (1986), *Melanie Klein. Son monde et son œuvre,* trad. fr. Paris, PUF, 1990.

Guignard, F. (1985), ≪L'évolution de la technique en analyse d'enfants≫, *Melanie Klein aujourd'hui* (sous la direction de J. Gammill), Lyon, CLE, pp. 55-56.

Guillaume, P. (1925), *L'imitation chez l'enfant,* Paris, PUF, 1968.

Haag, G. (1985), ≪La mère et le bébé dans les deux moitiés du corps≫, *Neuropsychiatrie de l'enfance et de l'adolescence,* XXXIII, nos 2-3, pp. 107-114.

Haag, G. (1991), ≪Nature de quelques identifications dans l'image du corps－Hypothèses≫, *Journal de la psychanalyse de l'enfant,* X, pp. 73-92.

Haag, M. et al. (2002), *À propos et à partir de l'œuvre et de la personne d'Esther Bick,* vol. 1, Paris, auto-édition.

Harris, M., et Bick, E. (1987), *Collected papers of Martha Harris and Esther Bick,* Meg Harris-Williams (éd.), Perthshire, Clunie Press.

Heimann, P. (1942), ≪A contribution to the problem of sublimation and its relation to protestes of internalization≫, *International Journal of Psycho-Analysis*, no 23, pp. 8-17.

Heimann, P. (1950), ≪On countertransference≫, *International Journal of Psycho-Analysis*, no. 31, pp. 81-94.

Heller, P. (1990), *A Child Analysis with Anna Freud*, Madison, WI, International Universities Press. Trad. fr. Paris, PUF, 1993.

Hellman, I. (1990), *From War Babies to Grand-Mothers*, Londres, Karnac book.

Heuyer, G. (1952), *Introduction à la psychiatrie infantile,* Paris, PUF.

Houzel, D. (1980), ≪Penser les bébés — Réflexions sur l'observation des nourrissons≫, *Revue de médecine psychosomatique,* no. 19, pp. 27-38.

Houzel, D., et Catoire, G. (1986), ≪La psychanalyse des enfants≫, *Psychiatric,* 37812 A 10, pp. 1-12, Paris, *Enc. Med. Chir.*

Houzel, D. (1987), ≪Le concept d'enveloppe psychique≫, *in* D. Anzieu *et al., Les enveloppes psychiques*, Paris, Dunod, coll. ≪Inconscient et Culture≫, pp. 23-54.

Houzel, D. (1997), ≪Le bébé et son action sur l'équipe≫, *Devenir*, IX, no. 2, pp. 7-19.

Huber, W. (1980), ≪La première psychanalyste d'enfants≫, in *Psychoanalyse als Herausforderung*, Festschrift Caruso, Éd. Ass. des Soc. Scientifiques d'Autriche. Trad. *in* Boix, M. (1990), *La vie et l'œuvre de Hermine von Hug-Hellmuth*, pp. 69-85.

Hug-Hellmuth, H. (1912a) ≪Analyse eines Traumes eines Fünf-einhalbjährigen≫, *Zentralblatt für Psychoanalyse und Psychotherapie*, 2/3, pp. 122-127. Trad. George Mac Lean, in *Psychiatiatric Journal of the University of Ottawa*, 11/1 (1986), pp. 1-5.

Hug-Hellmuth, H. (1912b), ≪Beiträge zum Kapital "Verschreiben" und "Verlesen", *Zentralblatt für Psychoanalyse und Psychotherapie*, 2/2, pp. 227-280.

Hug-Hellmuth, H. (1912c), ≪"Verprechen" eines kleinen Schuljungen≫, *Zentralblatt für Psychoanalyse und Psychotherapie*, 2/10-11, pp. 603-604.

Hug-Hellmuth, H. (1912d), ≪Das Kind und seine Vorstellung vom Tode≫, *Imago*, 1/3, pp. 286-298, trad. Anton Kris in *Psychoanalytic Quarterly*, no. 34 (1965), pp. 499-516.

Hug-Hellmuth, H. (1912e), ≪Über Farbenhören: Ein Versuch das Phänomen auf Grund der psycho-analytischen Methode zu erklären≫, *Imago*, 1/3, pp. 228-264.

Hug-Hellmuth, H. (1913a), ≪Vom Wesen der Kinderseele≫, Sexualprobleme, IX, pp. 433-443.

Hug-Hellmuth, H. (1913b), Aus dem Seeleneben des Kindes. *Eine psychoanalytische Studie*, Éd. S. Freud, Leipzig et Vienne.

Hug-Hellmuth, H. (1914a), ≪Kinderbriefe≫, *Imago*, 3/5, pp. 462-476.

Hug-Hellmuth, H. (1914b), ≪Kinderpsychologie, Pädadogik≫, *Jahrbuch für Psychoanalytische und psychopathologische Forschungen*, VI, pp. 393-404.

Hug-Hellmuth, H. (1919), *Journal d'une petite fille*, trad. fr. Paris, Gallimard, 1928 ; Paris, Denoël, 1975 et 1988.

Hug-Hellmuth, H. (1921), ≪À propos de la technique de l'analyse des enfants≫, *Internationale Zeitschrift für Psychoanalyse*, pp. 179-197, trad. fr. in *Psychiatrie de l'enfant*, 1975, XVIII, no. 1, pp. 191-210.

Hug-Hellmuth, H. (1924), *Neue Wege zum Verständnis der Jugencd*, Leipzig et Vienne, Franz Deuticke.

Hug-Hellmuth, H., *Essais psychanalytiques*, Paris, Payot, 1991.

Isaacs, S. (1943), ≪The nature and function of phantasy≫, *in* King & Steiner (éd.), 1991, pp. 264-321. Également *in* Melanie Klein *et at.* (1952), *Developments in Psycho-Analysis*, Londres, Hogarth Press and The Institute of Psycho-Analysis, pp. 67-121. Trad. fr. in *Développements de la psychanalyse*, Paris, PUF, 1966, pp. 64-114.

Jaccard, R. (1982a), ≪La psychanalyse aux États-Unis≫, in *Histoire de la psychanalyse*, sous la direction de R. Jaccard, Paris, Hachette, pp. 271-295.

Jaccard, R. (1982b), *Histoire de la psychanalyse*, Paris, Hachette (2 tomes).

Jakobson, R. (1963), ≪Deux aspects du langage et deux types d'aphasie≫, in *Essais de linguistique générale*, Paris, Minuit.

Jalley, E. (1998), *Freud, Wallon, Lacan, l'enfant au miroir*, Paris, EPEL, p. 128.

Jaques, E. (1955), ≪Les systèmes sociaux comme défense contre l'angoisse persécutive et dépressive≫, in *New Directions in Psychoanalysis*, Londres, Tavistock, pp. 478-498.

Jaques, E. (1963), ≪Mort et crise du milieu de la vie≫, *International Journal of Psycho-Analysis*, no. 46, pp. 502-514, trad. fr. in *Psychanalyse du génie créateur*, D. Anzieu et coll., Paris, Dunod, 1974, pp. 238-260.

Jeammet, P. (1980), ≪Réalité externe et réalité interne. Importance et spécificité de leur articulation à l'adolescence≫, *Revue française de psychanalyse*, XLIV, no. 3-4, pp. 481-521.

Jones, E. (1953-1955-1957), *La vie et l'œuvre de Sigmund Freud*, t. I, Paris, PUF, 1958, t. II, Paris, PUF, 1961, t. III, Paris, PUF, 1969.

Joseph, E., et Widlocher, D., *l'identité du psychanalyste*, PUF, 1983.

Joseph, B. (1989), *Psychic Equilibrium and Psychic Change*, Londres, Routledge.

Joseph, B. (1990), Rapport ≪The Treatment Alliance and the Transference≫, Week-end Conference for English Speaking members of European Societies, 12-14 octobre 1990 (non publié).

Jung, C. G. (1912), ≪Über Psychoanalyse beim Kinde≫, *G. W.*, no. 4, pp. 231 et suiv.

Juranville, A. (1996), *Lacan et la philosophie*, Paris, PUF.

Juranville, A. (2004), ≪Le langage dans la théorie lacanienne à travers quelques repères relatifs à la conduite de la cure≫, *Journal de la psychanalyse de l'enfant*, no. 35.

Kanner, L. (1942-1943), ≪Autistic disturbances of affective contact≫, *Nervous Child*, III, no. 2, pp. 217-230.

Kestemberg, É., Kestemberg, J., et Decobert, S. (1972), *La faim et le corps*, Paris, PUF.

Kestemberg, É., et Lebovici, S. (1975), ≪Réflexions sur le devenir de la psychanalyse≫, in *Revue française de psychanalyse*, t. XXXIV, nos. 1-2, Paris, PUF.

King, P., et Steiner, R. (éd.), *The Freud-Klein Controversies. 1941-1945*, Londres, Tavistock-Routledge.

Klein, M. (1921), ≪Le développement d'un enfant≫, in *Essais de psychanalyse* (1921-1945), Paris, Payot, 1968, chap. I.

Klein, M. (1926), ≪Les principes psychologiques de l'analyse des jeunes enfants≫, in *Essais de psychanalyse*, chap. VI.

Klein, M. (1927), ≪Colloque sur l'analyse des enfants, in *Essais* de psychanalyse, chap. VIII.

Klein, M. (1928), ≪Les stades précoces du conflit œdipien≫, in *Essais de psychanalyse*, chap. VIII.

Klein, M. (1930a), ≪L'importance de la formation du symbole dans le développement du moi≫, in *Essais de psychanalyse*, chap. XI.

Klein, M. (1930b), ≪La psychothérapie des psychoses≫, in *Essais de psychanalyse*, chap. xn.

Klein, M. (1931), ≪Contribution à la théorie de l'inhibition intellectuelle≫, in *Essais de psychanalyse*, chap. XII.

Klein, M. (1932), *La psychanalyse des enfants*, Paris, PUF, 1959.

Klein, M. (1933), ≪Le développement précoce de la conscience chez l'enfant≫, in *Essais de psychanalyse*, chap. XIV.

Klein, M. (1935), ≪Contribution à l'étude de la psychogenèse des états maniaco-dépressifs≫, in *Essais de psychanalyse*, chap. XVI.

Klein, M., et Rivière, J. (1937), *L'amour et la haine, le besoin de réparation*, Paris, Payot, 1968.

Klein, M. (1940), ≪Le deuil et ses rapports avec les états maniaco-dépressifs≫, in *Essais de psychanalyse*, chap. XVIL.

Klein, M. (1945), ≪Le complexe d'Œdipe éclairé par les angoisses précoces≫, in *Essais de psychanalyse*, chap. XVIII.

Klein, M. (1946), ≪Notes sur quelques mécanismes schizoïdes≫, in *Développements de la psychanalyse*, Paris, PUF, 1966, chap. IX.

Klein, M. (1948a), *Essais de psychanalyse* (1921-1945), Paris, Payot, 1968.

Klein, M. (1948b), ≪Sur la théorie de l'angoisse et de la culpabilité≫, in *Développements de la psychanalyse*, chap. VIII.

Klein, M. (1952a), ≪Les origines du transfert≫, trad. fr. in *Revue française de psychanalyse*, 1952, t. XVI, no. 2, pp. 204-214.

Klein, M. (1952b), ≪Quelques conclusions théoriques au sujet de la vie émotionnelle des bébés≫, in *Déveloupements de la psychanalyse*, chap. VI.

Klein, M. (1952c), ≪En observant le comportement des nourrissons≫, in *Developpements de la psychanalyse*, chap. VII.

Klein, M. (1952d), ≪The mutual influences in the Development of Ego and Id.≫, *Psychoanalytic Study of the Child*, 7, New York, International Universities Press, 1952.

Klein, M., Heimann, P., Isaacs, S., et Rivière, J. (1952e), *Développements de la psychanalyse*, trad. fr. PUF, 1966.

Klein, M. (1955a), ≪The Psycho-Analytic Play Technique: Its History and Significance≫, *New Directions in Psychoanalysis*, Londres, Tavistock, *La psychiatrie de l'enfant*, 1, 1981, vol. XXIV.

Klein, M. (1955b), ≪À propos de l'identification≫, in *Envie et gratitude*, Gallimard, 1968, pp. 139-185.

Klein, M., Heimann, P., et Money-Kyrle, R. E. (1955c), *New Directions in Psychoanalysis*, Londres, Tavistock.

Klein, M. (1957), *Envie et gratitude et autres essais*, Paris, Gallimard, 1968.

Klein, M. (1958), ≪Sur le développement du fonctionnement psychique≫, in *Psychanalyse à l'Université*, no 25, Paris, 1981.

Klein, M. (1959a), ≪Les racines infantiles du monde adulte≫, in *Envie et gratitude*, pp. 95-117.

Klein, M. (1959b), *Autobiographie* (inachevée), déposée au Melanie Klein Trust à Londres, citée par D. Anzieu in *Jeunesse de Melanie Klein*.

Klein, M. (1960), ≪A Note on Depression in the Schizophrenic≫, *International Journal of Psycho-Analysis*, 41. ≪On Mental

Health≫, *British Journal of Medical Psychology*, no. 33.

Klein, M. (1961), *Psychanalyse d'un enfant*, Paris, Tchou, 1973.

Klein, M. (1963), ≪Se sentir seul≫, in *Envie et gratitude*, pp. 119-137.

Kojeve, A. (1968), *Introduction à la lecture de Hegel*, Paris, Gallimard, p. 12.

Kreisler, L. (1987), *Le nouvel enfant du désordre psychosomatique*, Toulouse, Privat, coll. ≪Éducation et culture≫.

Kreisler, L. (1992), ≪Les origines de la dépression essentielle — La lignée dépressive≫, *Revue française de psychosomatique,* no. 2, pp. 163-185.

Kris, E. (1958), ≪The recovery of childhood memories in psychoanalysis≫, *Psychoanalytic Study of the Child*, no. 11, pp. 54-88.

Kristeva, J. (1987), Soleil noir — Dépression et mélancolie, Paris, Gallimard.

Lacan, J. (1949), ≪Le stade du miroir comme formateur de la fonction du Je telle qu'elle nous est révélée dans l'expérience psychanalytique≫, in Écrits, Paris, Le Seuil, 1966, p. 94.

Lacan, J. (1953), ≪Fonction de la parole et du langage en psychanalyse≫, in Écrits, Paris, Le Seuil, 1966, pp. 237-322.

Lacan, J. (1955), ≪La chose freudienne ou Sens du retour à Freud en psychanalyse≫, in Écrits, Paris, Le Seuil, 1966, pp. 401-436.

Lacan, J. (1957), ≪L'instance de la lettre dans l'inconscient ou la raison depuis Freud≫, in Écrits, Paris, Le Seuil, 1966, pp. 493-528.

Lafforgue, R. (1926), ≪Schizophrenie, Schizomanie und Schizonoïa≫, *Zeitschrift für die gesamte Neurologie und Psychiatrie*.

Lang, J.-L. (1965), *Commentaires techniques sur ≪Analyse d'un enfant phobique≫ de Berta Bornstein*, document de travail de l'APF.

Lang, J.-L. (1970), ≪La psychanalyse des enfants≫, rapport à l'APF, Documents et débats, 1, pp. 87-111.

Lang, J.-L. (1983), ≪Le modèle kleinien en psychopathologie infantile: aujourd'hui en France≫, Psychanalyse à l'Université, t. 8, no. 32, pp. 511-557.

Laplanche, J., et Pontalis, J.-B. (1967), Vocabutaire de la psychanalyse, Paris, PUF.

Laplanche, J. (1981), ≪Faut-il brûler Melanie Klein?≫, Psychanalyse à l'Université, t. 8, no. 32, septembre 1983.

Laplanche, J. (1986), ≪De la théorie de la séduction restreinte à la théorie de la séduction généralisée≫, Études freudiennes, no. 27, pp. 7-25.

Laplanche, J. (1987), Nouveaux fondements pour la psychanalyse, Paris, PUF, coll. ≪Bibliothèque de psychanalyse≫ (1re éd.).

Laurent, E., Pommier, G., et Porge, E. (1978), ≪Les psychanalystes chez les enfants≫, Ornicar, no. 16, pp. 120-128.

Laurent, E. (1982), ≪La psychose chez l'enfant dans l'enseignement de Jacques Lacan≫, in quarto, 9.

Laznik, M.-C. (1995), Vers la parole. Trois enfants autistes en psychanalyse, fans, Denoël.

Lebovici, S. (1950a), ≪Une introduction à l'étude exhaustive du transfert analytique chez l'enfant≫, Revue française de psychanalyse, no. 16(1), pp. 116-118.

Lebovici, S. (1950b), ≪À propos du diagnostic de la névrose infantile≫, Revue française de psychanalyse, vol. 14, no. 4, pp. 581-595.

Lebovici, S., et Nacht, S. (1955), ≪Indications et contre-indications de la psychanalyse≫, Revue française de psychanalyse, vol. 19, no. 1-2, pp. 135-188.

Lebovlci, S., et Macdougall, J. (1960), *Un cas de psychose infantile*, Paris, PUF.

Lebovici, S. (1961), *Les tics chez l'enfant*, Paris, PUF.

Lebovici, S., et Diatkine, R. (1962), ≪Fonction et signification du jeu chez l'enfant≫, *Psychiatrie de l'enfant*, V, no. 1, pp. 207-253.

Lebovici, S. et Soulé, M. (1970), *La connaissance de l'enfant par la psychanalyse*, Paris, PUF.

Lebovici, S. (1971), *Les sentiments de culpabilité chez l'enfant et chez l'adulte*, Paris, Hachette.

Lebovici, S. (1979), ≪L'expérience du psychanalyste chez l'enfant et chez l'adulte devant le modèle de la névrose infantile et de la névrose de transfert≫, *Revue française de psychanalyse*, 1980, no. 44, pp. 5-6.

Lebovici, S. (1983), *Le nourrisson, la mère et le psychanalyste. Les interventions précoces*, Paris, Centurion.

Lebovici, S. (1984a), ≪La psychiatrie de l'enfant et la communauté≫, *in* Anthony et Chiland: *Prévention en psychiatrie de l'enfant en un temps de transition*, Paris, PUF, pp. 359-376.

Lebovici, S. (1984b), ≪L'œuvre d'Anna Freud≫, in *Psychiatrie de l'enfant*, vol. XXVII, no. 1, pp. 5-34.

Lebovici, S. (1994a), ≪Empathie et "enactment" dans le travail de contre-transfert≫, *Revue française de psychanalyse*, LVIII, no. 5, pp. 1551-1561.

Lebovici, S. (1994b), ≪La pratique des psychothérapies mères-bébés par Bertrand Cramer et Francisco Palacio-Espasa≫, *La psychiatrie de l'enfant*, XXXVII, no. 2, pp. 415-427.

Lebovici, S. (1998), ≪L'arbre de vie≫, in *L'arbre de vie −Élements*

de la psychopathologie du bébé (ouvrage collectif), Ramonville
Saint-Agne, Érès, pp. 107-130.

Lebovici, S. (en collaboration avec Stoléru, S.) (1983), *Le nourisson,
la mère et le psychanalyste — Les interactions précoces*, Le Centurion,
coll. ≪Païdos≫.

Lebovici, S., Diatkine, R., et Kestemberg, É. (1958), ≪Bilan de dix ans
de pratique psychodramatique chez l'enfant et l'adolescent≫,
Psychiatrie de l'enfant, vol. 1, no. 1, pp. 63-79.

Lefort, R. (1971), ≪La parole et la mort≫, *La Nef*, no. 42, pp. 103-116.

Lefort, R. et R. (1980), *Naissance de l'Autre*, Paris, Le Seuil.

Lefort, R. et R. (1988), *Les structures de la psychose*, Paris, Le Seuil.

Lévi-Strauss, C. (1949), *Les structures élémentaires de la parenté*, La
Haye, Mouton & Co, 1967.

Lieberman, E. J. (1985), *La volonté en acte. La vie et l'œuvre d'Otto
Rank*, New York, trad. fr. PUF, 1991.

Losserand, J. (1991), ≪La psychanalyse d'enfant. Le début en France,
S. Morgenstern≫, Paris, *Le Coq Héron*, no. 119.

Luquet, P. (1989), ≪De la représentation à l'élaboration des fantasmes≫,
in *Avancées métapsychologiques. L'enfant et la famille*, Paris,
Apsygée, 1991, pp. 13-23.

Mac Donough, S. (1993), ≪Interaction guidance: understanding and
treating early infant care-giver relationship disorders≫, in *Handbook
of Infant Mental Health*, C. Zeanah (éd.), New York, Guilford Press,
pp. 414-426.

Maclean, G., et Rappen, U. (1991), *Hermine Hug-Hellmuth*, New
York-Londres, Routledge.

Mahler (Schoenberger), M. (1940), ≪Pseudo-imbecility≫, *Psychoanalytic*

Quaterly, 1942, no. 11, pp. 149-164.

Mahler M., (1968), *Psychose infantile*, trad. fr. Paris, Payot, 1973.

Mahler M., Pine, F., et Bergman, A. (1975), *La naissance psychologique de l'être humain*, trad. fr. Paris, Payot, 1980.

Mahler M. (1978), Épilogue in *L'enfant vulnérable*, sous la direction de E. James Anthony, Colette Chiland et Cyrille Koupernik, trad. fr. Paris, PUF, 1982, pp. 499-504.

Mâle, P. (1964), *Psychothérapie de l'adolescent*, Paris, PUF.

Mâle, P., Doumic-Girard, A., Benhamou, F., et Schott, M.-C. (1975), *Psychothérapie du premier âge*, Paris, PUF, coll. ≪Le fil rouge≫ (1re éd.).

Mannoni, M. (1964), *L'enfant arriéré et sa mère*, Paris, Le Seuil.

Mannoni, M. (1970), *Le psychiatre, son fou et la psychanalyse*, Paris, Le Seuil.

Mannoni, M. (1984), *Un lieu pour vivre*, Paris, Le Seuil.

Manzano, J., Palacio-Espasa, F., et Zilkha, N. (1999), *Les scénarios narcissiques de la parentalité — Clinique de la consultation thérapeutique*, Paris, PUF, coll. ≪Le fil rouge≫ (1re éd.).

Marton, F. (1990), ≪Le travail actuel au Centre Anna-Freud≫, *in* C. Chiland et J. G. Young, *Nouvelles approches de la santé mentale*, Paris, PUF, pp. 236-251.

Mauco, G. (1936), ≪La psychologie de l'enfant dans ses rapports avec l'inconscient≫, *Revue française de psychanalyse* U vol. II, no. 3, pp. 430-517, et vol. 9, no. 4, pp. 658-710.

Mauco, G. (1967), *Psychanalyse et éducation*, Paris, Aubier-Montaigne.

Mauco, G. (1975), ≪René Spitz≫, *Revue française de psychanalyse* vol. 39, no. 3, pp. 548-549.

Meisel, P., et Kendrick, W. (1985), *Bloomsbury/Freud. James et Alix Strachey. Correspondance 1924-1925*, Londres, Strachey Trust, trad. fr. Paris, PUF, 1990.

Meltzer, D. (1967), *Le processus psychanalytique*, Londres, W. Heinemann.

Meltzer, D. (1972), *Les structures sexuelles de la vie psychique*, trad. fr. Paris, Payot, 1977.

Meltzer, D., et Harris Williams M. (2000), *L'appréhension de la beauté −Le conftit esthétique, son rôle dans le développement, la violence, l'art*, Larmor-Plage, Editions du Hublot, coll. ≪Regards sur les sciences humaines≫.

Meltzer, D. (1978), *The Kleinian Development,* t. I, II et III, Londres, Clunie Press. Trad. fr. *Le développement kleinien de la psychanalyse,* t. I, Toulouse, Privat, 1984 ; t. II, Toulouse, Privat, 1987 ; t. III, 1993.

Meltzer, D., et al. (1975), *Explorations in Autism*, Londres, Clume Press. Trad. fr. *Exptorations dans le monde de l'autisme*, Paris, Payot, 1980.

Meltzer, D. (1986), conférence du 17 novembre 1985 à Paris, Bulletin du Gerpen (Groupe d'études et de recherches psychanalytiques pour le *développement* de l'enfant et du nourrisson), no. 5, pp. 44-49.

Meltzer, D. (1988), ≪Le conflit esthétique: son rôle dans le processus de *développement* psychique≫, Psychanalyse à l'Université, vol. 13, no. 49, pp. 37-57.

Menzies-Lyth, I. (1988), *Containing Anxieties in Institutions*, Londres, Free Association Books.

Menzies-Lyth, I. (1989), *The Dynamic of the Social*, Londres, Free Association Books.

Mijolla, A. DE (1982), ≪La psychanalyse en France (1935-1965)≫, in *Histoire de la psychanalyse*, sous la direction de R. Jaccard, Paris, Hachette.

Milner, M. (1990), ≪Le rôle de l'illusion dans la formation du symbole−Les concepts psychanalytiques sur les deux fonctions du symbole≫, *Journal de la psychanalyse de l'enfant*, ≪Rêves, jeux, dessins≫, pp. 244-278.

Misès, R., et Barande, I. (1963), ≪Les états dysharmoniques graves≫, Psychiatrie de l'enfant, t. VI, no. 1, pp. 1-78.

Misès, R. (1975), L'enfant déficient mental, Paris, PUF.

Misès, R. (1980), *La cure en institution*, Paris, ESF.

Misès, R. (1990), *Les pathologies limites de l'enfance, Paris*, PUF.

Money-Kyrle, R. E. (1951), *Psychoanalysis and Politics*, Londres, Duckworth, trad. fr. Toulouse, Privat, 1985.

Money-Kyrle, R. E. (1956), ≪Normal Countertransference and some of its Deviations≫, in *Collected Papers*.

Money-Kyrle, R. E. (1978), *Collected Papers of Roger Money-Kyrle*, Londres, D. Meltzer (éd.).

Moreau-Ricaud, M. (1990), ≪La création de l'École de Budapest≫, *Revue internationale d'histoire de la psychanalyse*, no. 3, pp. 419-437.

Morgenstern, S. (1927), ≪Un cas de mutisme psychogène≫, *Revue française de psychanalyse*, t. I, no. 3, pp. 492-504 + 18 planches. Repris in *Journal de la psychanalyse de l'enfant*, 1990, no. 8, pp. 211-243.

Morgenstern, S. (1928), ≪La psychanalyse infantile≫, *L'hygiène mentale*, no. 6, pp. 158-169.

Morgenstern, S. (1930), ≪La psychanalyse infantile et son rôle dans l'hygiène mentale≫, *Revue française de psychanalyse*, t. IV, no. 1, pp. 136-162.

Morgenstern, S. (1931), ≪Conception psychanalytique de la *dépersonnalisation*≫, *L'évolution psychiatrique*, 2ᵉ série, no. 2, pp. 83-102.

Morgenstern, S. (1932), ≪Psychanalyse et éducation≫, *L'évolution psychiatrique*, fasc. III, pp. 45-64 (conférence faite au ≪Groupe d'études philosophiques et scientifiques≫, à la Sorbonne, le 18 juin 1932).

Morgenstern, S. (1933), ≪Quelques aperçus sur l'expression du sentiment de culpabilité dans les rêves des enfants≫, *Revue française de psychanalyse*, t. IV, no. 2, pp. 155-174.

Morgenstern, S. (1934a), ≪Les bourreaux domestiques≫, *L'evolution psychiatrique*, fasc. III, pp. 39-58.

Morgenstern, S. (1934b), ≪La pensée magique chez l'enfant≫, *Revue française de psychanalyse*, t. VII, no. 1, pp. 98-115.

Morgenstern, S. (1937a), *Psychanalyse infantile (symbolisme et valeur clinique des créations imaginatives chez l'enfant)*, Paris, Denoël.

Morgenstern, S. (1937b), ≪Contribution au problème de l'hystérie chez l'enfant≫, *L'evolution psychiatrique*, fasc. II, pp. 3-33.

Morgenstern, S. (1938), ≪La structure de la personnalité et ses déviations≫, *Revue française de psychanalyse*, t. X, no. 4, pp. 591-667.

Morgenstern, S. (1939), ≪Le symbolisme et la valeur psychanalytique des dessins infantiles≫, Revue frangaise de psychanalyse, t. XI, no. 1, pp. 39-48.

Nasio, J.-D. (1987), *Les yeux de Laure*, Paris, Aubier.

Neyraut, M. (1974), Préface au *Journal d'une petite fille*, Paris, Denoël, 1988.

Nin, A. (1967), *Journal 1934-1939*, New York, trad. fr. Stock, 1970.

Parcheminey, G. (1947), ≪Sophie Morgenstern≫, *L'évolution psychiatrique*, no. 1, pp. 12-13.

Paumelle, P. (1946), *L'organisation du travail d'équipe dans le XIIIe Arrondissement de Paris*, fascicule édité par l'ASM XIIIe.

Perez-Sanchez, M., et Abello, N. (1981), ≪Unité originaire (narcissisme et homosexualité dans les ébauches de l'Œdipe)≫, *Revue française de psychanalyse*, vol. 45, no. 4, pp. 777-786.

Peters, U. H. (1979), *Anna Freud*, Munich Kindler, trad. fr. Paris, Balland, 1987.

Petot, J.-M. (1979 et 1982), *Melanie Klein*, 2 tomes, Paris, Dunod.

Pfeiffer, S. (1919), ≪Ausserungen der infantil-erotischer Triebe in Spiele≫, *Imago*, V, pp. 243-282.

Pfister, O. (1913), *Die Psycho-analytische Methode*, Leipzig et Berlin, Klinkhardt.

Pfister, O. (1914), ≪Zur Ehrenrettung des Psychoanalyse≫, *Ztschrft f. Jugenderziehung und Jugendfürsorge*, V, 11, pp. 305-312.

Pichon, É., et Parcheminey, G. (1928), ≪Sur les traitements psychothérapiques courts d'inspiration freudienne chez les enfants≫, *Revue française de psychanalyse*, t. II, no. 4, pp. 711-720.

Pichon, É. (1934), ≪Eugénie Sokolnicka≫, in *Revue française de psychanalyse*, t. VII, no. 4, pp. 590-603.

Plchon, É. (1936), *Le développement psychique de l'enfant et de l'adolescent*. Paris, Masson.

Pommier, G. (1978), *La psychanalyse chez les enfants*, Paris, Ornicar.

Pontalis, J.-B. (1977), *Entre le rêve et la douleur*, Paris, Gallimard-NRF.

Pontalis, J.-B. (1986), *L'amour des commencements*, Paris, Gallimard, ≪*NRF*≫.

Preyer, G. (1882), *L'âme de l'enfant*, Paris, Alcan, 1887.

Quinodoz, J.-M. (2004), *Lire Freud*, Paris, PUF, p. 73.

Racamier, P.-C. (1970), *Le psychanalyste sans divan*, Paris, Payot.

Rambert, M.-L. (1938), ≪Une nouvelle technique en psychanalyse infantile: le jeu de guignols≫, *Revue française de psychanalyse*, t. XIV, no. 4, pp. 581-595.

Rangell, L. (1983), ≪Anna Freud Experience≫, in *Psychoanalytic Study of the Child*, 1984, no 39, pp. 29-43.

Rank, O. (1922), *Don Juan*, trad. fr. 1932, Paris, Payot, 1973.

Rank, O. (1924), *Le traumatisme de la naissance*, trad. fr. Paris, Payot, 1968.

Rayner, E. (1991), *The Independent Mind in British Psychoanalysis*, Londres, Free Association Books.

Régis, E., et Hesnard, A. (1914), *La psychanalyse des névroses et des psychoses: ses applications médicales et extramédicales*, Paris, Alcan, 1929.

Rimbaud, A. (1982), *Voyelles*, in *Œuvres complètes*, Paris, Gallimard, p. 53.

Ritvo, S., ≪Observation de Frankie≫, Actes du XXIVe congrès de l'IPA.

Rivière, J. (1936), ≪The genesis of psychical conflict in earliest infancy≫, *International Journal of Psycho-Analysis*, no. 17, pp. 395-422. Également in *The Inner World and Joan Rivière*.

Rivière, J. (1991), *The Inner World and Joan Rivière: Collected papers 1920-1958*, A. Hughes (éd.), Londres, Karnac Books.

Roazen, P. (1976), *La saga freudienne*, New York, trad. fr. Paris, PUF, 1986.

Roazen, P. (1990), ≪Tola Rank≫, *Revue internationale d'histoire de la psychanalyse*, no. 3, pp. 439-455.

Robertson, J., et Bowlby, J. (1952), ≪Responses of young children to separation from their mothers≫, *Courrier du Centre international de l'enfance*, no 2, pp. 131-142.

Rodrigué, E. (1955), ≪The analysis of a three-year old mute schizophrenic≫ in Klein *et al.*, *New Directions in Psycho-Analysis*, pp. 149-179.

Rodrigué, E. (2000), *Freud-Le siècle de la psychanalyse*, Paris, Payot, 2 vol.

Ronvaux, M. (1986), ≪André Gide et Sokolnicka≫, *Ornicar* no. 37.

Rosenfeld, H. A. (1965), *États psychotiques*, Londres, Hogarth Press, trad. fr. Paris, PUF, 1976.

Rosenfeld, H. A. (1987), *Impasse et interprétation*, Londres, Tavistock. Trad. fr. Paris, PUF, 1990.

Rosolato, G. (1979), ≪L'analyse des résistances≫, *Nouvelle revue de psychanalyse*, no. 20, pp. 183-215.

Roudinesco, É. (1986), *Histoire de la psychanalyse en France*, t. I et II, Paris, Le Seuil.

Roudinesco, É., et PLON, M. (1997), *Dictionnaire de la psychanalyse*, Paris, Fayard ; article ≪École freudienne de Paris≫, pp. 235-237 ; article ≪Lacanisme≫, pp. 600-603.

Roussillon, R. (1977), ≪Paradoxe et continuité chez Winnicott: la défense paradoxale≫, *Bulletin de psychologies* no. 34 (350), pp. 503-509.

Roussillon, R. (1978), Du paradoxe incontestable au paradoxe contenu.

Thèse de 3e cycle, université de Lyon-II.

Sandler, A.-M. (1990), Rapport ≪The Treatment Alliance and the Transference≫, Week-end Conference for English Speaking members of European Societies, 12-14 octobre 1990.

Sandler, J. (1962), ≪The Hampstead Index as an Instrument of Psychoanalytic Research≫, *Int. J. Psychoanal.*, no. 43, pp. 287-291.

Sandler, J., et Bolland, J. (1965), *The Hampstead Psychoanalytic Index: A Study of the Psychoanalytic Case Material of a Two-Year-Old Child*, New York, International Universities Press.

Sandler, J. (1980), *Techniques de psychanalyse de l'enfant. Conversations avec A. Freud*, trad. fr. Toulouse, Privat, 1985.

Sandler, J. (1985), *L'analyse de défense. Entretiens avec Anna Freud*, trad. fr. Paris, PUF, 1989.

Saussure, F. De (1916), *Cours de linguistique générale*, Paris, Payot, 1976.

Schilder, P. (1935), *L'image du corps*, trad. fr. Paris, Gallimard, 1968.

Searles, H. (1979), *Le contre-transfert*, Paris, Gallimard, coll. ≪Connaissance de l'Inconscient≫.

Segal, H. (1964), *Introduction à l'œuvre de Melanie Klein*, Londres, Heinemann, trad. fr. Paris, PUF, 1969.

Segal, H. (1971), ≪Le rôle de l'analyste d'enfant dans la formation du psychothérapeute, Symposium de Genève sur la psychanalyse de l'enfant, in *La Psychiatrie de l'enfant*, vol. 14, no. 1, Paris, PUF.

Segal, H. (1979), *Melanie Klein ; développement d'une pensée*, Fontana, Galgow, trad. fr. Paris, PUF, 1982.

Segal, H. (1981), *The Work of Hanna Segal*, New York-Londres, Jason Aronson, trad. fr. *Délire et créativité*, Paris, Des Femmes, 1987.

Segal, H. (1991), *Dream, Phantasy and Art*, Londres, Tavistock-Routledge. Trad. fr. *Rêve, art et fantasmes*, Paris, Bayard, 1993.

Segal, H. (2004), *Psychanalyse clinique*, Paris, PUF, ≪Le fil rouge≫.

Smirnoff, V. (1966), *La psychanalyse de l'enfant*, Paris, PUF.

Smirnoff, V. (1971), ≪D. W. Winnicott≫, in *Nouvelle revue de psychanalyse*, no. 3, ≪Lieux du corps≫, Paris, Gallimard, pp. 49-51.

Smirnoff, V. (1979), ≪De Vienne á Paris≫, *Nouvelle revue de psychanalyse*, no. 20, pp. 13-58.

Sokolnicka, E. (1916), Kurz *Elementary −Zootogi −Botaniki − Mineralogji*, Varsovie.

Sokolmcka, E. (1920), ≪L'analyse d'un cas de névrose obsessionnelle≫, IZP, 6, trad. fr. in *Revue de neuropsychiatrie et d'hygiène mentale de l'enfance*, XVI, no. 5-6.

Sokolnicka, E. (1932), ≪Un cas de guérison rapide≫, *Revue française de psychanalyse*.

Soubrenie, D. (1991), *Hermine von Hug-Hellmuth: Essais psychanalytiques*, Paris, Fayot.

Spielrein, S. (1981), *Entre Freud et Jung*, Paris, Aubier-Montaigne.

Spillius, E. B. (1988), *Melanie Klein today*, t. I et II, Londres, Routledge.

Spitz, R. A. (1954), *La première année de la vie de l'enfant*, trad. fr. Paris, PUF, 1958.

Spitz, R. A. (1956), ≪Countertransference: Comments on its varying roles in the analytic situation≫, *Journal of the American Psychoanalytic Association*, no. 4, pp. 256-265.

Spitz, R. A. (1957), *Le non et le oui*, trad. fr. Paris, PUF, 1962.

Spitz, R. A. (1965), *De la naissance à la parole*, trad. fr. Paris, PUF,

1968.

Spitz, R. A. (1979), *De la naissance à la parole — La première année de la vie*, Paris, PUF, coll. ≪Bibliothèque de psychanalyse≫ (6ᵉ éd.).

Steiner, R. (1990), Rapport au congrès ≪Histoire de la psychanalyse≫, Londres.

Stern, D. N. (1989), *Le monde interpersonnel du nourrisson — Une perspective psychanalytique et développementale*, Paris, PUF, coll. ≪Le fil rouge≫ (1ʳᵉ éd.).

Stern, D. N. (1995), *La constellation maternelle*, Paris, Calmann-Lévy, coll. ≪Le Passé recomposé≫.

Stern, W. (1913), ≪Die Anwendung der Psychoanalyse auf Kindheit unid Jugend. Ein Protest mit einem Anhang v. W. U. C. Stern: Kritik einer Freudschen Kinder-Psychoanalyse≫, *Zeitschrift für angewandte Psychologie*, no 8 (1913-1914), pp. 71-101.

Strachey, J., and Strachey, A. (1985), *Bloomsbury/Freud:The Letters of James and Alix Strachey 1924-1925*, Perry Meisel et Walter Kendrick éd.), Londres, Chatto & Windus.

Tisseron, S. (1985b), ≪le patient-parent et le thérapeute-enfant. À propos de quelques difficultés thérapeutiques et de leur interprétation≫, *L'evolution psychiatrique*, vol. 50, no. 1, pp. 173-185.

Tisseron, S. (1985b), Tintin chez le psychanalyste, Paris, Aubier-Archimbaud.

Trevarthen, C. (1998), ≪The nature of motives for human consciousness≫, *Psychology: the journal of the Hellenic Psychological Society*, vol. 4, no. 3, pp. 187-221.

Tronick, E. Z., et Weinberg, M. K. (1998), ≪À propos des conséquences toxiques psychiques de la dépression maternelle sur la régulation émotionnelle mutuelle des interactions mère-bébé: l'impossibilité de créer des états de conscience dyadiques≫, in *Psychiatrie périnatale —Parents et bébés: du projet d'enfant aux premiers mois de vie* (sous la direction de P. Mazet et S. Lebovlci), Paris, PUF, coll. ≪Monographies de la psychiatrie de l'enfant≫ (1e éd.), pp. 299-333.

Tustin, F. (1972), *Autisme et psychose de l'enfant*, Londres, Hogarth, trad. fr. Paris, Seuil, 1977.

Tustin, F. (1981), *Les états autistiques chez l'enfant*, Londres, Routledge et Kegan, trad. fr. Paris, Le Seuil, 1986.

Tustin, F. (1986), *Autistic Barriers in Neurotic Patients*, Londres, Karnac.

Tustin, F. (1986), *Le trou noir de la psyché*, trad. fr. Paris, Le Seuil, 1989.

Wallon, H. (1949), *Les origines du caractère chez l'enfant*, Paris, PUF, 1976 (6e éd.).

Watillon-Naveau, A. (1996), ≪Essais d'élaboration théorique des thérapies conjointes: magie ou psychanalyse?≫, *Revue belge de psychanalyse*, no. 28, pp. 51-65.

White, B. (1998), ≪L'évolution d'un modèle≫, *Devenir*, vol. 10, no. 4, pp. 7-22.

Widlöcher, D. (1965a), ≪Structure et changement≫, Document de travail de l'APF.

Widlöcher, D. (1965b), *L'interprétation des dessins d'enfants*, Bruxelles, Dessart.

Widlöcher, D. (1968), ≪Commentaires de l'analyse d'un cas de névrose obsessionnelle infantile (Sokolnicka)≫, in *Revue de neuropsychiatrie et d'hygiène mentale de l'enfant*, 16, no. 5-6.

Winnicott, C. (1977), ≪Winnicott en personne≫, in L'Arc, no. 69, ≪Winnicott≫, Aix-en-Provence.

Winnicott, D. W. (1952), ≪Psychose et soins maternels≫, in *De la pédiatrie à la psychanalyse*, trad. fr. J. Kalmanovitch, Paris, Payot, 1969, p. 101.

Winnicott, D., (1958), De la pédiatrie à la psychanalyse, trad. fr. Paris, Payot, 1969.

Winnicott, D., (1965), *Processus de maturation chez l'enfant*, trad. fr. Paris, Payot, 1970.

Winnicott, D., (1971a), *La consultation thérapeutique et l'enfant*, trad. fr. Paris, Gallimard, coll. ≪Connaissance de l'Inconscient≫, 1971.

Winnicott, D. W. (1971b), *Jeu et réalité −L'espace potentiel*, trad. fr. C. Monod et J.-B. Pontalis, Paris, Gallimard, coll. ≪Connaissance de l'Inconscient≫, 1975 (Ire éd.).

Winnicott, D., (1974), ≪La crainte de l'effondrement≫, trad. fr. in *Nouvelle revue de psychanalyse*, no. 11, ≪Figures du Vide≫, Paris, Gallimard, pp. 235-244.

Winnicott, D., (1977), *La petite Piggle*, trad. fr. Paris, Gallimard, 1980.

Winnicott, D., (1987), *Lettres vives*, trad. fr. Paris, Gallimard, 1989.

Winnicott, D. W. (1988 et 1990), *La nature humaine*, Paris, Gallimard, coll. ≪Connaissance de l'Inconscient≫.

Wolberg, L. R. (1954), *The technique of psychotherapy*, New York, Grune et Statton.

Young-Bruehl, É. (1988), *Anna Freud*, New York, Summit. Trad. fr. Paris, Payot, 1991.

[인명]

슈나이더 Schneider, K. 142

슈니츨러 Schnitzler, A. 34, 340

슈미데베르크 (W) Schmideberg,
 W. 247, 248, 252, 253, 361,
 368, 376, 377

슈미트 Schmidt, V. 202

슈타이너 Steiner, R. 366, 374,
 375, 390

슈테른 (C) Stern, C. 105, 118,
 129, 132, 133, 318

슈테른 (W) Stern, W. 105, 117,
 118, 129, 132, 133, 136, 318

슈필라인 Spielrein, S. 91, 113,
 289

슐룅베르제 (J) Schlumberger, J.
 298

스미르노프 Smirnoff, V. 296

스쿠핀 Scupin, E. 129

스트레이치 (A) Stachey, A. 161,
 192, 247, 354, 359, 363, 369

스트레이치 (J) Strachey, J. 192,
 313, 347, 354, 359, 363, 369

스티븐 (K) Steven, K 354

스티븐 Steven, A. 354

스티븐스 Stevens, M. 128

스피츠 Spitz, R. A. 80, 193, 339

시걸 Segal, H. 210, 237, 240, 241,
 243, 244, 246, 247, 248, 250,
 251, 253, 255, 257, 263, 264,
 269, 270, 278, 281, 306, 361,

381, 382, 385, 388, 389, 392

실랑 Chiland, C. 104, 145, 148

ㅇ

아가틀리 Agathli 42, 80, 81, 82,
 83, 85, 86, 89, 93

아들러 Adler, A. 38, 112, 113,
 118, 119, 133

아브라함 (H) Abraham, H. 93,
 94, 95, 96, 97, 254, 371

아브라함 (K) Abraham, K. 42,
 73, 93, 94, 95, 96, 97, 98, 99,
 115, 145, 158, 159, 170, 245,
 246, 247, 248, 253, 254, 255,
 257, 271, 274, 275, 343, 345,
 354, 389

아이작스 Isaacs, S. 354, 356, 359,
 362, 363, 364, 365, 369, 373,
 374, 378, 379, 380, 381, 382,
 387, 388

아이팅곤 Eitington, M. 73, 187,
 190, 192, 220, 221, 247, 347

아이히호르스트 Eichhorst 319

아이히호른 Aichhorn, A. 142,
 157, 188, 192, 193, 197, 199,
 200, 202, 203, 205, 206, 207,
 208, 231, 339, 340

아헬폴 Achelpohl, L. 107

안드레아스-살로메
 Andreas-Salomé, L. 115,

지은이

클로딘 가이스만(Claudine Geissmann-Chambon)

정신분석학자, 소아정신과 의사. 국제정신분석학회의 인정을 받은 아동
정신분석학의 전문가이며 《아동정신분석학 신문》의 공동 편집장이다.
보르도의 샤를-페렌스 병원 센터와 아동정신의학 대학병원분과의 아동
정신의학자, 빅토르-세갈렌-보르도 2대학의 객원교수, 프랑스 정신
분석학회 회원, 아동과 청소년을 위한 정신분석적 심리치료요법의
프랑스 연합 부회장 등을 역임.

피에르 가이스만(Pierre Geissmann)

정신병 전문의, 정신분석학자. 《아동정신분석학 신문》을 창간
하였다. 보르도의 샤를-페렌스 병원 센터와 아동정신의학 대학병원
분과의 과장. 빅토르-세갈렌-보르도 2대학의 아동 청소년과 교수,
프랑스 정신분석학회 회원, 《아동정신분석학 신문》의 편집장 등을
역임.

디디에 후젤(Didier Houzel)

프랑스 정신분석학회 소속 정신분석가. 국제 정신분석학회의 인정을
받은 아동정신분석 전문가. 캉(Caen) 대학병원센터(CHU) 아동정신
의학과 과장, 캉 대학 아동 청소년 정신과 교수. 《아동정신분석학
신문》 공동편집인, 아동과 청소년을 위한 정신분석적 심리치료요법의
프랑스연합 회장 역임.

베르나르 골스(Bernard Golse)

정신분석가, 아동정신의학자. 네케르 아동 병원 아동정신의학과 과장,
파리 5대학의 아동 청소년 정신과 교수, 《아동정신분석학 신문》
편집위원회 회원.

옮긴이 오정민(ocm0510@naver.com)

[학력]

1993.2.   연세대학교 불어불문학과 학사학위 취득

1995.2.   서울대학교 대학원 불어불문학과 석사학위 취득 (20세기 프랑스 시)

1997.6.   프랑스 스트라스부르 영화과대학 학위 취득 (영화의 창작/역사/이론)

1997.6.   프랑스 스트라스부르 영화과 기초박사학위(D.E.A.) 취득

2004.4.   프랑스 피카르디 쥘베른 대학교 영상예술학 박사학위 취득
          「공관의 영화언어적 표현」 - 배용균, 오즈 야스지로 영화의 편집기법,
          시선일치 기법에 어떻게 불교의 공사상이 담겨있는지에 대하여 연구
          함. 그와 더불어 서양의 초현실주의 영화와 비교 성찰함

[연구업적 및 논문발표]

2002.5.15. 프랑스 아미엥 문화관 주최 심포지엄
          '극동지역의 문화와 영화'에 참가
          (발표 주제: 불교의 공관과 정신분석 그리고 영화언어)

2004.12. 소설『마농 레스코』와 클로드 소테의 영화에 나타난 정염의 양상

2005.6.   영화<히로시마 내 사랑>에 나타난 심리적 이미지와 시간, 공간 구성:
          플래시백과 편집을 중심으로

2006.2.   문자언어와 영상언어로 표현된 심리적 내면: 에마뉘엘 카레르와
          클로드 밀러의 <겨울 학교>(La classe de neige)의 경우

2006.12. 스탠리 큐브릭의 <아이즈 와이드 셧>의 신화적 해석

2009.2.28. 거스 반 산트의 영화 <엘리펀트>에서 보이는 시점과 주체/객체의
          문제: 『섭대승론』에서의 인식 주체/객체와 관련하여

2010.4.30. 나르시시즘과 이상화: 카레르의 소설과 오종의 영화에 나타나는
          주인공 사례분석을 통하여

2010.6.30. 『적』과 <사랑의 추억>에 나타난 남녀 정신발달상의
          공통점과 차이점

2012.5.   두 형제, 두 자매를 다룬 동화에 나타난 선악 개념과 그 무의식적 원형

[저서]

2008.8.   『프랑수아 트뤼포의 400번의 구타』, 성신여자대학교 출판부 (공저)

2010.8.   『프랑스 문학에서 만난 여성들』, 중앙대학교 출판부 (공저)

[번역서]
2006.6.10. 자크 오몽, 『이마주』, 동문선

[대학 강의]
2004~현재